Softwaremigration in der Praxis

Harry M. Sneed ist seit 1967 in der IT tätig. In dieser Zeit konnte er vielfältige Erfahrungen sammeln als Programmierer, Analytiker, Projektleiter, Laborleiter, Berater, Geschäftsführer, Trainer, Hochschuldozent, Forscher und Autor. Seine Schwerpunkte sind Softwaremanagement, Softwaremetrik, Softwaremigration und Softwaretest.

Dipl.-Inform. Ellen Wolf ist als Requirements Engineer und Qualitätsmanagerin bei dem IT-Beratungshaus Cassini Consulting GmbH in Frankfurt tätig. Als Beraterin, Trainerin und Coach mit den Schwerpunkten rund um das Thema Quality Lifecycle Management war sie für Kunden bisher in zahlreichen IT-Projekten sowohl beratend als auch operativ im Einsatz.

Frau Prof. Dr. Heidi Heilmann hat nach dem Studium (VWL und BWL) zunächst bei der IBM Deutschland GmbH und dann als geschäftsf. Gesellschafterin bei der Integrata AG gearbeitet. Danach wechselte sie an die Fachhochschule Furtwangen und war ab 1986 14 Jahre am Betriebswirtschaftlichen Institut, Abteilung ABWL und Wirtschaftsinformatik, der Universität Stuttgart tätig.

Harry M. Sneed · Ellen Wolf · Heidi Heilmann

Softwaremigration in der Praxis

Übertragung alter Softwaresysteme in eine moderne Umgebung

dpunkt.verlag

Harry M. Sneed
Harry.Sneed@t-online.de

Ellen Wolf
ellen.wolf@cassini.de

Heidi Heilmann
heidi.heilmann@augustinum.net

Lektorat: Christa Preisendanz
Copy-Editing: Alexander Reischert, Redaktion ALUAN
Herstellung: Birgit Bäuerlein
Umschlaggestaltung: Helmut Kraus, www.exclam.de
Druck und Bindung: Media-Print Informationstechnologie, Paderborn

Fachliche Beratung und Herausgabe von dpunkt.büchern im Bereich Wirtschaftsinformatik:
Prof. Dr. Heidi Heilmann · heidi.heilmann@augustinum.net

Bibliografische Information der Deutschen Nationalbibliothek
Die Deutsche Nationalbibliothek verzeichnet diese Publikation in der Deutschen Nationalbibliografie;
detaillierte bibliografische Daten sind im Internet über http://dnb.d-nb.de abrufbar.

ISBN 978-3-89864-564-5

1. Auflage 2010
Copyright © 2010 dpunkt.verlag GmbH
Ringstraße 19 B
69115 Heidelberg

Vorwort

Die IT-Welt ist ständig im Wandel begriffen. Die Mächtigkeit der Prozessoren verdoppelt sich nach dem Gesetz von Moore alle 18 Monate [Moor65]. Leistungsstärkere Hardware verlangt nach leistungsfähigerer Software mit zusätzlicher Funktionalität, um die höhere Hardwarekapazität auszunutzen. Die Betriebssysteme müssen demzufolge im Rhythmus von 36 Monaten für jede zweite Prozessorgeneration erneuert werden. Ihre Veränderung wirkt sich auf Programmumgebung und Datenbanksysteme aus, die mindestens alle fünf Jahre angepasst bzw. neu entwickelt werden müssen. Daraus resultiert die Halbwertzeit von fünf Jahren für Anwendungssoftware.

Zu diesem Anpassungszwang aus dem Prozessor- und Betriebssystemsektor gesellt sich der Veränderungsdruck aus dem Kommunikationsbereich. Datenübertragungskapazität und -geschwindigkeit erhöhen sich durch die Nutzung neuer Technologien wie Glasfiberkabel exponentiell. Gleichzeitig wird der Transport von Daten immer billiger, denn nach dem Gesetz von Metcalfe gilt: Je mehr Nachrichten gesendet werden, desto billiger wird das Senden einer einzelnen Nachricht [Metc73]. Dies schafft eine Überkapazität an Kommunikationseinrichtungen, die darauf ausgelegt sind, ein Maximum an Last zu tragen. Von den IT-Nutzern wird erwartet, dass sie diese zunehmende Kapazität sinnvoll in Anspruch nehmen. Dazu müssen sie aber ihre Anwendungen neu ausrichten.

Diese beiden technischen Zwänge – zunehmende Rechnerkapazität gekoppelt mit zunehmender Kommunikationskapazität – legen den IT-Anwendern nahe, ihre Anwendungen zu erneuern. Gleichzeitig kommt der Druck aus dem Markt, sich geschäftlich anders aufzustellen. Der wirtschaftliche Konkurrenzkampf verlangt nach einer Anpassung an die veränderten Wettbewerbsbedingungen. Unternehmen müssen schneller, besser und flexibler auf die globale Nachfrage reagieren. Dafür muss sich die Anwendungssoftware leichter ändern und ausbauen lassen. Dies verlangt wiederum neue Sprachen und Entwicklungsumgebungen.

Diese Kombination von technischen und betriebswirtschaftlichen Zwängen setzt IT-Anwender dem Druck aus, ihre eigene, selbstentwickelte Software regelmäßig zu erneuern. Eine Alternative dazu besteht darin, die Software komplett neu zu entwickeln. Das ist jedoch teuer und risikoreich. Es setzt außerdem voraus, dass das Wissen über die Funktionalität der Software noch vorhanden ist: Diese Voraussetzung ist jedoch nicht immer erfüllt. Eine weitere Alternative ist die Sanierung der Software im Rahmen der bestehenden Umgebung. Wenn aber diese Umgebung selbst veraltet ist, macht das wenig Sinn, da man bald an Grenzen stößt. Eine dritte Alternative ist die Migration der Software in eine andere, vermutlich bessere Umgebung bzw. auf eine zeitgemäße Plattform, die es dem Anwender ermöglicht, die Fortschritte in der Rechner- und Kommunikationstechnologie besser auszunutzen und schneller und kostengünstiger auf neue fachliche Anforderungen zu reagieren.

Viele Anwendungssysteme sind für die Anwender ohne geschäftskritische Relevanz, nach Nicolas Carr sind sie lediglich »Commodity« [Carr03]. Es kommt weniger darauf an, wie sie funktionieren, sondern vor allem, dass sie funktionieren. Dennoch müssen auch solche Systeme gepflegt werden, um am Leben zu bleiben, und irgendwann stirbt das Pflegepersonal aus. Junge Entwickler sind kaum bereit, sich in alte Sprachen und alte Umgebungen einzuarbeiten. Somit drohen viele dieser alten »Commodities« zu verwaisen, wenn sie nicht in eine neue Sprache und eine neue Umgebung versetzt werden. Dies ist ein weiterer Grund für die Softwaremigration, der von den zuständigen IT-Managern immer häufiger genannt wird: »Wir finden kein Personal mehr, um das alte System zu pflegen.« Ergo bleibt gar nichts anderes übrig, als das alte System neu zu entwickeln oder zu migrieren.

Gerade jetzt, zu einer Zeit, in der die erste Entwicklergeneration die Bühne verlässt, ist das Thema Migration aktueller denn je. Sämtliche Eigenentwicklungen der 70er- und 80er-Jahre des letzten Jahrhunderts stehen zur Disposition. Wenn sie nicht durch Standardsoftware zu ersetzen sind und weiter gebraucht werden, können sie nur neu entwickelt oder migriert werden. Da Zeit und Mittel für eine Neuentwicklung häufig fehlen, bleibt oft nur die Migration als Lösung übrig.

In dieser Hinsicht ähnelt Software der Atomkraft: Sie kann richtig angewandt sehr nützlich sein, birgt aber auch große Gefahren in sich. Die Hauptgefahr besteht darin, sich davon nicht wieder befreien zu können. Auch wenn es gelingt, die alte Lösung in eine neue technische Umgebung zu übertragen, bleibt diese alte Lösung samt suboptimaler Algorithmen und Datenstrukturen erhalten. Besonders nachteilig ist die Tatsache, dass das Wissen, das hinter diesen Algorithmen und Datenstrukturen steckt, ein für alle Male verloren ist. Sofern es keine aktuelle Dokumentation gibt, die fast immer fehlt, ist es wegen der Benennung von Daten und Funktionen im Code und der mangelhaften Kommentierung schier unmöglich, dieses Wissen wiederzugewinnen. Man kann zwar die Lösung migrieren, aber das Problem, das sie löst, bleibt verborgen. Die Legacy-Falle ist deshalb viel gefährlicher, als es die meisten Softwareanwender wahrhaben wollen. Das Motto der ersten internationalen Konferenz zum Thema »Software Reengineering« im Jahr 1993 hieß »Given the solution, what is the problem«. Diese Frage ist bis heute unbeantwortet.

Dieses Buch ist für alle gedacht, denen eine Migration bevorsteht. Sie müssen begreifen, dass es nicht möglich ist, einen Esel in ein Rennpferd zu migrieren. Dennoch: Vor die Wahl gestellt, zu Fuß zu gehen oder auf einem Esel zu reiten, werden sie den Esel vorziehen. Eine Migration ist in der Tat nur eine Notlösung, verbunden mit vielfältigen Qualitätsabstrichen und faulen Kompromissen. Aber sie ist preiswert, zügig zu erledigen und relativ risikolos. So gesehen ist sie die geeignete Lösung für Anwender, die Zeit gewinnen wollen, bis sie sich eine neue Lösung leisten können.

Danksagung

Die drei Autoren möchten einen besonderen Dank an Herrn Professor Dr. Andreas Winter aussprechen. Er hat die Diplomarbeit von Frau Wolf an der Universität Koblenz-Landau betreut und viele wichtige Impulse zur Entstehung des Buches gegeben. Da das Buch aus dieser Diplomarbeit hervorgegangen ist, ist er als Geburtshelfer des Buches anzusehen. Frau Heilmann hat als Herausgeberin schon frühere Fassungen des Manuskripts redigiert, ehe sie als Mitautorin eingestiegen ist. Ihr danken die anderen beiden Autoren, dass aus jenem Manuskript endlich ein Buch geworden ist.

Harry M. Sneed, Ellen Wolf, Heidi Heilmann
Arget, Kobern-Gondorf, Überlingen im Februar 2010

Inhaltsübersicht

Inhaltsverzeichnis

1 Einleitung zum Thema Softwaremigration

1.1 Die Motivation für Softwaremigration

Das Thema »Softwaremigration« ist ein Evergreen. Es ist immer aktuell, unabhängig davon, welche Softwaretechnologie gerade vorherrscht. Sicher ist: Auch die aktuelle Technologie wird nicht von langer Dauer sein. Wer schon länger mit der IT zu tun hat, wird wissen, dass Migration ein wiederholtes Ereignis bei jedem Anwender ist. Es tritt immer dann auf, wenn Hardware oder Software ausgetauscht werden, und dies ist recht häufig. Wenn sich in der IT-Umgebung etwas ändert, zieht dies andere Änderungen nach sich. Dieser Änderungsprozess findet in immer kürzeren Intervallen statt. Für den, der mit der IT weniger vertraut ist, mag es zunächst seltsam erscheinen, dass diese Welt so sehr mit sich selbst beschäftigt ist. Es werden Unsummen von Geld investiert, um den IT-Betrieb auf dem neuesten Stand zu halten, oft mit fragwürdigem Nutzen für die Benutzer. Die Antwort auf die Frage, warum dies so ist, hat mit der instabilen Natur dieser jungen Industrie zu tun.

Die IT-Industrie ist ständig auf der Suche nach sich selbst. Sie ist eine Kombination mehrerer Technologien – der Computer-, der Kommunikations-, der Speichertechnologie und nicht zuletzt der Softwaretechnologie. Wenn sich nur eine dieser Technologien ändert, sind die anderen mit betroffen. Wir wissen von Moore's Law, dass die Kapazität der Rechner sich alle 18 Monate verdoppelt, und dies seit Jahren [Glas99]. Die Kommunikationstechnologie verhält sich ähnlich. Seit der Verbreitung der Internetnutzung hat sich die Netzwerkkapazität um das Hundertfache vermehrt. Die Massenspeichertechnologie hat ihren eigenen Lebenszyklus und verdoppelt ihre Leistung alle zwei Jahre. Heute ist es möglich, im gleichen Speicherraum 10-mal so viele Daten zu speichern wie vor 20 Jahren. Die langsamste der IT-Technologien ist die Softwaretechnologie, die sich nur alle fünf Jahre verändert. Neue Sprachen und Entwurfsparadigmen setzen sich relativ zu den »härteren« Technologien nur deshalb so langsam durch, weil die Anwender sie erst erlernen müssen, und das dauert länger. Der Mensch bremst also die Softwareinnovation.

Die Anwendersysteme stützen sich auf die IT-Technologien und veralten in dem Maße, wie sie hinter die Möglichkeiten dieser Technologien zurückfallen. Sie werden dadurch im Laufe der Zeit mit dem Stand der anderen Technologien inkompatibel. Die Basissoftwarehersteller müssen immer mehr Aufwand betreiben, um die Rückwärtskompatibilität zu früheren Technologien aufrechtzuerhalten. Deswegen sind sie bemüht, die Anwender zur Übernahme der neuen Technologien zu bewegen. Welchen Nutzen der Anwender davon hat, ist eine andere Frage. Ein Paradebeispiel dafür ist das Thema SOA (serviceorientierte Architektur). Es sind nicht die Anwender, die danach rufen; sie haben noch genug damit zu tun, die Webtechnologie zu verdauen. Es sind die Softwareanbieter, vor allem die Applikationsanbieter, die den Anwendern diese neue Technologie regelrecht aufdrängen, weil es für sie bequemer und günstiger ist, einzelne Services bereitzustellen als komplette automatisierte Anwendungen in vielfachen Variationen [Andr04].

Die IT-Industrie muss die Weiterentwicklung ihrer Technologien finanzieren, also müssen sie verkauft werden. Die Anwender werden in ihrer Rolle als Abnehmer mit allen Regeln der Werbekunst beeinflusst (wobei die Fachpresse als williges Instrument der Industrie eine nicht unerhebliche Rolle spielt) und zuletzt mit Drohungen zur Einstellung der Wartung und Erhöhung der Wartungsgebühren bewegt, die neuen Technologien anzunehmen. Wenn das geschieht, steht eine Migration vor der Tür. Wenn es nach dem Willen der IT-Industrie ginge, würden die Anwender ihr ganzes Anwendungsportfolio alle fünf Jahre komplett ersetzen. Da sich dies aber kein Anwender leisten kann, bleibt ihm – um mit der fortschreitenden Technologie Schritt zu halten – nur übrig, seine alten Anwendungssysteme in die neueste technologische Umgebung zu versetzen bzw. zu migrieren [McDo02].

Softwaremigration ist deswegen das Schicksal der IT-Anwender. Sie werden damit konfrontiert, solange sie auf IT-Technologien angewiesen sind. Nur wenn die Anwendungssysteme völlig isoliert gegenüber ihrer technischen Umgebung wären, könnten sie so bleiben, wie sie sind, auch wenn die Umgebung sich wandelt. Dies ist seit jeher ein Qualitätsziel der Informatik gewesen, hat aber wenig Unterstützung durch die Industrie gefunden. Dieses Ziel steckt hinter Begriffen wie Portabilität, Interoperabilität, Konvertibilität und Wiederverwendbarkeit, die nie richtig verwirklicht worden sind. Durch die Trennung der Benutzerinteraktion von der Geschäftslogik und dieser wiederum von der Datenhaltung, also durch eine wohldurchdachte Systemarchitektur, kam man dem Ziel näher, zumindest einen Teil der Software vor Veränderungen in der Umgebung abzuschotten. Aber auch das haben bisher noch nicht alle Anwender erreicht.

Der Großteil der IT-Anwender unterliegt dem Modezwang der IT-Industrie, Neues auszuprobieren. Hinzu kommt die Notwendigkeit, Software möglichst schnell und bequem zu entwickeln. Dazu müssen die letzten Sprachen und der letzte technische Schnickschnack verwendet werden – und prompt sitzen die

Anwender in der Technologiefalle. Ihre Software ist nur so lange betriebsfähig, bis die nächste Technologiewelle (siehe Abb. 1–1) über sie hinwegrollt [Stra98]. Spätestens dann steht die nächste Migration vor der Tür.

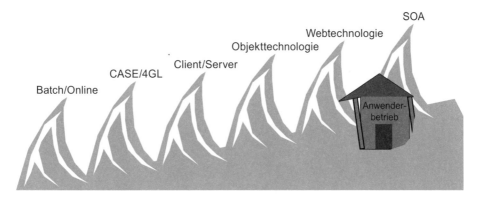

Abb. 1–1   *Wellen der Veränderung*

Jede Technologiewelle hinterlässt Strandgut am Ufer, für das die Softwarewelt den Begriff »Legacy-Systeme« geprägt hat; diese Systeme sind mit den Technologien der letzten oder vorletzten Welle entstanden. Da diese Technologiewellen immer schneller aufeinander folgen, häuft sich das Strandgut. Inzwischen liegt die Halbwertszeit eines Softwareprodukts bei weniger als fünf Jahren. Anwendungssoftware gehört also nach etwa fünf Jahren zu den Legacy-Systemen, ist veraltet und wird immer mehr zu einer Last. Es ist schwierig, diese alten Systeme mit den neuen zu verbinden, es ist aufwendig, sie fortzuschreiben, und es ist mühsam, sie zu korrigieren. Es ist auch nicht einfach, Personal zu finden, das sich damit befassen will. Für junge Informatiker gibt es nichts Schlimmeres, als sich mit alten Technologien herumzuplagen, nur wenige haben einen ausgesprochenen Hang zur Softwarearchäologie. Diese und andere Sorgen plagen Anwender und Benutzer alter Softwaresysteme. Sie sitzen in der sogenannten Legacy-Software-Falle [Snee02a]. Auswege aus dieser Falle sind mit hohen Kosten verbunden. Anwender können (siehe Abb. 1–2)

- das alte System beibehalten wie bisher,
- das alte System in eine moderne Umgebung migrieren,
- das alte System in einer modernen Umgebung neu entwickeln,
- das alte System durch Standardsoftware ersetzen.

Jede Alternative hat ihre Vor- und Nachteile, die in der Folge erläutert werden. Der Schwerpunkt dieses Buches liegt auf der zweiten Alternative (»das alte System in eine moderne Umgebung migrieren«), denn das versteht die Fachwelt allgemein unter Softwaremigration. Dazu wird ein generischer Prozess definiert, der auf alle Migrationsprojekte anwendbar und an sie anpassbar ist. Die Methoden,

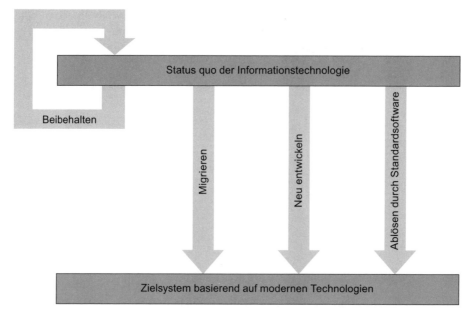

Abb. 1–2   *Alternative Auswege aus der Legacy-Falle*

Techniken und Werkzeuge, die zu einer solchen Migration gehören, werden beschrieben. In Kapitel 7 schaffen Fallstudien die Verbindung zur betrieblichen Migrationspraxis.

1.2   Zum Zustand der IT in der betrieblichen Praxis

Zu Beginn des 21. Jahrhunderts ist der Stand der IT in vielen Unternehmen alles andere als zufriedenstellend. Neue Technologien wurden zwar eingeführt, aber die alten Systeme blieben. Für ihre Ablösung fehlen Zeit und Geld. Da die Altsoftware sich über die Jahre akkumuliert, macht sie einen immer größeren Anteil des gesamten Softwarebestandes der Anwenderunternehmen aus. Demzufolge kann man den heutigen Status quo der IT in vielen Unternehmen als archaisch bezeichnen [SnSn03]. Kennzeichnend dafür ist eine Aussage in der Zeitschrift »IEEE Computer«, wonach die Chinesen gegenüber dem Westen im Vorteil seien, weil sie keine alten IT-Systeme zu erhalten hätten; sie könnten gleich damit beginnen, ihre Anwendungen mit den neuesten Technologien zu implementieren [Meye06].

Diese Aussagen treffen vor allem für große Unternehmen zu, die langjährige Computeranwender sind. Typische Beispiele hierfür sind Finanzdienstleister, Handelsfirmen und Behörden. Sie verharren nicht selten auf der Technologie der 70er- oder 80er-Jahre. Gleichzeitig ist ihre IT als Folge der Technologieevolution zu einer bunten, heterogenen Landschaft gewachsen, die sich aus einzelnen Insellösungen zusammensetzt. Anwendungen, die in Assembler, COBOL, PL/1 oder 4GL-Sprachen implementiert sind und auf Mainframe-Systemen laufen, sind in diesem Marktsektor eher Normalfall als Ausnahme. Die Daten sind oft noch in hierarchischen, netzwerkartigen oder bestenfalls semirelationalen Datenbanken gespeichert. Die Steuerung der Programme erfolgt nicht durch benutzerfreundliche grafische Oberflächen, sondern häufig noch über text- bzw. zeichenbasierte Bildschirmmasken. Grafische Benutzungsschnittstellen werden allenfalls über Emulation der alten Bildschirmmasken auf eine grafische Benutzungsoberfläche realisiert [SnSn03].

Parallel zum Entstehen dieses Rückstaus im Anwendungsportfolio hielt ab Mitte der 90er-Jahre die große Business-Process-Reengineering-Welle weltweit Einzug in die Unternehmen. Noch heute ist BPR das Mittel der Wahl zur Erhöhung der organisatorischen Effizienz und Flexibilität. Organisatorische Umstellungen können jedoch nur so erfolgreich sein, wie es die IT-Unterstützung der daraus resultierenden Geschäftsprozesse zulässt. Beim Business Process Reengineering (BPR) hat sich die Informations- und Kommunikationstechnologie als unentbehrliches Hilfsmittel und Medium erwiesen [Lehn99]. Wenn sie jedoch nicht mitzieht, bleibt der Nutzen des Business Process Reengineering gering.

Reorganisation steht somit in unmittelbarem Zusammenhang mit technologischen Änderungen. Betrachtet man die Wechselwirkung zwischen Technologie und Organisation, lässt sich feststellen, dass fehlende technologische Anpassung oder gar IT-Stagnation in den meisten Fällen zum Scheitern von Business-Process-Reengineering-Projekten führt. Die veraltete IT wirkt als Bremse bei der Einführung neuer Geschäftsprozesse und damit bei der Weiterentwicklung der Unternehmen.

Daneben fordert auch das Internetzeitalter seinen Tribut. Angesichts des gegenwärtigen Trends zum E-Business und damit zur webbasierten Informationstechnologie gelten selbst heute noch modern erscheinende Systeme bereits als Legacy. Das bedeutet, dass nicht nur Code-Oldies, die auf veralteter Hard- und/oder Systemsoftware laufen, als Legacy-Systeme bezeichnet werden können, sondern alle Systeme, die auf einer früheren Technologie basieren als der gegenwärtig aktuellen [SnSn03]. Selbst die Client/Server-Systeme der 90er-Jahre können demzufolge bereits als überholt bezeichnet werden [Snee02b]. Um auf den Zug der Zukunft aufspringen zu können, muss die IT-Landschaft eines Unternehmens in ständiger Bewegung bleiben.

Obwohl der Einsatz bestehender Legacy-Systeme mit beträchtlichen Problemen verbunden ist, sind viele Unternehmen nicht dazu bereit, die notwendigen technischen Hürden einer State-of-the-Art-Anpassung zu überwinden. Dies ist insbesondere und vor allem dann der Fall, wenn diese Systeme noch immer erfolgreich zur Aufrechterhaltung des laufenden Geschäftsbetriebs beitragen. Warum sollten die Anwender sich die Mühe machen, ihre doch noch funktionstüchtigen Systeme auf neue Technologien zu trimmen? Zur Beantwortung dieser Frage ist es zunächst sinnvoll, sich die Auswirkungen, die mit dem Einsatz eines Legacy-Systems verbunden sind, vor Augen zu führen und darüber hinaus die möglichen Alternativen des Anwenders für einen Technologiewechsel zu betrachten.

Der Einsatz von Computertechnologien über Jahre, ohne sich den Herausforderungen des technologischen Wandels zu stellen, hat in den meisten Fällen zu großen, komplexen Gebilden geführt, die nur noch mit unverhältnismäßig großem Aufwand zu erhalten und fortzuschreiben sind. Mittlerweile werden über 60 Prozent des IT-Budgets langjähriger Anwenderunternehmen (also jener, die eigene IT-Systeme seit mehr als zehn Jahren betreiben) dazu verwendet, die bestehenden Systeme im Betrieb zu halten [KaZh05]. Dies spiegelt sich in der häufig zitierten Wartungskrise wider, die in [SePlLe03] als Legacy Crisis bezeichnet wird. Danach übersteigt der Anteil an den Softwarekosten, der für die Erhaltung und Weiterentwicklung anfällt, den der Neuentwicklung deutlich.

In Anbetracht solcher Erblasten und aufgrund neuer rechtlich oder geschäftlich bedingter Anforderungen wie Basel II, die tiefe Eingriffe in die Software erfordern, werden Anwender notwendigerweise zum Umdenken gezwungen. Die Kluft zwischen der Leistungsfähigkeit bestehender Systeme und den an sie gestellten Anforderungen wird zunehmend größer und kann sich direkt auf die Existenzfähigkeit der Unternehmen auswirken. Gefahr droht von jenen Konkurrenzunternehmen, denen es gelingt, sich von ihren Altlasten zu befreien und die Vorteile neuer Technologien zu nutzen (siehe Abb. 1–3).

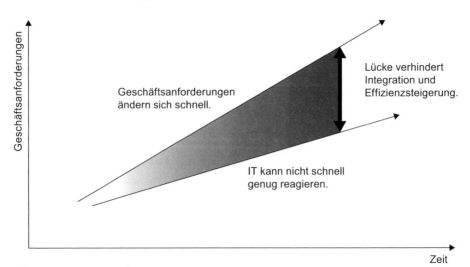

Abb. 1–3   *Der Anwendungsstau*

Die Herausforderungen der sich immer schneller verändernden Marktbedingungen legen den Einsatz flexibler und effizienter Systeme nahe, Maßnahmen zur Sicherstellung einer zukunftsfähigen IT im Unternehmen scheinen unumgänglich. Die heute mehr denn je geforderte Integration und Effizienzsteigerung stehen dabei in direktem Zusammenhang mit der Leistungsfähigkeit der eingesetzten

Systeme. Solange die strategischen Bereiche eines Unternehmens von veralteten Systemen und Rechnern getragen werden, lässt sich diese Zielsetzung nur schwer realisieren.

Mit diesen Erkenntnissen rücken State-of-the-Art-Technologien wie

- neuere Hardwaretechnologien (Cloud Computing, webbasierte Plattformen),
- neuere Softwareentwicklungsparadigmen (objektorientiertes Programmier-paradigma, Aspektorientierung),
- Middleware-Ansätze (WebSphere, NetWeaver),
- Webtechnologien (Java, EJB, XML, J2EE, .Net) und
- serviceorientierte Architekturen (SOA)

in den Mittelpunkt des Interesses.

1.3   Alternativen zur Bewältigung von Altlasten

Obwohl moderne Technologien Integration und Effizienzsteigerung versprechen, ist der Übergang zu ihnen alles andere als einfach. Dabei stellt sich zunächst die Frage nach einer optimalen Lösungsstrategie, mit der sich ein Unternehmen von seinen Erblasten befreien und in eine moderne Umgebung wechseln kann. Dabei steht eine Migration in Konkurrenz zur Beibehaltung des Altsystems, zur totalen Neuentwicklung auf der grünen Wiese oder zum Einsatz von Standardanwen-dungssoftware [SnSn03, Borc95, Coll04].

Im Falle einer Beibehaltung des Altsystems bleibt dieses in der gewohnten Umgebung und unterliegt den üblichen Erhaltungs- und Weiterentwicklungsakti-vitäten. Das Unternehmen spart die Kosten einer – nicht notwendigerweise erfor-derlichen – Umstellung. Die Vorzüge dieser pessimistischen Strategie werden in [SnSn03] anhand konkreter Praxisbeispiele veranschaulicht, die primär einen unnötigen Technologiewechsel thematisieren. Danach hält nicht jede neue Tech-nologie ein, was sie an Nutzen verspricht. Integration und Effizienzsteigerung las-sen sich leider erst nach einer Umstellung konkret messen, und niemand weiß vorher, ob er nicht Opfer einer irreführenden Marketingkampagne wird.

Diesen Vorzügen stehen allerdings gewichtige Einschränkungen gegenüber. Konkurrenzvorteile sind aufgrund der beschränkten Möglichkeiten der System-änderung im Rahmen von Erhaltung und Weiterentwicklung nur schwer umsetz-bar. Bedingt durch die vielfältigen korrektiven und adaptiven Maintenance-Aktivitäten, die sich über den gesamten Lebenszyklus eines Softwaresystems erstrecken, weisen alte Systeme eine zunehmende strukturelle Degeneration (Soft-ware-Entropie) auf. Die damit verbundene steigende Komplexität geht einher mit sinkender Qualität und steigenden Maintenance-Kosten. Seacord et al. weisen darauf hin, dass »the impact of many small changes can be greater than their sum« [SePlLe03]. Lehman und Belady haben mit ihren fünf Gesetzen der Softwareevolution belegt, dass steigende Komplexität und sinkende Qualität die Weiterentwicklung bremsen und langfristig zur Stagnation führen [LeBe85].

Die drei klassischen Alternativen zur Erhaltung der Aktualität von Softwaresystemen sind Neuentwicklung, Ablösung durch Standardanwendungssoftware und Migration in eine neue Umgebung.

1.3.1   Neuentwicklung

Die Neuentwicklung von Grund auf bedeutet »rewriting a legacy IS from scratch to produce the target IS using modern software techniques and hardware of the target environment« [BrSt93]. Für diese Lösungsstrategie hat sich nach [BrSt95, BrSt93] die Bezeichnung »Cold Turkey«-Ansatz durchgesetzt – ein Amerikanismus für den Sprung ins kalte Wasser. Eine Neuentwicklung dieser Art – basierend auf neuen Technologien – ist in der Regel zeitaufwendig, kostenintensiv und in der Einführung risikoreich.

Die Kosten solcher Entwicklungsprojekte sind in der Regel drei- bis viermal höher als die von Migrationsprojekten und – was noch stärker wiegt – im Vorfeld schwer abschätzbar. Gleichzeitig erreichen solche Projekte nur mit einer Wahrscheinlichkeit von 40 Prozent ihr Ziel [SnSn03]. Bei den übrigen 60 Prozent solcher Projekte wird die Software zu teuer und häufig zu spät oder sogar überhaupt nicht fertiggestellt [Snee97a]. Die Gründe liegen hauptsächlich in den langen Laufzeiten solcher Neuentwicklungsprojekte, die nicht selten mehrere Jahre beanspruchen. Während des Projektfortschritts ändern sich Technologien und die zu unterstützenden neuen Geschäftsprozesse. Bisbal et al. betonen beispielsweise in [BGOL97c] die Gefahr, dass das neue System – noch bevor es einsatzbereit ist – die Bedürfnisse des Unternehmens nicht mehr ausreichend abdeckt und die Technologie bereits »out of date« ist. Die Veränderungen der Geschäftsprozesse lassen sich über Change Requests nachziehen, die Veränderungen der Technologie müssen auf die nächste Migration warten.

Ein signifikantes Risiko besteht vor allem dann, wenn das neue System Unternehmens-Know-how integrieren soll, das über die gesamte bisherige Betriebszeit eingeflossen und sonst nirgendwo außerhalb der alten Systeme dokumentiert ist. Bei einer Neuentwicklung geht dieses Wissen mit dem alten Code verloren. Die Anwender merken bald, dass das neue System nicht alle gewohnten Funktionalitäten seines Vorgängers bietet und Anforderungen des Unternehmens nur unzureichend erfüllt [SePlLe03, Warr99, Borc95]. Ein weiteres Risiko besteht dann, wenn das neu zu entwickelnde Legacy-System mit anderen Systemen und Ressourcen interagiert. Sind diese Interaktionen nicht klar dokumentiert und verstanden, kann ein Fehler in der Neuentwicklung zu Fehlverhalten in den abhängigen Systemen führen [BGLO97c].

Dem stehen gewichtige Argumente gegenüber, die für eine Neuentwicklung sprechen. So kann ein System beispielsweise bei der Neuentwicklung um zusätzliche Funktionen erweitert werden, was in einer Steigerung des betriebswirtschaftlichen Nutzens resultiert. Gleichzeitig wird diese Produktivitätssteigerung durch die mögliche optimale Ausrichtung des Systems auf die neue Umgebung und die damit einhergehende bessere Ausnutzung der technischen Möglichkeiten weiter begünstigt [SnSn03]. Eine Neuentwicklung ist immer dann sinnvoll, wenn sowohl Zeit als auch finanzielle und personelle Ressourcen in ausreichendem Maße verfügbar sind, das Unternehmen sich von einem neuen und funktional erweiterten System hohen Nutzen verspricht und andere Optionen nicht zum Tragen kommen können.

1.3.2 Ablösung durch Standardanwendungssoftware

Der Einsatz von Standardanwendungssoftware (beispielsweise ERP-Systeme) ist dann empfehlenswert, wenn alle Geschäftsprozesse des Unternehmens mit geringer Anpassung (Customizing) damit abgedeckt werden können. In diesem Fall bildet die Ablösung des Altsystems durch Standardsoftware die einzige vernünftige Lösung [SnSn03]. Die Einführung von Standardanwendungssoftware ist nicht nur mit geringeren Basisinvestitionen (Lizenzen) verbunden, sondern verspricht gleichzeitig die dauerhafte Aktualität der Standardgeschäftsprozesse (z.B. Buchhaltung, Personalverwaltung), da die Software durch den Hersteller gewartet und weiterentwickelt wird.

Ist diese Strategie allerdings mit einem hohen Anpassungsaufwand verbunden, kann sie schnell zu höheren Kosten als eine Eigenentwicklung führen. Entweder muss dann die Standardanwendungssoftware mit hohen Customizing-Kosten den eigenen Geschäftsabläufen oder letztere müssen bei gleichzeitigem Verlust von potenziellen Wettbewerbsvorteilen an die Standardanwendungssoftware angepasst werden. Beides bringt Nachteile für das Unternehmen, denn oft sind die unternehmenseigenen Geschäftsprozesse maßgebend für Wettbewerbsvorteile [Coll04].

1.3.3 Migration der Altsysteme

Als pragmatischer Ausweg aus der Legacy-Software-Falle bietet sich die Weiterverwendung der bestehenden Software durch eine Migration an. Diese Rettung der bestehenden Funktionalität in eine neue Welt ist in der Regel die schnellste und billigste Lösung. Die Neuentwicklung eines vorhandenen Systems hat sich als teures und risikoreiches Unterfangen erwiesen. Auch eine einfache Reimplementierung ist nicht ohne Risiko und mit höheren Kosten verbunden, vor allem was den Test anbetrifft [Borc95, SnSn03]. Migration wird deshalb als »Commonsense solution to the legacy problem« gepriesen [BrSt95].

Auch wenn eine Migration ein gewisses Verständnis des alten Systems erfordert und durch teilweise versteckte Abhängigkeiten unvorhersehbare Seiteneffekte auslösen kann, stellt sie einen guten Ansatzpunkt für eine alternative Lösung dar. Gewichtige Argumente für eine Migration sind zum einen die Erhaltung des in der Legacy Software enthaltenen Business-Know-how sowie der Schutz der im Laufe der Jahre in die bestehenden Systeme geflossenen Investitionen [Haug05]. Zum anderen kann im Gegensatz zu einer Neuentwicklung von einem vorhandenen System mit messbarem Codeumfang ausgegangen werden, sodass eine zuverlässigere Aufwandsschätzung möglich ist. Eine solche Schätzung ist weitgehend automatisierbar und daher auch mit geringem Aufwand verbunden [Snee03b]. Hinzu kommt, dass Migrationsprojekte in der Regel zum Festpreis angeboten werden, was bei Neuentwicklungen seltener der Fall ist, weil bei diesen nicht alle Anforderungen und Probleme vorhersehbar sind.

Andererseits wird der Nutzen eines migrierten Softwaresystems nie so hoch sein wie der eines mit den Möglichkeiten der neuen Technologien neu konzipierten Systems. So ist im Zuge einer Migration zwar die Überführung in eine neue Umgebung möglich, doch bleibt die Funktionalität unverändert. Bei einer Migration handelt es sich nur um die neue Verpackung eines alten Inhalts.

Softwaremigration wird seit Jahrzehnten praktiziert. Dennoch – trotz massiver Forschungsarbeiten in den Bereichen Maintenance, Sanierung und Reengineering – ist das Gebiet der Systemmigration nur unzureichend von der Wissenschaft erschlossen. Das mag unter anderem daran liegen, dass Altlasten erst seit einigen Jahren als solche wahrgenommen werden [Aebi96]. Weitere Gründe sind die vielen Einschränkungen einer Migration sowie der Zwang, sich mit veralteten Technologien auseinanderzusetzen. Das alles macht das Thema für Forscher wenig interessant. Andererseits ist es für die Industrie aber von höchster Bedeutung. Mit diesem Buch soll das Thema »Migration« auch als Forschungsobjekt ins allgemeine Bewusstsein gerückt werden.

1.4 Migrationsstrategien

Wichtige Voraussetzung für die Wiederverwendung eines bestehenden Systems ist die Wahl einer geeigneten Migrationsstrategie. In diesem Zusammenhang sind namentlich Strategien zu erwähnen, die zur Transformation, Umstellung und Übergabe im Kontext eines Migrationsprojekts zum Einsatz kommen. Softwaremigration überführt bestehende Programme, Daten und Benutzungsschnittstellen in eine andere Form, damit sie in einer anderen Umgebung wiederverwendet werden können. Die Migrationsstrategie spezifiziert für jedes System, durch welche Technik die bestehenden Daten, Programme und Schnittstellen in die neue Umgebung versetzt werden. Grundsätzlich kann eine von drei alternativen Überführungs- bzw. Versetzungsstrategien Anwendung finden: Reimplementierung, Konversion und Kapselung (siehe Abb. 1–4).

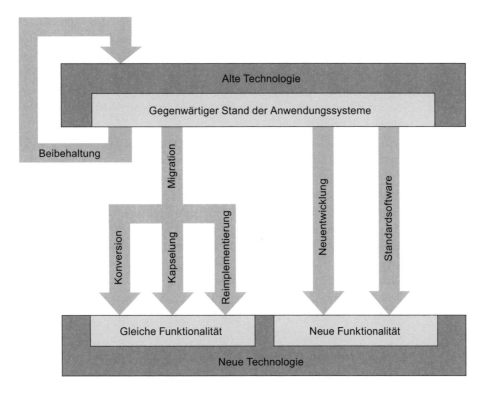

Abb. 1–4 *Mögliche Migrationspfade*

1.4.1 Reimplementierungsstrategie

Die Reimplementierung umfasst die Wiederverwendung aller aus dem Altsystem extrahierten Informationen zum Zweck der 1:1-Neucodierung des Systems für eine andere Umgebung [Borc95]. Im Gegensatz zum »Cold Turkey«-Ansatz, bei dem losgelöst vom bisherigen System ein neues erstellt wird, bildet hier das Altsystem die Ausgangsbasis. Seine Architektur bleibt erhalten, nur der Code ändert sich. Hierbei werden auch die Daten des Altsystems – wenn notwendig – in neue Strukturen übertragen. Funktionalität und Architektur der Altsoftware werden durch Reverse-Engineering-Techniken reproduziert. Die aus dem Altsystem rekonstruierten Artefakte dienen dann als Basis zur Reimplementierung [Snee01a]. Das Ableiten funktionaler Anforderungen aus dem Altsystem und deren Dokumentation bildet eine wesentliche Voraussetzung.

1.4.2 Konversionsstrategie

Konversion (auch: Konvertierung) bezieht sich auf die in der Regel automatisierte Transformation der Daten und/oder Programme in die für die Zielumgebung notwendige Form. Konversion setzt das Verständnis des Altsystems voraus, das teilweise mittels Reverse-Engineering-Techniken erreicht wird. Wer ein Altsystem in COBOL verstehen will, muss auch COBOL verstehen: Reverse Engineering setzt voraus, dass der Benutzer der Reverse-Engineering-Ergebnisse mit der dahinter liegenden Softwaretechnologie vertraut ist. Erst nach der Istanalyse erfolgt die eigentliche Umsetzung der Programme bzw. der Daten. Ein weiterer zu Konversion bzw. Konvertierung synonymer Begriff ist die sogenannte Whitebox Modernization [SePlLe03, CRSW00, NSTW97].

Angesichts der Tatsache, dass durch eine Konversion das Altsystem in neuer Form 1:1 in eine neue Umgebung überführt wird, bildet sie die reinste Form der Migration. Es gibt aber gewichtige Argumente, die eine Konversion nicht immer als vorteilhaft erscheinen lassen. Eine Transformation, ob von Code oder Daten, kann nur so gut sein wie das Werkzeug, das sie durchführt. Es ist nicht einfach, solche Werkzeuge zu entwickeln, und sie erfordern eine hohe Vorinvestition. Zu ihrer Amortisation muss die Menge der zu migrierenden Software groß genug sein. Eine manuelle Transformation wäre mit hohen Kosten verbunden, die an jene einer Reimplementierung herankommen. Deshalb kommt die Konversionsstrategie nur zum Tragen, wenn die Transformation der Programme und Daten wirklich weitgehend automatisiert durchgeführt werden kann [SePlLe03].

1.4.3 Kapselungsstrategie (Wrapping)

Bei der Kapselung bleiben Daten und Programme des Altsystems in ihrer ursprünglichen Umgebung. Sie werden dort von einem sogenannten Wrapper (einer Softwareschale) umhüllt, der das Altsystem kapselt und geeignete Zugriffsschnittstellen implementiert, über die das Neusystem auf die Dienste des Altsystems zugreifen kann. Die bei einer solchen Verbindung notwendige Übersetzung zwischen den verschiedenen Sprachen ist gleichfalls Aufgabe des Wrapper [SnSn03, Snee99b]. Ein zur Kapselung und zum Wrapping synonymer Begriff ist Blackbox Modernization [SePlLe03, CRSW00, NSTW97].

Im Gegensatz zur Konversion ist Kapselung eine Integrationstechnologie und kurzfristig gesehen die ökonomisch sinnvollste Methode der Weiterverwendung [Snee00a]. Eine Kapselung verlangt das Reengineering der Systemschnittstellen, während der Legacy-Code selbst weitestgehend unverändert bleibt. Konsequenzen sind minimales Risiko (da keine tiefen Eingriffe in die Software erfolgen) und minimaler Aufwand. So müssen z.B. nur die externen Schnittstellen des Legacy-Systems durch eine Analyse der Inputs und Outputs untersucht werden. Systeminterna wie Programme und Datenbanken können als Blackboxes betrachtet werden. Seacord et al. weisen in [SePlLe03] jedoch darauf hin, dass sich diese Vorzüge nur im Idealfall ergeben. Sie begründen ihre Einschränkung damit, dass sich Kapselung nicht immer als praktikabel erweise und außerdem ein entsprechendes Verständnis der Softwareinterna voraussetze.

Die Kapselungsstrategie hat deutliche Nachteile. Nicht nur, dass die Qualität der Lösung unverändert bleibt, ihre Performance leidet auch darunter. Sie gleicht einem Pflaster auf einer offenen Wunde ohne medikamentöse Versorgung. Sie hat aber zwei schwerwiegende Vorteile: Zum einen ist sie billig und zum anderen relativ risikolos. Dies begründet ihre Anziehungskraft für kurzfristig denkende Führungskräfte, die schnelle Erfolge vorweisen wollen oder müssen.

1.4.4   Auswahl einer geeigneten Strategie

Die hier separat dargestellten Migrationsstrategien kommen in Migrationsprojekten aus technischen und wirtschaftlichen Gründen oft in kombinierter Form zum Einsatz. In einem Bericht des Software Engineering Institute steht »in fact, a combination strategy is often the soundest and most cost-effective approach« [NSTW97]. Allerdings bezieht sich dieser Bericht auf Forschungsprojekte im amerikanischen Verteidigungsministerium, wo Geld keine so große Rolle spielt.

Theoretisch wäre es denkbar, für jede zu migrierende Komponente die jeweils angemessene Strategie zu wählen. Eine solche Entscheidung hinge im Wesentlichen von der Wiederverwendbarkeit, Konvertierbarkeit und allgemeinen Qualität der jeweiligen Komponente, der angestrebten Qualität des Neusystems und der betriebswirtschaftlichen Bedeutung der Komponente ab. Dies zu determinieren, wäre Aufgabe einer Portfolioanalyse. Gleichfalls wären aber auch die vorhandene Zeit bis zur Ablösung, die Anzahl der einsetzbaren Mitarbeiter und letztlich natürlich auch das zur Verfügung stehende Budget wichtige Einflussfaktoren.

In der Praxis werden alle Komponenten aus Kostengründen meist nach der gleichen Strategie umgesetzt [GiWi05]. Die Kosten einer differenzierten Migration sind höher, weil diese das Migrationsprojekt zwingen würde, quasi parallele Fertigungsstraßen aufzubauen.

1.5   Umstellungs- und Übergabestrategien

Neben der Entscheidung über die jeweils geeignete(n) Migrationsstrategie(n) ist die Form der Umstellung und Übergabe (Cut over) des migrierten Systems festzulegen. Unter Umstellung ist hier die Transformation der Software zu verstehen, mit Übergabe ihre Auslieferung. Umstellung und Übergabe bedingen sich in der Regel gegenseitig. Die Umstellungsstrategie bezieht sich auf die Festlegung der Art, nach der das zu migrierende Legacy-System umgesetzt werden soll. Grundsätzlich differenziert man zwischen einer inkrementellen (schrittweisen) und einer Big-Bang- (ganzheitlichen-) Umstellung. Die Übergabestrategie legt, mitbestimmt von der gewählten Umstellungsstrategie, fest, wie die Übergabe (Cut over) des migrierten Systems und damit zusammenhängend die Ablösung des Legacy-Systems erfolgt. Hier wird unterschieden, ob das migrierte System als Gesamtheit zu einem bestimmten Termin oder schrittweise in den operativen Einsatz übergeben wird. Im Hinblick auf die Ablösung des Altsystems durch das Neusystem finden sich in der Literatur mehrere alternative Übergabestrategien, die alle ihre eigene Charakteristik aufweisen. So liegt jeder Strategie ein eigener Kompromiss zwischen der Minimierung des generellen Fehlerrisikos bei der Übergabe und des zusätzlich durch die Komplexität der Strategie bedingten Risikos zugrunde [BGLO97c].

In der Veröffentlichung von Brodie und Stonebraker [BrSt95] werden zwei Strategieansätze – inkrementell und Big Bang – miteinander verglichen. Die Big-Bang-Umstellung (oder Punktumstellung) geht mit einer Big-Bang-Übergabe einher. Die inkrementelle Paketumstellung bedingt grundsätzlich auch eine inkrementelle Übergabe in Form einzelner, aufeinander folgender Komponentenablösungen. Eine inkrementelle Umstellung mit Paralleleinsatz wird in [BGLW99] vorgeschlagen; diese Umstellungsstrategie ist mit einer Big-Bang-Übergabe assoziiert. Borchers et al. ergänzen die Möglichkeiten in [BoHi98, Borc93] um eine weitere Strategie, die Langfristumstellung, bei der die migrierten Pakete inkrementell übergeben werden. Eine Übergabe stellt sich dabei weitaus komplexer dar als ein einfaches Umschalten vom Alt- auf das Neusystem. Die Herausforderungen liegen im Wesentlichen in der Minimierung der Risiken in Bezug auf ein Fehlverhalten des Neusystems und die damit verbundene Möglichkeit einer Rückkehr zum Altsystem (Fallback) als Sicherheit für einen potenziellen Zielsystemausfall [BrSt95].

Gleichzeitig muss während der Dauer des Migrationsprojekts die parallele Aufrechterhaltung des Normalgeschäfts, d.h. die Kontinuität der IT-Dienstleistung, gewährleistet sein. Dies ist insbesondere bei betriebskritischen Systemen der Fall, deren gesamte Funktionalität – einschließlich der Daten – über die Projektlaufzeit einsatzfähig bleiben muss [BrSt95].

1.5.1   Punktumstellung und Punktübergabe (Big Bang)

Die Punktumstellung bezieht sich, wie in Abbildung 1–5 dargestellt, auf die zunächst vollständige Abarbeitung des gesamten Softwareportfolios in einem möglichst kurzen Zeitraum mit anschließender Ablösung des Altsystems auf einen Schlag durch das Neusystem. In [BGLW99] wird für die Punktumstellung die synonyme Bezeichnung Cut-and-Run-Strategie verwendet. Das Ablösen eines Altsystems durch ein Neusystem in einem Schritt ist mit gravierenden Nachteilen verbunden. Bisbal et al. weisen in [BGLW99, BGLO97c] insbesondere auf das mit dieser Strategie verbundene hohe Risiko hin: Der Informationsfluss im Unternehmen nach der Umstellung basiert auf einem unerprobten und somit potenziell unzuverlässigen System. Auch Borchers betont in [Borc93] ein hohes Produktionsrisiko und kommt zu der Schlussfolgerung, dass eine Big-Bang-Umstellung für große Migrationsprojekte nicht zu empfehlen ist. In Deutschland, wo man etwas vorsichtiger handelt als in Amerika, findet die Punktumstellung in abgeschwäch-

ter Form statt: Hier erfolgt ein begrenzter Piloteinsatz des Neusystems an einem
Ort mit ausgewählten Anwendern, dem dann ein schrittweises Rollout folgt. Das
Hauptargument für die Big-Bang-Umstellung sind – bei korrekter und erfolgrei-
cher Transformation – die reduzierten Gesamtkosten der Migration. So muss bei-
spielsweise das Gesamtsystem nur einmalig getestet und übergeben werden
[SePlLe03].

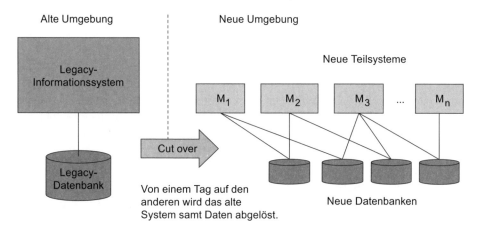

Abb. 1–5   *Punktumstellung*

1.5.2   Langfristumstellung

Bei der Langfristumstellung werden jeweils nur die Softwarekomponenten bearbeitet und in die neue Umgebung übernommen, die ohnehin im Rahmen der normalen Wartungsaktivitäten zur Änderung angefasst werden müssen [Borc93,
BoHi98]. Die restlichen Komponenten bzw. diejenigen, die unverändert bleiben,
werden erst bei Bedarf für die Zielumgebung umgestellt.

   Die Eignung einer Langfristumstellung ist, primär aufgrund technischer Re-
striktionen, auf rein technische und unkomplizierte Migrationsaufgaben beschränkt.
Ein typisches Beispiel ist nach [BoHi98] die Umstellung auf eine neue Compiler-
version. Betrachtet man dagegen eine Datenumstellung, so ist aufgrund der dann
notwendigen umfassenden Bearbeitung aller betroffenen Softwarekomponenten
leicht ersichtlich, dass eine Langfristumstellung nicht infrage kommt [Borc93].

   Eine nicht unwesentliche Gefahr bei dieser Strategie liegt in der extrem langen Projektlaufzeit, die sich zu einer unendlichen Geschichte [Borc93] hinziehen
kann. So ist eine Langfristumstellung in der Regel immer damit verbunden, dass
noch nach Jahren Legacy-Komponenten übrig bleiben, die irgendwann doch
noch bearbeitet werden müssen [BoHi98].

1.5.3   Inkrementelle Paketumstellung

Bei paketorientierter Vorgehensweise wird das Altsystem inkrementell durch das
Neusystem abgelöst. Hierzu wird das gesamte zu bearbeitende Softwareportfolio
in überschaubare – aber notwendigerweise voneinander unabhängige – Pakete
zerlegt, die nacheinander, in einer bestimmten Reihenfolge und einem überschaubaren Zeitraum, bearbeitet werden. Eine anspruchsvolle Migrationsaufgabe ist
nach [Borc93, BoHi98] im Vergleich zur Big-Bang- oder zur Langfristumstellung
nur mit der inkrementellen Paketumstellung beherrschbar. Das Aufbrechen des
gesamten zu migrierenden Portfolios in eine überschaubare Menge von getrenn-
ten Paketen, die schrittweise überführt werden können und so zu einer Risikominimierung innerhalb der Umstellungsphase führen, ist eine der Stärken dieser
Strategie [BGLO97c, BoHi98]. Die Risikominimierung resultiert beispielsweise
aus den Erfahrungen der ersten Umstellungen, die in die nachfolgenden Umsetzungen einfließen können. Darüber hinaus sind kleinere Schritte typischerweise
besser handhabbar und leichter zu evaluieren [SePlLe03].

Andererseits ist die inkrementelle Paketumstellung mit einem höheren Pla-
nungs- und Koordinationsaufwand verbunden. Zum einen stellt die Bildung voneinander unabhängiger Pakete eine erhebliche Herausforderung dar. Zum anderen führt die technische Kopplung zwischen beiden Systemen zu einer höheren
Komplexität bei der Umstellung [BrSt95, BGLO97c].

Die Paketbildung bildet den kritischen Faktor bei dieser Form der Umstellung. Hierzu müssen alle bestehenden Abhängigkeiten, auch die nicht direkt
erkennbaren, sowohl in fachlicher als auch in technischer Sicht identifizierbar
sein [BoHi98]. Sowohl Anwendungen als auch Daten in (funktional) unabhängige Pakete zu zerlegen, die dann nacheinander migriert werden können, ist eine
äußerst anspruchsvolle Aufgabe. Diese wird zusätzlich erschwert durch den typischerweise monolithischen und unstrukturierten Charakter bestehender Legacy-
Systeme [BGLO97b]. In solchen Fällen kann die Bildung voneinander unabhängiger Pakete sogar unmöglich zu realisieren sein, sodass entweder geeignete Entkopplungsmechanismen [BoHi98] implementiert werden oder Komponenten in
beiden Systemen (als Kopien) existieren müssen [BrSt95]. Eine Auflistung der bei
der Paketbildung zu beachtenden Aspekte gibt [BoHi98].

Die Paketumstellung findet in zwei Varianten Einsatz, die im Hinblick auf die
während des Migrationsprojekts existierende Systemarchitektur divergieren: Es
sind die inkrementelle Paketumstellung mit Komponentenersatz und die inkrementelle Paketumstellung mit Paralleleinsatz.

1.5.4 Inkrementelle Paketumstellung mit Komponentenersatz

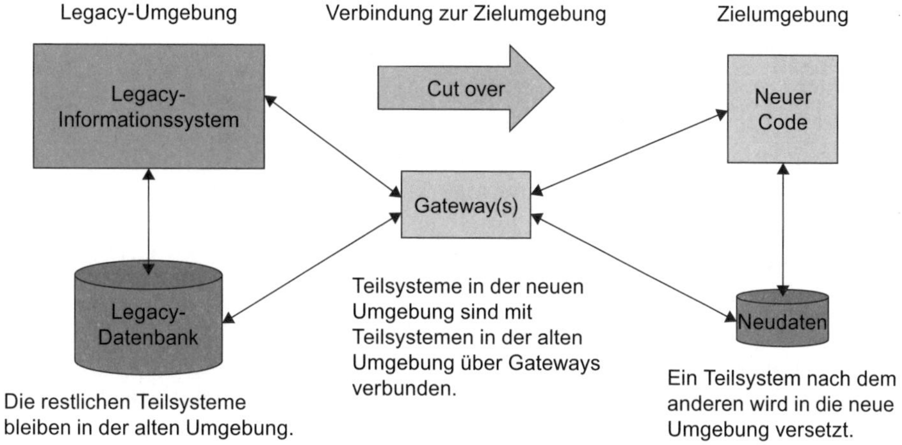

Abb. 1–6 *Inkrementeller paketweiser Übergang*

Jeder Übergabeschritt resultiert, wie Abbildung 1–6 darstellt, in einem Austausch der Komponenten des Legacy-Systems durch korrespondierende Komponenten im Zielsystem; das Altsystem schrumpft, das Zielsystem wächst [BGLO97b]. Angesichts dieser inkrementellen Vorgehensweise wird die Paketumstellung im Vergleich zur Big-Bang-Umstellung häufig auch als sanfte Migration bezeichnet [GiWi05].

Während der Dauer des Migrationsprojekts besteht das im Einsatz befindliche Gesamtsystem aus einer Kombination von Ziel- und Legacy-System. Die erforderliche Interoperabilität der beiden Systeme wird durch den temporären Einsatz von Gateways (Datenaustauschbrücken) sichergestellt [BGLO97a, BrSt95]. Ein Gateway ist ein Stück Kommunikationssoftware, »a module introduced between operational software components to mediate between them and to translate requests and data between the mediated components« [BrSt95]. Gateways übernehmen im Wesentlichen drei Funktionen:

- Sie isolieren Komponenten, an denen Veränderungen vorgenommen werden, von den restlichen Komponenten.
- Sie übersetzen Nachrichten zwischen Legacy- und Zielkomponenten.
- Sie koordinieren zwischen den Komponenten und implementieren die zur Konsistenzerhaltung zwischen den beiden (heterogenen) Systemen notwendigen Mechanismen.

Die Kopplung zwischen schon bearbeiteten und noch nicht bearbeiteten Komponenten resultiert in einer heterogenen Umgebung mit verteilten Anwendungen und verteilten Datenbanken. Die notwendigerweise zur Interoperabilität eingesetzten Gateways führen zu einer nicht unerheblichen Komplexitätssteigerung bei der

Umstellung. Eine wesentliche technische Herausforderung liegt vor allem in der Koordination von Abfragen (Queries) und Updates hinsichtlich replizierter Daten und Funktionen [BrSt95]. Die hierfür zusätzlich erforderlichen Maßnahmen beziehen sich auf das Management von Transaktionen sowie auf die Wahrung der Konsistenz replizierter Daten in verteilten Datenbanken [BGLO97c, BrSt95]. Brodie und Stonebraker [BrSt95] beschreiben die hieraus resultierenden Konsequenzen folgendermaßen: »Update consistency across heterogeneous information systems is a much more complex technical problem with no general solution.«

Zusammenfassend kommen Bisbal et al. in ihrer Studie »A Survey of Research into Legacy System Migration« [BGLO97c] zu der Schlussfolgerung, dass die Verwendung von Gateways den ohnehin schon komplexen Umstellungsprozess zusätzlich erschweren kann. Sie behaupten: »Migrating a legacy system in an incremental fashion is designed to reduce the risk of the migration phase. However, its inherent complexity carries with it a high risk which may actually result in increasing the risk involved in migration«, und postulieren daher, dass die erfolgreiche Durchführung einer Migration eine Balance zwischen diesen beiden Risikoquellen verlange.

1.5.5   Inkrementelle Paketumstellung mit Paralleleinsatz

Diese Umstellungsstrategie beinhaltet ebenfalls eine inkrementelle Überführung des Altsystems in die Zielumgebung. Im Gegensatz zur Paketumstellung mit Komponentenersatz befindet sich zur Aufrechterhaltung des Normalbetriebs während des Migrationsprozesses aber nur das Altsystem im Einsatz. Seine eigentliche Ablösung erfolgt erst nach der vollständigen Migration aller betroffenen Komponenten und dem Sicherstellen der Zuverlässigkeit des gesamten Neusystems (siehe Abb. 1–7).

Während der Migration wird das Neusystem durch entsprechende Transformationen unter permanentem Testen schrittweise in die neue Umgebung überführt. Das Zielsystem dient vorläufig jedoch nur für Entwicklungs-, Test- und Trainingszwecke. Diese Strategie versucht durch eine Gateway-freie Umstellung weitestgehend die Nachteile der inkrementellen Paketumstellung mit Komponentenersatz zu vermeiden.

Eine Umstellung dieser Art bedingt das »Einfrieren« (Sperren) aller bereits migrierten Komponenten des Altsystems für weitere Wartungs- und Änderungsaktivitäten. Für das Einfrieren der Legacy-Datenbank bei gleichzeitiger Möglichkeit einer Datenänderung innerhalb des laufenden Geschäftsbetriebs werden sowohl temporäre Speicher (TempStores, TS) als auch ein Data Access Allocator (DAA) benötigt. Der Data Access Allocator adressiert alle angesprochenen Daten auf den jeweils gültigen TempStore um und ist zugleich für die Zugriffe auf den korrekten Datenspeicher zuständig.

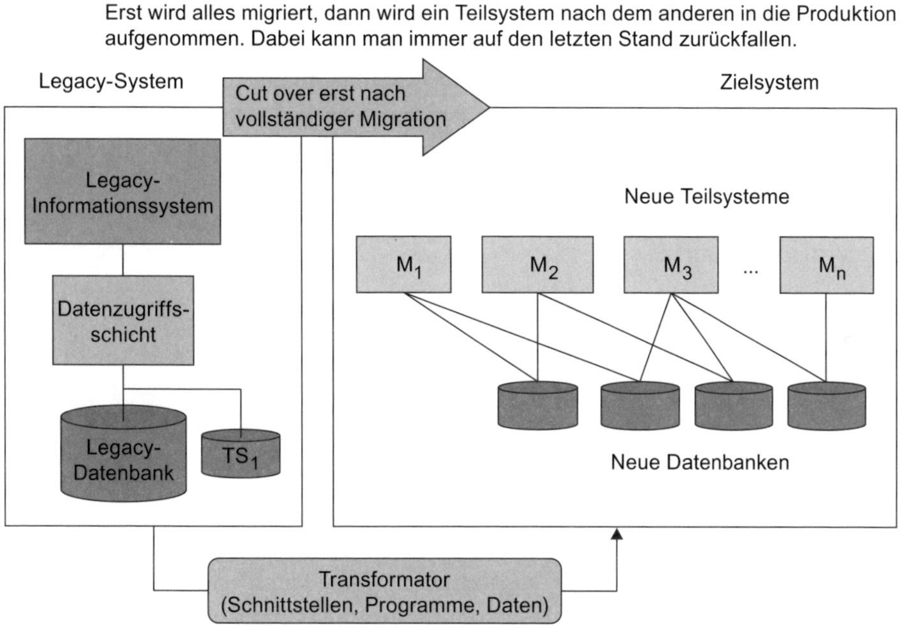

Erst wird alles migriert, dann wird ein Teilsystem nach dem anderen in die Produktion aufgenommen. Dabei kann man immer auf den letzten Stand zurückfallen.

Abb. 1–7   *Ablösung nach vollständiger Migration*

1.6   Zur Wirtschaftlichkeit einer Softwaremigration

Die Kosten einer Migration sind nach [SnHaTe05] abhängig von der Systemgröße, dem Automatisierungsgrad, dem Testaufwand und der Kluft zwischen dem Istzustand und dem Zielsystem. Letzteres lässt sich nur dann genau bestimmen, wenn man die Auswirkung der Systemabhängigkeiten aus der technischen Perspektive betrachtet und deren – nicht immer offensichtliche – Wechselwirkungen identifiziert. Solche Wechselwirkungen variieren von Projekt zu Projekt in Abhängigkeit von der Art des Migrationsobjekts. Nicht zu vergessen ist, dass sich fachlich nichts ändern darf. Am besten ist es, wenn die Anwender nur an der neuen Gestaltung der Benutzungsoberfläche merken, dass sich etwas geändert hat. Der Inhalt muss unverändert bleiben.

So kann beispielsweise der Wechsel eines bestehenden Datenbankmanagementsystems nicht nur die Migration der Daten in neue Datenstrukturen und/oder Datentypen auslösen, sondern auch eine simultane Modifikation aller betroffenen Teile der Programmlogik (I/O-Operationen und Datenbankzugriffe) herbeiführen. Ein anderer Zusammenhang ergibt sich beim Übergang vom Host in eine Client/Server-Umgebung. Da UNIX und PC-Rechner keine Compiler für Assembler und PC-Rechner keine Compiler für PL/1-Programme zur Verfügung stellen, müssen die Anwendungen notwendigerweise in eine andere Sprache wie beispielsweise C++ konvertiert werden.

In Anlehnung an [Coll04] weist jedes Migrationsvorhaben eine eigene Problematik auf, die es von allen anderen Migrationsprojekten unterscheidet. Gemeinsam sind ihnen dagegen generelle Randbedingungen. Diese Randbedingungen werden im Folgenden aus unterschiedlichen Perspektiven betrachtet und sollen als abstraktes Modell verstanden werden, das wesentliche Faktoren zur Charakterisierung eines Migrationsprojekts identifiziert.

Diesem Modell zur Untersuchung einer Migration liegen drei unterschiedliche Sichten zugrunde:

- Betriebswirtschaftliche Sicht
- Projektmanagement-Sicht
- Technische Sicht

1.6.1 Betriebswirtschaftliche Sicht

Vom betriebswirtschaftlichen Gesichtspunkt aus sind die Unternehmensziele hinsichtlich der Migration von besonderer Bedeutung. Diese umfassen primär die optimale Unterstützung der Kerngeschäftsprozesse durch neue Technologien. Sekundäre Ziele berücksichtigen sowohl die Minimierung des Migrationsrisikos und die Reduzierung des Migrationsaufwands als auch den unterbrechungsfreien Betrieb des Systems während der Migrationsdurchführung. Aus wirtschaftlicher Sicht empfiehlt sich zunächst die Durchführung einer Kosten-Nutzen-Risiko-Analyse. Ein hierfür wesentliches Hindernis ergibt sich daraus, dass Migrationsprojekte meistens durch die übermäßige Komplexität und mangelhafte Qualität der Altsysteme sowie durch deren fehlende oder veraltete Dokumentation, gekoppelt mit fehlendem System-Know-how zu den alten Technologien, erschwert werden.

Das Verstehen des zu migrierenden Systems und der Zielumgebung bildet nicht nur die Grundlage für die Durchführung einer solchen Analyse, sondern kann auch die wesentliche Prämisse dafür sein, dass das resultierende Zielsystem weiterhin optimal zur Unterstützung der Geschäftsprozesse beiträgt. Zur erforderlichen Komplettierung der Dokumente des Altsystems werden u.a. Reverse-Engineering-Techniken eingesetzt. Aus Gründen der Aufwandsminimierung sollte die Redokumentation zielgerichtet erfolgen [Coll04]. Es ist auch wichtig, die Altsoftware zu messen, um Kennzahlen für die Kalkulation des Migrationsaufwands zu gewinnen. Zur Minimierung des Migrationsrisikos wird nach [SnHaTe05] die Durchführung von Probeprojekten (Pilotprojekten) empfohlen, die unüberwindbare Hürden frühzeitig erkennen lassen.

1.6.2   Projektmanagement-Sicht

Aus Sicht des Projektmanagements ist zu bedenken, dass Migrationsprojekte Mitarbeiter mit speziellen Erfahrungen und Kompetenzen im Bereich Migration voraussetzen. Für den Einsatz anspruchsvoller Methoden, Techniken und Werkzeuge als Garant für die effiziente Projektdurchführung ist zudem eine angemessene Qualifizierung in Migrationstechniken erforderlich. Die von einem Migrationsprojekt verlangte technische Spezialisierung macht die Vergabe des gesamten Projekts oder von Teilen davon an externe Dienstleister fast immer notwendig. Angesichts der besonderen charakteristischen Eigenart von Migrationsprojekten, insbesondere der technischen Spezialisierung sowie der einfachen Überprüfung von Projektergebnissen durch Regressionstests, stellen sie sogar prädestinierte Kandidaten für das Outsourcing dar [SnHaTe05]. Demzufolge sollte die Möglichkeit der Fremdvergabe auf jeden Fall berücksichtigt werden.

Weiterhin ist schon während der Projektlaufzeit eine entsprechende Qualifizierung der Benutzer im Umgang mit dem Neusystem zu planen und durchzuführen. Im Rahmen dieser Maßnahme ist die Verfügbarkeit einer entsprechenden Trainingsumgebung sicherzustellen. Auch wenn Betriebsfremde die eigentliche Migration durchführen, darf der Aufwand für das Training der eigenen Mitarbeiter nicht unterschätzt werden.

1.6.3   Technische Sicht

Die technische Sicht richtet sich einerseits auf das Altsystem und andererseits auf das gewünschte Zielsystem. Migrationsprojekte können migrationsbedingte Änderungen sowohl in der Hardwareumgebung, der Laufzeitumgebung, der Systemarchitektur als auch in der Softwareentwicklungsumgebung auslösen. Betroffen sind dabei Daten, Programme und/oder Benutzungsschnittstellen [GiWi05]. Alle diese technischen System- und Softwareaspekte bedingen sich in der Regel gegenseitig. Sie zu erkennen ist eine wesentliche Voraussetzung für eine erfolgreiche Migration.

Die Wiedergewinnung wichtiger Systeminformationen ist ein nicht zu unterschätzender Aufgabenbereich, der nur durch den Einsatz entsprechender Reverse-Engineering-Techniken und korrespondierender Werkzeuge bewältigt werden kann. Für die Durchführung von Änderungen bedarf es guter technischer Kompetenzen hinsichtlich Ausgangs- und Zielsystem. In vielen Fällen gelten vor allem Kenntnisse und Erfahrungen in Bezug auf die Zielumgebung als primäre Erfolgsvoraussetzung. Dies zeigt sich letztlich dann, wenn die Möglichkeiten der neuen Technologie aufgrund mangelnder Kenntnisse nicht ausgeschöpft werden und somit der versprochene Nutzen, den die Migration bringen soll, nicht realisiert werden kann.

1.7   Zum Aufbau des Buches

Zum Verständnis einer Technologie wie der Softwaremigration ist es notwendig,
zwischen Prozessen, Methoden, Techniken und Werkzeugen zu unterscheiden.
Sie bilden einen sogenannten Technologiebaum mit vier Stufen (siehe Abb. 1–8).

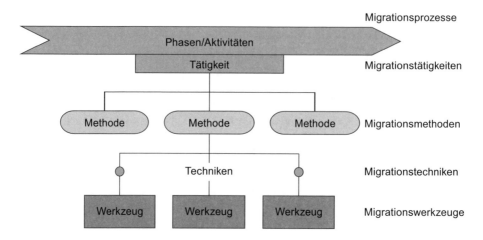

Abb. 1–8   *Migrationsmethodenhierarchie*

An der Spitze des Baums steht der Prozess, in dem die einzelnen Phasen bzw.
Tätigkeiten abgegrenzt, definiert und zeitlich abgestimmt sind. Sie können nach-
oder nebeneinander ablaufen. Auf der zweiten Stufe werden die Methoden zur
Durchführung der im Prozess geschilderten Aktivitäten spezifiziert. Es besteht eine
1:n-Beziehung zwischen Aktivitäten und Methoden: Eine Methode bezieht sich
immer auf eine ganz bestimme Aktivität, aber zu einer Aktivität können viele
Methoden gehören. Auf der dritten Stufe kommen die einzelnen Techniken dazu.
Eine Technik ist eine genaue Vorschrift zur Implementierung einer Methode. Sie
liefert auch ein ganz bestimmtes Ergebnis, ein Deliverable. Eine Technik implementiert einen Teilaspekt einer einzigen Methode. Da sie sich auf einen Teilaspekt
beschränkt, benötigt eine Methode viele Techniken für ihre Implementierung. Auf
der vierten und untersten Stufe des Technologiebaums befinden sich die Werkzeuge. Eine wohldefinierte Technik ist auch automatisierbar, Softwarewerkzeuge
sind nichts anderes als programmierte Techniken. Da Migrationsprozesse, ihre
Methoden und Techniken ziemlich exakt definierbar sind, liegt es auf der Hand,
dass sie auch automatisierbar sind. Ein Werkzeug kann eine oder mehrere Techniken automatisieren. Eine Technik wird wiederum nur einem Werkzeug zugeordnet. Darum besteht eine m:1-Beziehung zwischen Werkzeugen und Techniken.

Die Aufbaustruktur des vorliegenden Buches ist angelehnt an diesen Technologiebaum:

- Auf dieses erste einleitende Kapitel folgen in Kapitel 2 die Erläuterung der Begriffe und die Darlegung der Grundlagen.
- In Kapitel 3 werden verschiedene Migrationsprozesse aus Forschung und Praxis vorgestellt.
- In Kapitel 4 wird ein generischer Migrationsprozess namens ReMiP als Bezugsrahmen für sämtliche Migrationsprojektarten vorgeschlagen. Dieses Referenzprozessmodell steht im Mittelpunkt der Betrachtung: Alle danach folgenden Methoden und Techniken beziehen sich darauf.
- In Kapitel 5 werden die Methoden und Techniken sowie
- in Kapitel 6 die Werkzeuge beschrieben, die zur Implementierung des Prozessmodells erforderlich sind.
- Um zusätzlichen Praxisbezug herzustellen, werden in Kapitel 7 Migrationsfallstudien aus Europa vorgestellt. Damit erhält der Leser einen Einblick in die Migrationspraxis.
- Zum Schluss folgt in Kapitel 8 ein Wegweiser für die Migration in eine serviceorientierte Architektur. Der Leser erfährt dort, wie es in der nächsten Migrationswelle weitergeht: Sie wird bestimmt nicht die letzte sein.

2 Grundlagen und -begriffe der Softwaremigration

2.1 Abgrenzung des Themas Migration

Seit Anfang der 90er-Jahre werden im Bereich der Softwaretechnik vermehrt Ansätze zum Umgang mit Altsystemen, den sogenannten Legacy-Systemen, diskutiert. Sie ranken sich um Begriffe wie

- Neuentwicklung, Weiterentwicklung und Evolution,
- Integration,
- Wartung und Maintenance,
- Reengineering und
- Reverse Engineering.

Softwaremigration rückt dabei immer mehr ins Zentrum des Interesses. Migrationen stellen – verglichen mit einer Neuentwicklung oder dem Ersatz durch Standardanwendungssoftware – einen preiswerten Ansatz für eine alternative Lösungsstrategie der Legacy-Problematik dar. Im Kontext dieses Buches ist der Begriff Migration eingeschränkt auf seine Verwendung im Rahmen der Überführung betrieblicher Informationssysteme:

> Softwaremigration bezeichnet die Überführung eines Softwaresystems in eine andere Zielumgebung oder in eine sonstige andere Form, wobei die fachliche Funktionalität unverändert bleibt.

In den folgenden Abschnitten wird der Begriff »Migration« zu verwandten Begriffen aus der IT abgegrenzt und es wird gezeigt, dass Migrationsprojekte nicht mit Neuentwicklungs-, Reengineering- oder Reverse-Engineering-Projekten zu verwechseln sind [IEEE 1219-1998, Snee08]. Sie bilden ein Vorhaben sui generis.

2.1.1 Neuentwicklung, Weiterentwicklung und Evolution

Die Neuentwicklung bestehender Legacy-Systeme ist keine Migration, allenfalls eine Entwicklung unter Wiederverwendung von Teilen des alten Systems. Je nach

Umfang des wiederverwendeten alten Codes unterscheidet man zwischen Neuentwicklung (im Allgemeinen bei mehr als 20 Prozent neuem Code) und Evolution bzw. Weiterentwicklung (im Allgemeinen bei weniger als 20 Prozent neuem
Code) [LeBe85].

Der Änderungsumfang von Informationssystemen hängt von der Stabilität
der Anforderungen sowie von der Flexibilität der alten Systemarchitektur ab.
Falls Anforderungen sich ständig verändern und die Architektur diese Änderungen nicht abfängt, erfordert dies eine Codeanpassung. Sofern die Architektur die
Veränderungen abfangen kann, lässt sich ein Großteil des vorhandenen Codes
wiederverwenden. Es entsteht dann ein System, das sich deutlich anders verhält
als das bisherige, obwohl ein Großteil des Codes – bis zu 80 Prozent – derselbe
geblieben ist.

Lebende Softwaresysteme unterliegen einer kontinuierlichen Weiterentwicklung. Jedes System wandelt sich über die Jahre in kleinen Inkrementen, die jeweils
weniger als 20 Prozent des Ganzen ausmachen. Diese inkrementelle Veränderung
eines bestehenden Systems ist als Softwareevolution zu verstehen [LeBe85]. Es
wird allerdings zunehmend schwieriger, zwischen Entwicklung und Evolution zu
unterscheiden: Pragmatisch betrachtet ist Erstentwicklung die erste Phase einer
langen Evolution [BeRa00].

Migration unterscheidet sich von Neuentwicklung und Evolution dadurch,
dass bei einer Migration die Funktionalität unverändert bleibt. Auch dann, wenn
der Code komplett ausgetauscht wird, entspricht sie im resultierenden System
nach der Migration der des ursprünglichen Legacy-Systems. Sobald sich eine
fachliche Funktion ändert, hinzugefügt oder gelöscht wird, handelt es sich nicht
mehr um Migration, sondern um (teilweise) Neuentwicklung, kombiniert mit
Wiederverwendung der gleichbleibenden Funktionalität.

Wenn fachliche Änderungen im Zusammenhang mit einer Migration nötig
sind, sollte erst die Migration vollständig durchgeführt werden und die Weiterentwicklung der Funktionalität anschließend in einem separaten Projekt stattfinden. Funktionale Erweiterungen dürfen niemals mit Migrationen vermischt werden, denn sonst verliert man die gleichbleibende Testbasis und damit einen der
zentralen Vorteile der Migration. Ein migriertes System lässt sich nur dann vollständig gegen das ursprüngliche System testen, wenn beide Systeme funktional
identisch sind [SnWi01].

2.1.2 Integration

Bei einer »Integration« geht es darum, verschiedene Anwendungssysteme miteinander zu verbinden. Entweder sollen sie die gleiche Datenbasis benutzen, unter
der gleichen Oberfläche laufen oder über die gleiche Middleware Daten und
Funktionalitäten austauschen.

Bei einer Migration werden zwar zusätzliche Schnittstellen in bestehende Systeme eingebaut, aber nur um ihre Interaktion mit alten Teilsystemen zu ermöglichen (z.B. über Gateways) oder um den Zugriff auf alte Komponenten zu ermöglichen (z.B. über Kapselung).

Migration bedeutet die Transformation eines Systems in eine andere Umgebung, möglicherweise um dieses als Teilsystem in andere Systeme zu integrieren: Migrationen sind häufig Voraussetzungen für spätere Integrationen. Dann ist es ein Ziel der Migration, die Software und die Daten integrationsfähig zu machen. Die Durchführung der Integration erfolgt anschließend an die Migration, aber mit anderen Methoden und Techniken.

2.1.3 Wartung und Maintenance

Der Begriff »Maintenance« – meist mit »Wartung« gleichgesetzt – impliziert die Korrektur von Fehlern und die Durchführung geringfügiger Änderungen an bestehenden Systemen. Das englische »to maintain« bedeutet aber »erhalten«. Daher wäre der deutsche Begriff »Systemerhaltung« eine bessere Übersetzung des englischen Maintenance.

Das amerikanische National Bureau of Standards (NBS) definiert Maintenance als alle Arbeiten an einem System ab Beginn des produktiven Einsatzes [NBS85]. Ebenso definiert der IEEE Standard for Software Maintenance [IEEE 1219-1998] Softwarewartung als »Änderung eines Softwareprodukts nach dessen Auslieferung zur Fehlerkorrektur, zur Verbesserung der Performance und anderer Softwareeigenschaften und zur Anpassung des Systems an geänderte Anforderungen«.

Demnach ist Maintenance ein Oberbegriff für alle Fragen, die in diesem Abschnitt behandelt werden. Es ist aber bezeichnend, dass das frühere internationale »Journal of Software Maintenance« inzwischen in »Journal of Maintenance and Evolution« umbenannt wurde. Die weltweit führenden Fachleute unterscheiden zwischen Systemerhaltung und -weiterentwicklung. Systemerhaltung heißt, das System zu korrigieren, damit es die ursprünglichen Anforderungen korrekt erfüllt (corrective maintenance), das System anzupassen, um geänderte Anforderungen zu erfüllen (adaptive maintenance), und das System zu perfektionieren, damit es die bestehenden Anforderungen besser erfüllt (perfective maintenance). Maintenance umfasst folglich alle Aktivitäten, die das Leben eines bestehenden Systems verlängern [CHKR01].

Bei Maintenance-Aktivitäten ändert sich die Anzahl der fachlichen Inhalte nicht. Bei der Weiterentwicklung geht es dagegen um die Ergänzung des Systems um weitere Funktionalität, d.h., die Zahl der fachlichen Anforderungen hat zugenommen.

Auch Softwaremigration ist eine Aktivität im Rahmen der Systemerhaltung, da sie dazu dient, das Leben eines Systems durch Übertragung in eine neue Umge bung zu verlängern. Da sich die Softwaremigration jedoch auf eine Überarbeitung des gesamten Systems bezieht und deshalb in der Regel nicht aus dem Wartungsbudget finanziert wird, sollte sie deutlich von der adaptiven Systemerhaltung abgegrenzt werden.

2.1.4　Reengineering

Der Begriff »Reengineering« entspricht dem deutschen Begriff »Sanierung«. Software Reengineering hat als primäres Ziel die Erhöhung der Systemqualität im Rahmen der Systemverbesserung (perfective maintenance). Wie bei der Softwaremigration wird auch im Reengineering die Funktionalität des Systems nicht verändert.

Beim Software Reengineering soll entweder die Architektur des Systems verbessert (Reengineering im Großen) oder es soll der Code saniert werden (Reengineering im Kleinen). Reengineering im Großen erreicht die Verbesserung der Architektur durch Techniken wie »Clustering« und »Decoupling«. Reengineering im Kleinen verbessert den Code durch Techniken wie »Restructuring« und »Refactoring«. In beiden Fällen muss sich die beabsichtigte Qualitätssteigerung auch messen lassen. Im Folgenden wird der Reengineering-Begriff nach [Snee84] enger auf die Aktivitäten der »perfective maintenance« [IEEE 1219-1998], also insbesondere auf die Verbesserung der Performance und der Wartbarkeit, bezogen und als qualitätsverbessernde Maßnahme betrachtet.

Softwaremigration unterscheidet sich vom Software Reengineering durch die Zielsetzung. Die Migration zielt ausschließlich auf die Übertragung eines Systems in eine andere Umgebung, Reengineering-Maßnahmen zielen auf die Verbesserung der Softwarequalität. Im Reengineering bleibt das Produkt in der gleichen Sprache und in der gleichen technischen Umgebung. Ziel ist in der Regel besser wartbare, wiederverwendbare oder testbare Software. So gesehen darf eine Migration nicht mit Reengineering- oder Sanierungsmaßnahmen verwechselt werden [Warr99].

Bei Softwaremigrationen soll die Qualität des Softwaresystems unverändert bleiben. Datenmigrationen können ohne Qualitätsverlust durchgeführt werden, in der Regel verschlechtert sich jedoch bei Programm-Migrationen die Qualität des resultierenden Softwaresystems; Denkweisen aus der Entwicklung des Altsystems werden in das neue System übernommen. Programmiersprachen-Migrationen, z.B. von COBOL nach C++, führen eher zu COBOL-Programmen in C++-Syntax, deren Lesbarkeit und Wartbarkeit gegenüber dem ursprünglichen Code deutlich reduziert ist. Es empfiehlt sich daher oft, Migrationsprojekte um Reengineering-Projekte zu ergänzen.

Im Vorfeld der Migration dienen Reengineering-Projekte der Sanierung des Altsystems, um insgesamt die Migration zu vereinfachen. Im Anschluss an eine Migration steigern Reengineering-Projekte z.B. durch Refactoring-Maßnahmen die Softwarequalität. Maßnahmen des Reengineering sollten aber niemals während der Migration durchgeführt werden.

2.1.5   Reverse Engineering

Amerikaner neigen dazu, aus einer gewissen oberflächlichen Denkweise heraus sowie aus ihrer Begeisterung für das Verkaufen von Ideen überzogene Begriffe für einfache Vorgänge zu erfinden. So ist das auch mit »Reverse Engineering«. Dieser Begriff bezeichnet lediglich die Ableitung eines Plans aus einem bestehenden Produkt. Reverse-Engineering-Aktivitäten leiten aus vorhandenen Artefakten Informationen über das System ab, mit denen die Systemverantwortlichen das System erhalten, weiterentwickeln, sanieren oder auch migrieren können [Your89].

Das Reverse Engineering von Softwaresystemen ist im deutschen Sprachgebrauch also einer Nachdokumentation gleichzusetzen. Der IEEE Standard for Software Maintenance [IEEE 1219-1998] versteht dementsprechend Reverse Engineering als den Prozess zur Extraktion von Informationen aus Quellcode. Im Kontext der modellgetriebenen Softwareentwicklung ist die Extraktion von Systemdokumentation heute jedoch nicht mehr ausschließlich auf Quellcode bezogen, sondern umfasst alle verfügbaren Softwareartefakte.

Das Ergebnis des Reverse Engineering ist eine Beschreibung des bestehenden Systems auf einer höheren Abstraktionsstufe [ChCr90]. Diese nachträgliche Dokumentation kann als Text, in Tabellen oder in Grafiken und Diagrammen erfolgen. In der Regel wird sie durch automatisierte Werkzeuge erzeugt, obwohl es auch möglich ist, kleinere Systeme manuell zu redokumentieren. Der Code bzw. das System selbst bleibt unverändert. Reverse Engineering ist demnach eine zentrale Grundlage aller hier beschriebenen Aktivitäten zum Umgang mit Altsoftware einschließlich der Softwaremigration.

2.1.6   Migration

Der Begriff »Softwaremigration« (kurz »Migration«) wird in der Literatur mit unterschiedlicher Bedeutung verwendet. Obgleich ein weitgehender Konsens zur Migration als Überführung eines Softwaresystems in eine neue Umgebung festzustellen ist, bestehen hinsichtlich der Funktionalität der resultierenden Zielsysteme unterschiedliche Ansichten. Dies geht zum einen darauf zurück, dass Migration als Software Reengineering-Maßnahme missverstanden wird und dass es hinsichtlich des Software-Reengineering keinen terminologischen Konsens gibt. Zum anderen führen vermutlich unterschiedliche Beweggründe für Migrationsprojekte zu unterschiedlichen Begriffsbestimmungen.

Software Reengineering und Softwaremigration unterscheiden sich jedoch deutlich in ihrer Zielsetzung. Maßnahmen des Software Reengineering im strengen Sinne verfolgen das Ziel, die Qualität eines Softwaresystems zu steigern. Migrationsmaßnahmen zielen auf die Erhaltung eines Softwaresystems in einer neuen Umgebung.

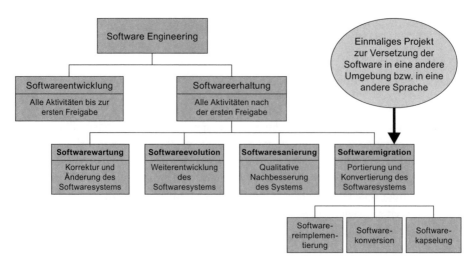

Abb. 2–1 *Begriffsbaum der Migration*

Im Sinne der Definition des National Bureau of Standards [NBS85], wonach Maintenance bzw. Softwareerhaltung alle Aktivitäten ab der Freigabe für den ersten produktiven Einsatz einschließt, ist Softwaremigration eine Maßnahme zur Erhaltung des Softwaresystems, gehört also in den Bereich der Software Maintenance. Durch die Übertragung in eine andere Umgebung wird das Leben des migrierten Systems verlängert [Pari87]. Allerdings kann sie nicht als Evolution betrachtet werden, da sie weder eine funktionale Ergänzung noch eine technische Verbesserung beinhaltet, sondern sich auf die Übertragung eines Softwaresystems von einer Umgebung bzw. einer Sprache in eine andere beschränkt.

Softwaremigration wird in [BrSt95] so beschrieben: »Legacy IS migration begins with a legacy system and ends with a functionally equivalent system. The target system is significantly different from the original, but it contains substantial functionality and data from the legacy IS.« Eine ähnliche Begriffsdefinition findet sich in [SnHaTe05], wo ebenfalls die rein technische Transformation hervorgehoben wird.

Was vor oder nach der Migration geschieht, ist ein anderes Thema. Oft wird ein System migriert, damit es – komplett oder in Teilen – mit anschließend möglicherweise geänderter Funktionalität wiederverwendet werden kann [Aebi96]. Es ist auch denkbar, ein System vor oder nach der Migration zu sanieren. Diese Tätigkeiten haben aber mit der Migration selbst nichts zu tun. Es ist wichtig, diese zwar verwandten, aber doch unterschiedlichen Tätigkeiten nicht nur begrifflich, sondern auch bei der Projektplanung deutlich zu unterscheiden. Sie können zusammen mit der Migration im Rahmen einer umfassenden Überarbeitung von Softwaresystemen, die neben der Migration auch Sanierung und Weiterentwicklung umfasst, eingeordnet werden (siehe Abb. 2–2).

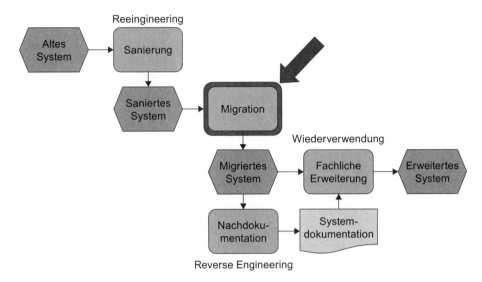

Abb. 2–2   *Einbettung der Migration*

In diesem Buch wird der Migrations-Begriff so verwendet, wie ihn die überwiegende Mehrzahl der IT-Anwender schon seit Jahrzehnten versteht: Migration ist die rein technische Überführung eines Softwaresystems von der vorliegenden in eine andere technische Umgebung [Borc93, Borc95].

Ein Grundprinzip der Migration ist also das Weglassen jeglicher fachlichen Veränderung. Ein Verstoß gegen dieses Grundprinzip kann sich »hochgradig gefährlich« [Borc93, BoHi98] auf den Erfolg eines Migrationsprojekts auswirken. Ein wesentlicher Vorzug dieser Definition von Migration ist, dass alle damit verbundenen Anforderungen ausschließlich aus dem bestehenden System und der vorgesehenen Zielumgebung hervorgehen. Dafür wird ein eigenes Vorgehensmodell benötigt (vgl. Kap. 4), dieses muss sich von den Vorgehensmodellen zur Entwicklung und zur Erhaltung von Software unterscheiden.

Eine Erweiterung der Funktionalität des Zielsystems, um es beispielsweise an geänderte Anforderungen anzupassen, ist demnach Gegenstand weiterführender Projekte mit anderen Zielsetzungen, Aktivitäten und Ergebnissen. Diese Projekte beanspruchen ihrerseits wiederum andere, für die jeweilige Zielsetzung konzipierte Prozessmodelle.

Dennoch führen die hohen Kosten und Risiken eines Migrationsprojekts in der Praxis häufig zu der Annahme, dass dieses Projekt sich nur dann rechtfertigen lässt, wenn in seinem Verlauf zusätzliche Funktionalitäten implementiert werden [BGLO97c]. Diese Annahme ist aus betriebswirtschaftlicher Sicht zwar leicht nachvollziehbar, bedeutet aber ein hohes Risiko. Ein derartiger Verstoß gegen das wesentliche Grundprinzip der Migration führt aufgrund der Vermischung technischer und fachlicher Anforderungen sehr schnell zum Scheitern der Migrationsprojekte [Borc95, BBEH96].

2.2　Migrationsprojekte

Migrationen werden aufgrund ihrer Komplexität und ihres Umfangs im Rahmen von Projekten realisiert. Die Dauer solcher Projekte ist von Migration zu Migration unterschiedlich und variiert von wenigen Wochen bis zu vielen Jahren. Die innerhalb eines Migrationsprojekts anfallenden Prozesse beziehen sich ausschließlich auf die migrationsrelevanten Aufgaben.

> Ein Migrationsprojekt umfasst alle Aktivitäten, die zur Rekonstruktion, zur Aufbereitung und zur Transformation eines bestehenden Systems (oder seiner Teile) notwendig sind, um es mit unverändertem Funktionsumfang in eine andere technische Zielumgebung zu überführen.

Migrationsprojekte können unterschiedliche Aspekte von Softwaresystemen betreffen [GiWi05]. Softwaremigrationen können durch den Austausch von Hardware- und Betriebssystemumgebungen ausgelöst werden. Dies kann die Überführung der Systeme in geänderte Laufzeitumgebungen einschließlich der verwendeten Kommunikationssoftware (Middleware-Migration) und Datenhaltungssoftware (Datenmigration) einschließen. Je nach genutzten bzw. zukünftig verwendeten Entwicklungswerkzeugen ist das Altsystem in neue Entwicklungsumgebungen (Umgebungsmigration) zur überführen. Das umfasst auch Migrationen der Programmiersprachen (Sprachmigration), wie z.B. der Wechsel der Programmierumgebung von Assembler zu COBOL [BoMo05]. Je nach konkretem Migrationsvorhaben bedingen sich die Migration der eigentlichen Anwendung (Applikationsmigration) und die Migrationen der Laufzeit- und der Entwicklungsumgebung gegenseitig.

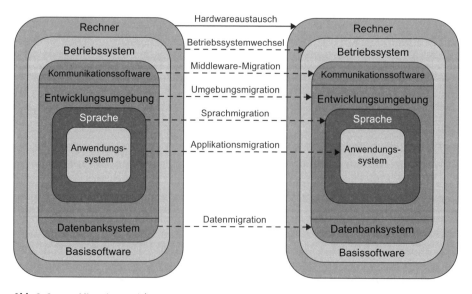

Abb. 2–3　　*Migrationsprojekte*

Ein Austausch der Hardware findet dann statt, wenn die bisherige nicht mehr zweckgemäß ist. Entweder ist sie zu teuer oder nicht mehr leistungsfähig genug oder nicht mehr im Einklang mit dem herrschenden Trend. Ein gutes Beispiel ist der Wechsel von Mainframe-Systemen zu verteilten UNIX-Rechnern. Wer die »Total Costs of Ownership« berücksichtigt, kann nicht behaupten, die vielen UNIX-Rechner wären billiger. Er kann auch nicht nachweisen, dass die UNIX-Rechner allein billiger sind. Auslöser war der Trend zur Dezentralisierung der IT: Jede Abteilung wollte ihre eigenen Rechner haben.

Ein Softwareaustausch wird dann vorgenommen, wenn die alte Software nicht mehr mit den neuen Softwareprodukten kompatibel ist, wenn die neue Software mehr Vorteile verspricht oder wenn die alte Software den herrschenden Normen nicht mehr entspricht. Gute Beispiele hierfür sind die Wechsel von hierarchischen auf relationale Datenbanksysteme, von proprietärem UNIX auf Linux-Betriebssysteme und von Client/Server-Middleware zu Web Services.

Ein Austausch von Programmiersprachen wird nötig, wenn die alten Programmiersprachen technisch und organisatorisch nicht mehr ausreichend unterstützt werden. Früher wurden neue Sprachen eingeführt, weil man von ihnen eine höhere Produktivität erwartete, ein Beispiel dazu war der Umstieg von prozeduralen auf objektorientierte Sprachen. Heute wechseln Betriebe die Programmiersprachen ihrer Systeme eher, weil die alten Sprachen (wie z.B. 4GL) nicht mehr ausreichend unterstützt werden, weil sie nicht mehr kompatibel sind oder weil die Unternehmen kein ausreichend qualifiziertes Personal mehr finden, das diese Sprachen beherrscht. Für Sprachen wie Assembler, PL/1, COBOL und C ist das zunehmend der Fall [Thur90].

Daraus folgen als Gründe für Softwaremigrationen:

- Ein bestehendes System kann geänderte Anforderungen an Hardware und Basissoftware nicht oder nur noch mit großem Aufwand erfüllen.
- Ein bestehendes System kann aufgrund fehlender oder schlecht definierter Schnittstellen die Einbindung neuer Technologien nur bedingt unterstützen.
- Der Support für die dem System zugrunde liegende Soft- und/oder Hardware wird vom Hersteller eingestellt.
- Das Wartungspersonal, das für die dem System zugrunde liegende Technologie gebraucht wird, ist nicht mehr verfügbar.

2.2.1 Falsche Gründe für Migrationsprojekte

In der Literatur wird die Softwarequalität oft als Grund für Migrationen angeführt. Dies ist jedoch in der Praxis selten bis gar nicht der Fall. Die Erhaltung der ursprünglichen Funktionalität ist das oberste Ziel einer Migration. Ein weiteres Ziel könnte die Erhaltung der bisherigen Qualität sein. Manche behaupten, die Transformation von COBOL-Programmen zu Java sei eine Qualitätssteigerung, ebenso die Umsetzung von hierarchischen Datenbanken in relationale. Andere werden dies vehement abstreiten, für sie ist der Übergang von COBOL zu Java eher ein qualitativer Rückschritt. Qualität hängt also vom jeweiligen Betrachter ab und eignet sich wenig als Ziel einer Migration [MüMa02].

Eine Migration in eine andere technische Umgebung führt dagegen oft zu einem Qualitätsabfall, z.B. wenn Sprachen der 4. Generation in COBOL über-führt werden. Die Gründe für solche Migrationen liegen nicht in Qualitätsbe-trachtungen, sondern darin, dass das IT-Management den Lieferanten der pro-prietären Sprachen nicht mehr traut. Die meisten Migrationen der letzten Jahre hatten nach Erfahrung des Autors (Sneed) das Ziel, aus solchen proprietären Fal-len wieder herauszukommen.

Auch die Migration eines prozeduralen Systems in eine objektorientierte Umgebung ist meistens mit einem Qualitätsverlust verbunden, weil das ursprüng-liche Konzept der Software nicht zum objektorientierten Entwicklungsansatz passt. Dennoch werden Softwaresysteme migriert, weil es vielleicht kein Personal mehr gibt, das sie pflegen und weiterentwickeln könnte, oder weil alle anderen Systeme in neueren Sprachen implementiert sind. Die Gründe für Migrationen haben also selten etwas mit der Systemqualität zu tun [WeGl06].

2.2.2　Wahre Gründe für Migrationsprojekte

Die wahren Gründe für eine Migration liegen woanders. Meistens haben sie weniger mit dem technischen Zustand der Systeme selbst zu tun, sondern mehr mit den strategischen Überlegungen um die Systeme herum [Stra95]. Die häufigs-ten Gründe sind:

- Die Unternehmensleitung entschließt sich aus politischen Gründen zu einem Hardwarewechsel.
- Die Unternehmensleitung beschließt, die Systemsoftware (Betriebssysteme, Datenbanksysteme, Middleware usw.) auszutauschen.
- Die IT-Leitung will eine neue Implementierungssprache einführen, z.B. Java, damit die Anwendungssoftware auf allen Rechnertypen lauffähig ist.

2.3　Migrationsansätze

Wie schon dargestellt wurde, kann eine Migration auf dreierlei Arten stattfinden (vgl. Abschnitt 1.4):

- durch Reimplementierung,
- durch Konvertierung oder
- durch Kapselung.

Im Folgenden werden diese drei Begriffe nun näher betrachtet.

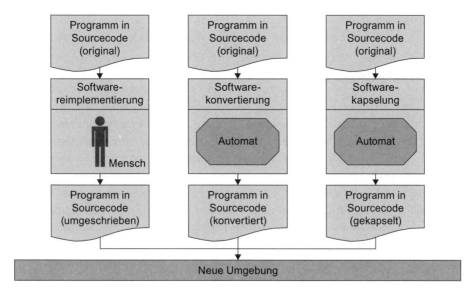

Abb. 2–4 *Migrationsstrategien*

2.3.1 Reimplementierung

Der Begriff »Reimplementierung« wurde vom Autor (Sneed) Ende der 90er-Jahre geprägt, um Kunden eine Alternative zur automatisierten Codeübertragung (vgl. Konvertierung) zu bieten. Die Modulstruktur bzw. Grundarchitektur des Legacy-Systems sollte beibehalten, aber der Inhalt der Module in die neue Umgebung übertragen werden. Im spezifischen Fall sollte Assemblercode in Java oder COBOL überführt werden. Für COBOL wäre es mit Werkzeugunterstützung möglich gewesen, die Assemblerbefehle direkt in entsprechende COBOL-Anweisungen zu übertragen. Für Java kam eine Konvertierung dieser Art nicht infrage. Hierzu hätten aus dem Assemblercode Objekte und Klassenstrukturen abgeleitet werden müssen. Der Autor schuf den Begriff »Reimplementierung«, um die manuelle Übertragung durch erneute Implementierung des existierenden Systems von der automatischen Überführung zu COBOL zu unterscheiden [Snee99a]. Später wurde der Begriff in der Literatur auch als Zwischenlösung zwischen Konvertierung und (kompletter) Neuentwicklung verwendet [SePlLe03].

Im Prinzip ist der Begriff »Reimplementierung« mit freier Übersetzung gleichzusetzen. Die migrierten Programmbausteine führen zum gleichen Ergebnis wie die ursprünglichen Bausteine, es sollte sogar möglich sein, die Zwischenergebnisse maschinell abzugleichen. Hierin unterscheidet sich die Reimplementierung von einer Neuentwicklung, bei der auf Anweisungsebene andere Funktionen und Ergebnisse erzeugt werden. Von einer Konvertierung unterscheidet sich Reimplementierung dadurch, dass die Programmlogik auf der Detailebene eine andere ist. Obwohl die Ergebnisse der Reimplementierung mit denen des alten

Systems vergleichbar sind, sind es die Ablaufpfade nicht. Bei einer Konvertierung dagegen bleiben auch die Ablaufpfade identisch [KrJeRa03].

2.3.2 Konvertierung

Der Begriff »Konvertierung« (oder Konversion) ist mit einer automatischen Übersetzung des Codes gleichzusetzen. Jede Anweisung bzw. jeder Datentyp in der Quellsprache wird in eine entsprechende Anweisung oder Anweisungsfolge bzw. in einen Datentyp der Zielsprache übersetzt. Es kann auch vorkommen, dass mehrere Quellanweisungen in einer einzigen Zielanweisung zusammengefasst werden. Bei Programmen ist es wichtig, dass Anweisungen oder Anweisungsfolgen im migrierten Programm zur Laufzeit in der gleichen Reihenfolge wie die Anweisungen des ursprünglichen Programms ausgeführt werden, unabhängig davon, wie sie statisch geordnet sind. Jede Abweichung im Verhalten von Quell- und Zielprogramm der Konvertierung oder in den berechneten Zwischenergebnissen ist als Fehler zu interpretieren [Wate88].

Bei einer Datenkonvertierung muss die externe Präsentation der neuen Daten im Textformat mit der externen Präsentation der alten Daten identisch sein, unabhängig davon, wie sie intern gespeichert sind. Es dürfen auch keine alten Daten fehlen oder neue applikationsspezifische Daten hinzugefügt werden. Nur technisch notwendige neue Daten wie Indizes oder Fremdschlüssel dürfen hinzukommen. Auch hier muss ein Abgleich auf Feldebene, ausgehend von den alten Daten, möglich und erfolgreich sein. Jede Abweichung zwischen Werten der alten und der neuen Datenfelder gilt als Fehler.

Aus dieser Interpretation geht hervor, dass Konvertierungen eigentlich nur automatisch durchgeführt werden sollten. Es ist prinzipiell möglich, Programmcode manuell 1:1 zu übersetzen, aber praktisch ist das nur für sehr kleine Codemengen sinnvoll, andernfalls ist die Fehlerrate zu hoch. Ohne entsprechende Werkzeuge ist die Konvertierung also nicht praktikabel.

2.3.3 Kapselung

Der Begriff »Kapselung« (Wrapping) wurde bereits 1988 auf einer Tagung zur Objektorientierung in den USA vom IBM-Mitarbeiter Thomas Dietrich geprägt, der gefragt wurde, was mit der prozeduralen Software geschehen solle, wenn die Objekttechnologie eingeführt würde. Die Antwort von Dietrich war, man solle sie »wrappen« [Diet89].

Um alte Softwarebausteine ist also eine Schale oder Hülle (Wrapper) zu entwickeln, um sie anschließend als Objekte in die Objektstruktur einbauen zu können. Der Gedanke, alles zu konvertieren oder zu reimplementieren, war für die Experten der Objektorientierung von damals abschreckend. Eine Neuentwicklung könnte sich über viele Jahre hin erstrecken, Konvertierungen erschienen ihnen unmöglich. Also ließ man die Altsoftware am besten, wie sie war, und versetzte sie in die neue Umgebung.

Die Funktionen eines gekapselten Bausteins, ob Programm, Modul oder Prozedur, werden über eine genormte Schnittstelle aufgerufen und deren Ergebnisse an den aufrufenden Baustein zurückgemeldet. Wie die gekapselten Bausteine funktionieren, bleibt verborgen (Information Hiding).

In diesem Beibehalten des Altsystems in seiner neuen Umgebung liegen auch die Vor- bzw. Nachteile der Kapselung: Das Altsystem kann weiterhin nur in seiner ursprünglichen Umgebung verändert und weiterentwickelt werden.

2.3.4 Ein Beispiel zur Unterscheidung der Migrationsansätze

Ein Rechenzentrum der deutschen Sparkassen betrieb Ende der 90er-Jahre eine Reihe von Anwendungen in Assembler auf einem IBM-Mainframe. Das IT-Management wollte sich in Richtung Client/Server-Technologie verändern, hatte jedoch weder Zeit noch Mittel für eine Neuentwicklung der Software. Wegen der Einmaligkeit der Anwendungen kam auch der Umstieg auf ein Standardsoftwarepaket nicht in Betracht. Somit hatte das Sparkassenrechenzentrum nur die Wahl zwischen

- einer Konvertierung des Assemblercodes in COBOL,
- einer Reimplementierung des Assemblercodes in Java und
- einer Kapselung des Assemblercodes.

Von den drei Alternativen schien zunächst die Kapselung die schnellste und billigste Variante zu sein. Sie war ohne Umschulung des Personals möglich, die bisherigen Assemblerprogrammierer konnten ihre Assemblerprogramme weiter pflegen. Als wesentlicher Nachteil wurde gesehen, dass diese Mitarbeiter unverzichtbar geblieben wären. Wartung und Test der Programme wären aufgrund der dann zwei zu berücksichtigenden Entwicklungsumgebungen außerdem umständlicher geworden.

Die Reimplementierung des Assemblercodes in Java war dem Kunden zu riskant und zu teuer. Außerdem ließ sich dieser Ansatz kaum umsetzen: Wie ein Übersetzer von natürlicher Sprache muss auch der Übersetzer von Code beide Sprachen gut beherrschen. Die hinzugezogenen Java-Programmierer verstanden den Assemblercode nicht, und die alten Assemblerprogrammierer konnten Java nicht so schnell lernen. Folglich blieb eine Reimplementierung ausgeschlossen.

Daraufhin wurde entschieden, den Assemblercode mit einem Werkzeug direkt in COBOL zu konvertieren. Diese Lösung wurde jedoch nur als Zwischenlösung angesehen, um Zeit für eine spätere Neuentwicklung zu gewinnen. Die Neuentwicklung entpuppte sich in diesem Fall langfristig als nicht bezahlbar. Am Ende entschied sich das Rechenzentrum doch für eine Standardanwendungssoftware.

Dieser Fall ist typisch für viele Anwender, die in einer Migration lediglich eine vorübergehende Lösung sehen. Alle streben eine moderne, neu konzipierte Lösung an, haben jedoch meist weder Zeit noch Mittel, diese zu erreichen. Die Migration wird als vorübergehender Kompromiss akzeptiert und nicht als Dauerlösung betrachtet.

2.4   Migrationsarten

Um Migrationen zu verstehen, muss man sich mit Legacy-Systemen befassen. Diese bestehen aus Benutzungsoberflächen, Anwendungslogik in konkreten Programmiersprachen und aus Datenhaltung. Diese Bestandteile sind in Softwaremigrationen angesprochen (siehe Abb. 2–5).

Abb. 2–5   *Bestandteile von Anwendungsumgebungen*

Zu diesen Legacy-Systemen gehören nicht nur Mainframe-Systeme, die in Assembler, COBOL, PL/1 und 4GL-Sprachen implementiert sind. Inzwischen zählen auch die in C++ und Smalltalk verfassten Client/Server-Systeme der 90er-Jahre und Java-Systeme der ersten Generation dazu. In Anbetracht der Halbwertzeit einer Softwaretechnik von knapp fünf Jahren sind alle älteren Systeme per definitionem Legacy-Systeme. Verschiedene Systembestandteile haben allerdings unterschiedliche Alterungsgeschwindigkeiten: Am langsamsten verändern sich Datenbanksysteme, am schnellsten die Benutzungsschnittstellen. Die Änderungsrate der Programmsysteme liegt irgendwo dazwischen.

Je nach Zielsetzung des Migrationsvorhabens sind also die folgenden Teile der Softwarearchitektur betroffen [SnHaTe05, GiWi05]:

- Daten und Datenbanken,
- Programme,
- Benutzungsschnittstellen und
- Systemschnittstellen.

Eine Veränderung in nur einem dieser Teile kann bereits ein Migrationsprojekt auslösen. Da in Legacy-Systemen diese Komponenten eng miteinander verbunden sind, bringt bereits eine solche Veränderung umfangreiche Auswirkungen auf die anderen Systembestandteile mit sich. Änderungen in den Anforderungen, die erst nach Überführung des bestehenden Softwaresystems in eine neue Umgebung oder Form realisierbar sind, können ebenfalls vorausgehende Migrationen auslösen. Alle aus Anforderungsänderungen resultierenden nicht funktionalen Anforderungen an die Systemumgebung betreffen unterschiedliche technische Systemaspekte. Diese bedingen sich nicht nur gegenseitig, sondern können auch zu notwendigen Änderungen in den jeweils betroffenen Softwarekomponenten führen, die ihrerseits wiederum Änderungen in anderen Softwarebestandteilen verlangen [GiWi05]. Aus einer scheinbar lokalen Migration kann deshalb leicht eine globale werden.

Die Art der Migration hängt vom Gegenstand der Migration, d.h. von den jeweils betrachteten Teilen der Softwarearchitektur, ab. Migriert werden können die Daten, die Programme, die Benutzungsoberflächen, die Systemschnittstellen oder alle vier Bestandteile gemeinsam. Je nachdem wird von einer Daten-, einer Programm-, einer Oberflächen- oder einer Schnittstellen-Migration gesprochen. Falls alle vier gemeinsam versetzt werden, handelt es sich um eine Systemmigration (siehe Abb. 2–6).

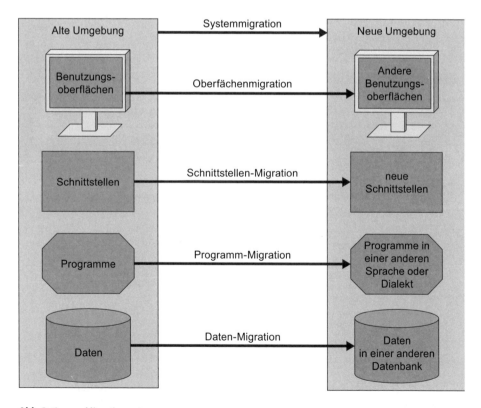

Abb. 2–6   *Migrationsarten*

2.4.1   Datenmigration

Eine reine Datenmigration lässt Programme in der bisherigen Form bestehen und überträgt nur die Daten. Die Daten können in ein anderes Datenhaltungs- bzw. Datenbanksystem auf derselben Plattform versetzt werden, oder sie können mit unveränderter Datenhaltung auf eine andere Plattform übertragen werden.

Relationale Datenbanken beherrschen seit Mitte der 90er-Jahre die Datenbankszene. Es hat seitdem einige Verbesserungen der Datenbanksprache SQL für die Definition von Datenbankschemata gegeben, aber keine grundsätzlichen Änderungen. Die Migration von einem relationalen Datenbankmanagementsystem auf ein anderes ist ein fast vollautomatisierbarer Prozess mit lediglich kleineren Schwierigkeiten, die manuelle Eingriffe erfordern. Um einiges aufwendiger ist die Migration einer relationalen in eine objektorientierte Datenbank, aber diesen Schritt haben bisher die wenigsten gewagt. Häufiger sind eher Migrationen von Datenhaltungen aus der vorrelationalen Zeit in relationale Datenbanken. Obwohl die meisten inzwischen schon migriert wurden, gibt es immer noch hierarchische Datenbanken wie IDS, IDMS und ADABAS. Solche Datenbanken haben nicht nur eine andere Struktur, sie haben auch eine andere Zugriffslogik. Demzufolge müssen dann bei Datenmigrationen auch die Programme angepasst werden [Date77]. Datenmigrationen bewirken in der Regel auch entsprechende Programm-Migrationen.

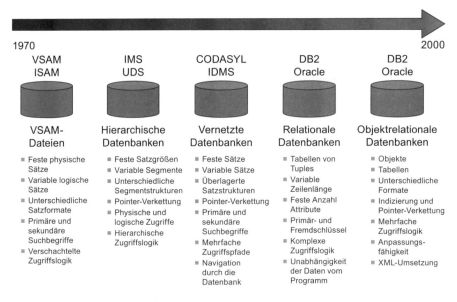

Abb. 2–7   *Evolution von Datenbanken*

Abbildung 2–7 skizziert die Entwicklung von Datenbankmanagementsystemen einschließlich ihrer wesentlichen Eigenschaften seit 1970. In hierarchischen Datenbanken gibt es Hauptobjekte an der Spitze der Datenobjekthierarchie.

Über das Hauptobjekt gelangen Programme zu den tiefer liegenden Objekten. Ein Zugriffspfad ist eine Kette von Datenobjekten ausgehend von einem Hauptobjekt (Root Segment) zu mehreren Unterobjekten (Child Segment). In vernetzten Datenbanken gibt es auch Querverbindungen zwischen Datenobjekten in unterschiedlichen Hierarchien. Von einem Objekt aus kann das Programm über set-Beziehungen zu jedem anderen Objekt gelangen. Im Gegensatz zu hierarchischen Datenbanken, bei denen der Zugriffspfad stets von oben nach unten verläuft, läuft ein Zugriffspfad in netzartigen Datenbanken kreuz und quer durch die Datenstruktur. Die Zugriffslogik der Programme ist darauf ausgerichtet, den jeweils festgelegten Zugriffspfad zu verfolgen.

Es versteht sich, dass eine Datenmigration von einer hierarchischen oder netzartigen Datenbank in eine relationale Datenbank eine aufwendige und anspruchsvolle Aufgabe ist. Das Gleiche gilt in etwas geringerem Maße für die Migration von Flat-Files in relationale Datenbanken. Es ist nicht so sehr die Konvertierung der Daten selbst, die eine Migration erschwert, sondern die Konvertierung der Programme, die die Dateien verarbeiten.

2.4.2   Programm-Migration

Programme beinhalten die eigentliche Anwendungslogik von Softwaresystemen. Eine reine Programm-Migration lässt die Daten unverändert in den vorhandenen Datenhaltungssystemen und versetzt nur die Programme. Sie können in eine andere Sprache in der gleichen Umgebung, in derselben Sprache in eine andere Umgebung oder in eine andere Sprache und in eine andere Umgebung migriert werden. Der Code wird entweder konvertiert oder gekapselt, damit er in der neuen Umgebung bzw. Sprache lauffähig ist.

Abbildung 2–8 zeigt die verschiedenen Klassen von Programmiersprachen inkl. wesentlicher Vertreter seit 1970. Sprachfamilien bilden neben den Assemblersprachen die prozeduralen Sprachen wie COBOL, PL/1 und C, die 4GL-Sprachen wie Natural, ABAP und Delta, die objektorientierten Sprachen wie C++, C# und Java sowie neuerdings die Websprachen wie PHP und BPEL.

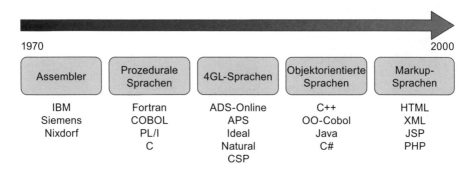

Abb. 2–8   *Evolution von Programmiersprachen*

Klassische Sprachen der sogenannten dritten Generation wie PL/1 oder COBOL lassen sich leicht migrieren, wenn es auf dem Zielrechner einen Compiler für sie gibt. Programmcode kann aber auch in maschinennahen Sprachen wie Assembler oder in einer nicht mehr unterstützten Sprache der 4. Generation (4GL) vorliegen.

Die meisten heute noch eingesetzten Legacy-Programme sind prozedural strukturiert. Wollen Entwickler diese Systeme objektorientiert weiterentwickeln, dann müssen diese prozeduralen Programme in objektorientierte Versionen migriert werden, also z.B. von COBOL nach OO-COBOL oder von C nach C++. Solche Programm-Migrationen sind mit einer sehr tiefgreifenden Änderung der Softwarearchitektur verbunden, was entsprechend großen Aufwand und ebensolche Risiken mit sich bringt. Einfacher ist eine Sprachtransformation z.B. von PL/1 zu C oder von COBOL zu Java, ohne eine neue Systemarchitektur zu schaffen [Snee99a]. Hierbei steht die reine Sprachkonvertierung im Vordergrund, um beispielsweise prozedurale Logik in COBOL in Java-Form auf verschiedenen Plattformen lauffähig zu machen. Eine Migration in objektorientierte Strukturen ist dabei nicht beabsichtigt.

Alte Programme, gleichgültig in welcher Sprache, lassen sich durch Kapselung (vgl. Abschnitt 2.3.3) auch unverändert in moderne Umgebungen versetzen.

2.4.3 Benutzungsschnittstellen-Migration

Am häufigsten ändern sich die Schnittstellen zwischen Softwaresystemen und ihren Benutzern. Das liegt am ständigen Wandel in der Kommunikationstechnik, sie macht die Benutzerinteraktion mit IT-Systemen immer einfacher und vielfältiger. Bei der Migration der Benutzungsschnittstellen bleiben Programme und Daten unverändert. Sie beinhaltet die Überführung der für die Interaktion notwendigen Komponenten, z.B. von CICS-BMS-Masken in HTML-Webseiten oder von »grünen« COBOL-Screens in eine JavaScript GUI [CaFaTr06a und CaFaTr06b]. Abbildung 2–9 gibt einen schematischen Überblick über die Benutzungsschnittstellenentwicklung seit 1970.

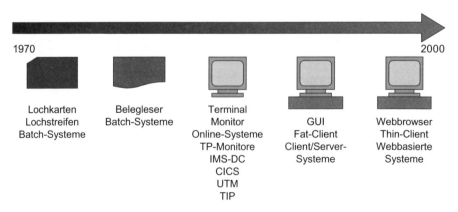

1970   2000

Lochkarten	Belegleser	Terminal	GUI	Webbrowser
Lochstreifen	Batch-Systeme	Monitor	Fat-Client	Thin-Client
Batch-Systeme		Online-Systeme	Client/Server-	Webbasierte
		TP-Monitore	Systeme	Systeme
		IMS-DC		
		CICS		
		UTM		
		TIP		

Abb. 2–9   *Evolution von Benutzungsschnittstellen*

Primäre Zielsetzung von Benutzungsschnittstellen-Migrationen ist in der Regel die Integration mit anderen Systemen unter einer einheitlichen Oberfläche. Manchmal geht es auch um die Verbesserung der Benutzungsfreundlichkeit [BBEH96], beispielsweise bei einer Umstellung von zeichenorientierten Benutzungsoberflächen in grafische. Dass die Oberflächen der Client/Server-Anwendungen bereits durch Webseiten der Internetsysteme abgelöst werden, macht deutlich, wie schnell Benutzungsoberflächen veralten.

Damit Benutzer über das Internet auf Legacy-Programme zugreifen können, werden z.B. Screen-Scraping-Verfahren verwendet [Horo98]. Der Datenstrom zwischen den Programmen wird als verschlüsselte Zeichenfolge abgefangen und umgeleitet. Das Client-Programm empfängt die Daten und präsentiert sie in einer anderen Gestalt, z.B. in einer HTML-Darstellung im Internetbrowser. Bei Eingaben wird aus Bildschirmobjekten eine entsprechend verschlüsselte Zeichenfolge produziert und an das bisherige Programm weitergeleitet. Beispielsweise wird die HTML-Form in das klassische Austauschformat umgewandelt. Das Programm merkt nicht, woher die Daten kommen, und verhält sich nach außen wie in der Legacy-Anwendung. Da der interne Datenstrom ohne Auswirkung auf das Legacy-Programm nicht geändert werden kann, ist die Gestaltung der neuen Oberfläche nur sehr eingeschränkt beeinflussbar. Es können nur Daten angezeigt und erfasst werden, die schon in der alten Maske enthalten waren. Somit handelt es sich hier um eine neue Verpackung alten Inhalts, man spricht auch von einem Face-Lifting [Tibb96].

Solche isolierten Benutzungsschnittstellen-Migrationen lassen sich jedoch nur durchführen, wenn bereits in der Legacy-Anwendung Programmlogik und Benutzerinteraktion klar voneinander getrennt waren. Sind beide zu eng miteinander verwoben, muss – falls es technisch möglich ist – die Programmlogik in einem der Benutzungsschnittstellen-Migration vorgelagerten Sanierungsschritt von der Visualisierung der Benutzerinteraktion getrennt werden. Andernfalls sind – mit entsprechend höherem Risiko – Benutzungsschnittstellen und Programmlogik gemeinsam zu migrieren.

2.4.4   Systemschnittstellen-Migration

Separate Softwaresysteme tauschen Daten über Nachrichten, Dateien oder Datenbanken miteinander aus. Eine reine Schnittstellen-Migration findet dann statt, wenn ein bestehendes System oder Systemteile mit neuen oder bereits migrierten Systemen kommunizieren müssen. Die neuen Systeme haben in der Regel andere, modernere Schnittstellenprotokolle. Um mit ihnen weiter Daten austauschen zu können, müssen die Schnittstellen des alten Systems angepasst werden. Das geschieht durch die Schnittstellen-Migration. Hierbei sind Eingriffe in den Programmcode erforderlich. Es ist aber nur der Code betroffen, der für die Kommunikation von Systemkomponenten zuständig ist, also die Austauschdaten bzw.

Nachrichten aufbaut (Marshalling) bzw. Austauschdaten und -nachrichten interpretiert (Streaming) [Keye98].

Früher erstellten Systeme Exportdateien in einem eigenen Format oder sie rie-
fen Komponenten in fremden Systemen per Remote-Prozeduraufruf direkt auf
und übergaben Parameter in einem Stack. Neuerdings werden immer häufiger
XML-Dateien für den Datenaustausch verwendet. Statt entfernter Prozeduraufrufe werden SOAP-Nachrichten gesendet. Diese asynchrone, nachrichtenbasierte
Kommunikation ersetzt die klassischen synchronen Prozeduraufrufe. Damit alte
Systeme mit neuen kommunizieren können, müssen ihre Schnittstellen entsprechend angepasst werden. Das heißt, aus Prozeduraufrufen werden SOAP-Nachrichten und aus sequenziellen Dateien werden XML-Dateien. Dies erfordert wiederum Eingriffe in den Programmcode, der diese Schnittstelle bedient [DaMe03].

2.4.5   Systemmigration

Die komplexeste Migration ist die Systemmigration, bei der Programme, Daten,
Benutzungs- und Systemschnittstellen gemeinsam migriert werden. In ihrem Buch
»Migrating Legacy Systems« haben Brodie und Stonebraker 1995 mehrere Strategien für diese Problematik beschrieben [BrSt95]. Eine Strategie sieht vor, zuerst
die Daten zu migrieren (Database first) und die Programme in der alten Umgebung weiter zu betreiben. Nach einer anderen Strategie werden die Programme
zuerst migriert und die Daten in der alten Umgebung belassen (Database last). In
beiden Fällen sind Gateways nötig, um Daten und Programme miteinander zu
synchronisieren. Eine dritte Strategie besteht darin, inkrementell Paket für Paket
zu überführen, wobei in jedem Paket sowohl Daten als auch Programme betrachtet werden. In diesem Fall müssen die Daten dupliziert werden, um die bereits
migrierten Pakete gemeinsam mit den noch nicht migrierten zu betreiben.
Schließlich gibt es noch den Big-Bang-Ansatz, bei dem das gesamte System auf
einen Schlag migriert wird. Brodie und Stonebraker raten jedoch davon ab, weil
das zu riskant sei. Sie empfehlen eher den inkrementellen Ansatz. Seacord, Plakosh und Lewis vom Software Engineering Institute folgten dagegen in ihrem
Pilotprojekt dem Big-Bang-Ansatz, weil aus ihrer Sicht der inkrementelle Ansatz
zu teuer ist; die Entwicklung und Erhaltung der Gateways zwischen der alten und
der neuen Umgebung sehen sie als unnötigen Overhead, den es zu vermeiden gilt
[SePlLe03].

Wie bei allen Ansätzen der Softwaretechnik ist auch hier die Wahl des richtigen Ansatzes eine Frage der Zielsetzung in Kombination mit den projektspezifischen Rahmenbedingungen. Wer sicher und vorsichtig vorgehen will, wählt den
inkrementellen Weg; wer schnell, aber riskant bevorzugt, den Big-Bang-Ansatz.
Auffallend ist, dass Berater, die keine persönliche Verantwortung für die Folgen
ihrer Empfehlungen tragen, eher bereit sind, den riskanten Weg zu empfehlen,
während die Verantwortlichen in den Unternehmen mehr dazu neigen, den vor-

sichtigen Weg zu beschreiten, auch wenn er höhere Kosten verursacht. Jede Migration ist mit Risiken verbunden. Die Frage ist: Wer soll diese Risiken tragen – der Auftraggeber oder der Auftragnehmer? Für Vorgehensmodelle zur Softwaremigration bedeutet dies, dass die Vorgehensweisen an konkrete Ziele, Strategien und Anforderungen der jeweiligen Migrationsprojekte anpassbar sein müssen.

2.5 Anwenderoptionen

Ein Anwender, der vorhat, ein Migrationsprojekt durchzuführen, steht vor vier Hauptalternativen:

1. Er kann das Projekt selbst im eigenen Hause durchführen, ohne fremde Hilfe (allenfalls fremde Beratung) in Anspruch zu nehmen.
2. Er kann das Projekt im eigenen Hause und unter eigener Regie, jedoch mit fremder Hilfe durch externe Auftragnehmer durchführen.
3. Er kann das Projekt nach außen vergeben, aber den Test selbst durchführen.
4. Schließlich kann er das Projekt einschließlich Test einem externen Auftragnehmer übertragen.

2.5.1 Interne Migration mit eigenen Ressourcen

Wer sich für eine interne Migration mit eigenen Ressourcen entscheidet, muss sicher sein, dass er nicht nur über die geeigneten Ressourcen, sondern auch über geeignete Führungskräfte verfügt. Hardware und Kommunikationsnetze für die Projektdurchführung werden im Allgemeinen vorhanden sein, die erforderlichen Migrationswerkzeuge lassen sich über den Markt besorgen. Nötig ist jedoch auch geschultes Personal, das die Werkzeuge bedienen kann; diese Mitarbeiter müssen also erst ausgebildet werden. Die vorgesehenen Mitarbeiter müssen auch beide technischen Welten gut beherrschen – alte und neue – und sie müssen bereit sein, sich mit Details der Softwaretechnologie auf allerunterster Ebene auseinanderzusetzen. Im Falle einer Reimplementierung brauchen sie zudem noch detaillierte fachliche Kenntnisse, damit es nicht einfach nur zu einer technischen Kopie der alten Lösung kommt.

Schließlich braucht der Anwender Führungspersonal, das Erfahrung mit Migrationen hat. Auch die Führungskräfte müssen sich in der Migrationstechnologie auskennen und wissen, wo die Risiken liegen und wie man sie umgehen kann. Ihnen muss klar sein, welche Schritte in welcher Reihenfolge auszuführen und welche Werkzeuge wo und wie einzusetzen sind. Darüber hinaus müssen sie in der Lage sein, höchst komplexe Projekte mit mannigfaltigen Abhängigkeiten zu planen, zu organisieren und zu steuern.

Für diese Führungsaufgabe kann der Anwender externe Berater holen und für die Durchführung geeignete Mitarbeiter einstellen, die Werkzeuge kann er kaufen oder mieten. Dennoch trägt er am Ende die volle Verantwortung für das, was die Berater entscheiden und was sein Migrationspersonal tut oder versäumt. Insofern braucht er eigene Leute, die das Migrationsgeschäft verstehen und sowohl Berater als auch neue Mitarbeiter und deren Leistung beurteilen können. Hier liegt das Haupthindernis bei dieser Alternative.

2.5.2   Interne Migration mit fremden Ressourcen

Die zweite Option, die ein migrationswilliges Unternehmen hat, ist, das Projekt im eigenen Haus mit zum Teil eigenem Personal durchzuführen, aber einzelne Migrationsaufgaben im Auftrag zu vergeben. Wie andere komplexe Projekte besteht ein Migrationsprojekt aus vielen verschiedenen Aktivitäten wie der Analyse der bestehenden Sourceprogramme, der Nachdokumentation der bestehenden Prozesse, der Entwicklung spezieller Werkzeuge, der Umsetzung der Programme, der Übertragung der Daten, der Konvertierung der Job-Control-Prozeduren bzw. Skripte, der Konfigurationsverwaltung, dem Regressionstest und nicht zuletzt dem Projektmanagement. Einen Teil dieser Aufgaben kann der Anwender selbst übernehmen, z.B. die Nachdokumentation der Prozesse oder die Übertragung der Daten. Andere Aufgaben wie die Umsetzung der Programme kann er nach außen vergeben. Für diese Aufgaben können separate Verträge abgeschlossen werden. Auf diese Weise kann der Anwender die Fäden in der Hand behalten, jedoch mehrere Lieferanten abhängig von ihren Fähigkeiten an seinem Projekt beteiligen.

Diese »Best of Breed«-Strategie gibt dem Anwender die Möglichkeit, die jeweils besten Anbieter für jedes Teilprojekt auszuwählen. Sie gibt auch kleinen Softwarehäusern, die auf bestimmte Gebiete spezialisiert sind, die Möglichkeit, an einem Großprojekt teilzunehmen. Die Koordinierung der Teilprojekte obliegt aber dem Anwender, es sei denn, er entscheidet, auch das Projektmanagement zu vergeben und nur einzelne Aufgaben selbst auszuführen. Diese Variante kommt, wie wir in den Fallstudien (vgl. Kap. 7) sehen werden, auch gelegentlich vor.

2.5.3   Externe Migration mit internem Test

Häufig vergibt der Anwender die komplette Migration an einen externen Auftragnehmer, behält aber die Verantwortung für den Test der gelieferten Neusoftware. Sourceprogramme und Daten der Altsysteme werden samt Dokumentation an den Auftraggeber übergeben, der alles in eigener Regie in der eigenen Umgebung migriert. Wenn er fertig ist, liefert er das neue System samt neuer Dokumentation ab, und der Anwender beginnt mit dem Abnahmetest; dieser zieht sich so lange hin, bis alle wesentlichen Probleme erkannt und beseitigt sind. Dabei hat der Anwender die Möglichkeit, sich in das neue System in der neuen Umgebung einzuarbeiten, und er behält die Verantwortung für die Qualität der migrierten

Software. Dafür braucht er jedoch eigenes Testpersonal und geeignete Testwerkzeuge. Sollte das nicht im erforderlichen Ausmaß vorhanden sein, kann der
Anwender den Test auch an eine fremde Testfirma vergeben: Der Testpartner testet das, was der Migrationspartner geliefert hat. Der Anwender behält die Kontrolle über beide Partner.

2.5.4 Externe Migration einschließlich Test

Nach dieser vierten Option vergibt der Anwender das ganze Migrationsprojekt
einschließlich Test an einen externen Auftraggeber. Dieser bekommt den Sourcecode, die Daten und die Dokumentation, sofern es eine gibt, und übernimmt die
Verantwortung für die Lieferung eines schlüsselfertigen Neusystems. Was er
genau zu liefern hat, wird vertraglich geregelt, aber es handelt sich in der Regel
um folgende Bestandteile:

- den neuen Sourcecode,
- die neuen Datenbanken,
- die neue Systemdokumentation,
- ein lauffähiges System,
- eine Testdokumentation, die belegt, was mit welchen Ergebnissen getestet
  worden ist.

Leider kann sich der Anwender nie ganz der Verantwortung entziehen, denn auch
wenn der Auftragnehmer ein schlüsselfertiges System samt Testdokumentation
liefert, muss sich der Kunde trotzdem vergewissern, dass die gelieferte Software
tatsächlich seine Abnahmekriterien erfüllt. Dies kann er wiederum nur durch Testen erreichen, d.h., er kommt nie ganz um den Test herum. Hierfür muss er eine
gewisse Mindestinvestition vorsehen.

2.5.5 Kriterien für die Entscheidung

Für welche dieser vier Optionen der Anwender sich letztendlich entscheidet,
hängt davon ab, welche eigenen Ressourcen er hat und welche Fähigkeiten diese
besitzen. Anwender mit genug eigener Mitarbeiterkapazität mit ausreichenden
technischen Kenntnissen und geeigneten Werkzeugen können es riskieren, ihre
Softwaremigration, eventuell mithilfe externer Beratung, selbst in die Hand zu
nehmen. Die wichtigste Voraussetzung dafür ist eine Führungskraft, die ein solches technisch anspruchsvolles Projekt leiten kann. Diese Bedingung muss auch
erfüllt sein, wenn Teilprojekte ausgelagert werden, denn auch dann trägt der
Anwender die Gesamtverantwortung.

Die dritte oder vierte Option kommt zum Tragen, wenn der Anwender weder
qualifizierte Kapazitäten noch eine Führungskraft verfügbar hat. In diesem Fall
bleibt ihm nichts anderes übrig, als die Verantwortung abzutreten. Falls er den

Test übernimmt, trägt er noch eine Teilverantwortung und kann das Projekt über den Test beeinflussen. Bei der vierten Option tritt er die volle Verantwortung ab und kann das Ergebnis allenfalls über ein »Service Level Agreement« mit dem Lieferanten absichern. Tatsache ist, dass immer mehr Anwender dazu neigen, ihre Migrationsprojekte komplett nach außen zu vergeben, weil dies als die einfachste Lösung mit den geringsten Risiken erscheint. Ob das wirklich so ist, sei dahingestellt.

3 Migrationsprozesse aus Forschung und Praxis

Das Bemühen um Referenzprozessmodelle zur Unterstützung komplexer Projekte hat in der Softwaretechnik eine lange Tradition. Nachdem anfangs in einfachen Phasenmodellen [Royc70, Boeh76] zentrale Aktivitäten der Softwareentwicklung eher sequenziell abgearbeitet wurden, erkannte man schnell, dass die Softwareentwicklung eine iterative Bearbeitung der nötigen Teilaktivitäten erfordert [Boeh88].

Seither wurde eine Vielzahl von Konzepten zur Vorgabe eines organisatorischen Rahmens für eine disziplinierte Projektdurchführung vorgeschlagen und unter den Bezeichnungen Prozess- oder Vorgehensmodell publiziert. Prozessmodelle beschreiben den Projektablauf mehr oder weniger detailliert in idealisierter Form und bilden eine Grundlage zur Ausgestaltung konkreter Projektabläufe. Detaillierte Prozessmodelle stellen Abläufe durch miteinander verbundene Aktivitäten dar, die jeweils eine – nicht notwendigerweise lineare – Sequenz von Aktivitäten repräsentieren [Scac01]. Solche Vorgehensmodelle sind für eine vorhersehbare, überschaubare, planbare und kontrollierbare Durchführung komplexer Vorhaben, wie sie in der Softwaretechnik zu finden sind, kaum mehr wegzudenken.

Für die Neuentwicklung von Softwaresystemen sind derzeit zahlreiche Vorgehensmodelle bekannt, u.a. das Wasserfallmodell [Boeh81], das V-Modell 97 [BWB97], der Unified Process [Kruc03], Extreme Programming [BeAn04] und das V-Modell XT [BrRa06]. Diese Modelle implementieren allgemein anerkannte Prinzipien und Techniken, beziehen sich aber in erster Linie auf die Entwicklung neuer Softwaresysteme. Insbesondere die zur Softwaremigration nötigen Aktivitäten, die eine intensive Betrachtung der vorhandenen Systembestandteile erfordern, finden in den Prozessmodellen des Forward Engineering keine Beachtung.

Die Konzeption von Vorgehensmodellen für die Softwareevolution ist im Vergleich zur Softwareentwicklung wenig ausgeprägt. Die Softwaremigration wird in den älteren sequenziellen Ansätzen (noch) nicht betrachtet und in den iterativen Ansätzen (Unified Process, Extreme Programming, V-Modell XT) lediglich als eine weitere Iteration aufgefasst. Im V-Modell XT wird zwar eine eigene Strategie zur Migration beschrieben, sie entspricht jedoch weitestgehend der Strategie zur Durchführung iterativer Projekte [Bund04] und ist derzeit nicht weiter konkretisiert.

Neben den etablierten Vorgehensmodellen zur Softwareentwicklung, die Softwaremigration nicht oder nur unzureichend unterstützen, existieren diverse, zum Teil spezialisierte Migrationsansätze aus Forschung und Praxis. Allgemeine Migrationsprozesse werden durch die Chicken-Little-Methode [BrSt95], Renaissance [Warr99], den Migrationsprozess nach Sneed [SnHaTe05] und die Migration-Factory [BoHi98] beschrieben. Spezielle Prozessmodelle konzentrieren sich entweder auf Teilaspekte der Migration, wie z.B. die Butterfly-Methode [BGLO97b] auf die Migration von Datenbeständen, oder behandeln nur spezifische Migrationsarten wie COREM [KlGa95] und objektorientierte Migration [Snee99a], die beide auf die Überführung prozeduraler Systeme in objektorientierte Strukturen zielen. Der »SMART«-Ansatz [LMSS08] des Software Engineering Institute fokussiert vor allem auf die Planungsaktivitäten von SOA-Migrationen. Zu diesen dokumentierten Prozessmodellen kommen erfahrungsbasierte Migrationsansätze wie »test driven« und »tool driven« hinzu, die aus der Migrationspraxis entstanden sind.

Während einerseits in den etablierten Prozessmodellen des Forward Engineering der Umgang mit Altsystemen vernachlässigt wird, kommt andererseits in den meisten Prozessmodellen zur Softwaremigration der Forward-Engineering-Anteil zu kurz. Ein umfassendes Prozessmodell der Softwaremigration muss beiden Ansätzen – sowohl Forward als auch Backward Engineering – gerecht werden.

Die folgenden Abschnitte geben einen Überblick über die speziellen Vorgehensmodelle zur Softwaremigration und zeigen die wesentlichen Migrationsaktivitäten auf, die dann in Kapitel 4 in einem umfassenden Referenzprozessmodell der Softwaremigration zusammengefasst werden.

3.1 Chicken-Little-Migrationsansatz

Der Chicken-Little-Ansatz [BrSt93, BrSt95] wurde im Rahmen eines amerikanischen Forschungsprojekts an der University of California in Berkeley entwickelt. »Chicken Little« wurde von [BrSt95] als Alternative zum »Cold-Turkey«-Ansatz (kalter Entzug) eingeführt. Während beim Cold-Turkey-Ansatz das Softwaresystem mit aktueller Softwareentwicklungstechnik von Grund auf neu erstellt bzw. auf Anhieb konvertiert wird, geht der Chicken-Little-Ansatz vorsichtiger vor. Chicken Little ist eine Figur aus dem amerikanischen Märchen »The Sky is falling«, die Angst vor dem eigenen Schatten hat; ihre übertriebene Angst zwingt sie dazu, nach jedem Schritt zu überlegen, ob sie den nächsten Schritt wagen kann. Im Gegensatz zur risikoreichen Neuentwicklung oder zu einer einmaligen Massenkonvertierung schreibt dieser Ansatz 11 aufeinander folgende Schritte vor. Das oberste Gebot ist, nichts zu riskieren. Nach jedem Schritt wird das Ergebnis abgesichert und überlegt, wie man weiter vorgehen soll.

3.1.1 Zielsetzung und Idee des Chicken-Little-Ansatzes

Softwaresysteme werden nach dem Chicken-Little-Ansatz in mehrere Migrations-pakete zerlegt, die einzeln in kleinen inkrementellen Schritten in die neue Ziel-umgebung überführt werden. Während der Migration existieren altes und neues System nebeneinander. Die korrekte Synchronisation beider Systeme wird durch Koordinationsbausteine und Gateways sichergestellt. Durch das inkrementelle Vorgehen wird das Risiko von Projektfehlschlägen reduziert, da bei jedem zu migrierenden Teilsystem individuelle oder geänderte Rahmenbedingungen berück-sichtigt werden können [BrSt95].

Der Chicken-Little-Migrationsprozess beginnt mit einem vorbereitenden Schritt, in dem die Grundlagen zur Softwaremigration geschaffen werden, und folgt dann inkrementellen Migrationsschritten, die auf jedes zu überführende Mig-rationspaket angewandt werden. Nach jeder Migration eines Pakets steht wieder das gesamte System inkl. der überführten Komponente zur Verwendung bereit.

Jede Softwaremigration erfordert die Festlegung der Zielumgebung, in die das Legacy-System überführt werden soll, sowie die Vorbereitung des Legacy-Systems für diese Überführung. Um das neue System möglichst nach dem aktuellen Stand der Technik zu gestalten, sollte der Entwurf des Zielsystems analog zu einem Neu-system – auf der grünen Wiese – erfolgen. Eingeschränkt wird das durch die vor-liegende Struktur und Qualität des Altsystems, die sich direkt auf die Migrierbar-keit seiner Komponenten auswirkt. Hier muss eine sinnvolle Balance zwischen Risikominimierung durch Reimplementierung, Konvertierung und Kapselung auf der einen Seite sowie Innovation der Zielstruktur auf der anderen Seite gefunden werden. Strukturen im Zielsystem, die nur aufwendig und risikoreich für das gege-bene Altsystem umgesetzt werden können, sind zu vermeiden.

Der Chicken-Little-Ansatz erstreckt sich mit seinem inkrementellen Vorgehen über einen längeren Zeitraum. Deshalb soll das Zielsystem zunächst nur soweit zur Schaffung eines Überblicks nötig definiert und anschließend bei der Migra-tion der einzelnen Pakete inkrementell ergänzt und erweitert werden. Die detail-lierten Festlegungen des Gesamtdesigns und der Systemumgebung (Hardware, Betriebssystem, Programmiersprachen, Datenhaltungssystem etc.) sind im ersten Vorbereitungsschritt nicht sinnvoll. Brodie und Stonebraker betonen ausdrück-lich: »We argue against global anything and for incremental everything.«

Die Vorbereitung des Legacy-Systems dient durch eine Vereinfachung der zu überführenden Komponenten ebenfalls der Minimierung des Migrationsrisikos. Insbesondere ist das Legacy-System vor der Migration in einem separaten Sanie-rungsschritt zu bereinigen, wobei beispielsweise überflüssige Funktionen und Daten eliminiert werden.

Neben der groben Festlegung des Zielsystems und der Aufbereitung des Alt-systems ist das Migrations-Framework zu entwerfen, das den weiteren Betrieb des Altsystems neben den bereits migrierten Teilsystemen erlaubt. Dabei wird über Gateways synchronisiert.

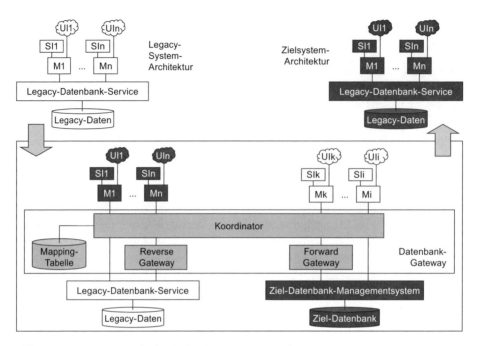

Abb. 3–1   *Migrationsarchitektur [BrSt93]*

Abbildung 3–1 skizziert Legacy-System, Zielsystem und Migrations-Framework. Die Systeme sind repräsentiert durch ihre Anwendungsmodule (M_i), die auf die jeweiligen Daten zugreifen und über Systemschnittstellen (S_j) bzw. Benutzungs-schnittstellen (UI_k) mit ihrer Umgebung kommunizieren. Die Koordination von Datenbankzugriffen und die Konsistenzwahrung replizierter Daten im Parallelbe-trieb erfolgt über Gateways, die durch einen Koordinator synchronisiert werden. Das Forward Gateway erlaubt dem Legacy-System den Zugriff auf die Daten-bank der Zielumgebung und das Reverse Gateway realisiert den Datenzugriff des Zielsystems auf Legacy-Daten. Die für diese Transformationen notwendigen Abbildungsregeln werden in einer Mapping-Tabelle hinterlegt.

3.1.2   Chicken-Little-Migrationsobjekte

Die Urheber der Chicken-Little-Migrationsstrategie haben sehr viele Migrations-projekte in den USA untersucht, vor allem die Migration betrieblicher Informati-onssysteme. Alle diese Informationssysteme bestehen aus Programmen, Schnitt-stellen und Datenbanken.

Diese drei Bestandteile können getrennt voneinander migriert werden, z.B. nur die Daten ohne die Programme oder die Programme ohne die Daten. In bei-den Fällen müssen die Daten konvertiert werden, damit im ersten Fall die neuen Daten für die alten Programme und im zweiten Fall die alten Daten für die neuen Programme verarbeitbar sind. Es ist außerdem möglich, die Schnittstellen, z.B.

die Benutzungsoberflächen, ohne die Programme zu migrieren, sofern diese von der jeweiligen Programmlogik isoliert sind. Ein Haupthindernis einer inkrementellen Migration ist die Verstrickung der Oberflächen- mit der Verarbeitungslogik oder die Verstrickung der Programm- mit der Datenzugriffslogik.

Deshalb wird es oft notwendig sein, das Altsystem zunächst einem Reengineering zu unterziehen, das die Migrationsobjektarten voneinander isoliert. Erst wenn Schnittstellen, Programme und Daten voneinander getrennt sind, ist der Checken-Little-Ansatz anwendbar. Ansonsten bleibt nur der Cold-Turkey-Ansatz möglich. Leider merken dies Anwender oft zu spät: Deshalb ist es so wichtig, die Altsoftware vorher zu analysieren.

3.1.3 Chicken-Little-Vorgehensmodell

In Softwaremigrationen werden verschiedene Projektziele verfolgt und je nach Projektkontext diverse Systembestandteile in unterschiedlicher Ausprägung migriert. Das Chicken-Little-Vorgehen stellt ein konfigurierbares Vorgehensmodell bereit, das an die spezifischen Anforderungen individueller Migrationsprojekte angepasst werden kann. Hierzu werden insgesamt elf Migrationsschritte (siehe Abb. 3–2) definiert, die weitgehend unabhängig voneinander bearbeitet werden können.

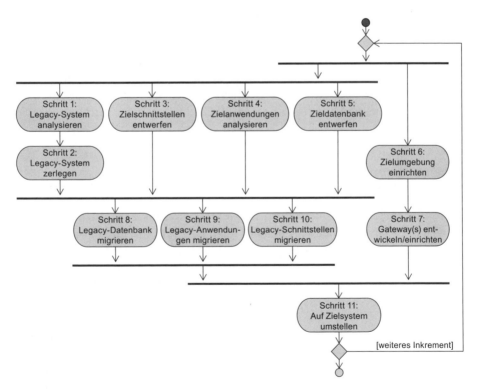

Abb. 3–2   *Vorgehensmodell bei der Chicken-Little-Migration*

Neben der eigentlichen Migration eines Migrationspakets (Schritt 8-10) und dessen Übergabe in den Betrieb (Schritt 11) umfassen diese Migrationsschritte die Analyse (Schritt 1) und Zerlegung (Schritt 2) des Legacy-Systems sowie die Überarbeitung des in der Vorbereitungsphase der Migration erstellen Zielsystementwurfs (Schritt 3-5) sowie dessen Implementierung (Schritt 6-7).

Für jedes Migrationspaket sind diese Schritte in einer individuell festlegbaren Reihenfolge abzuarbeiten, wobei unnötige Migrationsschritte ausgelassen werden können. So sind z.B. bei einer reinen Datenmigration keine Anwendungen im Zielsystem zu entwerfen oder zu realisieren. Auch beim Einsatz kommerzieller Gateway-Produkte, die die erforderlichen Dienste zur Sicherstellung der Interoperabilität zwischen Legacy- und Zielsystem bereitstellen, ist Schritt 7 nur für die erste Iteration erforderlich.

Der erste Schritt des Chicken-Little-Ansatzes *Legacy-System analysieren* dient dem Verstehen des Altsystems. Mithilfe geeigneter Reverse-Engineering-Techniken ist es so weit aufzubereiten, dass die ursprünglichen Anforderungen wiedergewonnen werden. Im Rahmen des inkrementellen Vorgehens ist das Reverse Engineering auf die konkreten Anforderungen des aktuell zu bearbeitenden Migrationspakets und seine Einbettung in die neue Zielstruktur zu konzentrieren. Brodie und Stonebraker warnen explizit vor einer durch allzu detaillierte Analyse ausgelösten »analysis paralysis« und betonen die Beachtung des »Need to know«-Prinzips. Man soll nur so viel erkunden, wie man braucht, um seine Aufgaben zu erledigen.

Der zweite Schritt *Legacy-System zerlegen* zielt auf die Restrukturierung der Legacy-Systemstruktur in voneinander abgegrenzte Module mit definierten Schnittstellen, die migriert werden können. Je nach Zerlegbarkeit des Systems sind in der weiteren Migration unterschiedliche Strategien zu verfolgen. Brodie und Stonebraker unterscheiden drei Systemtypen:

- Zerlegbare Legacy-Systeme
- Semizerlegbare Legacy-Systeme
- Unzerlegbare Legacy-Systeme

Zerlegbare Legacy-Systeme stellen die beste Migrationsvoraussetzung dar. Sie bestehen aus einer Menge voneinander unabhängiger Anwendungsmodule, die jeweils mit einem Datenbank-Service und ausschließlich über eigene Benutzungs- oder Systemschnittstellen mit ihrer Umgebung interagieren. Durch Bereitstellung entsprechender Datenbank-Gateways können Anwendungsmodule und Datenbanken im Legacy- und Zielsystem gekapselt werden.

In *semizerlegbaren Legacy-Systemen* sind Anwendungen und Datenbank-Service eng miteinander verbunden. Lediglich Benutzungs- und Systemschnittstellen stellen separate Module dar. Während der Migration trennen Gateways hier die Zugriffsschnittstellen von der integrierten Daten- und Anwendungslogik.

In *unzerlegbaren Legacy-Systemen* sind Schnittstellen, Anwendungslogik und Datenhaltung nicht voneinander abgrenzbar. In solchen Fällen sind im Zuge der

Migration Legacy- und Zielsystem durch komplexe, das gesamte Informationssystem betreffende Gateways zu synchronisieren.

Nach diesem zweiten Schritt der Chicken-Little-Strategie werden wesentliche Entscheidungen und Vorbereitungen für die weitere Migration getroffen.

Die Definition des Zielsystems (Schritte 3-5) besteht für das zu bearbeitende Inkrement darin, *Schnittstellen, Anwendungen* und *Datenbank des Zielsystems* zu entwerfen. Ausgehend von den möglichen Systemzerlegungen aus Schritt 2 sind hier die Migrationstrategie und evtl. notwendige Realisierungen von Gateways festzulegen. Die Anwendungslogik ist hinsichtlich der in der Zielumgebung zu unterstützenden Geschäftsprozesse zu entwerfen. Abhängig von einer Risikoanalyse ist zu entscheiden, wie die Logik des Altsystems in diese neue Struktur überführt werden kann.

Die Einrichtung des Zielsystems (Schritte 6-7) bezieht sich auf die Anpassung des bisher global definierten Zielsystems an die konkreten Anforderungen des aktuell zu migrierenden Pakets (*Zielumgebung einrichten*) und die Bereitstellung der nötigen Gateways zur Synchronisation von Legacy- und Zielsystem (*Gateway(s) entwickeln/einrichten*). Die Anpassung der Zielumgebung berücksichtigt die dafür erhobenen Anforderungen. Dieser Schritt schließt auch die Erprobung der Umgebungskomponenten und die Überprüfung auf Erfüllung der nicht funktionalen Anforderungen ein. Abhängig von der Zerlegbarkeit des Legacy-Systems sind in Schritt 7 die nötigen Gateways bereitzustellen, häufig müssen diese vom Anwender selbst entwickelt werden. Der Aufwand dafür ist hoch und muss bei der Kalkulation der Migrationskosten berücksichtigt werden. Je gröber das Legacy-System in Schritt 2 zerlegt werden konnte, umso niedriger ist der Aufwand für die dann geringere Anzahl von Gateways.

Die eigentliche Migration des Legacy-Systems (Schritte 8-10) in die neue Umgebung erfolgt in den Aktivitäten *Legacy-Datenbank, Legacy-Anwendungen* und *Legacy-Schnittstellen migrieren*. Jeder dieser Schritte umfasst Bearbeitung und anschließende Transformation des entsprechenden Inkrements gemäß dem Entwurf aus den Schritten 3-4. Da Datenmigrationen (Schritt 8) unabhängig von Anwendungsmigrationen (Schritt 9) erfolgen und Daten häufig in einem Inkrement übertragen werden können, stehen die Daten oft bereits in der Zielumgebung bereit, während die Anwendungen noch im Legacy-System vorgehalten werden. Aufgrund der Inkrementalität des Chicken-Little-Ansatzes und der Verwendung von Gateways (Schritt 7) können unterschiedliche Versionsstände nebeneinander existieren.

Die Migration eines Inkrements schließt mit der *Umstellung auf das Zielsystem* (Schritt 11) ab. Die Funktionalität, die in diesem Inkrement bearbeitet und zuvor vom Legacy-System bereitgestellt wurde, wird nach der Umstellung vom Zielsystem angeboten. Schritt 11 ist grundsätzlich für jedes Inkrement einzeln möglich. Abhängig von der Größe und Komplexität des betrachteten Systems ist es aber sinnvoll, zunächst kleinere (technische) Einheiten zu migrieren und erst wenn alle Module zur vollständigen Bearbeitung zusammengehöriger Geschäftsprozesse migriert bereitstehen, diese gesammelt umzustellen und in Betrieb zu nehmen.

3.1.4   Bewertung des Chicken-Little-Ansatzes

Chicken Little stellt eine flexible, anpassbare und inkrementelle Strategie zur Softwaremigration bereit. Das zugrunde liegende Legacy-System wird in kleine, voneinander unabhängige Pakete (Inkremente) zerlegt, die iterativ in die Zielumgebung migriert werden. Während der Dauer der Migration wird die Aufrechterhaltung des Systembetriebs durch Koexistenz von Legacy- und Zielsystem über den Einsatz von Gateways ermöglicht [BrSt95].

Dieses inkrementelle Vorgehen reduziert das mit der Migration verbundene Risiko. Nach jeder Migration eines Inkrements steht eine sichere Systemversion bereit, die auch im Falle des Fehlschlagens eines weiteren Migrationsschritts verwendet werden kann. Erkauft wird dieser Vorteil mit höherem Aufwand für die Migration, da während ihrer Projektlaufzeit der Parallelbetrieb von Legacy- und Zielsystem zu synchronisieren ist [BGLO97b].

Gegen den Chicken-Little-Ansatz spricht also, dass das Migrationsprojekt lange dauert und viel kostet, u.a. auch da das Migrationspersonal möglichst unverändert verfügbar bleiben soll. Natürlich ist es grundsätzlich gut, vorsichtig vorzugehen – wer aber schnell vorankommen will oder muss, kann nicht alle Risiken ausschalten. Und leider stehen die meisten Migrationsprojekte unter erheblichem Termindruck und können es sich nicht leisten, zu abgesichert vorzugehen.

Oft fehlen auch die Grundvoraussetzungen: Die Legacy-Systeme sind zu monolithisch, die Kosten der Isolierung von Programmen, Schnittstellen und Daten können dann leicht die Kosten einer Neuentwicklung übersteigen.

3.2   Butterfly-Migrationsansatz

Das »Butterfly«-Migrationsverfahren [BGLO97b, WuLaBi97] wurde in den 90er-Jahren im Rahmen eines europäischen Forschungsprojekts entwickelt unter Beteiligung von Trinity College (Dublin), Broadcom Éireann Research, Telecom Éireann und Ericsson.

Ziel war die Entwicklung eines Migrationsansatzes, der ohne Gateways zur Synchronisierung von Legacy- und Zielsystem auskommt und dadurch Komplexität und Risiko von Migrationen vermindert. Im Butterfly-Verfahren werden Daten iterativ migriert, weitgehend unabhängig davon erfolgt die ebenfalls schrittweise mögliche Migration von Anwendungslogik und Schnittstellen. Legacy- und Zielsystem werden bei diesem Migrationansatz nicht miteinander betrieben, während der gesamten Migration bleibt ausschließlich das Legacy-System im operativen Einsatz.

3.2.1 Zielsetzung und Idee des Butterfly-Ansatzes

Das Butterfly-Verfahren vermeidet also während der Migration den simultanen Zugriff auf Legacy- und Zielsystem. Obwohl die Butterfly-Methode die vollständige Migration von Informationssystemen betrachtet, konzentriert sie sich auf die Datenmigration.

Charakteristisch für das Butterfly-Verfahren ist eine spezifische Form der Kapselung der Datenhaltung des Altsystems und deren inkrementelle Überführung in das Zielsystem. Die Datenbestände des Legacy-Systems werden während der Datenmigration weiterhin im Legacy-Datenspeicher gehalten, auf den aber nur noch lesend zugegriffen werden kann. Datenveränderungen während der Migrationsdauer werden in nacheinander angelegten, temporären Speichern (TS_i) ergänzend zum Legacy-System verwaltet. Die Synchronisation der Datenzugriffe des Legacy-Systems auf den eigenen und die temporären Datenspeicher übernimmt der Data Access Allocator (DAA).

Die temporären Datenspeicher werden vom Chrysalizer schrittweise in die Datenstruktur des Zielsystems überführt; sobald dies für einen temporären Speicher geschehen ist, kann das Legacy-System auf diesen auch nur noch lesend zugreifen. Für weitere Datenmanipulationen wird der nächste temporäre Speicher, zunächst wiederum mit lesendem und schreibendem Zugriff, angelegt. Die Zahl der angelegten temporären Speicher bis zum Migrationsabschluss hängt also einerseits vom Datenvolumen und von der Datenänderungsrate des betreffenden Anwendungssystems sowie andererseits davon ab, wie schnell die Umsetzung der Datenbestände in die Zieldatenstruktur erfolgt.

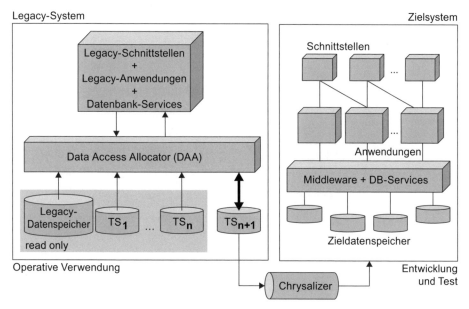

Abb. 3–3   *Butterfly-Verfahren [BGLW99]*

Die eigentliche Ablösung des Legacy-Systems erfolgt, nachdem die Umsetzung aller betroffenen Anwendungslogik- und Schnittstellenkomponenten in die Zielumgebung abgeschlossen und die Überführung des letzten temporären Speichers in die Zieldatenstruktur bewerkstelligt ist. Letzteres soll erst dann geschehen, wenn der letzte lesend und schreibend aktive temporäre Speicher ein projektspezifisch definierbares minimales Datenvolumen aufweist, dessen Umsetzung nur eine kurze Unterbrechung des Legacy-Systems bis zum Einsatzbeginn des Zielsystems erfordert. Schon vor diesem Zeitpunkt können laufend Tests der umgesetzten Komponenten und Daten sowie die Schulung der Benutzer im Zielsystem durchgeführt werden; hierzu wird eine aus den Legacy-Datenbeständen heraus entwickelte Testdatenbank in den Datenstrukturen des Zielsystems bereitgestellt.

3.2.2 Butterfly-Vorgehensmodell

Wesentliche Aufgabenschwerpunkte sind auch hier das Verstehen des Legacy-Systems, Schritte zur Definition der Zielumgebung, die (eigentliche) Migration und die Durchführung von Tests, die gemeinsam mit der Erstellung der notwendigen Transformationssoftware (DAA und Chrysalizer) die Hauptaktivitäten der Butterfly-Methode definieren [BGLO97b, BGLO97c].

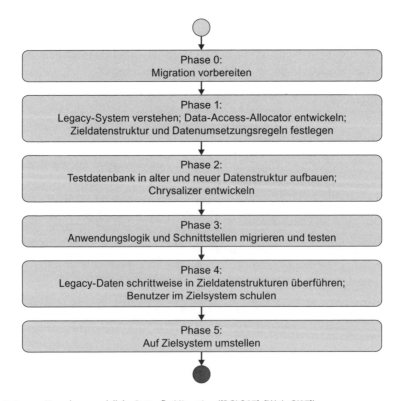

Abb. 3–4   *Vorgehensmodell der Butterfly-Migration ([BGLO97], [WuLaBi97])*

Jede der Phasen 0 bis 6 aus Abbildung 3–4 fasst mehrere, teilweise optionale Aktivitäten zusammen, die weitgehend parallel und in projektspezifischer Reihenfolge bearbeitet werden können. Insgesamt empfehlen die Urheber der Butterfly-Methode aber, ihrer Bearbeitungsreihenfolge zu folgen, sofern nicht zwingende Gründe dagegen sprechen.

Die wichtigsten Aufgaben in Phase 0 *Vorbereitung der Migration* sind die Erhebung projektspezifischer Anforderungen aus Benutzersicht und die Bestimmung des Zielsystems.

Phase 1 *Legacy-System verstehen; Data Access Allocator entwickeln; Zieldatenstruktur und Daten-Umsetzungsregeln festlegen* spricht sowohl die Datenmigration als auch die der Anwendungslogik und Schnittstellen an. Die Anforderungen aus Phase 0 sind ggf. zu ergänzen und optional auch notwendige Interaktionen des Zielsystems mit anderen Softwaresystemen zu klären.

Phase 2 beinhaltet den Aufbau der Testdatenbank in der Legacy- und in der Zielsystem-Datenstruktur, außerdem muss der Chrysalizer für die Umsetzung der alten in die neuen Datenstrukturen entwickelt werden.

Die schrittweise Migration der Komponenten von Anwendungslogik und Schnittstellen erfolgt in Phase 3, verbunden mit den nötigen Testschritten. Das soll laut [BGLO97] nach den Prinzipien und Methoden des Forward Engineering geschehen, wird aber in den hier hinzugezogenen Veröffentlichungen zur Butterfly-Methode nicht weiter konkretisiert.

Phase 4 *Legacy-Daten schrittweise in Zieldatenstrukturen überführen; Benutzer im Zielsystem schulen* bewirkt: Die Daten des Legacy-Systems werden in der alten Datenhaltung sowie nach und nach in den einzelnen temporären Speichern eingefroren und schrittweise vom Chrysalizer in die Zielumgebung überführt.

Phase 5 *Auf Zielsystem umstellen* beendet die Migration. Nach der Umsetzung des letzten temporären Speichers ist das Legacy-System vollständig migriert, es wird dem operativen Betrieb übergeben, das Legacy-System kann abgeschaltet werden.

3.2.3   Bewertung des Butterfly-Ansatzes

Die »Butterfly«-Methode stellt mit Ausnahme des Data Access Allocator, der während der gesamten Migration aktiv für die Kombination korrekter Datenzugriffe in die alte Datenhaltung sowie in die temporären Speicher sorgen muss, eine Gateway-freie inkrementelle Methode zur Softwaremigration bereit, bei der Legacy- und Zielsystem niemals zeitgleich betrieben werden. Im Gegensatz zur Chicken-Little-Methode können hierdurch Komplexität und damit verbundene Migrationsrisiken reduziert werden. Das Legacy-System bildet zusammen mit den temporären Speichern und dem Data Access Allocator während der gesamten Laufzeit des Migrationsprojekts die Fallback-Lösung für den Fall, dass Migrationsverzögerungen oder -fehlschläge auftreten.

Eine Frage, auf die die Urheber nicht eingehen, ist die Erhöhung der Zugriffszeiten auf geänderte Dateninhalte, die vom Data Access Allocator aus der alten Datenbank, den schon eingefrorenen und dem gerade aktiven temporären Speicher zusammengestellt werden müssen. Je nach der Gesamtdauer des betreffenden Migrationsprojekts und der Qualität des Data Access Allocator könnte das den Weiterbetrieb des Legacy-Systems verlangsamen. Es ist anzunehmen, dass dazu zum Veröffentlichungszeitpunkt keine breiten praktischen Erfahrungen vorlagen.

[WuLaBi97] betonen als weiteren Vorteil des Verfahrens die jederzeitige Testbarkeit der migrierten Komponenten anhand der Testdatenbank in der Zielsystemstruktur. Sie verweisen auch darauf, dass mit Ausnahme von Data Access Allocator und Chrysalizer projektspezifisch beliebige Tools (wohl u.a. für die Migration von Anwendungslogik und Schnittstellen) eingesetzt werden können. Einen weiteren Vorzug sehen sie darin, dass es ihrer Meinung nach möglich ist, ausgehend vom Datenvolumen im Legacy-System die Datenmigrationszeit vorauszuschätzen; in diesem Zusammenhang erwähnen sie auch »the speeds of DAA and Chrysalizer« als Faktor, gehen aber nicht darauf ein, wie eine Schätzung der Migrationszeit für die sonstigen Systemkomponenten bewerkstelligt werden könnte.

Daraus folgt insgesamt eine besonders gute Eignung des Butterfly-Ansatzes für Migrationen, deren Schwerpunkt im Datenbereich liegt.

3.3   Der Renaissance-Migrationsprozess

Ein weiterer Migrationsansatz aus der akademischen Forschungswelt ist der Renaissance-Ansatz von Ian Warren [Warr99]. Wie Butterfly stammt auch dieses Vorgehensmodell aus einem europäischen Forschungsprojekt.

Im Renaissance-Vorgehensmodell wird zwischen den folgenden Migrationstätigkeiten unterschieden:

- Sourcecode-Transformation
- Programmrestrukturierung
- Systemrestrukturierung
- Data-Reengineering
- Datenkonversion
- Reverse Engineering
- Systemintegration

Sourcecode-Transformation impliziert die automatische Übersetzung des Sourcecodes aus der alten Programmiersprache in die vorgesehene neue Sprache. Programmrestrukturierung beinhaltet die Überarbeitung der einzelnen Module mit dem Ziel, ihre Komplexität zu vermindern und die Qualität zu steigern. Systemrestrukturierung befasst sich mit der Sanierung der Architektur, z.B. mit der Trennung der Zugriffs- von der Geschäftslogik oder der Zerlegung übergroßer Module. Daten-Reengineering beinhaltet die Überarbeitung der Datenbankstrukturen, z.B. die Normalisierung der Daten und die Eliminierung redundanter Daten. Bei der Datenkonversion werden Daten von der alten in die neue Art der Speicherung versetzt, wobei auch die Darstellung der Datenwerte verändert werden kann (z.B. von EBCDIC- in ASCII-Format). Reverse Engineering ist die Ableitung der durch die vorhergegangenen Schritte modifizierten Softwarestruktur aus dem geänderten Produkt. Schließlich vereinigt die Systemintegration als letzter Schritt die migrierten Programme und Daten in der neuen Umgebung.

3.3.1   Phasen im Renaissance-Migrationsansatz

Als erster Schritt sind Analyse und Bewertung des Altsystems vorgesehen. Dafür sieht das Renaissance-Modell automatisierte Werkzeuge vor. Erst wenn deren Messdaten auf dem Tisch liegen, wird der Aufwand für die Migration geschätzt und eine Kosten-Nutzen-Analyse durchgeführt. Ist man sich über Aufwand bzw. bei externer Vergabe den Preis der Migration einig, wird als Nächstes die Migrationsstrategie bestimmt und der Projektplan ausgearbeitet. Eine Portfolioanalyse entscheidet darüber, welche Teilsysteme vorgezogen und welche zurückgestellt werden.

Renaissance legt großen Wert auf die Modellierung des zu migrierenden Systems. Das soll mit UML geschehen. Das Basismodell wird automatisch aus dem alten Code wiedergewonnen und anschließend automatisch verfeinert und verändert. Das neue UML-Modell dient als Leitbild für die Restrukturierung der Systemarchitektur, die interaktiv und top-down mit einem weiteren Modellierungswerkzeug geschieht. Auf die Restrukturierung der Systemarchitektur erfolgen Restrukturierung bzw. Refactoring der einzelnen Module. Dabei wird weitgehend manuell gearbeitet, d.h., der betreffende Mitarbeiter studiert den Code und verändert ihn mithilfe interaktiver Editierungswerkzeuge.

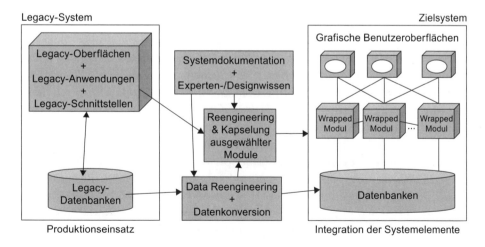

Abb. 3–5   Renaissance Migrationsmodell

Erst wenn die Sanierung des Altsystems abgeschlossen ist, findet die Transformation des Codes statt. Auch dies geschieht automatisch. Die gleiche Vorgehensweise gilt für die Daten. Erst werden sie restrukturiert und anschließend konvertiert. Nachdem Code und Daten getrennt transformiert sind, werden sie in der
Zielumgebung integriert und getestet, wobei die Quellen diesen Teilschritt nur
oberflächlich beschreiben. Das kann als Schwäche dieses Prozessmodells bzw. seiner Beschreibung gesehen werden.

3.3.2   Das Renaissance-Integrationsmodell

Renaissance sieht die Integration der migrierten Programme und Daten im Vordergrund. Es geht nicht nur um die Integration der Komponenten miteinander,
sondern auch um die Integration des migrierten Systems mit anderen Systemen in
der neuen Umgebung. Hier werden Einbindungstechniken wie CORBA, XML
und WSDL vorgeschlagen. Damit werden Schnittstellen implementiert, die es
dem migrierten System erlauben, mit den anderen Systemen Nachrichten auszutauschen.

Renaissance unterscheidet sechs verschiedene Integrationsbestandteile:

- Datenintegration
- Serviceintegration
- Präsentationsintegration
- Internetintegration
- Objektintegration
- Workflowintegration

Das Datenintegrationsmodell ist ein Referenzmodell für die Zusammenführung
und Verknüpfung verteilter Datenbanken. Das Modell der Serviceintegration
sieht vor, dass sowohl verbliebene alte wie auch migrierte Funktionen gekapselt
und über eine Serviceschnittstelle zugänglich gemacht werden. Präsentationsintegration modelliert die Verbindung von Benutzungsoberflächen über Querverweise, sodass es möglich ist, von einer Oberfläche zur anderen zu springen. Das
Modell der Internetintegration bietet verschiedene Möglichkeiten, Programme
und Daten über Web-Links anzusprechen; auf migrierte Module wird z.B. über
eine Web-Service-Schnittstelle zugegriffen. Objektintegration stellt ein Schema
für die Einbindung der migrierten Komponenten in eine CORBA-Architektur
vor; sie erhalten dort eine IDL-Schnittstelle. Workflowintegration schließlich ist
ein Modell für die Integration migrierter Softwarebausteine in neue Workflows,
die mit BPEL (Business Process Execution Language) oder BPMN (Business Process Modeling Notation) implementiert werden.

   Diese Art integrationsgetriebener Migration hat Harry M. Sneed in seinem
Buch »Web-basierte Systemmigration« später übernommen und weiter ausge-
baut [SnSn03]. Dort wird aufgezeigt, wie die Migration einzelner Systeme in die

Gesamtmigration des ganzen Unternehmens im Sinne der Enterprise Application Integration (EAI) eingepasst werden kann.

3.3.3 Bewertung des Renaissance-Ansatzes

Die Stärke des Renaissance-Modells liegt im beschriebenen Integrationsansatz, mit dem Legacy-Systeme in eine EAI-Architektur einbezogen werden können. Die Vorgaben für die einzelnen Migrationsaktivitäten sind zwar interessant, aber nicht unbedingt praxisnah. Die manuelle Nachdokumentation der Gesamtarchitektur wird bei großen Systemen kaum möglich sein. Es ist überhaupt fraglich, ob ein Top-down-Ansatz zur Migration komplexer Systeme überhaupt funktionieren kann. Das Problem mit allen Prozessmodellen aus der Forschung ist, dass sie die wirtschaftlichen Einschränkungen zu wenig beachten. Was bei kleinen, überschaubaren Forschungsprojekten mit ausgewählten Softwarebeispielen machbar ist, ist noch lange nicht in industriellen Projekten mit echten Anwendungssystemen möglich. Forscher berücksichtigen zu wenig, wie groß, wie komplex und wie schlecht Softwaresysteme in der Praxis wirklich sind. Das verführt sie dazu, Modelle zu konzipieren, die zwar in einer Modellwelt Gültigkeit haben, aber auf die reale Welt kaum übertragbar sind. Was Vorgehensmodelle anbetrifft, ist die Kluft zwischen der akademischen und der industriellen Welt leider besonders groß.

3.4 Das COREM-Migrationsverfahren

COREM (Capsule-oriented Reverse Engineering Method) ist an einer Hochschule entstanden, hat aber auch Bezug zur Praxis, weil es von einer Fallstudie ausging [KlGa95]. Das Fallbeispiel war ein Fakturierungssystem für Kies- und Sandlieferungen, das bereits seit einigen Jahren im Betrieb war. Die Aufgabe bestand darin, diese in C programmierte Anwendung in eine objektorientierte Architektur mit C++ als Sprache zu überführen. Die beiden Doktoranden, die das COREM-Vorgehensmodell konzipierten, hatten also ein reales Projekt durchzuführen. Zwar wurde das Projekt nie ganz abgeschlossen, aber etliche C++-Komponenten sind implementiert und getestet worden, das Modell war also in der Praxis anwendbar.

Das COREM-Verfahren sieht einen zweigleisigen Ansatz vor (siehe Abb. 3–6). Auf dem einen Gleis wird top-down eine objektorientierte Analyse nach Coad [Coad91] vorgenommen und ein fachliches Objektmodell erstellt. Auf dem zweiten Gleis ist bottom-up eine statische Analyse des bestehenden Codes vorgesehen, die über mehrere Transformationsschritte zu einem technischen Objektmodell führt. Die beiden Modellierungsansätze werden abgeglichen und zusammengeführt, um eine integrierte objektorientierte Nachdokumentation zu gewinnen.

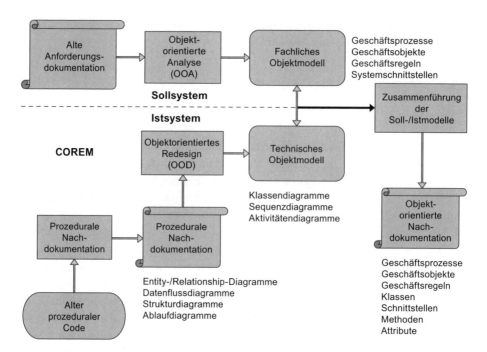

Abb. 3–6   *COREM-Transformationsprozess [KlGa95]*

3.4.1   Der Top-down-Ansatz

Top-down ging das Analyseteam von den ursprünglichen Anforderungen aus. Sie wurden in diesem Projekt nach der strukturierten Analysemethode dokumentiert [Your90]. Es entstanden Funktionsbäume, Entity-/Relationship-Diagramme, Datenfluss- und Ablaufdiagramme, ergänzt durch ein Dictionary aller erforderlichen Daten. Das Analyseteam übertrug das bestehende Funktionsmodell in ein Objektmodell mit Klassenbäumen, Interaktions- und Aktivitätsdiagrammen. Aus den Entitäten wurden Objekte, die in Klassen gekapselt sind. Die Datenflüsse wurden zu Interaktionen zwischen Klassen und in Interaktionsdiagrammen abgebildet. Die Ablaufdiagramme wurden in Aktivitätsdiagramme überführt. Das Ergebnis war ein grob strukturiertes Objektmodell nach Coad und Yourdon [CoYo91].

3.4.2   Der Bottom-up-Ansatz

Bottom-up ging das Reverse-Engineering-Team vom bestehenden Code aus. Der C-Code wurde zunächst statisch analysiert, um eine abstrakte Beschreibung des Codes zu gewinnen. Diese bestand aus Datenstrukturen, Pseudocode und Datenquerverweisen. Sie stellte einen Umriss des eigentlichen Codes dar und war wie dieser Code selbst prozedural geprägt. Dieses abstrakte prozedurale Modell

wurde anschließend schrittweise mit einem interaktiven Werkzeug in ein Objektmodell überführt. Einzelne Variablen wurden in Strukturen zusammengefasst,
danach aus den C-Datenstrukturen entsprechend der Datenverwendung Klassen
gebildet. Klassenaggregationen wurden anhand der Wiederholungsfaktoren
automatisch gebildet, Klassenassoziationen per Hand definiert. Auch die Vererbung von Attributen und Methoden wurde manuell nachgebildet über die Über-
bzw. Unterordnung von Klassen. Diese und einige weitere Teilschritte wurden
durchweg auf Modellebene und ohne Eingriffe in den eigentlichen Code vorgenommen. Am Ende der Reverse-Engineering-Phase lag eine detaillierte objektorientierte Dokumentation der eigentlichen C-Programme vor [BeCiDe92].

3.4.3 Verschmelzung der beiden Ansätze

Die Ergebnisse der beiden Ansätze wurden anschließend verglichen, abgestimmt
und manuell zusammengeführt. Die Klassen aus dem Code wurden den Klassen
aus der Analyse über ein Objekt-Mapping zugeordnet, dabei Attribute und
Methoden berücksichtigt. Die Interaktionen aus dem Code wurden um die Interaktionen aus der Analyse ergänzt und verfeinert. Die Schnittstellen aus dem Code
wurden mit denen aus der Analyse gepaart und die Parameter angepasst. Schließlich wurden die Aktivitätsdiagramme aus der Analyse aufgrund der Istabläufe
aus dem C-Code aktualisiert. Endergebnis war eine objektorientierte Systemdokumentation, die beide Sichten abgestimmt in sich vereinte [KlGa95]. Sie konnte
als Grundlage für die Reimplementierung der Software dienen. Im Pilotprojekt
Fakturierungssystem ist dies allerdings nur teilweise geschehen.

3.4.4 Bewertung des COREM-Verfahrens

Das Besondere am COREM-Verfahren ist, dass es einer der ersten Versuche war,
von der prozeduralen Welt in die objektorientierte zu wechseln. Es zeigte auf, wie
sich ein prozeduraler Systementwurf (structured design) in einen objektorientierten (object-oriented design) überführen lässt. Damit konnte es als Vorbild für
weitere modellgetriebene Reimplementierungen dienen, hatte aber wie die meisten wissenschaftlichen Ansätze für die Migrationspraxis nur wenig Relevanz.

Das lag auch daran, dass der Anteil manueller Arbeit sehr hoch war. Was für
ein kleines System mit unter 10.000 Anweisungen an Aufwand vertretbar ist,
kommt für große Systeme mit mehr als 50.000 Anweisungen nicht infrage. Der
Aufwand würde den Nutzen einer neuen Systemdokumentation nicht rechtfertigen. Hinzu kommt, dass die eigentliche Arbeit, die Reimplementierung des Codes
nach dem neuen Entwurf, noch folgen muss. Für größere Systeme, schon ab
20.000 Anweisungen, kommen nur weitgehend automatisierte Ansätze für eine
Reimplementierung in Betracht, und dies erfordert eine Investition in Werkzeuge,
die sich nur die großen Forschungsinstitute leisten können.

3.5   Die Migrationsfabrik

Dieser ursprünglich unter dem Begriff »Reengineering Factory« publizierte
Ansatz zur Softwaremigration wurde für nach Indien vergebene Migrationsprojekte entwickelt [Borc95, Borc97]. Reengineering wird hier in Anlehnung an
[BBEH96] auf alle Aktivitäten bezogen, die sich mit der Wiederverwendung
bestehender Softwareartefakte zur Erstellung von neuen Systemen befassen.
Kennzeichnend für die Projekte, die mit der Reengineering Factory bearbeitet
wurden, sind Überführungen bestehender Systeme in neue Umgebungen. Im
Sinne der Begriffsverwendung in diesem Buch beschreibt der Ansatz eine *Migrationsfabrik*.

   Charakteristisch für die Migrationsfabrik ist die fabrikmäßige, automatisierte Überführung von Legacy-Systemen in neue Umgebungen. Daneben erfolgt
die Validierung der Migrationsergebnisse durch Regressionstests, die auf dem
Verhalten des Legacy-Systems basieren, aber unabhängig von diesem ausgeführt
werden können. Insofern kann dieser Ansatz als Muster für Migrationsprojekte
mit Outsourcing dienen. Er ist außerdem ein klassisches Beispiel testgetriebener
Migration.

3.5.1   Zielsetzung und Idee der Migrationsfabrik

Migrationsprojekte zeichnen sich generell dadurch aus, dass viele Teilaufgaben
automatisiert werden können. Für Projekte, die mit der Migrationsfabrik durchgeführt wurden, hat sich gezeigt, dass etwa 70 bis 75 Prozent der notwendigen
Tätigkeiten für alle Migrationsprojekte ähnlich, also vom konkreten Projekt
unabhängig sind [Borc97]. Konsequente Automatisierung dieser Umstellungs-
schritte ermöglicht – bei Vorliegen der entsprechenden Werkzeuge – eine rasche
und sichere Migration. Nicht automatisierbare Tätigkeiten können klar definiert
werden, sodass diese auch durch externe Dienstleister bearbeitet werden können.
Insbesondere die fehleranfälligeren manuellen Tätigkeiten erfordern darüber hinaus aber eine stringente Qualitätssicherung. Ebenso ist auch eine ausreichende
Projektinfrastruktur inkl. ausreichender Rechnerleistung und umfassendem Konfigurationsmanagement mit klarer Trennung von Produktions- und Migrationsumgebung sicherzustellen [Borc97].

   Für umfangreiche Softwaremigrationen schlägt Borchers ein Vorgehensmodell vor, das auf fertigungsähnlichen Prozessstrukturen basiert. Aufgrund der bei
Migrationen wiederholt für unterschiedliche Artefakte durchzuführenden Aktivitäten können hier quasi Vorteile der Massenfertigung ausgenutzt werden. Das
ermöglicht eine Softwareumstellung in wirtschaftlich sinnvollem Rahmen. Die
Migrationsfabrik wurde vor dem Hintergrund der Offshore-Abwicklung von
Migrationsprojekten konzipiert. Hierzu ist eine deutliche Formalisierung der
anstehenden Migrationstätigkeiten erforderlich, die durch eine Qualitätssicherung zu unterstützen ist.

3.5.2 Vorgehensmodell der Migrationsfabrik

Das Vorgehensmodell der Migrationsfabrik setzt Arbeitsteilung zwischen Auftraggeber und Auftragnehmer voraus. Es basiert auf einer ausführlichen Projekt-
vorbereitung und einer umfassenden Analyse von Legacy- und Zielsystem. Der
eigentlichen Migration (»Produktion«) geht die Entwicklung und Installation der
Migrationsfabrik, d.h. der notwendigen Umgebung zur weitgehend automatisierten Umsetzung von Systembestandteilen und deren Validierung, voraus. Beendet
werden auch Migrationen nach dem Migrationsfabrik-Ansatz mit der Übergabe
des migrierten Systems in den operativen Betrieb. Das Modell sieht fünf Phasen
und 18 Einzelaktivitäten vor (siehe Abb. 3–7).

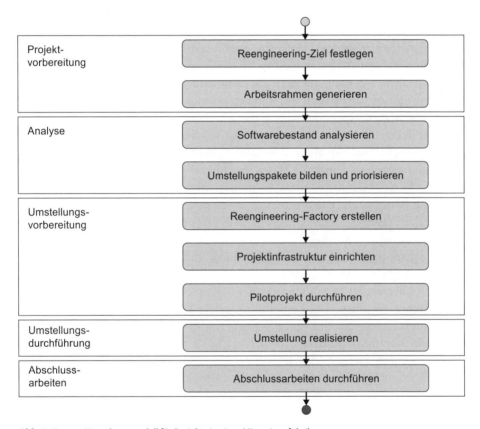

Abb. 3–7 *Vorgehensmodell für Projekte in einer Migrationsfabrik*

In der Phase *Migration vorbereiten* wird insbesondere die Projektorganisation
geplant. Da das Migrationsprojekt teilweise oder vollständig an externe Dienstleister vergeben wird, ist hier eine klare Verteilung der Aufgaben zwischen internen und externen Projektmitarbeitern festzulegen. Migrationsspezifische Tätigkeiten, die aus Sicht des Auftraggebers einmalig anfallen, werden besser an externe
Mitarbeiter vergeben: Diese sind auf Softwaremigrationen spezialisiert, die Mit-

arbeiter des Auftraggebers müssten sich für die einmalige Ausführung erst einarbeiten. Referenztestdaten der Legacy-Umgebung sollten dagegen vorrangig von den internen Betreuern des Legacy-Systems, die dessen Programme kennen und evtl. bereits über Testdaten verfügen, bereitgestellt werden. In die Vorkalkulation der Migrationskosten gehen alle Tätigkeiten ein, interne wie externe. Sie ist eine unabdingbare Voraussetzung für den Vertragsabschluss mit dem externen Auftragnehmer, mit dem ein Vertrag hinsichtlich seiner Aufgaben, dabei entstehender Kosten und vereinbarter Termine zu schließen ist.

Die Phase *Legacy-System und Zielsystem gegenüberstellen* zielt zunächst auf die Inventarisierung des zu migrierenden Systems mit Programmen, Daten und Schnittstellen ab. Nach der Migration nicht mehr benötigte Komponenten sollten dabei erkannt werden. In dieser Phase wird auch die Architektur des Zielsystems definiert. Der Vergleich des analysierten Legacy-Systems mit dem intendierten Zielsystem bestimmt die Umstellungsstrategie. Grundsätzlich werden drei Umstellungsstrategien unterschieden: Bei der Punktumstellung wird das Gesamtsystem in einem Big-Bang migriert, die Langfristumstellung zielt auf die evolutionäre Überführung des Systems im Rahmen normaler Wartungsaktivitäten ab. Die Größe von Migrationsprojekten und das damit verbundene Projektrisiko verlangen aber in der Regel eine Paketumstellung, bei der zusammengehörige fachliche oder technische Funktionalitäten in Paketen zusammengefasst werden, die möglichst unabhängig voneinander in den anschließenden Migrationsschritten in die Zielumgebung überführt werden. Ausgangspunkt der Paketbildung und der notwendigen Priorisierung der Umstellung ist wiederum die zuvor erstellte Inventarisierung des Legacy-Systems. Gegebenenfalls erfordert die Zerlegung des Legacy-Systems in unabhängige Pakete die Entwicklung und Anwendung von Entkopplungsmechanismen. Ergänzt wird diese Phase noch um die Festlegung einer globalen Teststrategie. Da die Migrationsfabrik auf die Auslagerung der eigentlichen Migration abzielt, ist die Validierung der Migrationsergebnisse vom Legacy-System getrennt zu sehen. Die Durchführung von Regressionstests soll daher auf Testdaten basieren, die im Legacy-System erhoben und anschließend in die Zielumgebung überführt wurden.

Eine zentrale Phase ist der *Aufbau der Migrationsfabrik*, mit der die anschließende fabrikmäßige Umstellung der Migrationspakete erfolgt. Hierzu wird eine detaillierte technische Spezifikation aller notwendigen Arbeitsschritte (u.a. Testdatenerstellung, Umstellungsaktivitäten, Regressionstestdurchführung) erarbeitet und in einem sogenannten *Kochbuch* dokumentiert. Das Kochbuch legt auch Projektkonventionen, Zuständigkeiten der Projektbeteiligten und Kommunikationsregeln fest. Zur Unterstützung der im Kochbuch dokumentierten Vorgehensweisen sind die notwendigen Werkzeuge zu definieren und bereitzustellen. Validierung und Kalibrierung der Migrationsfabrik erfolgen zunächst in einer prototypischen Migration. Unter Produktionsbedingungen wird anschließend ein Pilotprojekt zur Migration eines überschaubaren Pakets (ca. 100 Programme mit zugeordneten Komponenten) mit dem Ziel der Übernahme in die Zielumgebung durchgeführt und ausgewertet.

Nach dem erfolgreichen Abschluss dieses Pilotprojekts wird die gesamte *Migration durchgeführt*. Hierzu werden die Migrationspakete einzeln in die gesicherte Migrationsumgebung übernommen und während ihrer Migration für weitere, normale Wartungsmaßnahmen gesperrt. Das Legacy-System kann aber während der Migration weiterbetrieben werden.

Gemäß der festgelegten Teststrategie werden zur Vorbereitung der Regressionstests Testdaten in der Originalumgebung erstellt und in die Zielumgebung überführt. Die Migration jedes Pakets erfolgt entlang des zuvor definierten Kochbuches. Nach Nachweis des identischen Verhaltens von Legacy- und Zielsystem durch Regressionstests auf Basis der Originaltestdaten kann das Paket in die Zielumgebung überführt und freigegeben werden.

Nachdem alle Migrationspakete in die neue Umgebung überführt sind, stellt das neue System die gesamte migrierte Funktionalität des Legacy-Systems bereit. Abschließende Arbeiten umfassen die Nachkalkulation des Projekts, um Erkenntnisse für Folgeprojekte zu gewinnen. Des Weiteren sind nicht mehr benötigte Programme und Daten aus der Entwicklungsumgebung zu entfernen und zu archivieren.

3.5.3   Bewertung der Migrationsfabrik

Die Migrationsfabrik stellt einen umfassenden Ansatz zur Softwaremigration bereit, der sich auch in der Praxis bewährt hat. Sie wurde beispielsweise in Projekten zur Datenbank-Migration für eine Bausparkasse [Borc93, Borc95], zur Systemmigration für eine Handelskette [Borc97] und zur Programm-Migration von Assembler nach COBOL für einen Finanzdienstleister [BoMo05] eingesetzt.

Der Betrieb des Legacy-Systems kann bei der Migration nach diesem Ansatz während der Überführung weiterlaufen. Die Automatisierbarkeit von Migrationsaktivitäten wird besonders herausgestellt, sie ermöglicht wirtschaftlich sinnvolle und schnell durchzuführende Systemmigrationen.

Darüber hinaus liefert die Migrationsfabrik auch einen organisatorischen Rahmen zur Fremdvergabe von Migrationsprojekten. Insbesondere die Überprüfung der semantischen Äquivalenz von Legacy- und Zielsystem ist durch die im Legacy-System entwickelten und in die Zielumgebung übertragenen Testfälle unabhängig vom Produktivsystem möglich.

Das Modell der Migrationsfabrik dient inzwischen als Vorbild für viele indische Softwarehäuser. Es hat sich dort schon in zahlreichen Migrationsprojekten bewährt und kann deshalb als ausgereiftes Modell angesehen werden.

3.6 SMART-Softwaremigration

Das Software Engineering Institute (SEI) der Carnegie Mellon University in Pittsburgh beschäftigt sich seit Langem mit der Entwicklung von Methoden und Techniken zur Software(weiter)entwicklung. Der SMART-Ansatz (Service Migration and Reuse Technique) [LMSS08, LeSm08] beschreibt das SEI-Vorgehensmodell zur Migration in serviceorientierte Architekturen. Das SMART-Vorgehen kann als Konkretisierung der generelleren Risk-Managed Migration (RMM) [SePlLe03] aufgefasst werden. RMM bietet Unterstützung bei der Planung von umfangreichen Softwareüberarbeitungen, bei denen ein Großteil des Legacy-Systems in die Zielarchitektur migriert werden soll.

Der im Folgenden skizzierte SMART-Ansatz war zwar ursprünglich auf die Migration zu serviceorientierten Architekturen ausgerichtet, kann aber aufgrund der Ableitung vom generelleren RMM-Ansatz auch auf andere Migrationen übertragen werden.

3.6.1 Zielsetzung und Idee von SMART

Migrationsprojekte sind grundsätzlich mit Risiken verbunden. Neben dem Risiko der fehlerhaften Transformation bestehen für das migrierte Zielsystem Performance-, Akzeptanz-, Integrations- und Wartbarkeitsrisiken. Migrierte Softwaresysteme haben fast immer eine schlechte Performance im Vergleich mit dem Altsystem. Sie sind auch nicht immer in die anderen Systeme der Zielumgebung integrierbar und oft schwieriger zu pflegen als das Altsystem. Und alle diese Risiken können zu Akzeptanzproblemen führen. Risiken müssen deshalb von Anfang an im Migrationsprojekt bedacht werden, die Migration muss risikogetrieben sein. Dieser Gedanke liegt dem SMART-Verfahren zugrunde. Dort wird nach den Phasen 1 und 2 jeweils eine Risikoanalyse durchgeführt, um vor Inangriffnahme der eigentlichen Migration entscheiden zu können, ob das Projekt fortgesetzt oder abgebrochen werden soll (siehe Abb. 3–8).

Risikogetriebene Migration zielt insbesondere auf eine dezidierte Risikoanalyse und die detaillierte Planung von Migrationsprojekten, die der anschließenden Projektabwicklung vorangeht. Die daran anschließende konkrete Umsetzung dieses Migrationsplans wird in SMART nicht näher betrachtet.

Risiken für Migrationsprojekte gehen oft auf unklare Unternehmensziele für eine anstehende Softwaremigration zurück. Zur Vermeidung von Zielkonflikten ist daher vor dem Hintergrund der Unternehmensziele zu überprüfen, ob und welche Teile des Legacy-Systems überführt werden sollen. Aus technischer Sicht sind die Rahmenbedingungen, die sich aus dem vorliegenden Legacy-System und der angestrebten neuen Architektur ergeben, zu erheben und zu bewerten. Für die Migration in serviceorientierte Architekturen umfassen diese Risiken u.a. die Festlegung der zu migrierenden Dienste in ausreichender Granularität, die erwartete Skalierung der Diensteverwendung und deren Auswirkungen auf Systemres-

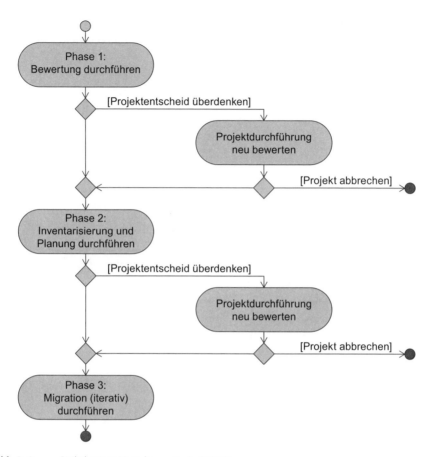

Abb. 3–8   *Risikobasierte Vorgehensweise in SMART*

sourcen und Performance sowie auf die Bereitstellung ausreichender Sicherheits-
maßnahmen [LMSS08].

Der SMART-Ansatz enthält zur Erfassung und Bewertung dieser Risiken
einen ausführlichen, nach den Aktivitäten der Migrationsplanung gegliederten
Fragenkatalog [LMSS08], dessen Anwendung durch ein Werkzeug [LeSm08]
unterstützt wird. SMART endet mit der Bereitstellung eines Migrationsplans,
betrifft daher im Vergleich zu den zuvor skizzierten Vorgehensmodellen nur die
Vorbereitung einer Migration, nicht jedoch ihre tatsächliche Durchführung.

3.6.2   SMART-Vorgehensmodell

Die Entwicklung des Migrationsplans nach SMART basiert auf der Erhebung
und Bewertung diverser Projektparameter. Diese umfassen das Verstehen der
Anforderungen an das neue System einschließlich der organisatorischen Rahmenbedingungen für den Systemeinsatz. Ähnlich zu den bereits vorgestellten Ansät-

zen fordert auch das SMART-Verfahren eine umfassende Analyse des Altsystems und eine klare Definition des Zielsystems. Die Unterschiede zwischen beiden bestimmen die eigentliche Migrationsstrategie.

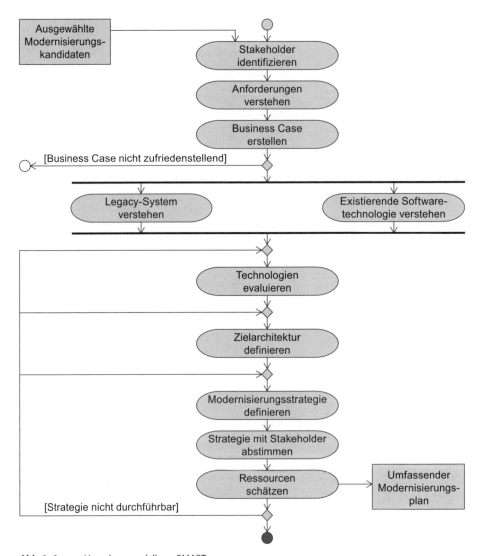

Abb. 3-9   *Vorgehensmodell von SMART*

Bei der Vorgehensweise nach Abbildung 3–9 besteht eine frühe Abbruchmöglichkeit, wenn der Business Case, also der für die Migration ins Auge gefasste Anwendungsbereich, gegen eine Migration spricht. Dagegen bleibt offen, wie viele Wiederholungen der Schrittfolge von »Technologien evaluieren« bis »Ressourcen schätzen« nötig werden können, bis eine durchführbare Migrationsstrategie und damit der »umfassende Modernisierungsplan« gefunden ist.

Ist der Business Case zufriedenstellend, dann sind weitere Vorbereitungsschritte für die Identifizierung einer Erfolg versprechenden Migrationsstrategie erforderlich. Das Legacy-System und seine Technologien müssen verstanden sein, bevor neue Technologien und eine Zielarchitektur ausgewählt werden können. Wie sich das Legacy-System in diese umsetzen lässt, ist zu durchdenken.

Danach ist zu überprüfen, ob mit dieser Strategie die unterschiedlichen Erwartungen der Stakeholder erfüllt werden können. Die für die Umsetzung nötigen Ressourcen sind abzuschätzen, bevor insgesamt über die Realisierbarkeit des Modernisierungsplans entschieden werden kann. Fällt diese Entscheidung negativ aus, wird ein neuer Durchlauf nötig, wobei Änderungen in den Teilschritten je nach Situation verschieden ausfallen können: Zum Beispiel kann ein anderer Technologieansatz Erfolg versprechender sein oder es gelingt, die Anforderungen der Stakeholder zu reduzieren bzw. besser aufeinander abzustimmen. Im letzteren Zusammenhang ist ausdrücklich zu betonen, dass vage formulierte Stakeholder-Anforderungen zu späterer Enttäuschung, damit zu Projektverzögerungen und im schlimmsten Fall zum Projektabbruch führen können; hier zu wenig Zeit zu investieren, wäre riskant! In dem Schritt *Ressourcen schätzen* werden schließlich realistische Ansätze für die Terminplanung und das Budget des Migrationsprojekts ermittelt. Auch sie entscheiden darüber, ob die Schrittfolge erneut zu durchlaufen oder ein akzeptabler Migrationsansatz zum *umfassenden Modernisierungsplan* gefunden ist.

Speziell für die Migration in eine serviceorientierte Architektur (SOA) sieht SMART die Ermittlung der zentralen Funktionalitäten vor, die aus dem Legacy-System in die SOA übertragen werden sollen. Daraus lassen sich erste Kandidaten für Services ableiten, deren konkretes Migrationspotenzial anschließend überprüft werden kann. Die Untersuchung des Legacy-Systems soll durch Reverse-Engineering-Techniken, Architektur-Rekonstruktionen und Code Reviews unterstützt werden. Die Zielarchitektur soll zunächst unabhängig vom Legacy-System erstellt und erst in späteren Iterationen der Migration an die Umsetzungserfordernisse angepasst werden. Im Kontext einer SOA-Migration ist festzulegen, wie einzelne Services mit dem Service Framework interagieren und wie bei möglichem Parallelbetrieb von Legacy- und Zielsystem beide Systeme miteinander synchronisiert werden können.

Neben den etablierten Techniken aus der Entwicklung des Legacy-Systems, die heutigen Entwicklern nur noch schwer zu vermitteln sind, und den aktuellen Techniken des Zielsystems, die wiederum von den Entwicklern des Legacy-Systems nicht verstanden werden, sind auch Upgrade-Techniken der Systemhersteller zu untersuchen. Diese Techniken können einfachere Migrationswege aufzeigen, müssen aber nicht notwendigerweise das ursprüngliche Migrationsziel erreichen. Um Altsoftware weiterhin im Betrieb zu halten, bieten einige Systemanbieter fertige Wrapper an, die es ermöglichen, ihre Produkte in moderne Umgebungen wie SOA zu versetzen. Zu dem Nachteil, dass das Legacy-System weiterhin gewartet werden muss, kommt dann allerdings noch die notwendige Wartung der entsprechenden Wrapper-Software dazu. In solchen und ähnlichen Spannungsfeldern ist über die eingesetzte Vorgehensweise der Migration zu entscheiden.

SMART geht insgesamt ebenfalls von einem inkrementellen Vorgehen aus. Der SMART-Migrationsplan umfasst für SOA-Migrationen auch die Definition von drei bis fünf Services, die prototypisch zur Validierung des Migrationsplans in die neue Umgebung überführt werden sollen. Im Migrationsplan ist auch festzulegen, wie Programmcode migriert und wie Systemdaten übertragen werden. Für die Codemigration schlagen die SMART-Urheber [LMSS08] sowohl ein transaktions- als auch ein funktionsgetriebenes Vorgehen vor. Beim transaktionsgetriebenen Vorgehen werden mit geeigneten Monitoren Benutzerinteraktionen zur Ermittlung von Anwendungsfällen protokolliert. Code, der diese Anwendungsfälle abbildet, wird dann gemeinsam migriert. Hierbei können komplette Anwendungsfälle, die mit Services assoziiert werden können, zusammenhängend in die Zielumgebung überführt werden. Nachteilig zeigt sich aber, dass große Programmteile gemeinsam migriert werden müssen und dass bei unvollständiger Sammlung der Anwendungsfälle Randfälle unbeachtet bleiben. Beim funktionsorientierten Vorgehen wird zusammenhängende Funktionalität in einem Migrationsschritt übertragen. Dieses Vorgehen unterstützt eher die vollständige Umstellung einzelner Businessobjekte; die Identifizierung solcher zusammengehöriger Funktionalität ist jedoch schwierig.

Datenmigration und Codemigration sind soweit wie möglich zu synchronisieren. Erfolgt die Datenmigration vor der Codemigration, wird die Codemigration einfacher, da keine Datensynchronisationen erforderlich sind. Der Zeitbedarf für die Codemigration darf jedoch nicht unterschätzt werden. Nötige Anpassungen und Änderungen der Daten im Legacy-System sind vor der Übergabe des Zielsystems zu übertragen. Gleichzeitige Daten- und Codemigration erfordern auf den ersten Blick den geringsten Aufwand, da keinerlei Synchronisationen oder nachträgliche Anpassungen nötig werden. Nachteilig wirkt sich aber die Vermischung von Code- und Datenbelangen auf die Migrationskomplexität aus. Die Datenmigration im Anschluss an die Codemigration ermöglicht eine späte, am Code orientierte Optimierung des Datenbankschemas, erfordert aber eine zusätzliche Persistenzschicht zur Abkapselung der Programmlogik.

Ferner umfasst der Migrationsplan die Festlegung der Übergabestrategie mit den generellen Alternativen Big-Bang oder inkrementelle Übergabe. Während die inkrementelle Übergabe durch ein geringeres Umstellungsrisiko bei höherem Aufwand durch Synchronisationskomponenten charakterisiert ist, ist beim Big-Bang-Ansatz ein geringerer Aufwand durch fehlende Gateways, dies aber bei fehlender Backup-Lösung und damit höherem Migrationsrisiko zu verzeichnen. Aufgrund der zuvor erhobenen Eigenschaften des Migrationsprojekts und der zu betrachtenden Quell- und Zielstrukturen sind aus diesen Alternativstrategien die jeweils günstigsten Vorgehensweisen auszuwählen.

Unterstützt wird SMART durch den schon erwähnten Fragebogen in Form einer umfangreichen Checkliste [LMSS08] zur systematischen Erhebung der relevanten Einflussfaktoren für Softwaremigrationen. Hierzu bietet der Service Migration Interview Guide (SMIG) [LeSm08] eine Werkzeugunterstützung zur Datenerfassung und Erstellung einer ersten Fassung des Migrationsplans.

3.6.3 Bewertung des SMART-Ansatzes

Charakteristisch für SMART sind die systematische Erhebung und Sammlung von Einflussfaktoren und Risiken für Migrationsprojekte. Durch die bereitgestellten Checklisten zur Erfassung von Einflussfaktoren unterstützt das Verfahren deren weitgehend vollständige Erhebung und zeigt sehr gut Entscheidungsräume und Problembereiche konkreter Softwaremigrationen auf. Eine solche risikogetriebene Migration wurde im Rahmen einer Fallstudie zur Migration eines COBOL-Systems zu J2EE angewandt [SePlLe03].

Das SMART-Verfahren endet bereits mit dem Erstellen des Migrationsplans und der hierauf aufbauenden Risiko- und Kostenanalyse. Die eigentliche Umsetzung der Migration, mögliche Anpassungen des Plans und Reaktionen auf Veränderungen der organisatorischen und fachlichen Rahmenbedingungen werden in SMART nicht behandelt.

3.7 Objektorientierte Softwaremigration

Ein von Harry M. Sneed konzipiertes und in der Praxis erprobtes Vorgehensmodell ist das objektorientierte Migrationsverfahren [Snee99a]. Das Verfahren basiert auf der Erfahrung des Autors mit der Migration monolithischer Mainframe-Anwendungen zu Client/Server-Architekturen.

Es behandelt vier miteinander verwandte Transformationsarten:

- Transformation hierarchischer oder netzartiger Datenbanken in relationale Datenbanken
- Transformation maskenorientierter Benutzungsoberflächen in grafische Oberflächen
- Transformation prozeduraler in objektorientierte Programme
- Transformation monolithischer, zentralistischer Hostarchitekturen in verteilte Client/Server-Architekturen

3.7.1 Zielsetzung des objektorientierten Ansatzes

Harry M. Sneed stellt in [Snee99a] dar, wie der Einsatz einer verteilten Objekttechnologie die Kluft zwischen der typischen, problembehafteten Istsituation der Unternehmen in den 90er-Jahren und dem Bedürfnis nach Umgestaltung der Geschäftsprozesse durch Business Process Reengineering (BPR) überbrücken kann. Im Istzustand sind monolithische, voll integriert realisierte betriebliche Anwendungssysteme mit einer allumfassenden, integrierten Datenbasis gekoppelt. Diese Anwendungssysteme sind auf die zentralisierten, hierarchischen Unternehmensstrukturen der Vergangenheit zugeschnitten und stehen im Widerspruch zur Dezentralisierung des Unternehmens, die sich als Konsequenz aus den Zielen des BPR ergibt.

Diese zunehmende Dezentralisierung und die permanente Umgestaltungsfähigkeit der Geschäftsprozesse verlangen jedoch als logische Folge der verteilten Geschäftsprozesse zwingend eine Verteilung der Datenverarbeitung. Der hieraus resultierende Bruch mit den existierenden Anwendungssystemen kann nach Sneed durch eine sogenannte »Objektifizierung« aufgefangen werden. Damit wird die betriebliche Datenverarbeitung durch Einführung der Objekttechnologie mit den neuen Geschäftsprozessen in Einklang gebracht. Monolithisch und prozedural gestaltete Anwendungssysteme werden in eine objektorientierte Umgebung migriert, in der verteilte (objektorientierte) Anwendungssysteme und verteilte Datenbestände möglichst unabhängig voneinander bestehen und über normierte Schnittstellen miteinander verbunden sind. Die »Objektifizierung« eines Unternehmens vereinigt die Ziele des Business Reengineering, nämlich die Zerlegung der Organisation in autonome, eigenständige Geschäftseinheiten, mit den Zielen des Software Reengineering, d.h. die Zerlegung der Software in unabhängig voneinander testbare und wartbare Komponenten.

»Objektifizierung« verlangt neben der Schaffung einer auf Industriestandards basierenden Objektarchitektur – wie beispielsweise CORBA oder WSDL – eine sorgfältig geplante und gesteuerte Vorgehensweise. Wesentliche Zielsetzung einer derartigen Migration ist die Verteilung bestehender Software und Daten, ohne sie ersetzen oder grundlegend neu entwickeln zu müssen. Ziel muss sein, dass jede Komponente sowie jede Datenbank sich losgelöst von den anderen weiterentwickeln lässt. Übergeordnete Ziele sind Selbstständigkeit, Beherrschbarkeit und Flexibilität.

3.7.2   Objektorientiertes Vorgehensmodell

Das von Harry M. Sneed dafür vorgeschlagene Prozessmodell ist phasenorientiert. Ausgangspunkt einer Migration stellt eine dokumentierte und operationalisierbare Zukunftsvision dar, zu deren Umsetzung acht Migrationsphasen durchlaufen werden (siehe auch Abb. 3–10):

- Erstellung des Ziel-Objektmodells
- Bewertung der Legacy-Software
- Nachdokumentation der Legacy-Software
- Anpassung des Ziel-Objektmodells
- Sanierung der Legacy-Software (optional)
- Migration der Legacy-Software
- Durchführung von Regressionstests
- Integration der Systemkomponenten

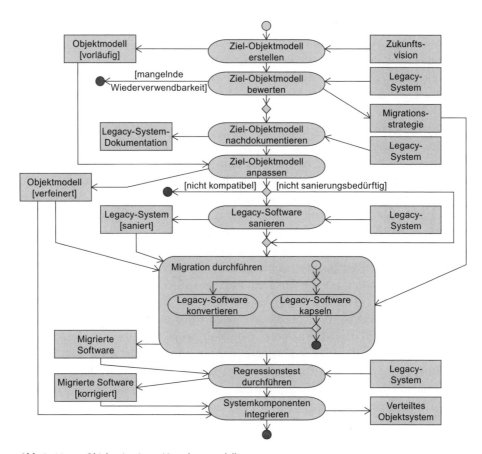

Abb. 3–10 *Objektorientiertes Vorgehensmodell*

Der (logische) Prozessablauf wird ergänzt durch die Angabe (grobgranularer) Artefakte, die zur Durchführung einer Phase benötigt bzw. innerhalb der Phase erzeugt werden. Die in den einzelnen Phasen durchzuführenden Aktivitäten werden nachfolgend detaillierter beschrieben. Der interessierte Leser findet in [Snee99a] wesentliche, in der Praxis eingesetzte Methoden und Techniken zur Migration prozedural implementierter Software in objektorientierte Strukturen.

In der Modellierungsphase des Ziel-Objektmodells erfolgt, basierend auf einer Analyse der neuen Geschäftsprozesse, die Identifikation aller involvierten Geschäftsobjekte und der von diesen benötigten Dienstleistungen. Aus dieser Sollanalyse resultiert der (vorläufige) Entwurf der künftigen Objektarchitektur unter Berücksichtigung der dem Legacy-System zugrunde liegenden Daten- und Funktionsmodelle, die aus der bestehenden Systemdokumentation rekonstruiert werden. Hier sind insbesondere erste Querverweise von den Elementen des Objektmodells zu denen des Legacy-Systems zu verwalten.

Der eigentlichen Migration ist eine Bewertung der Legacy-Software vorgeschaltet, die speziell auf das Wiederverwendbarkeitspotenzial der Legacy-Software ausgerichtet ist. Dieses Potenzial determiniert letztlich die weitere Projektdurchführung (Migration oder Abbruch des Migrationsvorhabens) und bildet die Grundlage für die Auswahl einer geeigneten Migrationsstrategie (Konversion, Reimplementierung oder Kapselung). Sie wird durch automatisierte Messwerkzeuge unterstützt und liefert Messwerte über Größe, Komplexität und Qualität der Altsoftware.

Dieser Systembewertung folgt die Systemnachdokumentation. Hier werden mit Reverse-Engineering-Werkzeugen diverse Sichten auf das Altsystem automatisch generiert: eine Sicht auf die Architektur, eine Sicht auf die Datenstrukturen, eine Sicht auf die Datenflüsse und eine Sicht auf die Steuerungslogik. Schließlich werden auch die Geschäftsregeln extrahiert und in Entscheidungstabellen dargestellt. Im Mittelpunkt der Nachdokumentation steht die Analyse der Funktionen, Datenstrukturen und Schnittstellen der Legacy-Software, die zur weiteren Aktualisierung der bestehenden technischen und fachlichen Systemdokumentation beiträgt.

Das in der ersten Phase entstandene Ziel-Objektmodell bildet die Grundlage für dessen Adaption an den Istzustand. Hierbei soll eine möglichst breite Abdeckung aller neuen Geschäftsobjekte und Dienste durch die alten Daten und den alten Code erreicht werden. Harry M. Sneed weist darauf hin, dass zu starke Abweichungen ggf. den Abbruch des Migrationsprojekts bedingen können.

Eine Sanierung der Legacy-Software ist dann erforderlich, wenn die Qualität der Programme und/oder Datenstrukturen den Migrationsanforderungen nur unzureichend genügt. In diesem Fall kann eine Restrukturierung, Bereinigung und Modularisierung der Programme bzw. eine Normalisierung der Datenstrukturen zu einer nicht unwesentlichen Komplexitätsreduzierung für die nachgelagerte Migration führen. Die Sanierung der Software ist oft unvermeidlich, um die Software in eine Form zu versetzen, die mit den Grundsätzen der Objektorientierung kompatibel ist.

Die Durchführung der Migration bildet den eigentlichen Kern des Projekts. Die Transformation der Legacy-Software kann – abhängig vom Wiederverwendbarkeitspotenzial – durch die Konversion des Codes, durch die Reimplementierung, durch die Kapselung der alten Softwarebausteine oder in gemischter Form realisiert werden. In jedem Fall soll diese Phase durch einen hohen Automatisierungsgrad gekennzeichnet sein, weil dadurch die hohe Fehlerwahrscheinlichkeit manueller Transformationen eingeschränkt werden kann.

Die anschließende Durchführung des Regressionstests dient dem Nachweis des funktional äquivalenten Verhaltens der neuen Systemkomponenten im Vergleich zum ursprünglichen Legacy-System. Bezüglich Intention und Testobjekt werden Regressionstests unterschieden in Unit-, Integrations- und Systemtests. Zunächst werden die migrierten Programme in einer isolierten Testumgebung hinsichtlich der funktionalen Äquivalenz verifiziert (Unit-Test), anschließend wird die Interaktion zwischen den Komponenten getestet (Integrationstest), und zuletzt wird das gesamte System in der Zielumgebung hinsichtlich der Anwenderanforderungen validiert (Systemtest). Harry M. Sneed weist an dieser Stelle

ausdrücklich auf die Bedeutung eines hohen Automatisierungsgrads zur Auf-
wandreduzierung des Regressionstests hin; mehr als die Hälfte des Migrations-
und Reengineerings-Aufwands entfällt nachweislich auf die Testphase [Snee99a].

Nach dem Abgleich von Soll und Ist werden in einem letzten Schritt, der Integration der Systemkomponenten, die diversen – migrierten und ggf. neuen – Systemkomponenten durch den Einsatz geeigneter Middleware technisch zusammengeführt. Diese letzte Phase sichert die reibungslose Integration der migrierten
alten Komponenten in die neue Umgebung, sei sie CORBA, Web 2.0 oder SOA.

3.7.3   Bewertung des objektorientierten Ansatzes

Von Vorteil am objektorientierten Ansatz ist die Granularität der einzelnen
Phasen, gekoppelt mit präzise spezifizierten Zwischenergebnissen. Das Vorgehensmodell bietet eine ausführliche Roadmap für die Übertragung alter Hostanwendungen in eine objektorientierte Welt. Allerdings stellt es sehr hohe Anforderungen an die Migrationsmannschaft, Anforderungen, die viele Anwenderunternehmen nicht erfüllen.

Dieser Ansatz kann erfolgreich nur von einem auf Migrationen spezialisierten
Team ausgeführt werden. Die Migrationsspezialisten müssen nicht nur den alten
prozeduralen Code, sondern auch die Objekttechnologie und die Zielsprachen
beherrschen. Besonders schwierig ist die Identifizierung potenzieller Migrationsobjekte im alten System und deren Wiederaufbereitung. Die Extrahierung dieser
Objekte aus dem alten Code und den alten Datenstrukturen setzt sowohl techni-
sches als auch Domänenwissen voraus. Sind diese Voraussetzungen nicht erfüllt,
ist der Ansatz nicht anwendbar.

Sind die Voraussetzungen erfüllt und steckt die Altsoftware nicht allzu tief in
der alten Technologie, können brauchbare Ergebnisse geliefert werden. Ein solcher Paradigmenwechsel von der alten monolithischen, prozeduralen Software in
eine verteilte, objektorientierte Welt ist aber in jedem Fall mit hohen Risiken und
hohen Kosten verbunden. Das ist es, was viele Anwender davon abhält, diesen
Weg einzuschlagen.

3.8   Testgetriebene Migrationsprozesse

Aus der industriellen Praxis kommt die Forderung, Migrationsprozesse testgetrieben zu gestalten. Das liegt, wie aus den Fallstudien in Kapitel 7 hervorgeht,
daran, dass der Test den überwiegenden Anteil der Kosten verursacht. Denn
selbst dann, wenn die Konvertierungsarbeiten weitgehend automatisiert sind, bildet der Test die letzte Hürde der Migration. Ein hoher Testautomationsgrad kann
helfen, tut dies aber nur bedingt. Es kommt darauf an, möglichst jede Codever-
zweigung und jede Datenkombination zu erproben und das Resultat zu validie-
ren. Was über die Jahre im operativen Betrieb in vielen Varianten vorgekommen
ist, muss jetzt in wenigen Monaten wiederholt werden [StFr09].

Darum empfiehlt es sich, eine Art Lieferkette zu bilden mit der Testmannschaft an der Spitze. Alles, was migriert wird – Programme, Job-Control-Prozeduren, Datenbanken, Schnittstellen, Benutzungsoberflächen usw. –, muss an die Tester geliefert werden. Sie führen die diversen Lieferungen in der Testumgebung zusammen und testen sie unter Produktionsbedingungen. Da ihre Arbeit von der Verfügbarkeit der Testressourcen und Testdaten abhängt, müssen sie bestimmen, was wann und in welcher Qualität abzuliefern ist. Das heißt: Die Tester bestimmen den Migrationstakt.

Es ist auch nicht so, dass die Tester nur testen. Sie stellen aus Sicht der Endbenutzer und stellvertretend für diese auch die nicht funktionalen Anforderungen fest und prüfen sie anschließend. Performance, Antwortzeitverhalten, Durchsatz und Belastbarkeit sind nur einige dieser Abnahmekriterien, die von den Testern gemessen und bewertet werden. Sie sind auch für die Qualität des Codes und der Dokumentation zuständig und sollten sich deshalb auch in die Aufstellung der Codier- und Dokumentationsrichtlinien einschalten. Diese werden an die Entwickler bzw. die Konvertierer oder Reimplementierer weitergegeben und sind von diesen einzuhalten. Migrierter Code, der den Codierrichtlinien nicht entspricht, wird nicht abgenommen. Gleiches gilt für die Daten und die Dokumentation.

Daraus folgt, dass zuallererst die Migrationsregeln von der Testgruppe vorzulegen und mit dem Migrationsteam abzustimmen sind. Alle Beteiligten brauchen eine klare Vorstellung davon, wie die migrierten Programme und Daten auszusehen haben. Zu diesem Zweck empfiehlt sich ein Pilotprojekt mit einigen wenigen Programmen und Datenbeständen. Die Testgruppe prüft, misst und testet diesen Prototyp. Erst wenn er abgenommen worden ist, darf mit der Massenmigration begonnen werden. Es kommt in der Praxis öfter vor, dass der Prototyp von der Testgruppe mehrfach zurückverwiesen wird, bis die Abnahmebedingungen erfüllt sind; aber dies muss sein, wenn man verhindern will, dass die Migration auf die falsche Bahn gerät. Gerade dann, wenn die Migrationsarbeit außer Haus vergeben wurde, muss die – möglichst interne oder wenigstens vom Migrationsteam unabhängige – Testmannschaft das Projekt anleiten und steuern.

Nach der Abnahme des Prototyps fordert die Testmannschaft ein Migrationspaket nach dem anderen an. Die Testumgebung für das Zielpaket ist dann bereits aufgebaut, die Tools sind eingerichtet und die Testdaten bereitgestellt. Nachdem eine Komponente geliefert wurde, wird sie mit den vorbereiteten Produktionsfällen getestet, die Ergebnisse werden kontrolliert. Fehler werden an die Lieferanten der Komponente gemeldet, die verpflichtet sind, sie unverzüglich auszubessern. Am besten ist es, wenn die in einer Komponente gefundenen Fehler gemeinsam betrachtet und behoben werden. Falls zu viele Fehler auftreten, wird das Migrationsteam aufgefordert, die Komponente neu zu migrieren. In der Zwischenzeit können sich die Tester mit einem anderen Paket befassen. Daher rührt auch die Notwendigkeit, bei großen Projekten mehrere Pakete von verschiedenen Gruppen parallel bearbeiten zu lassen [Schä09].

Diese Art testgetriebener Migration ist in der industriellen Praxis häufig zu finden, vor allem bei großen Outsourcing-Projekten, bei denen der Anwender die Verantwortung für den Test bei sich behält. Die Migrationsaufgaben werden vergeben, Test und Integrationsaufgaben bleiben beim Anwender. Mit ihnen steuert er den Migrationsprozess.

3.9 Werkzeuggetriebene Migrationsprozesse

Viele Wege führen nach Rom, zahlreiche Möglichkeiten bieten sich zur Gestaltung eines Migrationsprozesses an.

Am Ende jedoch entscheiden die Mittel, welchen Weg man einschlägt, um das Ziel zu erreichen. Wer ein Auto hat, fährt auf der Autobahn, der Radfahrer auf dem Radweg und wer kein Fahrzeug hat, geht zu Fuß auf dem Wanderweg. Entscheidend für Migrationsprojekte sind die verfügbaren Werkzeuge. Deshalb gehört an den Anfang jedes Migrationsprozesses die Suche nach geeigneten Werkzeugen, die bestimmend für den eingeschlagenen Weg sind [Snee98].

Die Istanalyse steht am Anfang. Eine manuelle Analyse größerer Codemengen ist ausgeschlossen, dafür wird ein Codeanalysator benötigt. Je nachdem, welcher Analysator eingesetzt wird, werden andere Informationen geliefert. Manche Analysatoren zählen nur Codezeilen und Anweisungen, andere zählen auch Function Points und Object Points. Auch die Komplexitätsmaße, die von verschiedenen Werkzeugen geliefert werden, unterscheiden sich. Manche messen nur die Ablaufkomplexität, andere auch die Datenkomplexität und wieder andere messen die Komplexität der Architektur.

Der Anwender ist auf Messwerkzeuge angewiesen, sie liefern ihm die erforderlichen Informationen für seine Entscheidungen. Und diese Entscheidungen können nur so gut sein wie die Informationen, auf denen sie basieren. Je mehr unterschiedliche Kennzahlen ein Messwerkzeug liefert, umso mehr Einblicke hat der Anwender also in die Software, die er migrieren will. Falls kein geeignetes Messwerkzeug für die Messung seiner Legacy-Software zur Verfügung steht, hat der Anwender ein größeres Problem. Er muss entweder ein Werkzeug entwickeln lassen bzw. selbst entwickeln oder er zieht mit unzulänglicher Information in die Migrationsschlacht, ein gewagtes Manöver mit unsicherem Ausgang.

Ein Anwender, der Komponenten reimplementieren will, kommt um ein Reverse-Engineering-Werkzeug nicht herum. Er benötigt eine ausführliche Dokumentation der betreffenden Komponente. Hierfür bieten sich verschiedene Werkzeuge auf dem Markt an. Viele davon bieten diverse grafische Übersichten, während nur wenige detaillierte Beschreibungen erstellen. Es ist aber ein Unterschied, ob die aus dem Code gewonnenen Dokumente der Wartung des Codes dienen oder ob sie eine Reimplementierung des Codes ermöglichen sollen. Für die Reimplementierung braucht man eine Mikrosicht auf Ablauflogik und Datenverwendung, denn die Funktionalität steckt in den einzelnen Anweisungen. Ohne die

Anweisungen zu analysieren, kann die Funktionalität nicht korrekt reproduziert werden. Demzufolge ist die Migrationsmannschaft in hohem Maß von der Qualität der Dokumente, die das Reverse-Engineering-Werkzeug liefert, abhängig. Dessen Ergebnisse müssen nicht nur genau und vollständig, sondern auch in hohem Maße verlässlich sein.

Sollte es keine Werkzeuge geben, die diesen Kriterien für die vorliegenden Sprachen entsprechen, wird es mit der Reimplementierung schwierig. Statt mit dem Rad oder gar mit dem Auto zu fahren, ist dann eine Migrationsmannschaft gezwungen, zu Fuß zu gehen, d.h., sie muss den alten Code lesen, interpretieren und neu schreiben. Dies hat Konsequenzen für den Migrationsprozess: Er muss auf das Abfangen der vielen Fehler, die bei einer manuellen Codeumsetzung entstehen, ausgelegt werden. Inspektionen und Reviews müssen vorgesehen werden und eine stärkere Betonung des Unit-Tests ist erforderlich. Diese Maßnahmen werden wiederum die Kosten in die Höhe treiben und die Dauer der Migration verlängern.

Eine Konvertierung des Codes kommt ohne Werkzeug überhaupt nicht infrage. Das heißt, entweder hat man ein adäquates Werkzeug oder man kann diese Möglichkeit vergessen. Auch mit einem Werkzeug gibt es unterschiedliche Konsequenzen für den Prozess, je nachdem, wie gut das Werkzeug den Code umsetzt. Setzt es den Code zu 100 Prozent automatisch um, entfällt die manuelle Nachbearbeitung. Falls es weniger umsetzt, z.B. nur 90 Prozent, muss der transformierte Code manuell ergänzt werden, qualitätssichernde Maßnahmen sind dann ebenfalls vorzusehen. Diese manuelle Nachbearbeitung kann ein Vielfaches der automatischen Umsetzung kosten.

Datenmigration ist in noch größerem Maße von den Werkzeugen abhängig als Codemigration. Code lässt sich zur Not mit entsprechend hohem Aufwand manuell umsetzen, für Daten trifft das nicht zu. Wegen der hohen Menge müssen Daten automatisch konvertiert werden. Das setzt Werkzeuge für die betreffenden Datenbanktypen voraus. Sofern solche Werkzeuge am Markt nicht zu finden sind, muss der Anwender sie selbst entwickeln oder entwickeln lassen. In jedem Fall muss im Projekt eine Phase zur Werkzeugbeschaffung und -erprobung vorgesehen sein, die u.U. länger dauern kann als die Datenkonvertierung selbst. Der Anwender sollte alternative Werkzeuge vergleichen, eher er sich für eines entscheidet. Es muss damit eine Probekonvertierung stattfinden, die konvertierten Daten sind sorgfältig zu prüfen, bevor ein Qualitätsnachweis ausgestellt werden kann. Erst danach kann mit der eigentlichen Datenmigration begonnen werden.

Ähnliches ist auch für Codekonvertierungswerkzeuge erforderlich. Hier kann der Anwender etwas weniger streng sein, da der Code sich manuell nachbessern lässt. Für die Daten trifft dies nicht zu. Zum einen verbietet es die Datenmenge und zum anderen muss die Datenkonversion jederzeit wiederholbar sein.

Schließlich hat die Qualität der Testwerkzeuge einen entscheidenden Einfluss auf den Migrationsprozess. Der Test einer Neuentwicklung kann weitestgehend manuell erfolgen, obwohl auch hier eine Testautomatisierung zu empfehlen ist. Ein manueller Regressionstest in einem Migrationsprojekt ist dagegen ausgeschlossen. Zumindest die Stammdaten müssen automatisch »neu gegen alt« verglichen werden. Manuelle Abgleiche oder Stichproben bei größeren Datenmengen sind völlig unzulänglich. Von Vorteil ist es auch, die Oberflächen und Berichte automatisch zu vergleichen, da dies den Prozess nicht nur wesentlich beschleunigt, sondern auch wiederholbar macht.

Jedes Mal, wenn die neueste Systemversion nachgebessert wird, muss sie auch neu getestet werden. Da Migrationsergebnisse in der Regel zahlreiche Male verbessert werden, bis sie endlich den Stand erreichen, den der Benutzer erwartet, muss also der Regressionstest entsprechend oft wiederholt werden. Falls dies manuell geschieht, zieht sich das Projekt ewig in die Länge. Mit Testautomation können die Testzyklen schnell aufeinander folgen, und dies beeinflusst den ganzen Migrationsprozess. Damit wird es erst möglich, die Konvertierungsschienen zu parallelisieren und somit die Projektdauer erheblich zu verkürzen. In Anbetracht der Tatsache, dass der Test über 50 Prozent der Migrationskosten verursacht, liegt es auf der Hand, dass die Automatisierung des Tests absolute Priorität haben muss.

Das sogenannte »Project Tooling« gehört zu jedem Migrationsprozess. Es sollte auch möglichst früh im Prozess stattfinden, denn abhängig von seinem Ausgang wird das Projekt einen anderen Verlauf nehmen. Wie kaum eine andere Aktivität auf dem Gebiet des Software Engineering ist Migration werkzeuggetrieben. Der Grad der Automation ist für den Migrationsprozess ausschlaggebend.

Kapitel 3 hat gezeigt, dass viele Wege zum Ziel einer Migration führen können. Es gibt vorsichtige und wagemutige Ansätze, grobe und fein gegliederte Vorgehensweisen.

Das im folgenden Kapitel 4 dargestellte ReMiP-Modell ist ein Versuch, die Vorteile aller hier präsentierten Migrationsansätze, ergänzt um Erkenntnisse aus modernen Entwicklungsprozessmodellen, in einem umfassenden Vorgehensmodell für die Softwaremigration zusammenzuführen.

4 Der Reference Migration Process (ReMiP)

Die immer wiederkehrende Forderung, Projekte durch Vorgabe eines organisatorischen Rahmens in ihrer Durchführung vorhersehbar, überschaubar, planbar und kontrollierbar zu machen, findet mehr denn je auch bei Projekten der Softwaremigration Anwendung. Prozessmodelle stellen Abläufe durch miteinander verbundene Aktivitäten dar, die jeweils eine – nicht notwendigerweise lineare – Sequenz von Aktivitäten repräsentieren [Scac01].

Ähnlich den Vorgehensmodellen des Forward Engineering gibt es nicht den »einzig wahren, idealen« Prozess zur Softwaremigration. Jedes Softwaremigrationsprojekt hat seine eigenen Randbedingungen, seinen eigenen Charakter. Hierbei sind vor allem verschiedene Risikofaktoren zu berücksichtigen, insbesondere:

- Organisatorische Rahmenbedingungen
- Fachlicher Inhalt und informationstechnische Qualität des jeweiligen Legacy-Systems
- Menschliche Einflussfaktoren

Und genau diese Rahmenbedingungen und Risikofaktoren bestimmen, welche Aktivitäten für das jeweilige Migrationsprojekt angemessen sind, also einen Nutzen stiften, und welche nicht. Ferner ist die Auswahl an möglichen Aktivitäten wegweisend für die Auswahl der in Kapitel 5 vorgestellten Methoden und Techniken, mit denen die für ein Projekt ausgewählten Aktivitäten methodisch umgesetzt bzw. durch Tools unterstützt werden können.

Referenzmodelle im Software Engineering tragen zur Reduktion der Kosten sowie zur Steigerung der Qualität bei. Wer bewährte Prozess- bzw. Methodenmodelle einsetzt, spart Aufwand und setzt zumindest auf einem gewissen Qualitätsstand auf. Ein Referenzmodell, sprich Muster oder »Pattern«, setzt dem Anwender einen Rahmen, innerhalb dessen er sich bewegen kann. Er bekommt damit bereits vorliegende Erfahrungen als Starthilfe für die Lösung seines spezifischen Problems. Entwurfsmuster bieten eine Vorlage für die Erstellung bestimmter Algorithmen an [GHJV95], Architekturmuster setzen den Rahmen für die Komposition von Softwarekomponenten zu Anwendungen [BMRS97]. Integrationsmuster enthalten Gestaltungsprinzipien für die Vernetzung von Anwendungen zu IT-Landschaften, Prozessmuster stellen eine musterhafte Vorgehensweise für bestimmte Projekttypen dar [Ambl98]. Ein Projektleiter mit einem solchen Prozessmodell muss nicht ganz von vorne anfangen, sondern kann seinen projektspezifischen Prozess auf dem allgemeinen Prozessmuster aufbauen. Insofern ist ein Referenzmodell eine Art Erfahrungsweitergabe.

Demnach muss ein Referenzprozessmodell zur Softwaremigration einen ganzheitlichen Erklärungsbeitrag zur umfassenden Thematik der Softwaremigration leisten und die Gestaltung eines Migrationsprojekts in idealisierter Form darstellen. Ein solches Modell bildet eine Referenz für die Ausgestaltung konkreter Migrationsprojekte, die davon ausgehend ihr Vorgehen an ihre spezifischen Bedingungen anpassen können. Die Vorgabe eines solchen Grundgerüsts zur Beschreibung eines generisch einsetzbaren und somit anpassbaren Softwaremigrationsprozesses ist Gegenstand dieses Kapitels.

4.1   Prozessmodelle als Sammlung von Erfahrungswerten

Ein Referenzprozessmodell ist also ein Prozessgrundgerüst (Prozess-Framework), das angepasst und erweitert werden kann, um den Bedürfnissen einer bestimmten Organisation bzw. eines bestimmten Projekts gerecht zu werden [Kruc03]. Bei der Entwicklung eines solchen Referenzprozesses stellt sich die Frage, ob nicht bereits Ansätze existieren, die sich in der Industrie in erfolgreichen Projekten schon mehrfach bewährt haben. Solche als »Best Practices« bezeichneten Ansätze fokussieren auf die Reduzierung oder sogar Vermeidung von Risiken, wie sie typischerweise immer wieder in allen Arten von Softwareprojekten auftreten.

Aufgrund der mit Migrationen verbundenen komplexen Aufgabenstellungen, die sich ohne methodische Unterstützung wohl kaum bewältigen lassen, stellen bekannte »Best Practices« sowohl der Softwaremigration als auch der klassischen »Forward«-Softwareentwicklung einen wesentlichen Fundus zur Gestaltung eines Referenzprozesses zur Softwaremigration dar.

Wenn man sich die in den letzten Jahren entwickelten Vorgehensmodelle zur Softwaremigration anschaut, wird man feststellen, dass diese weitgehend losgelöst von Prozessmodellen zur Softwareentwicklung entstanden sind. Auch eine Kombination mit iterativen und inkrementellen Prozessmodellen, wie beispielsweise dem Rational Unified Process [Kruc03] oder dem V-Modell XT [Bund04] (die aber selbst keine nennenswerte Unterstützung für Migrationsprojekte enthalten!), erfolgte bislang nicht [GiWi05].

4.1.1   Erfahrungswerte aus der Softwaremigration

Bestehende Prozesse rund um die System- bzw. Softwaremigration, wie sie in Kapitel 3 beschrieben sind, bieten einen wesentlichen Ansatzpunkt zur Ableitung von Migrationsaktivitäten: Sie beschreiben, welche Aktivitäten in welcher zeitlichen und/oder logischen Anordnung im Rahmen von Migrationen durchzuführen sind und welche Artefakte dazu benötigt bzw. bei der Durchführung erzeugt werden.

Abb. 4–1   *Kernbereiche der Softwaremigration*

Migrationsrelevante Aktivitäten lassen sich grundsätzlich hinsichtlich ihrer logischen Zusammengehörigkeit in migrationsspezifische Kernbereiche und migrationsunterstützende Basisbereiche klassifizieren.

Migrationsspezifische Kernbereiche enthalten die operativen Migrationstätigkeiten, die zur Überführung bestehender Daten, Programme und Schnittstellen in die neue Zielumgebung beitragen. Migrationsunterstützende Basisbereiche zielen dagegen auf die tätigkeitsübergreifende Unterstützung in Migrationsprojekten wie Projektmanagement, Konfigurations- und Änderungsmanagement, Mitarbeiterqualifizierung und Migrationsumgebung.

Angesichts der Vielfalt unterschiedlicher Ausgangssituationen konnte sich bislang keines der in der Literatur beschriebenen Prozessmodelle in der Softwaremigrationspraxis etablieren. Die Erfahrung der vergangenen Jahre zeigt, dass eine Frage immer stärker in den Vordergrund rückt: Wie leicht lässt sich ein Migra-

tionsprozessmodell an die unterschiedlichen Charakteristiken eines Migrationsprojekts anpassen? Agiles Vorgehen rückt immer mehr in den Vordergrund. Spezifische Migrationsgegebenheiten, also Projektrahmenbedingungen, sollten den
Prozess führen und formen und nicht umgekehrt. Der Prozess hat keinen führenden, sondern einen unterstützenden Charakter. »One size fits all«, das kann auch
bei Migrationen nur in den seltensten Fällen funktionieren.

In diesem Kapitel wird daher ein generisches und anpassbares Prozess-Framework vorgestellt. Es stellt bewährte Vorgehen, Methoden und Techniken zur
Migration von Systemen oder Software zur Verfügung und lässt sich individuell
an die Rahmenbedingungen eines spezifischen Migrationsprojekts anpassen.

4.1.2   Erfahrungswerte aus der Softwareentwicklung

Prozesse zur Softwareentwicklung, mit Ausnahme des V-Modell XT [Bund04],
vernachlässigen in der Regel Reengineering-Aspekte, insbesondere solche zur
Umsetzung eines Legacy-Systems durch eine Migration. Allerdings implementieren sie grundsätzliche Vorgehensweisen, die sich in realen IT-Projekten als erfolgreich erwiesen haben und auch in Migrationsprojekten Anwendung finden.

Auch wenn ein auf die Softwareentwicklung ausgerichteter Prozess alles
andere als ein geeigneter Kandidat zur Anleitung eines Migrationsvorhabens ist,
sind deutliche Parallelen zwischen Softwareentwicklungsprozessen und Soft-
waremigrationsprozessen zu erkennen.

Betrachtet man beispielsweise den Rational Unified Process [Kruc03], so lässt
sich feststellen, dass er im Kontext der Entwicklung eines Referenzprozessmo-
dells zur Softwaremigration gehaltvolle Informationen für die Vorgehensweise
zur Anforderungsanalyse liefert (siehe Abb. 4–2).

Ferner sind projektunterstützende Aspekte, die im RUP sehr ausführlich, von
den bisher betrachteten Prozessmodellen zur Softwaremigration jedoch nur
wenig berücksichtigt werden, für die Durchführung einer Migration von wesentlicher Bedeutung. Diese Aspekte beziehen sich vornehmlich auf Vorgehensweisen
im Rahmen von Projektmanagement, Konfigurations- und Änderungsmanagement sowie der Konfiguration der technischen Projektumgebung.

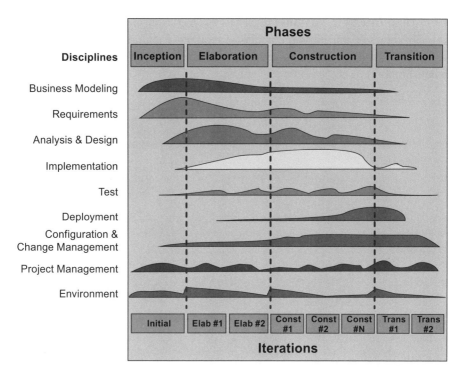

Abb. 4–2   *Kernbereiche des Rational Unified Process (RUP)*

4.1.3   Synthese der Erfahrungswerte aus Entwicklung und Migration

Der hier vorgestellte generische Migrationsprozess soll Erfahrungswerte aus der Entwicklungspraxis mit denen aus der Migrationspraxis verbinden. Vergleicht man die Prozesstypen zur Softwareentwicklung bzw. -migration, lässt sich erkennen, dass ein Prozess zur Softwaremigration auch Aktivitäten, Rollen und Artefakte beinhaltet, wie sie teilweise in (traditionellen) Entwicklungsprozessen zu finden sind. Es liegt daher nahe, einen Migrationsprozess um das bereits vorhandene, praxiserprobte und dokumentierte Wissen aus Softwareentwicklungsprozessen anzureichern.

Das Vorgehen zur Verknüpfung zwischen Aktivitäten beider Prozesstypen ist dabei denkbar einfach: In einen generischen Migrationsprozess fließen neben den migrationsspezifischen Prozesselementen typische Elemente der klassischen Softwareentwicklung in entsprechend modifizierter Form ein. Verglichen mit einer Neuentwicklung sind reine Entwicklungsaktivitäten in einer Migration jedoch mit deutlich geringerer Intensität zu bearbeiten.

Die Integration von Vorgehensweisen der Softwaremigration und der Softwareentwicklung erfordert die Beibehaltung gemeinsamer, die Anpassung ähnlicher, die Eliminierung irrelevanter und die Ergänzung fehlender Aktivitäten,

Akteure und Artefakte. Als Ausgangsbasis zur Verknüpfung beider Prozesstypen kann ein iterativer und inkrementeller Softwareentwicklungsprozess dienen, der hier – wenn auch nur aus didaktischen Gründen – als »Zyklus« dargestellt ist (siehe Abb. 4–3).

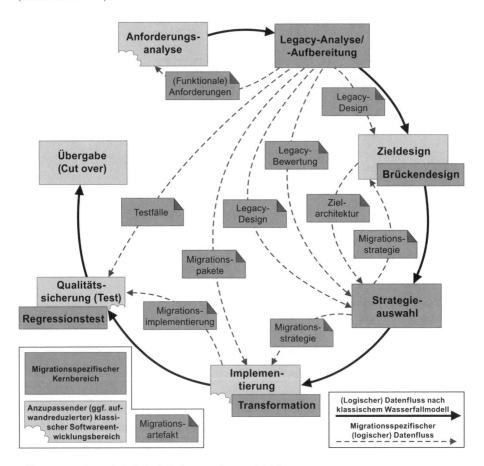

Abb. 4–3   *Exemplarische Verknüpfung von Prozessaktivitäten*

Geht man davon aus, dass ein Entwicklungsprojekt die Bereiche Anforderungsanalyse, Zieldesign, Implementierung, Qualitätssicherung (Test) und Übergabe adressiert, dann müssen fehlende migrationsspezifische Kernbereiche mit ihren Aktivitäten ergänzt werden. Also sind Schritte zur Analyse und Aufbereitung des Legacy-Systems, zur Auswahl einer angemessenen Migrationsstrategie und zu den speziellen Transformationsmethoden und -techniken hinzuzufügen.

Für die Verschmelzung beider Prozesse müssen ferner die jeweiligen Entwicklungsbereiche an die spezifischen Migrationsanforderungen angepasst werden. Beispielsweise erfordern sowohl Migration als auch klassische Softwareentwicklung die Ermittlung aller wesentlichen Projekt- und Zielsystemanforderungen. Für Migrationen werden nicht funktionale Anforderungen partiell durch Techniken des traditionellen Anforderungsmanagements erhoben, während funktionale Anforderungen durch Techniken des Reverse Engineering direkt aus dem Altsystem extrahiert werden. Reverse-Engineering-Techniken werden im Allgemeinen in traditionellen Entwicklungsprozessen aber nicht berücksichtigt. Demnach unterscheiden sich Migrationsprozesse hinsichtlich der Ermittlung der Anforderungen deutlich von Forward-Engineering-Prozessen. Hier ist eine entsprechende Adaption erforderlich.

Wird, wie oben angesprochen, ein inkrementeller Entwicklungsprozess zugrunde gelegt, dann werden auch alle Hauptforderungen an einen »agilen Migrationsprozess« umgesetzt, ohne dabei auf Best Practices zu verzichten.

4.1.4 ReMiP als Prozess-Framework

Die Bündelung von Vorgehensweisen, Methoden und Techniken migrationsspezifischer Prozesse mit Best Practices aus entwicklungsspezifischen Prozessen ergibt insgesamt ein Prozessmodell zur Migration mit Framework-Charakter, den Reference Migration Process (ReMiP) [Acke05]. Dieses Prozessmodell stellt weder Dogma noch Ideal dar. Vielmehr bildet es ein Gesamt-Framework, also eine umfassende Sammlung bewährter Vorgehensweisen, Methoden und Techniken, deren vollständiger Einsatz in manchen Migrationsprojekten angemessen, in anderen dagegen überdimensioniert sein kann und dort entsprechend selektiv anzuwenden ist.

Für den Einsatz in einem Migrationsprojekt wird demnach meist eine geeignete Teilmenge aus ReMiP ausgewählt werden. Diese Teilmenge ist dann eine konkrete Ausprägung des abstrakten Prozesses, angepasst an die spezifischen Gegebenheiten des betreffenden Projekts.

4.2 Struktur des ReMiP-Prozessmodells

Die Gesamtstruktur des Reference Migration Process (ReMiP) wird aus Phasen, Kernbereichen und Basisbereichen gebildet:

- Innerhalb einer Migration werden vier grundsätzliche Projektphasen in zeitlicher Abfolge durchlaufen.
- In jeder Phase werden spezifische Migrationsaktivitäten aus unterschiedlichen Kern- und Basisbereichen mit unterschiedlicher Intensität durchgeführt.
- Jede Phase wird mit einem definierten Meilenstein beendet.

4.2.1   ReMiP-Phasen

Ein Migrationsprojekt wird in die vier Phasen Vorstudie, Konzept & Design, Migration & Übergang und Abschluss unterteilt (siehe Abb. 4–4). Die jeweilige Phasenlänge ist variabel und wird primär von den spezifischen Gegebenheiten des Migrationsprojekts bestimmt. Jede Phase ist mit spezifischen Zielen verbunden und liefert wesentliche Artefakte als Ergebnis, deren Existenz Voraussetzung für den Eintritt in die nachfolgende Phase ist.

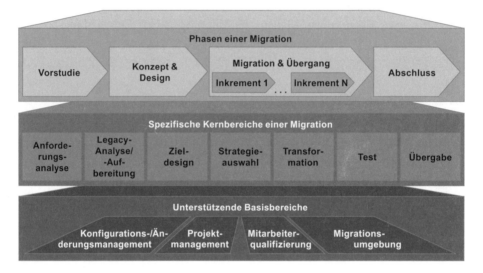

Abb. 4–4   *Phasen des ReMiP-Prozessmodells*

Vorstudie

Die Vorstudie beinhaltet grundsätzliche Vorbereitungsaktivitäten für eine professionelle Realisierung des Projekts und bildet damit die Basis für das gesamte Migrationsvorhaben.

In dieser analytischen Vorstudie werden insbesondere solche Aspekte behandelt, die für die Erarbeitung einer soliden Migrationsstrategie erforderlich sind. Beispiele sind die Ermittlung des Geschäftswerts einer Anwendung oder eines Applikationsportfolios als eine Voraussetzung für die Projektrelevanz, die Betrachtung kritischer Erfolgsfaktoren, die Ermittlung der Mitarbeiterkompetenzen, die Erhebung technischer Systemgegebenheiten und verfügbarer technologischer Neuerungen, die Durchführung einer Machbarkeitsanalyse, die Analyse von internen und Industriestandards, die Ermittlung der groben Kosten für eine ROI-Betrachtung und die Sichtung alternativer Optionen.

Konzept & Design

Auf Basis der Vorstudie erfolgt die eigentliche Planung der Migration. Zuerst wird unter Berücksichtigung der gegebenen Geschäftsbedürfnisse, der verfügbaren Ressourcen und der technischen Gegebenheiten ein Konzept erarbeitet, nach dem das Projekt ohne Gefährdung oder Unterbrechung des laufenden Betriebs durchgeführt werden kann. Besondere Aufmerksamkeit verdient meist die Paketierung, d.h. die Gliederung von Legacy- und Zielsystem in einzelne überschaubare Migrationspakete.

Während des Designs werden die einsetzbaren und gewünschten Migrationsmaßnahmen für Hardware, Software und/oder Daten im Detail geplant, Ergebnis ist die Migrationsstrategie. Abhängig von den vorhandenen Kompetenzen der Projektmitarbeiter müssen potenzielle externe Projektpartner mit speziellen Migrationserfahrungen für die Umsetzung einbezogen und/oder die eigenen Projektmitarbeiter hinsichtlich neuer Zieltechnologien und migrationsspezifischer Methoden, Techniken und Werkzeuge geschult werden.

Auf jeden Fall sollte mit einem repräsentativen Migrationspaket ein Pilotprojekt durchgeführt werden, um hieraus Schlussfolgerungen auf die geplante Vorgehensweise und deren Risiken ziehen und ggf. noch frühzeitig mit Änderungen reagieren zu können.

Migration & Übergang

Da Migrationen bevorzugt inkrementell durchgeführt werden, bezieht sich die Phase Migration & Übergang auf die schrittweise Transformation, Test und Übergabe einzelner definierter Migrationspakete. Diese Phase wird also in mehreren Iterationen für jeweils *ein* Migrationspaket durchlaufen. Da ein Referenzprozess so generell sein sollte, dass er die Anforderungen eines möglichst großen Einsatzbereichs abdeckt, sieht ReMiP auch die Möglichkeit einer Big-Bang-Umstellung vor. In diesem Fall kann die Phase Migration & Übergang ganz oder teilweise auch nur einmal durchlaufen werden.

Vor der Phase Migration & Übergang, paketbezogen eventuell auch während der Phase, können notwendige Maßnahmen zur Restrukturierung des Sourcecodes durch Sanierungsmaßnahmen und zur Anpassung der Architektur als Voraussetzung für die Integration mit anderen Anwendungen (Stichwort: Enterprise Application Integration) und/oder die Überführung bestehender Programme und Datenbanken auf eine neue Plattform stattfinden. Diese Überführung erfolgt entweder mit oder ohne signifikante Änderungen am Sourcecode. Im weitestgehenden Fall werden die bestehenden Programme von einer Programmiersprache in eine andere bzw. die bestehenden Daten von einem Datenbanktyp in einen anderen transformiert.

Bedingt durch die teilweise langen Laufzeiten einer Überführung müssen während der Umstellung für die betroffenen Softwarekomponenten besondere Regelungen in Hinblick auf projektexterne Wartungs- und Weiterentwicklungsarbeiten festgelegt werden. Um solche Arbeiten nicht realitätsfremd über die gesamte Projektlaufzeit einstellen zu müssen, besteht die Möglichkeit einer Vormigration mit nachgelagerter Deltamigration. Die Realisierung der ersteren geht einher mit der Reduzierung aller Wartungsaktivitäten auf ein minimal notwendiges Maß, während für die nachgelagerte Deltamigration alle Softwarekomponenten für die Wartung gesperrt werden.

Im Rahmen der Deltamigration lässt sich der Umstellungsaufwand auf die Überführung der geänderten Softwarekomponenten reduzieren. In der Praxis kann es sich in vielen Fällen aber als sinnvoller und vor allem effizienter erweisen, während der Deltamigration das gesamte Migrationsinkrement erneut zu transformieren. Gleichfalls sollte die Möglichkeit eines »Rücksetzens« der migrierten Komponenten auf den Ausgangszustand (Fallback-Mechanismus) geschaffen werden.

Nach jeder Transformation erfolgt die formale Überprüfung der funktionalen Äquivalenz zwischen Ausgangs- und Zielkomponenten durch Regressionstests. Die anschließende Integration bzw. Übergabe des Migrationsinkrements in die neue Ziel- bzw. Übergangsumgebung geht einher mit der Ablösung des korrespondierenden Legacy-Pakets. Bei der Ablösung des Altsystems sind insbesondere nicht mehr benötigte Programme und/oder Daten zu archivieren. Ferner schließt sich die Eliminierung der nicht mehr benötigten Gateways an, die in den Übergangssystemen zur Sicherstellung der Interoperabilität zwischen Legacy- und Zielkomponenten Einsatz fanden. Während dieser Phase erfolgt gleichzeitig auch die Ausbildung der Anwender auf der neuen Plattform.

Abschluss

Die Abschlussphase bezieht sich auf die nach der vollständigen Transformation durchzuführende Ergebniskontrolle, die auf die Sicherung der Benutzerakzeptanz und auf eine Nachkalkulation mit einhergehendem Soll-/Istvergleich zielt.

Die Abschlussphase umfasst weiterhin die Archivierung aller im Projekt erstellten Dokumentationen und Aufzeichnungen zum Zwecke eines Wissenstransfers sowie die »sanfte« Auflösung des Projektteams. Auch eine weiterführende Unterstützung der Anwender und des Wartungsteams zur Gewährleistung eines reibungslosen Systemeinsatzes und zur schnellen Problembehebung gehört zu dieser Phase.

4.2.2   ReMiP-Meilensteine

Jede Projektphase des ReMiP endet mit einem Meilenstein, durch den grundsätzliche Projektentscheidungen (Meilenstein-Entscheide) ausgelöst werden.

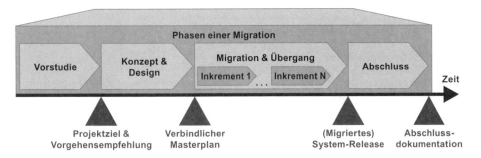

Abb. 4–5   *Meilensteine des ReMiP-Prozessmodells*

Ein Meilenstein wird verstanden als ein signifikanter Projektzeitpunkt (Termin), zu dem ein definiertes Sachergebnis bzw. Deliverable vorliegt bzw. vorliegen soll. Dies kann sowohl ein einzelnes Sachergebnis als auch eine Aggregation mehrerer Phasenergebnisse, also eine Sammlung von Artefakten, sein. Damit Meilenstein-Entscheide optimal gefällt werden können, müssen Prüfkriterien formuliert sein, mit denen festgestellt werden kann, ob das vorliegende Sachergebnis den Anforderungen genügt bzw. ob das definierte Teilziel der Phase erreicht ist. Im Einzelnen beziehen sich die Meilensteine auf folgende Projektzeitpunkte, die mit den korrespondierenden Phasenergebnissen einhergehen.

Projektziel & Vorgehensempfehlung

Die Vorstudie wird mit einem Meilenstein beendet, an dem das Projektziel definiert und eine »vorläufige« Vorgehensempfehlung festgelegt ist. Prüfkriterien zur Erreichung des Meilensteins sind beispielsweise die Übereinstimmung aller Stakeholder hinsichtlich des Projektumfangs, der Anforderungen und der Kosten- und Zeitschätzungen sowie die Identifizierung potenzieller Risiken und die Existenz von Strategien zur Vermeidung oder Minimierung dieser Risiken. An dieser Stelle kann schon frühzeitig eine Entscheidung darüber getroffen werden, ob ein Migrationsprojekt aus ökonomischer und technischer Perspektive als sinnvoll erscheint oder ob ein Projektabbruch in Erwägung gezogen werden muss.

Verbindlicher Masterplan

Der Meilenstein zur Beendigung der Konzept- und Designphase verlangt einen verbindlichen Masterplan, der primär die gewählte Migrationsstrategie darlegt und das Zielsystem sowie die Zielsystemumgebung im Detail präsentiert. Kriterien zur Bewertung dieser Phase respektive zur Erreichung des Sachziels sind beispielsweise die Solidität von Vision, Anforderungen und Zielsystem, die Bestätigung von Migrationsstrategie und Risikobewältigung durch das Pilotprojekt, die Übereinstimmung der Stakeholder in Hinblick auf die Realisierbarkeit des Projekts mit der ausgewählten Migrationsstrategie bzw. dem vorliegenden Projektplan sowie die Angemessenheit der Planung für die erste Iteration der Migrations- und Übergangsphase.

Migriertes System-Release

Nach Beendigung der Migrations- und Übergangsphase sind alle Programme, Daten und Benutzungsschnittstellen in die neue Zielumgebung oder Form überführt, getestet und in der Zielumgebung installiert. Die hier relevanten Evaluierungskriterien thematisieren Aspekte wie beispielsweise Stabilität und Performance des System-Release.

Abschlussdokumentation

Der Meilenstein zur Beendigung der Betriebs- und Abschlussphase fordert die Abschlussdokumentation, die primär eine Untersuchung der Gesamtzielerreichung darstellt. Die wesentlichen Prüfkriterien, die zur Beendigung der Abschlussphase und damit des gesamten Projekts herangezogen werden, beziehen sich auf die Bewertung der Benutzerakzeptanz, der Termineinhaltung und der Abweichungen zwischen Ist- und Sollkosten.

4.2.3   Kern- und Basisbereiche des ReMiP

Die ReMiP-Migrationsaktivitäten verteilen sich, wie schon erwähnt, auf sieben migrationspezifische Kern- und vier unterstützende Basisbereiche. Dabei handelt es sich um die logische Zusammenfassung zusammengehöriger Aktivitäten und nicht um eine sequenzielle Ablauffolge wie beispielsweise im Wasserfallmodell.

Die Aktivitäten der einzelnen Kernbereiche können teilweise voneinander unabhängig nebenläufig ausgeführt werden, sind zum Teil aber auch durch zeitliche und logische Abhängigkeiten miteinander verbunden. So ist beispielsweise die Vorgabe der Migrationsziele oder die Auswahl der Migrationsstrategie erst nach einer vorgelagerten Analyse des Legacy-Systems möglich. Ebenso bedingen sich die Auswahl einer Migrationsstrategie und das Design des Zielsystems gegenseitig.

Den Best Practices der Softwareentwicklung folgend, weist die Prozessstruktur des ReMiP iterativen und inkrementellen Charakter auf. Während des Migrationsvorhabens werden die einzelnen Phasen in einer oder mehreren Iterationen durchlaufen. In jeder Iteration werden Aktivitäten teilweise wiederholt und in unterschiedlicher Intensität ausgeführt. Ferner führt jede Iteration zu einer Ergänzung bzw. Verfeinerung der bisherigen Ergebnisse. Somit können Erfahrungen einer Iteration (Lessons learned) in die nächsten Iterationen mit einfließen.

Spezifische Kernbereiche des ReMiP

Migrationsspezifische Kernbereiche beziehen sich auf operative Migrationstätig-keiten. Solche Aktivitäten tragen direkt zur Überführung des Ausgangssystems in das Zielsystem bei.

Diese operativen Tätigkeiten werden nach ihrer logischen Zusammengehö-rigkeit in sieben migrationsspezifische Kernbereiche zusammengefasst (siehe Abb. 4–6).

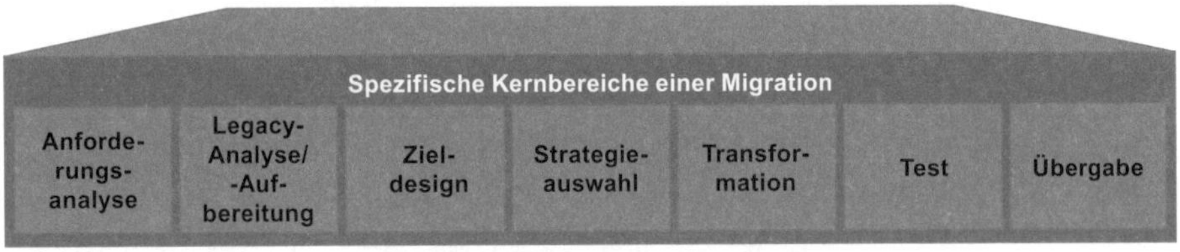

Abb. 4–6   *Spezifische Kernbereiche des ReMiP-Prozessmodells*

Unterstützende Basisbereiche des ReMiP

Unterstützende Basisbereiche sind eng mit den migrationsspezifischen Kernberei-chen verbunden und zielen auf eine ganzheitliche und bereichsübergreifende Unterstützung des Migrationsprojekts. Sie sind nach ihrer logischen Zusammen-gehörigkeit in vier unterstützenden Basisbereichen zusammengefasst.

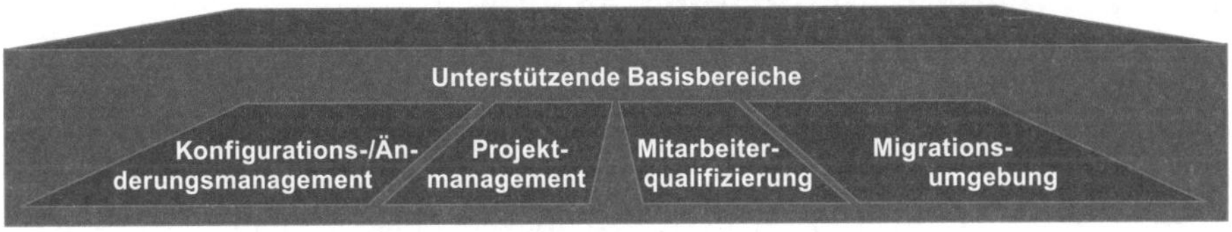

Abb. 4–7   *Unterstützende Basisbereiche des ReMiP-Prozessmodells*

4.2.4   Prozessmodell des ReMiP

Einen Überblick über die Gesamtstruktur des ReMiP gibt Abbildung 4–8. Das Prozessmodell ist in vielen verschiedenen Projektkonstellationen anwendbar.

Der Aufteilung des Migrationsprozesses in Kern- und Basisbereiche folgend, beschreiben die folgenden Abschnitte die einzelnen Kern- und Basisbereiche mit allen dazugehörigen, wesentlichen Migrationsaktivitäten.

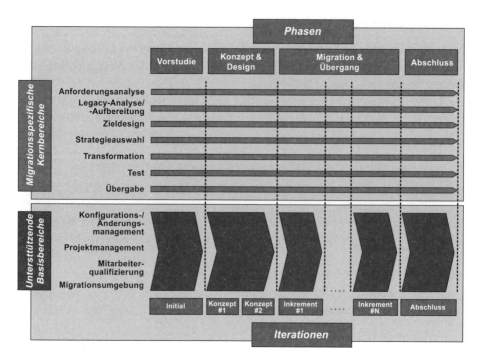

Abb. 4–8   *Die Gesamtstruktur des Reference Migration Process [Acke05]*

4.3   Kernbereich Anforderungsanalyse

Programme, Daten und Schnittstellen sollten erst dann migriert werden, wenn alle nötigen Anforderungen sowohl an das Zielsystem als auch zum Ablauf des Migrationsprojekts vollständig, konsistent und eindeutig spezifiziert sind. Dies ist Aufgabe der Anforderungsanalyse (Requirements Engineering).

Die Anforderungsanalyse eines Migrationsprojekts (siehe Abb. 4–9) unterscheidet sich grundsätzlich von der einer Neuentwicklung. Bei einer Neuentwicklung ist man relativ frei darin, wie Anforderungen ermittelt, definiert und doku-

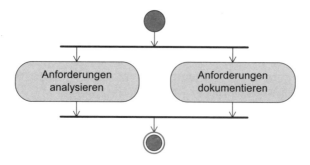

Abb. 4–9   *Workflow des Kernbereichs »Anforderungsanalyse«*

mentiert werden. In einem Migrationsprojekt hingegen ist man an das bestehende System gebunden, das durch die Migration erhalten werden soll.

4.3.1 Analyse der Anforderungen

Deshalb steht zu Beginn der Anforderungsanalyse eine Analyse der bestehenden Software und der Daten. Diese Analyse, die möglichst durch automatisierte Analysewerkzeuge zu unterstützen ist, liefert zum einen Messwerte über die Größe, Qualität und Komplexität der zu migrierenden Programme und Daten, zum anderen eine detaillierte Nachdokumentation durch Reverse Engineering des vorhandenen Codes.

Definition der Projektziele

Erst mit dieser Information können in der Anforderungsanalyse Projektziele, -umfang, -kosten und -abnahmekriterien festgelegt werden. Dies geschieht zunächst in Form grober Beschreibungen, die im weiteren Projektverlauf je nach den aktuellen Erfordernissen sukzessive verfeinert und ergänzt werden.

Wer ein Migrationsprojekt durchführen will, muss auch die grundsätzlichen Anforderungen an den Migrationsprozess selbst betrachten. Migrationsprojekte erfordern ein zeit-, kosten-, risiko- und komplexitätsminimierendes Vorgehen und müssen die Einsatzfähigkeit des Altsystems über die Dauer der Migration gewährleisten.

Ermittlung der funktionalen und nicht funktionalen Anforderungen

Eine Migration hat zum Ziel, das bestehende System in mehr oder minder veränderter Form zu kopieren. Der fachliche Inhalt soll erhalten bleiben, nur die technische Form soll sich ändern. Demzufolge können neue Anforderungen allenfalls solche nicht funktionaler Art sein. Die funktionalen Anforderungen gehen aus dem Istzustand des alten Systems hervor. Sie zu beschreiben, ist gleichbedeutend mit einer Nachdokumentation der bestehenden Fachlichkeit. Dies zu machen, ist zwar sinnvoll, aber nicht immer zwingend erforderlich. Tatsächlich werden viele Systemumstellungen ohne Dokumentation des alten fachlichen Inhalts durchgeführt. Diese sozusagen »blinde« Migration ist in der Praxis eher Regelfall als Ausnahme. Beispielsweise kann man kaum davon ausgehen, dass die Mitarbeiter der indischen Softwarehäuser, die heutzutage den Hauptanteil der Migrationsarbeit leisten, mehr als einen groben Überblick zur fachlichen Funktionalität der Systeme haben. Dennoch sind sie in der Lage, Systeme zu migrieren [Bhar05]. Soweit ihre Auftraggeber ihnen die Migrationsstrategie vorgeben, ist die detaillierte Kenntnis des fachlichen Inhalts auch nicht zwingend erforderlich.

Im Kontext eines Migrationsprojekts ist vor allem die Erhebung »neuer« nicht funktionaler Anforderungen von besonderem Interesse, also z.B. Systemqualität,

Implementierungssprache, technische Plattform, Kommunikationseinrichtungen, Benutzungsschnittstellen. Die funktionalen Anforderungen sind vom Legacy-System vorbestimmt, ist es doch das oberste Gebot der Migrationstechnologie, die fachliche Funktionalität während der Migration gerade nicht zu verändern!

Ermittlung der Stakeholder-Bedürfnisse

Die Ermittlung der Stakeholder-Bedürfnisse zielt darauf, detaillierte Kenntnisse über die speziellen Wünsche und Anforderungen an das Zielsystem aus der Perspektive aller Stakeholder zu erhalten, wobei diese Bedürfnisse sehr unterschiedlich, mitunter auch widersprüchlich sein können. Eine solche Erhebung soll also schon frühzeitig den Risiken einer Fehlentwicklung entgegenwirken. Ignoriert man beispielsweise bei einer Benutzungsschnittstellen-Migration die Wünsche der Benutzer an die neue Schnittstelle, besteht die große Gefahr, dass diese nach der Übergabe auf Ablehnung stößt. Oft wird dann eine nachgelagerte, aufwendige Sanierung nötig.

Zur Ermittlung von Stakeholder-Bedürfnissen können verschiedene Techniken eingesetzt werden, z.B. Befragung, Beobachtung, Workshops oder Prototypentwicklung und -evaluation.

Ableitung der Anforderungen

Die Ableitung der Anforderungen erfolgt sowohl ausgehend von der Legacy-Analyse als auch unter Einbezug aller neuen Erkenntnisse und Informationsquellen. Über die gleichbleibende Funktionalität des Systems hinaus kann eine Legacy-Analyse häufig zusätzliche Informationen über potenzielle Systemmängel liefern, die bei der Ableitung neuer Anforderungen konstruktiv berücksichtigt werden können. Weitere Anforderungen sind insbesondere aus den Stakeholder-Wünschen, der Vision und der Problembeschreibung ableitbar. Ebenso sind Anforderungen an die von der Migration betroffenen technischen Aspekte zu erfassen.

Definition der temporären Komponenten

Im Unterschied zu klassischen Forward-Engineering-Projekten müssen bei Migrationsprojekten in der Regel temporäre Komponenten wie Gateways, Wrapper und Umsetzungswerkzeuge eingesetzt werden.

Abhängig von der gewählten Migrationsstrategie muss klar festgelegt sein, was solche Hilfssoftware genau zu leisten hat und welche nicht funktionalen Anforderungen an sie zu stellen sind. Die dabei gewonnenen Anforderungsspezifikationen bilden entweder die Basis für die Auswahl kommerzieller Produkte oder für eine nachfolgende Eigenimplementierung.

4.3.2 Dokumentation der Anforderungen

Die Anforderungen müssen sodann in einer formalisierten Beschreibung nieder-gelegt werden. Dies ist notwendig, da beispielsweise Stakeholder ihre Wünsche in der Regel weder systematisch noch strukturiert vortragen. Bei der Formulierung der Anforderungen ist darauf zu achten, sie prüfbar, eindeutig und widerspruchs-frei zu dokumentieren. Wobei nochmals daran zu erinnern ist, dass Migrations-anforderungen im Gegensatz zu den klassischen Anforderungsdokumenten für Neuentwicklungen ausschließlich nicht funktionale Anforderungen enthalten.

Zur Wiedergewinnung oder Verdeutlichung funktionaler Anforderungen wird im Allgemeinen Reverse Engineering nötig sein (siehe Abschnitt 4.4). Da eine aktuelle Dokumentation der Legacy-Software so gut wie nie vorhanden ist, bleibt die Funktionalität andernfalls im Code verborgen. Sie dort herauszuziehen ist eine Herausforderung, die die Softwaretechnik bis zum heutigen Tag nicht voll gemeistert hat. Trotz aller Forschungsversuche ist es nicht gelungen, die Geschäftslogik aus dem Code eindeutig wiederzugewinnen. Nur über den Test bzw. über eine dynamische Analyse lässt sich erkennen, was ein Legacy-System wirklich leistet. Hierfür existieren zwar Ansätze, aber sie haben gemeinsam, dass sie sehr aufwendig sind.

Wer die Zeit und die finanziellen Mittel dazu hat, könnte jede mögliche Benutzereingabe betätigen und Endergebnis sowie Datenbestandsänderungen protokollieren. Jede getestete Eingabe-Ausgabe-Kombination entspräche einer funktionalen Anforderung, wobei funktional gleiche Anforderungen im Allge-meinen mehrfach gefunden würden. Auf diese Weise käme man nach vielen Monaten Testarbeit zu einem bereinigten Katalog funktionaler Anforderungen, der zum bestehenden System passt [BaLa00]. Dass diese Vorgehensweise wenig praktikabel ist, liegt auf der Hand.

4.4 Kernbereich Legacy-Analyse und -Aufbereitung

Bevor man die Migration eines Legacy-Systems beginnen kann, muss man das System und die darin implementierten Prozesse verstehen, analysieren und ggf. sanieren. Hierzu dienen Legacy-Analyse und -Aufbereitung (siehe Abb. 4–10).

Im Rahmen der Istanalyse erfolgt eine Bewertung des Legacy-Systems hin-sichtlich seines wirtschaftlichen Nutzens sowie des Wiederverwendungspoten-zials. Aufgrund dieser Bewertung muss entschieden werden, welche Migrations-strategie für welche Komponenten infrage kommt und welche nicht.

Wer Altsysteme wiederverwenden will, muss in der Regel auch bereit sein, das System oder zumindest Teile davon zu sanieren. Hierzu müssen vor der eigentlichen Migration die Programme, Daten und/oder Benutzungsoberflächen so verbessert bzw. optimiert werden, dass sie in einer für die Migration erforder-lichen Form vorliegen.

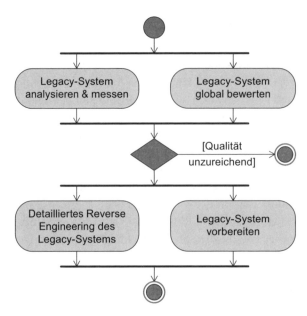

Abb. 4–10   *Workflow des Kernbereichs »Legacy-Analyse und -Aufbereitung«*

4.4.1   Analyse des Legacy-Systems

Für die Planung eines Migrationsprojekts ist es zunächst erforderlich, das Altsystem zu analysieren, d.h. zu verstehen, zu messen und zu bewerten. Dazu gehören:

- Inventarisierung der Altbestände
- Messung der Softwarekomponenten, Daten und Schnittstellen
- Analyse der bestehenden Dokumentation

Inventarisierung der Altbestände

Um das Legacy-System zu migrieren, ist eine Übersicht über den Softwarebestand des Altsystems mit allen nachgeordneten Komponenten unabdingbar. In der Praxis zeigt sich allerdings, dass trotz verfügbarer Konfigurationsmanagement- und Repository-Systeme eine solche Aufstellung oft gänzlich fehlt.

Auf diese ernüchternde Tatsache kann nur mit der Neuerzeugung eines strukturierten Softwareverzeichnisses reagiert werden. Ein solches Verzeichnis muss alle produktiven Versionen für alle Softwarekomponenten auflisten und eindeutig identifizieren. Diese müssen ferner nach den für das Projekt relevanten Gesichtspunkten klassifiziert werden. In Anlehnung an [Coll04] zeigt ein solches strukturiertes Softwareverzeichnis die einzelnen Objekte der Klassen Programme, Bibliotheken, Skripte (JCL), Dateien, Verzeichnisse, Datenbanken sowie Archive des Legacy-Bestands auf.

Messung der Software

Auf die Inventarisierung folgt die Messung der Software. Hier kommt es darauf an, die Größe, die Komplexität und die Qualität eines jeden Source Member einschließlich der Datenbankschemata und Schnittstellendefinitionen zu messen. Die einzelnen Messwerte sind anschließend auf Komponenten-, Subsystem- und Systemebene zu aggregieren. Hieraus resultieren diverse Metrikberichte, aus denen hervorgeht, wie groß, wie komplex und wie gut die einzelnen Module, Datenbanken und Schnittstellen sind. Besonders wichtig für die Migration sind die Zahl der Codezeilen und Anweisungen, die Zahl der Daten, die Zahl der Schnittstellen, die Komplexität der Ablaufstruktur, die Komplexität der Datenstruktur, die Qualität der Architektur, die Wiederverwendbarkeit und vor allem die Konvertierbarkeit. Diese Messwerte fließen in die Kalkulation der Migrationsprojektkosten ein.

Rückgriff auf vorhandenes Wissen

Geeignete Techniken zur Rekonstruktion des Legacy-Systems sind neben den einschlägig bekannten, automatisierbaren Techniken des Reverse Engineering auch die meist manuellen Untersuchungen bereits existierender Systemdokumentationen.

Eine vorhandene Dokumentation kann nicht nur viel Arbeit und Zeit sparen, sondern bietet auch eine Basis zur Konsistenzprüfung der beschriebenen Systemkomponenten. Denn letztlich muss sichergestellt sein, dass die neu gewonnenen Istmodelle und Istbeschreibungen alle Aspekte des Legacy-Systems abdecken.

Für die Legacy-Analyse empfiehlt sich weiterhin die Befragung (noch greifbarer!) Legacy-Experten. Personen, die jahrelange Erfahrung mit dem System haben, also Benutzer, Administratoren, Entwickler etc., können wesentlich zur korrekten Beschreibung des Legacy-Systems beitragen.

4.4.2   Globale Bewertung des Legacy-Systems

Um die beste Strategie für die spätere Migration zu finden, muss eine globale Bewertung des Legacy-Systems durchgeführt werden. Hierbei geht es darum, Komplexität, Qualität sowie betriebswirtschaftliche Bedeutung des Legacy-Systems bzw. einzelner Legacy-Komponenten im Zusammenhang zu bewerten. Empfohlen wird dafür die Durchführung einer Portfolioanalyse (vgl. Abschnitt 5.2).

Aus den Ergebnissen kann man das Wiederverwendungspotenzial des Altsystems ableiten und eine angemessene Migrationsstrategie entwickeln. Unter Umständen kann sich in dieser frühen Phase sogar ergeben, dass die einzig geeignete Strategie die Aufgabe des Altsystems aufgrund seiner mangelhaften Wiederverwendbarkeit darstellt. Dann muss an dieser Stelle die Entscheidung getroffen werden, statt einer Systemmigration eine komplette Neuentwicklung oder den Einsatz von Standardanwendungssoftware in Angriff zu nehmen. Der Migrationsprozess wäre in diesem Fall beendet.

Festlegen einer angemessenen Bewertungsstruktur

Wenn ein Legacy-System hinsichtlich technischer Qualität und betriebswirtschaftlicher Bedeutung bewertet wird, muss festgelegt werden, in welcher Form
die Bewertung durchzuführen ist. »Angemessenheit statt Perfektion« sollte hier
die Devise lauten, also eine ausgewogene Balance zwischen Aufwand und Detail-
lierungsgrad der Bewertung gefunden werden.

So ist es beispielsweise denkbar, dass in einigen Fällen eine Bewertung durch
Expertenmeinungen ausreichend ist. Bei anderen Projekten kann dagegen die
Implementierung einer formalen, detaillierten und metrikbasierten Bewertungs-
prozedur unumgänglich sein; dann muss jedes Bewertungskriterium genau
beschrieben werden:

- Eine Metrik zur quantitativen Erfassung des Bewertungskriteriums
- Benotungsstufen zur Bewertung des erzielten Messwerts
- Gewichtung zur Festlegung der Bedeutung des Bewertungskriteriums in der
  Gesamtbewertung

Durchführung und Auswertung der Altsystembewertung

Abhängig von der definierten Bewertungsstruktur erfolgt die eigentliche Durchführung der Altsystemvermessung. Empfohlen wird hier eine Kombination aus
einer werkzeuggestützten Berechnung der Softwaremetriken mit einem teilauto-
matisierten Audit, basierend auf den Legacy-Systemkomponenten und einer
Befragung von Legacy-Experten, wie beispielsweise Domänenexperten, Benutzern, Managern und technischen Experten.

Zur Auswertung der Ergebnisse werden die Messwerte verdichtet, benotet
und abhängig von der Gewichtung bewertet. Ob ein System oder Teile davon
geeignete Kandidaten zur Migration darstellen, ist abhängig von der gemessenen
technischen Qualität sowie der betriebswirtschaftlichen Bedeutung und der zuvor
definierten Bewertungsstruktur.

Wird beispielsweise die Portfolioanalyse (in der Variante nach Verdugo
[Verd88]) als Technik zur Altsystembewertung eingesetzt, kann aus der Position
im Portfoliographen die Eignung des Systems für die Migration abgelesen werden.

Aus Gründen der Risikovermeidung müssen bei der Altsystembewertung
auch organisatorische Faktoren berücksichtigt werden. Hierzu zählen beispielsweise die Anzahl einsetzbarer Mitarbeiter, die vorhandenen technischen Kompetenzen, das zur Verfügung stehende Budget, die zukünftig zu erwartende Entwicklung sowie die Änderungs- und Akzeptanzbereitschaft der Mitarbeiter.

ROI-Berechnung

Den ROI (Return on Investment) für die Migration zu berechnen, kann weitere Aufschlüsse für die Migrationsentscheidung geben. Der Aufwand für die Projektdurchführung lässt sich anhand von Systemmetrik und geplanter Migrationsstrategie kalkulieren. Als Nutzwert des Projekts kann man die Kosten einer Neuentwicklung desselben Systems abzüglich des Mehrwerts, den eine Neuentwicklung über die Migration hinaus schaffen würde, ansetzen.

$$Migrations\text{-}ROI = \frac{(Migrationsnutzwert - Migrationskosten)}{Migrationskosten}$$

Solange der Nutzwert der Migration eindeutig höher ist, spricht das für das Migrationsprojekt. Liegt der Nutzwert der Migration nur geringfügig höher oder gar niedriger als ihre Kosten, ist von einer Migration eher abzuraten; dies umso mehr, als die Ermittlung des Nutzwerts in der Regel unsicherer sein dürfte als die Kostenberechnung.

Andere Gründe wie ein zwingender Termin, fehlendes Fachwissen und/oder zu geringe finanzielle Mittel für eine Neuentwicklung spielen hier auch eine Rolle. Falls die Zeit drängt oder das nötige Fachwissen fehlt, könnte eine Migration auch dann bevorzugt werden, wenn sie einen unbefriedigenden ROI aufweist.

4.4.3   Reverse Engineering des Legacy-Systems

Die nächste Rekonstruktionsaktivität ist das Reverse Engineering des Legacy-Systems auf einem problemspezifischen, zweckbezogenen Detaillierungsniveau. Dieses ist sowohl abhängig von den jeweiligen Projektgegebenheiten als auch von den Erfordernissen der vorgesehenen Migrationsstrategien.

Alle für die Migration erforderlichen Informationen, wie beispielsweise Softwarearchitektur, Schnittstellenbeschreibungen, Funktionalität, Datenstrukturen und weitere Anforderungen werden mit Techniken des Reverse Engineering oder Design Recovery aus dem Legacy-System sowie den vorhandenen Dokumentationen extrahiert.

Angemessenheit statt Perfektion

Leider gibt es dabei kein Patentrezept für den angemessenen Grad an Detaillierung. Grundsätzlich kann aber gesagt werden, dass sich die Detaillierungstiefe aus der voraussichtlichen Überführungs- bzw. Transformationsstrategie (Konversion, Kapselung oder Reimplementierung, vgl. Kap. 5) ableiten lässt.

Dabei sollte immer auch der für die Nachdokumentation des Altsystems erforderliche Aufwand berücksichtigt werden. Die meisten in dieser Phase generierten Istmodelle und Beschreibungen des Legacy-Systems werden nach der Migration nicht mehr gebraucht. In der Regel sind nach der Migration nur »High-Level«-Beschreibungen wiederverwendbar, insbesondere Beschreibungen der Geschäftsprozesse, Benutzeranforderungen (Geschäftsregeln) sowie das fachliche Datenmodell. Leider lassen sich diese High-Level-Beschreibungen meistens nur manuell erstellen.

Detaillierte Beschreibung der Legacy-Komponenten

Zu den Techniken des Reverse Engineering sowie des Design Recovery existiert eine Vielzahl von Werkzeugen, die Systeme, Programme und/oder Daten aus unterschiedlichen Perspektiven und mit unterschiedlichen Methoden analysieren (vgl. Kap. 6). Solche Tools enthalten meist auch Visualisierungskomponenten zur grafischen Darstellung der Analyseergebnisse.

Auch bei der detaillierten Beschreibung des Legacy-Systems sollten zusätzliche Informationen durch die Untersuchung bestehender Systemdokumente wie auch durch die Befragung relevanter Legacy-Experten und/oder Benutzer integriert werden. Allerdings dürfte es schwierig sein, die richtigen Know-how-Träger zu finden. Sie sind oft in andere dringliche Projekten eingebunden oder haben das Unternehmen bereits verlassen.

Ein besonderes Problem der Legacy-Komponenten liegt in der Namensvergabe. Sowohl die Daten- als auch die Prozedurnamen in Legacy-Systemen sind meist verstümmelte Abkürzungen, die für einen Außenstehenden keinen Sinn ergeben. Um die Legacy-Komponente verstehen zu können, müssen ihre Inhalte begriffen und deshalb die alten Namen ersetzt werden. Da ein typisches Legacy-System mehrere tausend solcher Namen aufweisen kann, ist das eine äußerst aufwendige Aufgabe, die auch nur von denjenigen gut zu bewältigen ist, die die Namen seinerzeit erfunden haben. Weil diese Personen oft nicht mehr verfügbar sind, muss das Vorhaben, die zu migrierenden Komponenten detailliert zu dokumentieren, u.U. aufgegeben werden. Dann ist eine »blinde Migration« oft die einzige Alternative.

4.4.4   Vorbereitung des Legacy-Systems

Nur in den seltensten Fällen ist es möglich, Legacy-Programme, -Daten und -Schnittstellen so zu konvertieren oder zu kapseln, wie sie in ihrer ursprünglichen Form vorliegen. In Anbetracht der über Jahre gewachsenen Strukturen eines Legacy-Systems ist es meistens erforderlich, das Altsystem vor seiner eigentlichen Transformation im Sinne einer wiederverwendbaren und zerlegbaren Struktur zu sanieren, d.h., erst wird saniert, dann migriert.

Da jedoch die Sanierung eines Altsystems einigen Aufwand bedeutet, muss für den Einzelfall geprüft werden, ob eine Softwaresanierung als integraler Bestandteil des Migrationsprojekts realisiert oder in ein externes Sanierungsprojekt mit einer sanierungsspezifischen Vorgehensweise ausgelagert werden soll.

Festlegung des Sanierungsbedarfs

Der Sanierungsbedarf eines Legacy-Systems richtet sich nicht nur nach der Qualität des Altsystems, sondern ist zudem abhängig von der gewählten Migrationsstrategie und der zukünftigen Zielarchitektur. Im Zuge der Sanierung werden diejenigen Änderungen am Legacy-Ausgangsbestand durchgeführt, die zur Realisierung der geplanten Transformationen erforderlich sind.

Beispielsweise kann eine Migration bestehender Legacy-Daten in ein anderes Datenbanksystem die Eliminierung bestehender Redundanzen, Mehrfachspeicherungen, Duplikate und die Sicherstellung der Datenqualität, beispielsweise durch Identifizierung und Korrektur fehlerhafter Dateninhalte, bedingen. Weiterhin kann eine vorgelagerte Umsetzung nicht übertragbarer, rechnerspezifischer Datentypen in äquivalente Datenfelder erforderlich sein. Was den Programmcode angeht, ist es oft notwendig, zunächst die fest verdrahteten Daten aus dem Code zu entfernen und die Programmabläufe zu restrukturieren bzw. die Prozeduren zu refaktorisieren. Wer dies vernachlässigt, überträgt die Sünden der Vergangenheit in die Zukunft [Snee90].

Erstellung der Migrationspakete

Eine inkrementelle Vorgehensweise erfordert die systematische Zerlegung des gesamten Softwarebestands (Schnittstellen, Programme, Daten) in möglichst überschaubare Pakete, die unabhängig voneinander migriert werden können. Die Bildung solcher Migrationspakete erfolgt gemäß der in der Strategieauswahl definierten Paketbildungsstrategie.

Die Unabhängigkeit der Migrationspakete bezieht sich darauf, dass bei der Übergabe eines migrierten Inkrements die Gesamtfunktionalität des Systems erhalten bleibt bzw. sich durch zusätzliche Maßnahmen möglichst einfach erhalten lässt. Wenn beispielsweise ein migriertes Paket zur Aufrechterhaltung seiner Funktionalität eine Operation (Funktion, Methode) einer noch nicht migrierten Komponente aufrufen muss, besteht eine Abhängigkeit. Eine solche Abhängigkeit kann die Erhaltung der Gesamtfunktionalität des »Übergangssystems« stark beeinträchtigen. Zweck der Sanierung ist in diesem Fall die Identifizierung solcher Abhängigkeiten, um sie – falls möglich – zu eliminieren oder durch den geplanten Einsatz von Gateways (synonym: Adapter oder Bridge) aufzufangen.

Anpassung der Legacy-Beschreibungen

Mit der Zerlegung des Softwarebestands einher geht die Verfeinerung des strukturierten Softwareverzeichnisses, in dem die gemeinsam zu migrierenden Softwareteile als zusammengehörig markiert werden [Coll04]. Zugleich ist die formale Beschreibung der Migrationspakete bzw. der Migrationsdatenpakete zu erstellen bzw. anzupassen.

4.5   Kernbereich Zielsystementwurf

Auch der technische Entwurf von Zielsystem und Zielumgebung (siehe Abb. 4–11) muss schrittweise entwickelt und verfeinert werden. Der Entwurf der Zielsystemarchitektur erfolgt dabei sowohl entlang der spezifizierten Zielsystemanforderungen als auch entlang der vorgegebenen Legacy-Strukturen.

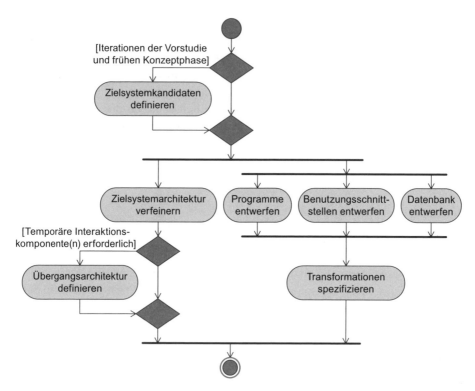

Abb. 4–11   *Workflow des Kernbereichs »Zielsystementwurf«*

Wer ein Altsystem wiederverwenden will, muss bereit sein, die Anforderungen und somit die Architektur des Zielsystems an die vorliegende Legacy-Systemstruktur sowie das gegebene Legacy-Systemverhalten anzupassen. Diese Einschränkung gilt für jedes Migrationsprojekt, denn dessen Ziel ist es, möglichst viele Komponenten des Legacy-Systems in der neuen Umgebung wiederzuverwenden. Das kann nur dann erreicht werden, wenn umgeformte Systemkomponenten weitgehend aus entsprechenden Legacy-Komponenten entstanden sind [Snee99a].

Neben Zielsystem und Zielumgebung sind gleichzeitig die für die Transformation notwendigen Abbildungs- bzw. Transformationsregeln zu definieren. Diese ergeben sich unmittelbar aus einem Vergleich zwischen Legacy- und Zielstrukturen und bilden die grundlegende Voraussetzung zur Entwicklung bzw.

Konfiguration der für die Kapselung erforderlichen Wrapper und der für die werkzeuggestützte Konversion – von Daten und Programmen – notwendigen Transformationswerkzeuge.

Wird für das Migrationsvorhaben eine inkrementelle Vorgehensweise gewählt, muss auch die für die Interoperabilität zwischen Ziel- und Legacy-Komponenten erforderliche Übergangsarchitektur mit allen zugehörigen temporären Komponenten (Gateways) entworfen werden.

4.5.1 Definition der Zielsystemkandidaten

Vor der eigentlichen Migration müssen die »neuen« Zieltechnologien verstanden und für das Migrationsvorhaben bewertet sein, sind doch die verwendeten neuen Technologien maßgebend für die Qualität des migrierten Systems und seinen Nutzwert. Der alte Systeminhalt soll in eine neue, möglichst lange zukunftsfähige technische Form versetzt werden. Die Migrationsmannschaft muss also in der Summe beides beherrschen – das Alte wie das Neue.

Identifizierung von Zieltechnologien

Für den Entwurf der Zielarchitektur müssen unterschiedliche potenzielle »State of the Art«-Technologien identifiziert werden, die für das zukünftige Zielsystem infrage kommen. Abhängig vom Migrationsvorhaben sollen neben Hardwaretechnologien (z.B. Client/Server-Systeme), Software-Entwicklungsparadigmen (objektorientiertes Programmierparadigma, Aspektorientierung) und Datenbankmanagementsystemen (relationale oder objektorientierte Datenbanken) auch Middleware-Ansätze (CORBA, DCOM), Webtechnologien (EJB, XML, J2EE, .Net) und serviceorientierte Architekturen (SOA) betrachtet werden. Mit dem Verstehen solcher Technologien einher geht die Identifizierung der diese Technologien implementierenden Produkte.

Zusammenstellen potenzieller Zielsystemarchitekturen

Bei der Definition von Zielsystemkandidaten geht es insbesondere um die kompatible Zusammensetzung der identifizierten Technologien zu mehreren alternativen Zielsystemarchitekturen. Solche Zielsystemkandidaten bilden die Grundlage für die Definition einer adäquaten Migrationsstrategie.

Bewertung potenzieller Zielsystemarchitekturen

Obgleich viele moderne Technologien ein »Paradies« propagieren, halten sie häufig nicht das ein, was sie an Nutzen versprechen. Um nicht Opfer von Marketingkampagnen zu werden, muss eine sorgfältige Bewertung der Zielsystemkandidaten erfolgen. Hierbei sind Technologien und die sie implementierenden Produkte hinsichtlich definierter Kriterien eingehend zu untersuchen und vergleichend zu bewerten. Eine solche Bewertung lässt sich beispielsweise in Form einer Chancen-Risiken-Analyse durchführen.

4.5.2 Verfeinerung der Zielsystemarchitektur

Den reibungslosen Übergang zwischen den analytischen Aktivitäten und dem konkreten Design der Programme, Datenbanken und Benutzungsschnittstellen schafft die schrittweise Verfeinerung der Zielsystemarchitektur abhängig vom jeweils zu migrierenden Paket. Die Grundlage für die Verfeinerung der Zielsystemarchitektur bildet die im Kernbereich »Strategieauswahl« schrittweise hergeleitete Migrationsstrategie.

Verfeinerung entlang der Migrationspakete

In Anlehnung an [BrSt95] wird das Design immer nur so weit verfeinert bzw. konkretisiert, wie es den Erfordernissen des jeweils zu migrierenden Inkrements entspricht. Eine solche schrittweise Verfeinerung des Systementwurfs erlaubt eine weitgehende Flexibilität im Projektverlauf.

Beschreibung unterschiedlicher Designperspektiven

Die Analyse der Zielsystemarchitektur stellt die Weichen für das iterative Design der Programme, Datenbanken und Benutzungsschnittstellen. Hierzu wird die Systemarchitektur – also sowohl die Hardware- als auch die Softwarekonfiguration – unter Berücksichtigung von »Architekturmustern« schrittweise verfeinert und aus unterschiedlichen Perspektiven beschrieben [BuHeSc07]. Insbesondere bei verteilten Systemen ist auch eine Beschreibung der physischen Verteilung erforderlich, die die Zuordnung der einzelnen Systemkomponenten auf die einzelnen Rechnerknoten und deren Kommunikationsbeziehungen respektive Abhängigkeiten zur Laufzeit darstellt.

4.5.3 Definition der Übergangsarchitektur

Wird eine Migration iterativ und inkrementell durchgeführt, werden die migrierten Komponenten im Allgemeinen schrittweise in den operativen Systemeinsatz übergeben. Während der Dauer des Migrationsprojekts präsentiert sich das im Einsatz befindliche System dann als eine Komposition von Ziel- und Legacy-System.

Entwurf einer Übergangsarchitektur

Für die erforderliche Interoperabilität zwischen beiden Systemen ist im Allgemeinen der temporäre Einsatz von Gateways erforderlich. Gateways können entweder von kommerziellen Herstellern bezogen oder selbst entwickelt werden. Eine wesentliche Voraussetzung für die Entwicklung eines Gateways bzw. Anpassung

eines kommerziellen Gateways ist der Entwurf einer Übergangsarchitektur. Ein
Architekturmuster zur Realisierung einer Übergangsarchitektur wird beispielsweise in [HJKR04] vorgestellt.

Ableitung von Gateway-Funktionalitäten

Aus der definierten Übergangsarchitektur lässt sich für jeden inkrementellen
Übergabeschritt die notwendige Funktionalität der Gateways ableiten. An dieser
Stelle muss nochmals explizit darauf hingewiesen werden, dass durch den Einsatz
von Gateways in der Regel Einbußen in Hinblick auf die Performance zu erwarten sind. Deren Ausmaß sollte im Einzelfall vorab eingeschätzt werden.

4.5.4   Entwurf der Programme

Viel Spielraum für einen ausgetüftelten Programmentwurf bleibt dem Software-
architekten bei einer Migration nicht. Wenn man möglichst viel Legacy-Code
wiederverwenden will, beschränkt sich der neue Programmentwurf auf die vorgegebene Geschäftslogik und Struktur der Legacy-Anwendung. Der neue Programmentwurf wird mehr oder weniger ein Spiegelbild des alten Entwurfs sein, es sei
denn, man ist bereit, den alten Programmcode in Scheiben zu zerlegen und die
Scheiben einzeln neu zu kombinieren.

Beim Programmentwurf ist es möglich, mithilfe von Visualisierungswerkzeu-
gen bestehende Programmarchitekturen aus unterschiedlichen Perspektiven zu
besichtigen und zurechtzuschneiden. Im Falle einer 1:1-Konversion wird die
Architektur so bleiben, wie sie ist. Im Falle einer Reimplementierung wird sie sich
geringfügig ändern. Nur im Falle einer Kapselung auf Prozedurebene hat man die
Möglichkeit, gravierendere Änderungen am bestehenden Entwurf vorzunehmen.
In jedem Fall sollten alle Komponenten des zu migrierenden Legacy-Pakets möglichst komplett durch das neue Softwaredesign abgedeckt werden. Grundsätzlich
gilt hier die Empfehlung, so viele Möglichkeiten der neuen Technologie wie möglich zu nutzen, ohne die Korrektheit der bestehenden Algorithmen zu gefährden.

4.5.5   Entwurf der Benutzungsschnittstellen

Auch im Bereich des Benutzungsschnittstellenentwurfs unterliegt der Designer
den Beschränkungen des Legacy-Systems. Die primäre Zielsetzung einer Migration der Benutzungsschnittstellen liegt in der Regel auf der Verbesserung der
Benutzerfreundlichkeit, wie es beispielsweise bei der Umstellung von einer zei-
chenorientiert gestalteten Benutzungsoberfläche auf eine grafische der Fall ist.

Für die Erstellung des Benutzungsschnittstellen-Designs muss die Benutzungsoberfläche – vorzugsweise visuell – beschrieben werden. Entlang der vom
Legacy-System vorgegebenen Anwendungsfälle (nicht mehr und nicht weniger)
werden Hauptfenster mitsamt den zugehörigen Menüs, Dialogen und Naviga-

tionspfaden entworfen. Eine frühe Demonstration der Lösungsansätze für die Benutzungsoberfläche ermöglicht die Erstellung eines GUI-Prototyps.

4.5.6   Entwurf der Datenbanken

Im Rahmen einer Datenmigration werden die Datenbestände eines Legacy-Systems in ein anderes Datenbanksystem überführt. Hierbei sind neben den eigentlichen Daten auch die den Daten zugrunde liegenden Datenstrukturen oder Schemata zu migrieren.

Ein Datenbankentwurf erfolgt auf unterschiedlichen Abstraktionsebenen. Die Erstellung des Datenbankdesigns führt von einem konzeptuellen, implementierungsunabhängigen Entwurf über den logischen Entwurf bis hin zum physischen, implementierungsabhängigen Entwurf. Analog zum Entwurf von Programmen und Benutzungsschnittstellen gilt auch für den Datenbankentwurf die Einschränkung auf die Vorgaben der Legacy-Daten. Die alten Daten und Datenstrukturen werden weitgehend erhalten bleiben müssen.

4.5.7   Spezifikation der Transformationen

Im Zuge der Entwicklung des Zieldesigns wird die Abbildung der Legacy-Strukturen auf die entsprechenden Zielstrukturen festgelegt. Diese Abbildungen des Legacy-Systems auf die korrespondierenden neuen Zielstrukturen (»Legacy-Ziel«-Abbildungen) werden anschließend in Form von Transformationsregeln formal spezifiziert.

Spezifikation von Transformationsregeln

Transformationsregeln geben genau vor, welche Bestandteile des Legacy-Systems wo und wie in der neuen Umgebung eine Wiederverwendung finden. Insbesondere wird genau festgelegt, durch welche Regeln die Umgestaltung des Codes erfolgen soll, z.B. im Fall einer Sprachtransformation, wie jeder Anweisungstyp und Datentyp umzusetzen ist. Die formale Spezifikation solcher Regeln schafft die Basis für eine automatisierbare regelbasierte Transformation durch entsprechende Transformationstools (siehe Kap. 6). Sollen Legacy-Komponenten gekapselt werden, sind an dieser Stelle die Funktionalität des Wrapper und die Struktur der Schnittstellen zu definieren.

Konfiguration der Migrationsumgebung

Aus dem Zieldesign sowie den für eine Iteration erforderlichen Transformationsregeln ergeben sich die Anforderungen an die Umstellungsumgebung. Diese Anforderungen beschreiben die notwendigen, mit der jeweils geplanten Umstellung assoziierten Hardware- und Softwareressourcen und deren konkrete Konfiguration.

Identifizierung des Aufbereitungsbedarfs

Die aus dem Vergleich zwischen Legacy- und Zielstrukturen resultierenden Unterschiede können ergeben, dass das zugrunde liegende Legacy-System vor der eigentlichen Transformation durch entsprechende Eingriffe vorbereitet werden muss. In der Praxis hat sich gezeigt, dass man für Migrationen vorrangig solche Vorbereitungsmaßnahmen in Betracht ziehen sollte, die anschließend zu einer deutlichen Vereinfachung der Transformation führen.

4.6   Kernbereich Strategieauswahl

Eine globale Migrationsstrategie muss festlegen, wie das Legacy-System transformiert (Transformationsstrategie), in welcher Form das zu migrierende System bearbeitet (Umstellungsstrategie) und in welcher Form das migrierte System übergeben (Übergabestrategie) werden soll.

Bei einer umfassenden Betrachtung wird die Auswahl für eine globale Migrationsstrategie ausgehend von mehreren potenziellen Zieltechnologien und Zielarchitekturen zum einen und der Legacy-Systembewertung zum anderen getroffen (siehe Abb. 4–12).

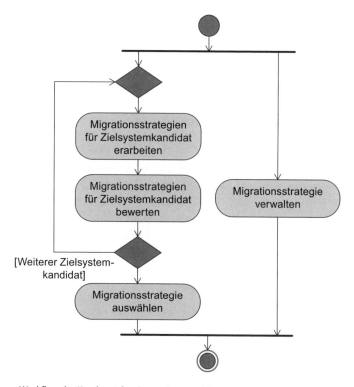

Abb. 4–12   Workflow des Kernbereichs »Strategieauswahl«

Der Entwicklung einer globalen Migrationsstrategie müssen demnach die eingehende Untersuchung des Legacy-Systems sowie die Identifizierung potenzieller Zielarchitekturen vorausgehen. Ferner müssen die mit einer Strategie verbundenen Kosten, Nutzen und Risiken sowie externe Umgebungsaspekte (insbesondere die organisatorische Infrastruktur) in die Untersuchung einbezogen werden.

Die Bewertung des Legacy-Systems ist Bestandteil des Kernbereichs »Legacy-Analyse und -Aufbereitung«. Potenzielle Zielsystemarchitekturen werden im Kernbereich »Zieldesign« definiert.

4.6.1   Erarbeitung der Migrationsstrategien für Zielsystemkandidaten

Im Sinne einer ganzheitlichen Betrachtung werden im ersten Schritt für alle im Kernbereich »Zieldesign« definierten Zielsystemkandidaten mögliche Migrationsstrategien entwickelt.

Definition potenzieller Transformationsstrategien

Zur Planung einer optimalen globalen Migrationsstrategie ist für jeden Zielsystemkandidaten eine geeignete Transformationsstrategie festzulegen. Zur Wahl stehen die drei alternativen Strategien »Reimplementierung«, »Konversion« oder »Kapselung«.

In der Praxis weist die globale Transformationsstrategie aus technischen und wirtschaftlichen Gründen typischerweise eine hybride Struktur auf. Für jede zu migrierende Legacy-Komponente wird die jeweils angemessene Transformationsstrategie basierend auf ihrer Positionierung im Portfolio ausgewählt.

Definition potenzieller Umstellungsstrategien

Für die Umstellung muss ferner eine Strategie definiert werden, die festlegt, in welcher Form das zu migrierende Legacy-System bearbeitet werden soll. Bei der Umstellungsstrategie wird dahingehend unterschieden, ob das gesamte Softwareportfolio vollständig bearbeitet (»Big-Bang-Umstellung«) oder in überschaubare, aber notwendigerweise voneinander unabhängige Pakete zerlegt wird, die nacheinander und in einer bestimmten Reihenfolge bearbeitet werden (»inkrementelle Umstellung«).

Definition potenzieller Übergabestrategien

Abhängig von der gewählten Umstellungsstrategie muss die Übergabestrategie (»Cut over«) festgelegt werden.

Erfolgt eine Big-Bang-Umstellung, wird das Legacy-System zu einem bestimmten Termin komplett stillgelegt und auf das Zielsystem umgeschaltet (Terminübergabe). Die inkrementelle Umstellung impliziert dagegen die Koexistenz von Legacy- und Zielsystem. Die Übergabe einer migrierten Komponente

kann dann durch Ablösung der assoziierten Legacy-Komponente erfolgen, wobei
das im Einsatz befindliche System eine Komposition aus Legacy- und Zielsystem
darstellt (inkrementeller Komponentenersatz).

Eine weitere Möglichkeit ist die Übergabe der migrierten Komponente an ein
vom Legacy-System separiertes »neues« Zielsystem, das sich entweder parallel
zum Legacy-System im operativen Einsatz befindet oder aber vorerst nur für Ent-
wicklungs-, Test- und Trainingszwecke zur Verfügung steht.

Berücksichtigung relevanter Einflussfaktoren

Ob ein Altsystem inkrementell oder komplett umzustellen und wie die Übergabe
zu gestalten ist, hängt von vielen Faktoren ab. Sie beziehen sich einerseits auf die
Größe des Ausgangssystems und andererseits auf die mit der Umstellungs- und
Übergabestrategie einhergehenden Risiken.

Auch die Legacy-Struktur bestimmt das Vorgehen. Durch den typischerweise
monolithischen und unstrukturierten Charakter von Legacy-Systemen kann die
Bildung voneinander unabhängiger Pakete unmöglich oder nur mit sehr hohem
Aufwand zu realisieren sein.

Definition potenzieller Paketbildungsstrategien

Entscheidet man sich dazu, das Altsystem inkrementell umzustellen, müssen Kriterien festgelegt werden, nach denen sowohl Anwendungen als auch Daten in
(funktional) unabhängige Pakete zerlegt werden sollen.

Die Paketbildung stellt einen kritischen Faktor bei der inkrementellen
Umstellung dar. Es müssen alle bestehenden Abhängigkeiten, auch die nicht
direkt erkennbaren, sowohl aus fachlicher als auch technischer Sicht identifiziert
werden. Bereits eine übersehene Abhängigkeit kann das Migrationsprojekt spätestens bei der Übergabe in Schwierigkeiten bringen oder gar scheitern lassen.

Priorisierung der Migrationspakete

Wenn die Paketbildungsstrategie feststeht, muss im nächsten Schritt die Reihenfolge der zu bearbeitenden Migrationspakete bestimmt werden. Diese Reihenfolge bzw. Priorisierung der Inkremente wird durch die technischen Randbedingungen beeinflusst. Insbesondere sind hier die technischen und fachlichen
Abhängigkeiten zwischen den Inkrementen zu beachten.

Ableitung des Sanierungsbedarfs

Unter Umständen kann eine Migrationsstrategie die Aufbereitung des Legacy-
Systems bedingen. Typischerweise müssen bei einer inkrementellen Umstellung
eindeutige Schnittstellen zwischen den Inkrementen definiert werden. Auch die
Implementierung geeigneter Entkopplungsmechanismen zwischen den Inkrementen ist eine häufige Sanierungsaufgabe bei einer inkrementellen Vorgehensweise.

4.6.2   Bewertung der Migrationsstrategien für Zielsystemkandidaten

Migrationen können nur so erfolgreich sein, wie die zugrunde liegenden Migrationsziele sich durch die definierte Migrationsstrategie erreichen lassen. Die Auswahl einer globalen Migrationsstrategie muss daher basierend auf der Bewertung der Zielsystemarchitekturen sowie der Bewertung der mit diesen Zielsystemarchitekturen möglichen Migrationsstrategien erfolgen.

Prüfung der Konformität

Im ersten Schritt werden die für die Zielsystemkandidaten identifizierten Migrationsstrategien hinsichtlich ihrer Abdeckung der Migrationsziele und Migrationsanforderungen validiert. Migrationsstrategien müssen ferner in Hinblick auf ihre organisatorische und technische Durchführbarkeit geprüft werden.

Vorselektion geeigneter Migrationsstrategien

Diese erste, grobe Bewertung stellt eine Art Vorfilter für alle nachfolgenden Bewertungen dar. Migrationsstrategien, die sich aufgrund dieser Vorbewertung als prinzipiell geeignet für das Migrationsvorhaben erwiesen haben, fließen in die weiteren Untersuchungen ein. Die für das Migrationsprojekt ungeeigneten Migrationsstrategien scheiden aus.

4.6.3   Auswahl der Migrationsstrategie

Durch die bisherigen Untersuchungen konnte eine Menge möglicher Zielsystemarchitekturen mit korrespondierenden Migrationsstrategien identifiziert werden. Im nächsten Schritt wird nun basierend auf primär ökonomischen Aspekten die finale Auswahl der »optimalen« globalen Migrationsstrategie getroffen.

Abschätzung von Kosten und Risiken

Unter Einbezug von Migrationszielen, Migrationsanforderungen und der Bewertung des Legacy-Systems werden Komplexität, Kosten und Risiken einer jeden Migrationsstrategie abgeschätzt. Hierzu ist ein iteratives Vorgehen erforderlich, da Kosten und Risiken sich gegenseitig bedingen. So können die Kosten erst dann zuverlässig kalkuliert werden, wenn alle Risiken identifiziert und analysiert sind. Ferner lassen sich Kosten und Risiken erst durch eine jeweilige Verfeinerung der Migrationsstrategie für den Zielsystemkandidaten präzise bestimmen.

Abschätzung von Kosten und Nutzen

Im Zuge der Durchführung einer Kosten-Nutzen-Analyse werden zukünftig anfallende Kosten und Nutzen potenzieller Migrationsstrategien verglichen. Daraus lässt sich abschätzen, ob sich eine Migration entlang der definierten Strategie als erstrebenswert darstellt oder nicht.

Selektion der globalen Migrationsstrategie

Basierend auf den Analyseergebnissen und unter Einbezug der verfügbaren Mitarbeiterexpertisen kann die Selektion der globalen Migrationsstrategie erfolgen.

Die globale Migrationsstrategie wird als umfassender Migrationsstrategieplan in dokumentierter Form dargestellt. Ein solcher Plan schafft die Basis für die nachfolgende Transformation und stellt alle Informationen für eine konkrete und zuverlässige Projektplanung – wie Zeitplan und Ressourcenallokation – zur Verfügung.

4.6.4   Verwaltung der Migrationsstrategie

Während des Projektverlaufs können sich Anforderungen oder Technologien ändern, die eine Anpassung der globalen Migrationsstrategie verlangen. Auch während der Migration auftretende neue Risiken, die bisher nicht erkannt wurden, können eine Änderung der Strategie erforderlich machen. Im Sinne eines iterativ-inkrementellen Vorgehens muss die festgelegte globale Migrationsstrategie also über den gesamten Projektverlauf konsistent fortgeschrieben werden.

Dokumentation von Abhängigkeiten zwischen Strategieelementen

Eine solche Fortschreibung ist nur dann möglich, wenn Abhängigkeiten zwischen den Elementen der globalen Migrationsstrategie, ggf. durch Querverweise, identifiziert und dokumentiert sind. Solche Abhängigkeiten ermöglichen eine präzise »Impact-Analyse«, also die Identifizierung der Auswirkungen von Änderungen eines Strategieelements.

Welche Arten von Abhängigkeiten zwischen den Strategieelementen zu verwalten sind, wird idealerweise in einem Strategie-Managementplan festgehalten.

4.7   Kernbereich Transformation

Der Kernbereich »Transformation« (siehe Abb. 4–13) bezieht sich auf die konkrete Überführung der definierten Migrationspakete in die spezifizierten Zielstrukturen entlang der festgelegten Migrationsstrategie und gemäß den spezifizierten Transformationsregeln.

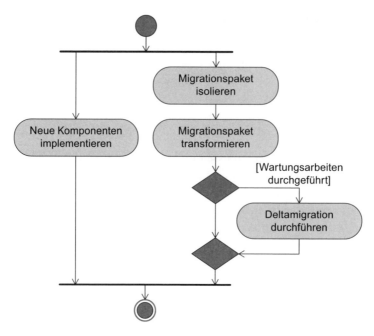

Abb. 4–13   *Workflow des Kernbereichs »Transformation«*

Die Transformation von Software und Daten wird entweder durch die Anwendung von Konversionswerkzeugen auf die einzelnen Pakete und/oder die Implementierung der erforderlichen Kapselungsschalen durchgeführt. Vereinzelt kann die Reimplementierung von Softwarebausteinen – oder Teilen davon – erforderlich werden. Dies ist beispielsweise dann der Fall, wenn solche Teilkomponenten nicht den Qualitätsansprüchen einer Konversion oder Kapselung genügen.

Angesichts der charakteristischen Eigenart der Transformation, primär bedingt durch die technische Spezialisierung sowie die einfache Überprüfung von Projektergebnissen durch Regressionstests, stellt die Transformation einen prädestinierten Kandidaten für das Outsourcing dar [SnHaTe05].

Erfolgt die Transformation »inhouse«, dann werden die für die Konversion notwendigen Konversionswerkzeuge entweder von externen Projektpartnern zur Verfügung gestellt oder speziell für das Migrationsprojekt eingekauft. Es ist aber auch durchaus üblich, dass eine unternehmensinterne Entwicklungsabteilung mit der Neuentwicklung spezieller Tools beauftragt wird.

4.7.1   Isolation des Migrationspakets

Am Anfang der Transformation steht die Isolierung des für die Iteration vorgesehenen Migrationspakets in einer von der normalen Entwicklungsumgebung abgeschotteten Umstellungsumgebung.

Die Übernahme des Migrationspakets in diese isolierte Umstellungsumgebung spielt für den Erfolg einer Migration eine wichtige und häufig unterschätzte Rolle. Sie gewährleistet, dass die Umstellung von den parallel verlaufenden Wartungs- respektive Weiterentwicklungsarbeiten in der bisherigen Entwicklungsumgebung getrennt geschieht.

Abschotten des Migrationspakets

Eine absolut isolierte Umstellungsumgebung wird in der Praxis durch eine saubere »Abschottung« der Umstellungsinfrastruktur innerhalb der Entwicklungsumgebung realisiert. Diese Abschottung ist wichtig, da sich eine Transformation typischerweise über einen längeren Zeitraum erstreckt. Gleichzeitig muss aber der Normalbetrieb parallel aufrechterhalten werden. Das bedeutet auch, dass während des Normalbetriebs typische Wartungsarbeiten am Legacy-System weiterhin durchführbar sein müssen [BoHi98].

Planung der Wartungsaktivitäten

Für die Dauer der Transformation müssen demnach entsprechende Richtlinien für die Wartungs- und Weiterentwicklungsaktivitäten am betroffenen Migrationspaket festgelegt werden. Entweder werden Wartungsarbeiten für die Dauer der Transformation vollkommen gesperrt oder diese Wartungsarbeiten werden so optimiert, dass sie auf ein minimales Maß gedrosselt werden können. Letzterer Fall verlangt die anschließende Durchführung einer Deltamigration.

4.7.2   Transformation des Migrationspakets

Nach der Isolierung des Migrationspakets kann die Transformation (Konversion oder Kapselung) der enthaltenen Programme und/oder Daten entlang der im Kernbereich »Strategieauswahl« definierten Migrationsstrategie erfolgen.

Konversion des Migrationspakets

Für die Konversion eines Migrationspakets werden die Daten, Programme und Benutzungsschnittstellen in die für die Zielumgebung notwendige Form überführt. Typischerweise ist dies eine voll automatisierbare Tätigkeit (vgl. Kap. 5). In Anlehnung an [Snee99a] kann die durch Werkzeuge realisierte Konversion nur als »unvollendete« Transformation angesehen werden. Erst nachträgliche manuelle Eingriffe liefern den letzten Schliff an der migrierten Software. Nur so können Wartbarkeit und Performance des Zielsystems sichergestellt werden.

Kapselung des Migrationspakets

Für die Kapselung eines Migrationspakets wird der Wrapper entlang des im Kernbereich »Zieldesign« definierten Wrapper-Algorithmus implementiert (vgl. Kap. 5). Die ursprüngliche Form des Migrationspakets (oder von Teilen davon) bleibt abgesehen von Zugriffsschnittstellen, die durch den Wrapper realisiert werden, unverändert.

4.7.3   Durchführung der Deltamigration

Das Konzept der Deltamigration gestattet die parallele Weiterführung migrationsprojektexterner Wartungs- und Weiterentwicklungsarbeiten für die Dauer einer Vormigration. Eine nachgelagerte Deltamigration realisiert dann das Nachziehen dieser Änderungen in das bereits migrierte Paket.

Wenn während der Migration eines Legacy-Pakets Wartungs- und Weiterentwicklungsarbeiten an diesem durchgeführt werden, können Deltamigrationen den nachträglich erforderlichen Transformationsaufwand auf die Überführung der geänderten Softwarekomponenten reduzieren. In manchen Fällen kann es sich aber als sinnvoller und vor allem effizienter erweisen, während der Deltamigration das gesamte Migrationsinkrement erneut zu transformieren.

Durchführung der Deltamigration

Die Konversion des Migrationspakets bzw. seine Kapselung erfolgt analog zur Vormigration. Hierbei wird entweder das gesamte Paket wiederholt bearbeitet oder es fließen ausschließlich die geänderten Komponenten in einen erneuten Transformationsprozess ein.

Sperren der Wartungsarbeiten

Für die Transformation innerhalb der Vormigration können Wartungsaktivitäten in einem vertretbaren Maß durchgeführt werden. Für die nachgelagerte Deltamigration ist hingegen das Sperren der Wartungsarbeiten für alle von der Umstellung betroffenen Komponenten unabdingbar.

4.7.4   Implementierung neuer Komponenten

Neben der Konversion und Kapselung umfasst ein Migrationsprojekt in der Regel auch die Implementierung der Gateways sowie vereinzelt die Reimplementierung einzelner Legacy-Komponenten.

Reimplementierung von Softwarekomponenten

In Einzelfällen kann es vorkommen, dass sich einige Legacy-Komponenten aufgrund mangelnder technischer Qualität weder für eine Konversion noch für eine Kapselung eignen. In diesem Fall müssen sie reimplementiert werden (vgl. Kap. 5).

Implementierung zusätzlicher Komponenten

Zur Realisierung einer inkrementellen Übergabe werden Gateways benötigt. Hierzu wird entweder auf kommerzielle Produkte zurückgegriffen oder die Gateway-Programme müssen entworfen, codiert und getestet werden. Ihre Funktionalität wird detailliert in den Gateway-Anforderungen und der Migrationsstrategie definiert.

Gleiches gilt auch für die Werkzeuge zur Konversion von Legacy-Komponenten. Entweder werden entsprechende Tools gekauft oder aber von einem Entwicklungsteam implementiert.

4.8   Kernbereich Test

Als Teil der Qualitätssicherung muss für Migrationsprojekte der Nachweis des funktional äquivalenten Verhaltens zwischen Ziel-Systemkomponenten und ursprünglichem Legacy-System erbracht werden. Relevante Testansätze zum Nachweis dieser funktionalen Äquivalenz sind Regressionstests (vgl. Abschnitt 5.12).

Auch wenn sich Regressionstests auf die Prüfung der funktionalen Äquivalenz zwischen Legacy- und Zielsystem und somit auf das Faktum »Either the system performs the same functions in the new environment or it doesn't« [Snee95] beschränken, sind sie mit hohem Aufwand verbunden. In der Praxis zeigt sich, dass mehr als die Hälfte des Migrationsaufwands auf die Testphase entfällt [Snee99a].

Auslöser dieses Aufwands ist weniger die eigentliche Testdurchführung, sondern die dieser vorausgehende unverzichtbare Planung und Vorbereitung (siehe Abb. 4–14). Es lohnt sich also, die für Regressionstests möglichen Automatisierungspotenziale auszuschöpfen.

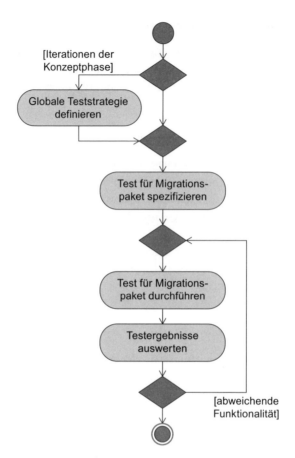

Abb. 4–14   *Workflow des Kernbereichs »Test«*

4.8.1   Definition der globalen Teststrategie

Bereits nach der Definition der globalen Migrationsstrategie sollte damit begonnen werden, auch eine umfassende Teststrategie zu definieren. Dann lassen sich auch Automatisierungspotenziale bei der Testdurchführung frühzeitig identifizieren und vorbereiten. Und diese sind im Rahmen eines Migrationspakets unverzichtbar!

Teststrategie bedeutet Festlegung und Dokumentation der spezifisch geplanten Tests, der damit verbundenen Ziele, der benötigten Testumgebung, der involvierten Rollen sowie der Definition und Nutzung der erforderlichen Testdaten. Die Formulierung der Abnahmekriterien ist besonders wichtig.

4.8.2   Testspezifikation für das Migrationspaket

Die globale Teststrategie wird bei der Feinplanung der Tests für das jeweils aktuelle Migrationspaket einer Iteration konkretisiert und verfeinert.

Spezifikation der Tests

Testdetails für die jeweilige Iteration umfassen die Selektion aller relevanten Testdaten und Testfälle entlang des im Testplan festgelegten Auswahlverfahrens. Nicht spezifiziert werden konventionelle Testfälle, wie sie in Entwicklungsprojekten vorkommen. Bei Bedarf werden sie allenfalls aus dem alten System automatisch generiert.

Der Testfall in einem Regressionstest hat eine andere Bedeutung als in einem Entwicklungsprojekt, wo ein Testfall z.B. einer Onlinetransaktion oder einem Batch-Lauf entspricht. Im Kontext einer Migration wird immer auf existierende Testdaten und/oder Produktionsdaten zurückgegriffen. Bestehende Artefakte müssen jedoch in Hinblick auf ihre Abdeckung von Testzielen einer genauen Überprüfung unterzogen werden.

Der Zeitpunkt der Testdatenbereitstellung richtet sich danach, wann die entsprechenden Migrationspakete gebildet werden. Werden Migrationspakete und Testdaten gleichzeitig bereitgestellt, kann eine Aufwandsabschätzung für das unabhängige Testen der migrierten Portionen und für die Integrationstests mehrerer Portionen erfolgen [Coll04].

Automatisierung der Testdurchführung

Zur Realisierung der Testautomatisierung werden Testfälle durch Testskripte implementiert und hinsichtlich ihrer zeitlichen Abläufe zu automatisierbaren Testsuites zusammengefasst.

Definition der Testumgebung

Im Rahmen einer Migration lässt sich der Testaufwand nur mithilfe automatisierter Testwerkzeuge in Grenzen halten. Hierfür muss die Konfiguration der Testumgebung spezifiziert werden. Es muss festgelegt werden, welche Hard- und Software für die Testdurchführung erforderlich ist. Insbesondere sind spezifische, auf Regressionstests ausgerichtete Werkzeuge (vgl. Kap. 6) zu berücksichtigen.

4.8.3   Testdurchführung für das Migrationspaket

Nach der detaillierten Teststrategie wird sowohl die jeweils transformierte Systemkomponente als auch die korrespondierende Legacy-Komponente mit Regressionstests getestet.

Implementierung der Testsuite

Damit wird die eigentliche Basis für den Regressionstest geschaffen. Aus dem ursprünglichen Programm wird ein Testrahmen generiert, der neben der Generierung der Schnittstellen zugleich für die Zuweisung der Eingabedaten und für die Sicherung der Ausgabedaten verantwortlich ist.

Durchführung des Regressionstests

Die konkrete Durchführung des Tests ist abhängig von der Form der Transformation sowie von der Testebene: Unit-Tests, Integrationstests und Systemtests.

Grundsätzlich wird zunächst das Originalprogramm basierend auf den definierten Testdaten mit der entsprechenden Testsuite gebunden und ausgeführt. Bei jeder Testausführung werden alle relevanten Testbestände gesichert. Das sind in Anlehnung an [Snee99a] die jeweiligen Ablaufpfade, die Ausgabedaten und der Testüberdeckungsgrad. Nachdem das Originalprogramm durchlaufen wurde, wird die Testsuite in die Zielumgebung konvertiert, mit dem Zielprogramm gebunden und mit diesem erneut ausgeführt. Die aus dem Betrieb des Originalprogramms resultierenden Testbestände dienen als Bezugspunkt für den nachfolgenden Ergebnisvergleich mit den Testbeständen der Ausführung im Zielprogramm. Dafür ist die Konversion der Legacy-Paket-Testbestände in das Format der Zielumgebung erforderlich.

4.8.4   Auswertung der Testergebnisse

Nach der Testdurchführung werden die resultierenden Testbestände hinsichtlich der Testziele ausgewertet. Eine Testauswertung, die nicht den erwarteten Testergebnissen entspricht, belegt eine nicht korrekte, also überarbeitungsbedürftige Transformation. Bezogen auf Abbildung 4–14 heißt das: Bei abweichender Funktionalität muss die Ursache für die abweichenden Testergebnisse gefunden und behoben, anschließend das Migrationspaket erneut getestet werden.

Analyse der Testergebnisse

Die Auswertung von Regressionstests konzentriert sich auf den Ergebnisabgleich der Testbestände von Original- und Zielprogramm. Ein solcher Abgleich lässt sich vollständig werkzeuggestützt durchführen.

Ein Regressionstest gilt dann als erfolgreich abgeschlossen, wenn zwischen den erzeugten Programmausgaben, den Ablauffolgen und der Testüberdeckung von beiden Programmversionen eine 100-prozentige Überstimmung erreicht wurde. Dieses Testergebnis bestätigt die funktionale Äquivalenz zwischen der konvertierten und der ursprünglichen Programmversion.

Messung der Testüberdeckung

Für Migrationsprojekte hat die Messung der Testüberdeckung eine besondere Bedeutung. Speziell wenn man »blind« migriert, d.h. den Code umsetzt, ohne ihn analysiert und verstanden zu haben, muss man wissen, welche Wechselwirkungen zwischen Code und Test bestehen. Wenn z.B. objektorientierter neuer Code produziert wird, muss man zumindest sicherstellen, dass jede Methode getestet wurde. Noch besser wäre es zu wissen, dass jeder Logikzweig im Test ausgeführt wurde. Dies ist aber immer auch eine Frage des Aufwands.

Sollte der Migrationstest extern vergeben werden, muss der Auftragnehmer einen Nachweis der Testüberdeckung liefern. Denn nur so kann gesichert werden, dass er seinen Auftrag erfüllt hat. Außerdem hat er zu belegen, dass alle Daten, sowohl in den Datenbanken als auch an den Schnittstellen, auf ihre Richtigkeit geprüft wurden. Code- und Datenüberdeckung sind über spezifizierte und geeignete Testwerkzeuge automatisch zu messen.

4.9   Kernbereich Übergabe

Die Übergabe des Legacy-Systems bzw. von Teilen davon in die Ziel- bzw. Übergangsumgebung erfolgt nach der globalen Migrationsstrategie. Die dort definierte Übergabestrategie legt, abhängig von der gewählten Umstellungsstrategie, die Form der Übergabe (Cut over) des migrierten Systems und damit zusammenhängend die Form der Ablösung des Legacy-Systems fest (siehe Abb. 4–15).

Wesentlicher Erfolgsfaktor für eine reibungslose Übergabe ist die genaue Planung. Die Übergabepakete sind durch Zusatzartefakte zu komplettieren, also beispielsweise um Anleitungen zur Installation oder Anwenderdokumentationen, online und in Form von Handbüchern, zu ergänzen.

Neben der Planung einer Übergabe wird in diesem Kernbereich die konkrete Verteilung und Installation der migrierten Pakete sowie die Archivierung der nicht mehr genutzten Programme und Daten des Legacy-Systems erbracht. Mit der Umstellung auf Übergabe- bzw. Zielsystem verbunden sind auch die Installationen der erforderlichen Gateways (zur Übergabeumgebung) bzw. ihre Eliminierung nach der endgültigen Umstellung auf das Zielsystem.

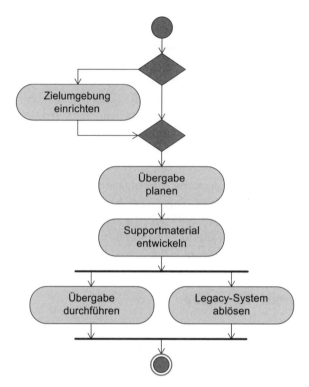

Abb. 4–15   *Workflow des Kernbereichs »Übergabe (in die Zielumgebung)«*

4.9.1   Einrichtung der Zielumgebung

Eine technische Migration wird im Allgemeinen, abhängig von den spezifischen Projektzielen, die Einrichtung einer »neuen« Zielumgebung bedingen. Die geforderten Technologien und Produkte sind in der globalen Migrationsstrategie definiert.

Installation der Zielumgebung

Verlangt eine Migration den Einsatz neuer Hard- und Software für das zukünftige Zielsystem, muss diese installiert, konfiguriert und hinsichtlich diverser Kriterien getestet werden. Von Migrationen sind vor allem neue Infrastrukturkomponenten betroffen, wie beispielsweise Betriebssystem, Datenbanksystem oder Middleware.

Test der Zielumgebung

Nach Installation der Zielumgebung müssen mit Tests die Performance und die korrekte Interoperabilität zwischen den installierten Komponenten abgesichert und belegt werden.

4.9.2   Planung der Übergabe

Die Planung der Übergabe schließt neben der Installation der Zielsystemkomponenten (Deliverables) auch die Planung aller erforderlichen Ressourcen, der Akzeptanztests und die Erstellung der Installationsanleitungen ein.

Definition des Übergabeplans

In einem Übergabeplan wird festgelegt, wie die Übergabe der Zielsystem-Komponenten im Einzelnen ablaufen soll. Beispielsweise wird präzise dargelegt, wie und wann das Migrationspaket in die Zielumgebung zu übergeben und wie und wann die korrespondierende Legacy-Systemkomponente abzulösen ist.

Erstellung des Übergabepakets

Sobald das Migrationspaket ausreichend getestet und für die Integration in die Zielumgebung freigegeben ist, kann die Erstellung eines Übergabepakets (Migrations-Release) aus den getesteten Versionen erfolgen. Ausgehend vom Migrations-Release werden sodann die Installationsanleitungen zur Dokumentation der einzelnen Installationsinstruktionen erstellt.

4.9.3   Entwicklung des Supportmaterials

Im Kontext einer Migration wird durch die Neuerstellung und Bereitstellung aller relevanten Endbenutzerdokumentationen die sogenannte »Migration der Systembenutzer« im engeren Sinne gefördert. Aber auch für die zukünftige Pflege des migrierten Systems sind die nötigen Informationen für die dafür Verantwortlichen zu erstellen.

Erstellung der Endbenutzerdokumentation

Die Endbenutzerdokumentation muss das volle Informationsspektrum abdecken, das für die Nutzung des Zielsystems als relevant erachtet wird. Hierbei sind Informationen für die konkrete Anwendung besonders hervorzuheben.

Erstellung von Trainingsmaterial

Ist eine Migration verbunden mit einer Veränderung für den Endbenutzer, beispielsweise durch (Mit-)Migration der Benutzungsoberflächen, muss ein Training der Anwender in Erwägung gezogen werden. Hierzu ist entsprechendes Trainingsmaterial zu erstellen, wobei einem vorgezogenen »Training on the job«, d.h. am migrierten System selbst mit entsprechender Anleitung und Betreuung, Vorrang zukommt.

4.9.4   Durchführung der Übergabe

Sobald ein Migrationspaket für die Übergabe freigegeben ist und als Migrations-Release vorliegt, kann die konkrete Übergabe entlang des Übergabeplans durchgeführt werden.

Installation der Übergabepakete und Gateway(s)

Für die Installation des Übergabepakets müssen die konvertierten Programme und Daten bzw. die entwickelten Kapselungsprogramme (Wrapper) im Zielsystem installiert werden. Hierfür kann auf die im Vorfeld erstellten Installationsanleitungen zurückgegriffen werden. Auch die zur Realisierung eines Übergangssystems erforderlichen Gateways müssen ggf. in der Zielumgebung installiert werden.

Durchführung der Abnahmetests/Akzeptanztests

Im Unterschied zu Tests der Implementierungsphase erfolgt die Durchführung der Akzeptanztests nicht in einer isolierten Testumgebung, sondern mit dem in der Zielumgebung installierten Zielsystem. Akzeptanztests werden in der Regel mit Beteiligung der Benutzer durchgeführt. Ein von ihnen akzeptiertes Zielsystem bildet eine wichtige Voraussetzung für die erfolgreiche Ablösung der korrespondierenden Legacy-Komponente bzw. des gesamten Legacy-Systems.

4.9.5   Ablösung des Legacy-Systems

Die konkrete Übergabe des Zielsystems in den produktiven Betrieb ist erst dann abgeschlossen, wenn die migrierte Legacy-Systemkomponente abgelöst ist und nicht mehr benötigte Gateways eliminiert sind.

Archivierung der Legacy-Systemkomponenten

Grundsätzlich wird empfohlen, bereits migrierte und somit nicht mehr genutzte Programme und Daten des Legacy-Systems zunächst zu archivieren. Verfügt beispielsweise das Quellsystem nach Abschluss der Migration immer noch über relevante – aber nicht übernommene – Daten, müssen diese vor der »Abschaltung« archiviert werden. Dies ist insbesondere dann unverzichtbar, wenn solche Daten den gesetzlichen Aufbewahrungsfristen unterliegen.

Existiert in der Legacy-Systemumgebung bisher noch kein adäquates Archivierungsverfahren, kann daraus ein erheblicher Mehraufwand entstehen. In der Praxis sind fehlende Archivierungsverfahren leider nicht selten – vor allem dann, wenn bisher im Quellsystem immer ausreichende Speicherressourcen zur Verfügung standen.

Deinstallation temporär eingesetzter Gateway(s)

Speziell im letzten Übergabeschritt einer inkrementellen Vorgehensweise ist die Eliminierung der temporären Komponenten, also von Gateway(s), erforderlich. Sie kann aber auch bereits in früheren Übergabeschritten teilweise erforderlich geworden und durchgeführt worden sein.

4.10   Basisbereich Konfigurations- und Änderungsmanagement

Konfigurations- und Änderungsmanagement gehört zu den Grundsäulen jeglichen Softwareeinsatzes und demzufolge auch zu Softwareprojekten, unabhängig davon, ob es sich um Migration oder Neuentwicklung handelt. Die Beschreibung aller zu diesem Bereich gehörenden Aktivitäten hat bereits viele Bücher und Fachartikel gefüllt. Dieser Abschnitt beschränkt sich deshalb auf die besondere Rolle des Konfigurations- und Änderungsmanagements für die Migration von Softwaresystemen.

Migrationsprojekte laufen in der Regel – vor allem beim Einbezug von Deltamigrationen – parallel zur Wartung und Weiterentwicklung des Altsystems. Für das Migrationsprojekt ergeben sich daraus häufig sehr komplexe Anforderungen an das Konfigurations- und Versionsmanagement. Die während des Migrationsprojekts getätigten Weiterentwicklungen müssen nachvollziehbar sein, damit sie ggf. in die Transformationsprogramme nachgezogen werden können. Zu jedem Migrationszeitpunkt muss sichergestellt sein, dass die der Migration zugrunde liegenden Informationen vollständig und aktuell sind. Damit einhergehend müssen auch die für die Migration erforderlichen Transformationstools den Kriterien Vollständigkeit und Aktualität genügen.

Das Konfigurations- und Änderungsmanagement steht somit vor der besonderen Herausforderung, die Integrität der für das Migrationsprojekt relevanten Artefakte zu verfolgen und zu wahren. Diese projektbegleitende Aufgabe beschränkt sich nicht ausschließlich auf die Artefakte des Zielsystems. Ebenso müssen auch alle Artefakte des Legacy-Systems berücksichtigt werden, die bedingt durch Änderungen modifiziert bzw. weiterentwickelt wurden.

4.11   Basisbereich Projektmanagement

Auch das Projektmanagement stellt einen fundamentalen Teil aller Softwareprojekte dar. Sowohl bei Forward-Engineering- als auch bei Migrationsprojekten sind die Vorgehensweisen zur Erreichung der Projektziele, die erforderlichen Termine und Ressourcen sowie deren Einsatz und Koordination zu planen und zu steuern. Für die detaillierte Beschreibung aller in diesem Bereich durchzuführenden Aktivitäten wird an dieser Stelle auf die umfangreich verfügbare Literatur verwiesen.

Hier werden nur die Aspekte des Projektmanagements betrachtet, die im Kontext von Migrationsprojekten besonders beachtet werden müssen: Das sind Aufwandsschätzung, Migrationsplanung sowie Projektsteuerung.

Die Aufwandsschätzung eines Migrationsprojekts bildet eine wichtige Grundlage für die Entscheidung für oder gegen ein Migrationsprojekt. Zur Aufwandsschätzung können die in Abschnitt 5.3 beschriebenen Methoden eingesetzt werden.

Die Migrationsplanung bezieht sich auf typische Projektplanungsaufgaben wie Projektstrukturplanung, Ablaufplanung, Terminplanung, Kapazitätsplanung, Aufwandsschätzung, Kostenplanung, Personalplanung und Qualitätsplanung (vgl. Abschnitt 5.4).

Der Schwerpunkt der Projektsteuerung liegt darin, dass das geplante Projekt im Rahmen der Planungswerte abgewickelt wird. Denn nur dann, wenn Abweichungen und übersehene Risiken frühzeitig erkannt werden, kann man das Projekt wieder auf den richtigen Kurs bringen (vgl. Abschnitt 5.5).

4.12   Basisbereich Mitarbeiterqualifizierung

Die Überführung eines bestehenden Systems in eine neue Umgebung bzw. eine neue Form hat meist auch weitreichende Auswirkungen auf die Mitarbeiter. Ihre Qualifizierung, in der Literatur auch als »Migration der Mitarbeiter« bezeichnet, bezieht sich auf die Weiterbildung der am Projekt mitarbeitenden bzw. von seinem Ergebnis betroffenen Mitarbeiter.

Angesprochen sind also auch das Training des Migrationsteams und die Qualifizierung des derzeitigen Wartungsteams. Das Migrationsteam muss beispielsweise in neue, migrationsspezifische Techniken, Methoden und Werkzeuge eingearbeitet werden. Das Training des Wartungsteams dient der Qualifizierung in Hinblick auf die neu eingesetzten Zieltechnologien.

Die Qualifizierung des Migrationsteams ist ein wesentlicher Garant für den Erfolg eines Migrationsprojekts. Das Migrationsteam muss in den Prozess, die Methoden, Techniken und Werkzeuge eingewiesen werden, die im jeweiligen Projekt zum Einsatz kommen. Die Qualifizierung des Wartungsteams bildet eine wesentliche Voraussetzung für die der Migration nachgelagerten Wartungs- und Weiterentwicklungsarbeiten.

Ein Kompetenzdefizit ist in Migrationsprojekten realistisch gesehen nicht tragbar. Daher sind der frühzeitige Einbezug aller betroffenen Mitarbeiter und deren Vorbereitung auf die zukünftigen Aufgaben von elementarer Bedeutung.

Eine detaillierte Beschreibung aller zur Mitarbeiterqualifizierung erforderlichen Aktivitäten würde den Rahmen dieses Buches sprengen, zumal auch in diesem Zusammenhang die individuellen Gegebenheiten verschiedene Vorgehensweisen verlangen. Auch hier bieten die einschlägige Literatur im Bereich der Erwachsenenbildung, Train-the-Trainer-Konzepte sowie E-Learning-Konzepte die nötigen Anregungen.

4.13 Basisbereich Migrationsumgebung

Für Migrationsprojekte muss, ähnlich wie in Softwareprojekten allgemein, eine adäquate technische Projektinfrastruktur bereitgestellt werden. Eine Migrationsumgebung soll das Migrationsteam in Hinblick auf die gesamte benötigte technische Infrastruktur optimal unterstützen.

Gerade Migrationsprozesse sind aufgrund ihres spezifischen Charakters nur werkzeugunterstützt vorstellbar, da manuelle Eingriffe – vor allem bei der Transformation – nicht nur mehr Zeit beanspruchen, sondern auch mit einer hohen Fehlerquote einhergehen. Auswahl, Beschaffung und Konfiguration der migrationsspezifischen Werkzeuge sind daher integraler Bestandteil dieses Basisbereichs. Infrage kommen hier vorzugsweise Werkzeuge zum Reverse Engineering, zur Konversion und zur Durchführung der Regressionstests.

Ferner lassen sich Migrationsprozesse nicht ohne methodische Unterstützung realisieren. Daher fällt auch die Einführung eines adäquaten Prozessmodells zur Migrationsdurchführung in den Aufgabenbereich Migrationsumgebung. Ein Migrationsprozess muss ausgewählt und jeweils an die faktischen Gegebenheiten konkreter Migrationsprojekte adaptiert werden. Aber auch die kontinuierliche Verbesserung des ausgewählten Prozesses, z.B. durch Auswertung der in konkreten Projekten gemachten Erfahrungen, ist anzustreben.

Der Basisbereich Migrationsumgebung wird von klassischen Entwicklungsmodellen, insbesondere dem RUP [Kruc03], vollständig abgedeckt. Daher wird an dieser Stelle auf eine ausführliche Beschreibung dieses Basisbereichs verzichtet und auf die vorhandene Literatur verwiesen.

5 Methoden und Techniken der Softwaremigration

In einem Migrationsprojekt werden wie bei anderen Software-Engineering-Prozessen, z.B. Entwicklung, Evolution und Test, verschiedene Methoden und Techniken eingesetzt.

Methoden sind grundsätzliche Richtlinien, wie eine Aktivität auszuführen ist, ohne deren Details zu regeln. Im Software Engineering gibt es Analysemethoden, Entwurfsmethoden, Programmier- und Testmethoden. Objektorientiertes Design ist ein solcher methodischer Wegweiser für das Erreichen einer objektorientierten Architektur.

UML zur Erstellung einzelner UML-Diagramme ist hingegen schon mehr Technik als Methode. *Techniken* sind exakte(re) Beschreibungen dazu, wie eine Methode oder ein Teil davon anzuwenden ist. Eine völlig exakt definierte Technik kann automatisiert oder teilautomatisiert werden. Das ist nicht zwingend, der Einsatz solcher *Tools* unterstützt aber in der Regel die Anwendung der Technik und reduziert Aufwand, Fehleranfälligkeit und Kosten.

Wie diese Definitionen erkennen lassen, ist die Grenze zwischen Methoden und Techniken fließend, hier treten auch in der Praxis Einordnungsunterschiede auf.

Bei der Softwaremigration ist die Methodenauswahl vom gewählten Prozess und dessen Aktivitäten abhängig. Zum Beispiel verwenden Aktivitäten wie Analyse und Aufbereitung von Altsoftware die Methode der statischen Analyse. Codekonvertierung arbeitet mit der Transliterationsmethode. Der Test migrierter Software verlangt die Methode des Regressionstests. Wegen des fließenden Übergangs zwischen Methoden und Techniken werden in den folgenden Abschnitten migrationsrelevante Methoden jeweils zusammen mit den sie detaillierenden Techniken behandelt. Dementsprechend variieren auch die Überschriften.

In der Prozessbeschreibung werden die vorgesehenen Aktivitäten identifiziert, beschrieben und in ihrer zeitlichen Folge nach- oder nebeneinander gereiht. Die Prozessbeschreibung baut den Rahmen für die Methoden auf, lässt aber offen, welche Methoden mit welchen Details eingesetzt werden. Eine solche Zuordnung von Methoden und ihren Techniken zu den Aktivitäten des Migrationsprozesses zu treffen, liegt im Fokus dieses Kapitels. Dabei gibt es für jede Aktivität mindestens eine Methode, zu der eine oder mehrere Techniken gehören.

Die Migrationstechniken (vgl. Abb. 5–1), die hier behandelt werden, sind prinzipiell automatisierbar, die meisten sind auch bereits automatisiert, wie auch Kapitel 6 zeigen wird.

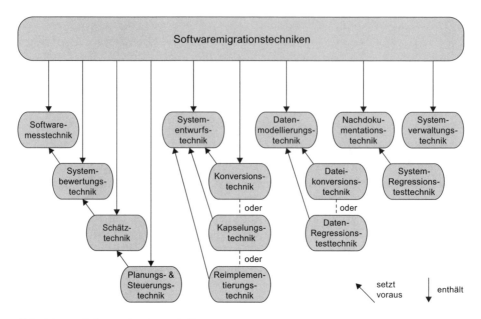

Abb. 5–1   *Softwaremigrationstechniken*

5.1   Softwaremesstechnik

Am Anfang jedes Migrationsvorhabens muss die vorhandene Altsoftware gemessen werden, denn ohne Kennzahlen ist es weder möglich, die Altsysteme zu bewerten noch die Kosten der Migration zu kalkulieren. Zuverlässige Messdaten über Größe, Komplexität und Qualität der Migrationsobjekte bilden die Basis für die Entscheidung, ob überhaupt migriert werden kann und soll.

Welche Messwerte werden für eine Migration benötigt? Zum einen ist die Größe der zu migrierenden Software zu messen. Dafür bieten sich mehrere Maße an. Das einfachste Maß ist die Anzahl der Codezeilen. Ein schon besseres Maß bildet die Anzahl der Anweisungen, da reine Codezeilen nichts über ihren Inhalt aussagen. Beide Maße beziehen sich aber nur auf den Umfang des Codes. Zur Messung der Größe des Systems unabhängig vom Code bieten sich Function Points an. Function Points berücksichtigen dabei die Systemschnittstellen der Software nach außen ebenso wie interne Dateien und Datenbanken [PoBo05]. Object Points sind ein Maß für den Umfang eines Objektmodells [Snee96b], werden aber für ältere zur Migration anstehende Legacy-Systeme derzeit noch nicht gebraucht. Zur Ermittlung der Größe von Datenbanken bieten sich Data Points an [Snee90].

Auf jeden Fall muss man für die Planung der Migration wissen, wie viele Source Members, Klassen oder Module, Dateien, Datenbanktabellen, Benutzer- und Systemschnittstellen und wie viele Jobsteuerungsprozeduren bzw. Jobskripte es gibt. Falls eine Testfall-Datenbank existiert, interessiert auch, wie viele Testfälle sie enthält, vor allem dann, wenn man plant, die Testfälle ebenfalls zu migrieren. Diese Größenmaße sind wichtige Indikatoren für die Ermittlung der Migrationskosten, sagen aber auch etwas über den Erstellungswert der Software aus.

Ebenso wichtig ist es, die Komplexität der Software zu kennen, weil sie einen starken Einfluss auf den Migrationsaufwand hat. Darüber hinaus sagt sie auch etwas über die Erhaltungskosten aus. Komplexität ist multidimensional, ein Softwaresystem hat verschiedene Komplexitäten, z.B. die Komplexität der Datenstrukturen, die der Datenschnittstellen, die Komplexität der Architektur, die der verwendeten Sprachen und die Komplexität der Verarbeitungslogik. Es kommt darauf an, diese einzelnen Komplexitäten so zu verbinden, dass sich daraus eine Gesamtkomplexität ableiten lässt. Der Gedanke einer Messung der Gesamtkomplexität eines Systems beruht auf den Arbeiten von Tom Gilb in den 70er-Jahren [Gilb76].

Drittens ist es nötig, die Qualität der Istsoftware zu messen. Dabei geht es insbesondere um deren Modularität, Portabilität, Konvertierbarkeit und Wiederverwendbarkeit.

Die Modularität kann über die Größe der einzelnen Bausteine sowie deren Kopplung bzw. die Anzahl ihrer Querbeziehungen festgestellt werden. Portabilität bestimmt sich aus dem Verhältnis zwischen der Anzahl umgebungsabhängiger Anweisungen zur Summe aller Anweisungen. Je weniger umgebungsabhängige Operationen wie z.B. datenbankspezifische Zugriffsoperationen und oberflächenspezifische Ein- bzw. Ausgabeoperationen vorkommen, desto höher ist die Portabilität [CaGl90].

Konvertierbarkeit ist eine Frage des Verhältnisses zwischen 1:1-, 1:n- und m:n-transformierbaren Anweisungen. Je mehr Anweisungen 1:1 umsetzbar sind, desto höher die Konvertierbarkeit [Snee98a].

Wiederverwendbarkeit wird daran gemessen, wie viele Codeabschnitte und Datengruppen aus dem Zusammenhang herausgezogen und in eine andere Umgebung übernommen werden können. Bestimmend ist hier, wie stark Abschnitte mit anderen verflochten sind, z.B. über Funktionsaufrufe, direkte Verzweigungen oder über die Nutzung gemeinsamer Datenvariablen [AhPr95].

Sowohl die Komplexitäts- als auch die Qualitätsmaße sind rationale Maße, die auf einer Skala von 0 bis 1 darstellbar sind. Die Komplexität soll möglichst niedrig sein, d.h. unter dem Mittelwert von 0,5. Qualität soll hingegen möglichst hoch sein, d.h. über 0,5. Wie später zu sehen sein wird, stellen hohe Komplexität und niedrige Qualität ein Migrationsprojekt infrage. Je höher dagegen die Qualität und je niedriger die Komplexität ist, umso »technisch gesünder« ist die Software. In jedem Fall nehmen diese Messzahlen starken Einfluss auf die Kosten der Migration.

Deshalb ist es auch so wichtig, die Altsoftware vor der Migration zu analysieren und zu messen. Wer ohne genaue Messzahlen in eine Migration hineingeht, handelt wie ein Arzt, der einen Patienten ohne vorangegangene Diagnose operiert, d.h. laienhaft und verantwortungslos.

5.2 Systembewertung

Eine allgemeine Bewertungsmethode für verschiedenste Objekte ist die Portfolioanalyse, die ursprünglich auf Markowitz (1952) zurückgeht [HeHeRo04]. Frühe Anwendungen in der IT finden sich bei Heinrich und Hartwig (in [HeHeRo04]) und bei Verdugo [Verd88].

In einer Portfolioanalyse werden die zur Bewertung anstehenden Objekte nach zwei (manchmal auch mehr) verschiedenen Bewertungskriterien miteinander verglichen; diese Kriterien und ihre betrachteten Ausprägungen werden als vertikale bzw. horizontale Achse in einem Rechteck eingetragen. Jedes Objekt wird in diesem Rechteck dort positioniert, wo seine individuellen Ausprägungen der Bewertungskriterien sich kreuzen. Anschließend wird das Rechteck in vier gleiche Quadrate aufgeteilt, auf die sich die verglichenen Objekte unregelmäßig verteilen (vgl. Abb. 5–3). Die vier Teilmengen beinhalten also:

- eine Teilmenge mit Objekten, die beide Kriterien in hohem Maße erfüllen (in Abb. 5–3 rechter oberer Quadrant);
- zwei Teilmengen mit Objekten, die jeweils ein Kriterium in hohem, das andere in geringem Maß erfüllen (in Abb. 5–3 links oben bzw. rechts unten);
- eine Teilmenge, die beide Kriterien nur wenig erfüllt (in Abb. 5–3 links unten).

In welchem Quadranten welche Teilmengen im konkreten Fall zu finden sind, hängt von der Anordnung der Kriterienausprägungen auf den Achsen ab. Die Verteilung in Abbildung 5–3 entspricht aber der üblichen: Im rechten oberen Quadranten stehen die am besten bewerteten, im linken unteren Quadranten die am schlechtesten eingestuften Objekte.

Abhängig von der Zuordnung zu einer bestimmten Teilmenge lassen sich dann im individuellen Fall alternative Strategien oder Vorgehensweisen für die Objekte jeder Teilmenge ableiten.

Im Fall einer Softwaresystembewertung sind die Objekte (in Abb. 5–3 die Eintragungen »A« bis »Y«) Softwaresysteme oder Systemteile. Alle Codekomponenten, Module oder Klassen, Benutzer- oder Systemschnittstellen, Steuerungsprozeduren und Dateien bzw. Datenbanktabellen zählen als einzelne Objekte. Bei der Messung der technischen Softwarequalität erhält jedes Objekt eine Qualitätsnote auf der Skala von 0 bis 1 (vgl. Abb. 5–2).

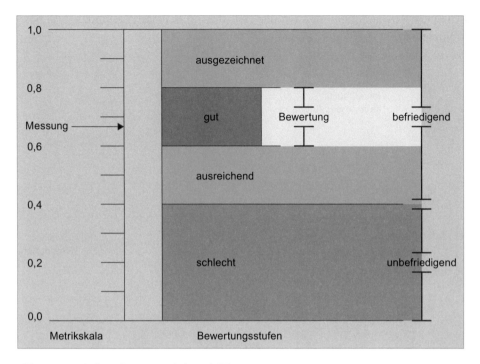

Abb. 5-2   *Softwarebewertungsskala nach ISO 9126*

Für die technische Qualität ist ein möglichst hoher Wert über 0,6 wünschenswert. Für die Bewertung der Komplexität ist umgekehrt ein möglichst niedriger Wert unter 0,4 wünschenswert. Diese Werte werden benutzt, um Umfang und Aufwand der Migration aus Sicht der technischen Qualität zu justieren.

Neben der technischen Qualität beeinflusst aber auch die betriebswirtschaftliche Bedeutung die Entscheidung, ob und wie ein Systemteil zu migrieren ist. Für die Bewertung dieser anwendungsspezifischen Bedeutung können alle Systemteile zunächst einer Anwendungsfunktion zugeordnet werden. Denn hier werden nicht die einzelnen Softwarekomponenten, Datenbanken und Schnittstellen bewertet, sondern die Geschäftsvorfälle, die sie unterstützen. Eine Anwendungsfunktion bzw. die damit bewirkte Abwicklung eines Geschäftsvorfalls kann

- geschäftskritisch,
- sehr wichtig,
- mäßig wichtig oder
- unwichtig

sein. In Anlehnung an die Produktbewertungsskala laut ISO 9126 können die geschäftskritischen Anwendungsfälle z.B. von 0,8 bis 1, die sehr wichtigen von 0,6 bis 0,7, die mäßig wichtigen von 0,1 bis 0,5 eingestuft werden, die unwichtigen liegen unter 0,1. Damit hat die anwendungsspezifische Bewertung eine zur technischen vergleichbare Bewertungsskala. Abbildung 5–3 zeigt, wie sich verschiedene Anwendungssysteme (oder Teile davon) in einer Portfolioanalyse positionieren lassen.

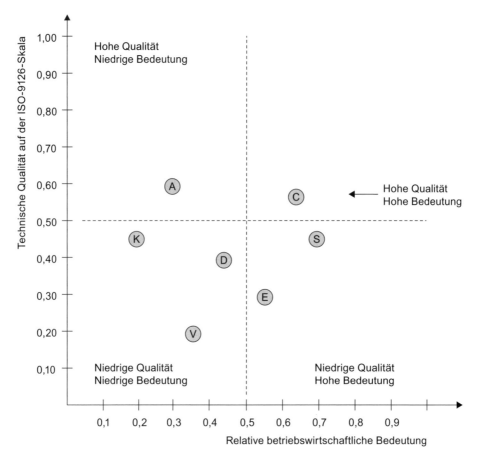

Abb. 5–3   *Portfolioanalyse für Anwendungssystem(teil)e*

Diese zweite Einstufung nach betriebswirtschaftlicher Bedeutung für das Unternehmen kann noch genauer erfolgen, wenn ergänzend zur oben angeführten Bewertungsskala (geschäftskritisch bis unwichtig) im Detail ermittelt wird, in welchen Geschäftsvorfällen welche Anwendungssystemteile benutzt werden. Dabei hilft eine Zuordnungsmatrix, in deren Spalten bzw. Zeilen Geschäftsvorfälle bzw. Systemteile eingetragen werden. Zwischen beiden besteht eine n:m-Beziehung, weil jeder Systemteil mehrere Geschäftsvorfälle unterstützen und jeder Geschäftsvorfall mehrere Systemteile nutzen kann. Jeder Systemteil wird dann ausgehend von dieser Matrix mit der Anzahl Geschäftsvorfälle (evtl. zusätzlich gewichtet mit deren Wichtigkeit) bewertet, die ihn verwenden. Damit auch hier niedrige Werte herauskommen, wird durch 10 geteilt, d.h.: Wenn ein Systemteil z.B. drei Geschäftsvorfälle unterstützt, wird ihm der Wert 0,3 zugeordnet, sind es neun Geschäftsvorfälle, erhält er den Wert 0,9 etc. Diese genauere Bewertung der fachlichen Nutzung eines Systemteils kann zur Überprüfung seiner Einordnung auf der x-Achse des Portfolios (siehe Abb. 5–3) herangezogen werden.

In jedem Fall befinden sich im oberen rechten Quadranten von Abbildung 5–3 die System(teil)e mit hoher technischer Qualität und hoher betriebswirtschaftlicher Bedeutung. Sie bilden Kandidaten für eine unveränderte Migration.

Im oberen linken Quadranten liegen die System(teil)e, die zwar eine hohe technische Qualität, aber eine relativ niedrige betriebswirtschaftliche Bedeutung aufweisen. Sie können eventuell vor der Migration überarbeitet werden, wenn es Gründe dafür gibt, aber auch dann nur mit niedriger Priorität.

In dem unteren rechten Quadranten stehen Systemteile, die für die Anwendung von hoher Bedeutung, aber technisch mangelhaft sind. Sie müssen vor der Migration saniert werden. Sonst überträgt man die schlechte Qualität in die neue Umgebung.

Im linken, unteren Quadranten schließlich sind die Systemteile eingetragen, die sowohl eine geringe betriebswirtschaftliche Bedeutung als auch eine geringe technische Qualität besitzen. Sie werden zuletzt migriert bzw. eventuell auch aus der Anwendung herausgenommen. Es macht nicht immer Sinn, alles zu migrieren, wenn dadurch unnötige Kosten bei geringem Nutzen entstehen.

5.3 Migrationsaufwandsschätzung

Für die Entscheidung, ob und wie ein Migrationsprojekt durchgeführt werden soll, muss der Entscheidungsträger wissen, was es kostet und wie lange es dauert. Dies gilt für alle alternativen Migrationsstrategien, denn der Entscheidungsträger muss sie untereinander vergleichen. Auch wenn das Migrationsprojekt ausgeschrieben wird, der Entscheidungsträger also Angebote vergleichend zu bewerten hat, braucht er eine eigene Vorstellung davon, was es kosten könnte. Einfach dem billigsten Angebot den Zuschlag zu geben, wäre grob fahrlässig: Dieses Angebot könnte völlig realitätsfern sein und den Auftraggeber später dazu zwingen, das Projekt abzubrechen und mit einem neuen Partner oder doch mit eigenen Ressourcen wieder von vorne anzufangen.

Entsprechend kritisch gestaltet sich die Schätzung eines Migrationsprojekts für die Anbieter. Sie muss niedrig genug sein, um den Zuschlag zu bekommen, darf aber auch nicht zu niedrig sein, weil das dem Anbieter je nach Vertragsgestaltung Verluste einbringen oder zu erheblichen Differenzen zwischen den beiden Vertragspartnern führen würde. Auch der Anbieter muss verschiedene Migrationsalternativen untersuchen, z.B. eine mit Codetransformation und eine zweite mit Codekapselung. Wenn der Kunde nicht bereits zwingend eine Alternative vorgegeben hat, empfiehlt es sich für den Anbieter immer, in seinem Angebot Migrationsalternativen vorzusehen.

Abbildung 5–4 zeigt das grundsätzliche Vorgehen bei der Aufwandsschätzung für eine Migration.

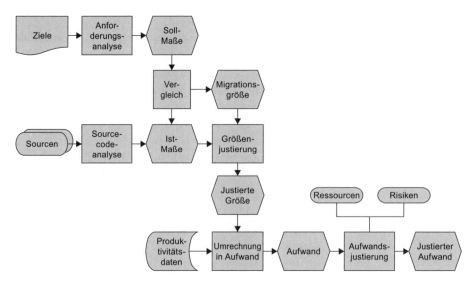

Abb. 5–4   *Vorgehen bei der Migrationsaufwandsschätzung*

Was die eigentliche Schätzung – also die Aufwandsermittlung aus justierter Größe und Produktivitätsdaten – anbetrifft, so sind die Schätzmethoden begrenzt. Methoden wie Use Case Points und Function Points scheiden aus, weil sie auf Modellen der Software basieren, die keine exakte Abbildung des Codes sind. Die Schätzung einer Migration muss aber auf dem Code basieren, weil dieser und die Daten bereits existieren. In der Analysephase wurden sie gemessen, also weiß man, wie viele Anweisungen, Codezeilen und Codebausteine bzw. Daten und Datensatzarten vorliegen.

Für die Codemigration empfehlen sich zwei Methoden: COCOMO II und Object Point. Im Falle einer Datenmigration kommt die Data-Point-Methode in Betracht. Jede Methode muss vor ihrem Einsatz den Belangen von Migrations- projekten angepasst werden.

5.3.1   Schätzung nach COCOMO II

Die Parameter der bekannten COCOMO-II-Methode sind:

- Systemtyp = ST
- Anzahl Anweisungen = KDSI
- Anweisungsproduktivität = PROD
- Skalierungsexponent = EXP
- Qualitätsfaktor = QF
- Komplexitätsfaktor = CF
- Projekteinflussfaktor = EF

Die COCOMO-II-Gleichung lautet:

$$Aufwand = ST \times \left\{ \left(\frac{KDSI \times CF \times QF}{PROD} \right)^{EXP} \right\} \times EF$$

- KDSI (Kilo delivered source instructions) ist die Anzahl logischer Anweisungen, die zu migrieren sind, geteilt durch 1000.
- PROD ist die mittlere Produktivität in Kilo Sourceanweisungen pro Mann- bzw. Personenmonat aus bisherigen Migrationsprojekten.
- EXP ist der arithmetische Mittelwert der fünf Exponentenfaktoren
  - Wiederverwendbarkeit der Software,
  - Qualität der Migrationswerkzeuge,
  - Vertrautheit mit der Zielarchitektur,
  - Zusammenhalt der Migrationsmannschaft,
  - Reife des Migrationsprozesses

  auf einer Skala von 0,91 bis 1,23.
- CF ist die gemessene Systemkomplexität geteilt durch die mittlere Komplexität (0,5):

$$\frac{Ist\text{-}Komplexität}{mittlere\ Komplexität}$$

- QF ist die mittlere Qualität dividiert durch die gemessene Systemqualität (0,5):

$$\frac{Mittlere\ Qualität}{Ist\text{-}Qualität}$$

- EF ist das Produkt einer Reihe einzelner Projekteinflussfaktoren auf einer Skala von 0,7 bis 1,4. Boehm schlägt 20 Faktoren vor, aber nicht alle treffen auf Migrationsprojekte zu. Die wichtigsten Faktoren für eine Migration sind:
  - Datenmenge
  - Dokumentationsgrad
  - Wiederverwendungsgrad
  - Automationsgrad
  - Hardwareausstattung
  - Projektvernetzung
  - Technischer Support
  - Projektverteilung
  - Reife des Projektmanagementsystems
  - Reife des Konfigurationsmanagementsystems
  - Managementunterstützung

- ST schließlich ist ein Multiplikationsfaktor für den Systemtyp mit den Ausprägungen:
  - Stand alone = 0,5
  - Zentralisiert = 1
  - Verteilt = 2
  - Embedded = 4

Als Beispiel für die Anwendung der COCOMO-II-Methode unterstellen wir ein zentralisiertes Legacy-System auf einem Mainframe mit zwei Millionen logischen Anweisungen, einer Komplexität von 0,6 und einer Qualität von 0,45. Wir beginnen damit, die Anweisungszahl zu justieren, d.h.

$$2.000.000 \times \frac{0,6}{0,5} \times \frac{0,5}{0,45} = \frac{2.554.000}{1.000} = 2.554 \, \text{KDSI}$$

Die erhöhte Komplexität und die unterdurchschnittliche Qualität steigern also die rechnerische »Größe« des Systems von 2000 KDSI auf 2554 KDSI.

Aus der Erfahrung mit vorangegangenen Migrationsprojekten kennen wir die durchschnittliche Produktivität mit 2,4 KDSI pro Personenmonat. Demnach brauchen wir 1064 Personenmonate.

Damit sind wir jedoch noch nicht fertig, nun kommt die Justierung mit dem verdichteten Exponentenfaktor:

- Wiederverwendbarkeit der Software = niedrig = 1,1
- Qualität der Migrationswerkzeuge = gut = 0,96
- Vertrautheit mit der Zielarchitektur = mittel = 1,0
- Zusammenhalt der Migrationsmannschaft = niedrig = 1,1
- Reife des Migrationsprozesses = »managed« = 0,96

Der arithmetische Mittelwert der fünf Faktoren beträgt 1,02, also wird der Aufwand von 1064 Mannmonaten durch den Exponenten 1,02 auf 1.223 Personenmonate erhöht. Danach folgt die Justierung durch den Einflussfaktor EF der Projektbedingungen. Nehmen wir an, das Produkt unserer zehn Projekteinflussfaktoren sei 0,85. Durch die Multiplikation der 1.223 Personenmonate mit 0,85 reduziert sich der Aufwand wieder etwas auf nun 1040 Mannmonate.

Zum Schluss folgt die Justierung durch den Systemtyp. Ein zentralisiertes Hostsystem hat den Typmultiplikator 1. Demzufolge bleibt der Aufwand für die Migration unverändert bei 1040 Personenmonaten; bei einem verteilten System wäre er das Zweifache, nämlich 2080 PM. Man erkennt, welch starke Auswirkung die Justierungsparameter auf das COCOMO-Endergebnis haben. Sie müssen richtig eingestellt werden, sonst wird das Ergebnis verzerrt. Deshalb sollte man, falls Unsicherheit über die Projektbedingungen (EXP und/oder EF) herrscht, diese weglassen und nur die justierte Systemgröße dividiert durch die Produktivität verwenden, also:

$$\frac{2.554}{2,4} = 1.064 \text{ Mannmonate}$$

5.3.2 Schätzung mit Object Points

Als Alternative zur COCOMO-II-Methode bietet sich die Object-Point-Methode für die Migration objektorientierter Systeme an. Object Points werden aus dem Objektmodell nach folgendem Schema abgeleitet:

- Klasse = 4 Points
- Methode = 3 Points
- Assoziations- bzw. Vererbungsbeziehung = 2 Points
- Attribut = 1 Point

Da Methoden in C++ und Java durchschnittlich 15 Anweisungen plus eine Beziehung beinhalten, besteht ein Verhältnis zwischen Object Points und Anweisungen von 1:3.

Ein Vorteil von Object Points ist, dass sie sich aus UML-Diagrammen ableiten lassen. Auch die Systemgröße in Object Points muss mit Komplexität und Qualität des Systems justiert werden. Anschließend wird die justierte Object-Points-Anzahl über eine Produktivitätstabelle in Personenmonate umgesetzt.

Der so ermittelte Aufwand wird dann noch durch den Projekteinflussfaktor justiert. Dieser kann von einer Untergrenze von 0,75 bis zu einer Obergrenze von 1,25 variieren. Ähnlich wie bei Function Points werden die einzelnen Faktoren summiert und mit 0,01 multipliziert, aber statt auf die Untergrenze addiert zu werden, werden sie von der Obergrenze von 1,25 subtrahiert. Der Einfluss der zehn Projektbedingungen für die Object Points kann Tabelle 5–1 entnommen werden.

Graduelle Ausprägung der Einflussfaktoren	keine	min.	niedrig	mittel	hoch	max.
Anwenderbeteiligung	0	1	2	3	4	5
Teamzusammenhalt	0	1	2	3	4	5
Visuelle Programmierung	0	1	2	3	4	5
Vernetzung	0	1	2	3	4	5
Prozessreife	0	1	2	3	4	5
Methodenverwendung	0	1	2	3	4	5
Werkzeugeinsatz	0	1	2	3	4	5
Dokumentation	0	1	2	3	4	5
Testautomation	0	1	2	3	4	5
Projektinformation	0	1	2	3	4	5

Tab. 5–1 Projekt-Einflussfaktoren bei der Schätzung mit Object Points

In unserem Beispielsystem mit zwei Millionen Anweisungen würden wir auf ca. 700.000 Object Points kommen. Aufgrund der bisherigen Produktivitätsdaten von Systemen in dieser Größenordnung wissen wir, dass der Aufwand für 700.000 Object Points 1400 Personenmonate beträgt. Die Projektbedingungen sind alle günstig, also 4. Das ergibt $10 \times 4 = 40 \times 0,01 = 0,4$. Abgezogen von der Obergrenze beträgt der Anpassungsfaktor $1,25 - 0,40 = 0,85$.

Die ursprünglichen 1.400 Personenmonate mit diesem Einflussfaktor von 0,85 multipliziert ergeben dann einen justierten Aufwand von 1.190 Personenmonaten.

5.3.3   Schätzung mit Data Points

Im Falle einer Datenmigration kommt die Anwendung der Data-Point-Methode in Betracht. Ihr folgend werden aus den Datenbankschemata die Data Points mit folgenden Werten abgeleitet:

- Eine Tabelle oder Satzart = 4 Data Points
- Ein Schlüssel = 2 Data Points
- Ein Querverweis bzw. eine Beziehung = 2 Data Points
- Ein Attribut = 1 Data Point

Auch Data Points werden durch die mittlere Produktivität für Datenbanken vergleichbarer Größenordnung geteilt, um den Rohaufwand zu erhalten. Dieser wird anschließend mit dem Einflussfaktor für Datenmigrationsprojekte justiert.

Datenmigrationsprojekte unterliegen natürlich anderen Einflüssen als Programm-Migrationsprojekte. Wichtig für Datenmigrationen sind vor allem:

- Grad der Automatisierung
- Prozessreife
- Datenmenge
- Performance-Kriterien
- Speicherbeschränkungen
- Verfügbarkeit von Testdaten

An dieser Stelle muss nochmals betont werden, dass auch Datenmigrationsprojekte eigene Einflussfaktoren haben, die von denen einer Neuentwicklung abweichen. Ein Entwicklungsprojekt baut auf die Kreativität der Mitarbeiter, ein Migrationsprojekt verlangt vor allem Disziplin. Die Detailliertheit und Reife des Migrationsprozesses, der Grad der Migrationsautomation, die technischen Kenntnisse der Mitarbeiter, genaue Verfolgung durch das Projektmanagement und die Verfügbarkeit von Testdaten aus der Produktion des Altsystems haben signifikanten Einfluss auf die Migrationsproduktivität.

Deshalb kann zwar der Umfang der zu migrierenden Daten mit Data Points gemessen werden, er muss aber durch die migrationsspezifischen Einflussfaktoren justiert werden. Im Fall einer Migration können diese Einflussfaktoren den Rohaufwand um bis zu +/− 50 Prozent verändern. Ein mit hochwertigen Werkzeugen ausgestatteter Migrationsbetrieb, der einen geregelten, eingefahrenen Prozess betreibt, kann sogar bis zu fünfmal produktiver sein als ein Handbetrieb mit einem laschen Prozess und unqualifizierten Mitarbeitern.

Diese Tatsache spricht sehr für den Einbezug gut ausgerüsteter Migrationsfabriken mit speziell geschulten Mitarbeitern und einem hohen Automationsgrad. Kleine, regionale Softwarehäuser haben gegen derartige Betriebe in aller Regel keine Chance und sollten sich anderen Tätigkeitsfeldern zuwenden. Eine zuverlässige und kostengünstige Migration ist nur von einem großen, spezialisierten und automatisierten Outsourcing-Partner zu bekommen.

5.4 Migrationsplanung

Die eigentliche Migrationsplanung beginnt, sobald das Projekt genehmigt ist. Die Genehmigung setzt voraus, dass das System bewertet und das Projekt zumindest grob kalkuliert worden ist.

Fast ausnahmslos werden Migrationsprojekte heute an einen externen Partner vergeben. Meistens geschieht dies über Ausschreibungen, auf die mehrere Anbieter Angebote abgeben. Diese Angebote werden mit den eigenen Aufwandsschätzungen verglichen, und ausgewählt wird der Anbieter, der den eigenen Vorstellungen am nächsten kommt. Das muss nicht unbedingt der billigste sein! Wichtiger sind das Konzept des Anbieters, seine Referenzen und seine Erfahrungen mit dem betreffenden Systemtyp. Oft werden Anbieter auch damit beauftragt, eine Probemigration als Beweis ihrer Kompetenz auszuführen.

Nachdem der Partner feststeht, kann die Planung des Migrationsprojekts beginnen. Als Erstes müssen sich Auftraggeber und Auftragnehmer über die Vorgehensweise einigen. Sie könnten z.B. das in Kapitel 4 beschriebene Referenzmodell übernehmen und auf die eigenen Belange anpassen. Aus dem Prozessmodell werden die Migrationsaufgaben abgeleitet – Aufgaben wie der Entwurf der Architektur der neuen Umgebung, die Ausarbeitung der Transformationsregeln, die Vorbereitung der Regressionstests, die Programmtransformation, Datenkonvertierung und Umsetzung der Jobsteuerung, die Testdurchführung und -auswertung, die Fehlerkorrektur und die Konfigurationsverwaltung. Das Resultat dieser ersten Planungsaktivität ist ein ausführlicher Aufgabenkatalog [Snee95].

Als Nächstes folgt die Verteilung der Migrationsaufgaben zwischen Auftragnehmer und Auftraggeber (siehe Abb. 5–5). Die Verantwortung für die Durchführung der Migration wird beim Auftragnehmer liegen, er wird dafür schließlich (in meist fest vereinbarter Höhe) bezahlt. Der Auftraggeber hat aber auch Beiträge zu leisten wie z.B. den Entwurf der Zielarchitektur, die Abfassung einer Programmierrichtlinie zum gewünschten Aussehen der migrierten Programme, die Bereitstellung der Testdaten und den Abnahmetest.

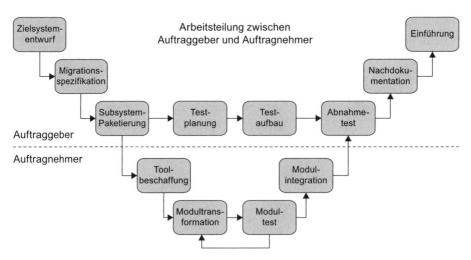

Abb. 5–5   *Arbeitsteilung in einem Migrationsprojekt*

Die Kernaufgaben übernimmt der Auftragnehmer. Er transformiert die Programme, konvertiert die Daten, setzt die Jobsteuerung um, testet die Transaktionen, gleicht die Testergebnisse ab und korrigiert die gefundenen Fehler. Die Konfigurationsverwaltung kann zwischen beiden Partnern aufgeteilt werden: Der Auftragnehmer verwaltet die Software, solange sie noch nicht abgenommen ist. Nach der Abnahme übernimmt sie der Anwender in sein eigenes Konfigurationsmanagementsystem. Die Fehlerverwaltung ist ebenfalls eine gemeinsame Aufgabe: Am besten wird gleich von Anfang an das Fehlerverwaltungssystem des Anwenders eingesetzt.

Nach der Verteilung der Migrationsaufgaben werden die Aufgaben zeitlich geordnet. Das kann mit den üblichen Planungsmethoden bzw. Planungstechniken wie Gantt-Diagrammen und Netzplänen geschehen.

Typisch für Migrationsprojekte ist ein hohes Maß an Parallelität. Sämtliche Konvertierungsaufgaben und viele Testaufgaben können nebeneinander ablaufen. Im Prinzip könnte ein System mit 1000 Programmen auf 1000 Mitarbeiter des Auftragnehmers verteilt werden, von denen jeder ein Programm pro Woche transformiert. Wichtig wäre allerdings, dass alle 1000 nach dem gleichen Muster arbeiten; besser wäre es deshalb, die 1000 Programme durch einen automatischen Transformator zu schicken, der sie alle in wenigen Stunden nach gleichem Schema umsetzt.

Sobald die Programme transformiert sind, müssen sie getestet werden, was voraussetzt, dass Testdaten vorliegen. Die Testdatenerstellung kann länger dauern als die Programmtransformation, also muss sie schon früher beginnen. Das Schwierige ist auch in einem Migrationsprojekt die zeitliche Abstimmung: Der Migrationsplan muss die maximal mögliche Dauer jeder Aufgabe berücksichtigen, um sicherzugehen, dass die geplanten Startzeiten der Folgeaufgaben eingehalten werden können.

Im Vergleich zu Entwicklungsprojekten können und sollen Migrationsprojekte viel genauer geplant werden. In Entwicklungsprojekten ist es oft nicht ohne Weiteres möglich, die Dauer einer Komponentenentwicklung exakt festzulegen; der einzelne Entwickler kann auf unerwartete Hindernisse stoßen oder er verrennt sich gedanklich in eine falsche Richtung; manchmal ist er überfordert und bewältigt die Aufgabe nie. Das kann und darf bei einer Migration nicht vorkommen, da dort für jede Aufgabe ein Lösungsmuster vorgegeben werden kann.

Transformation bzw. Kapselung von Komponenten und die Konvertierung von Datenbanken sind mechanische Tätigkeiten, die erlernbar sind und keine besondere Kreativität verlangen – im Gegenteil, diese könnte sogar schädlich sein! Nötig sind Disziplin, Aufmerksamkeit und vor allem Zuverlässigkeit. Softwaremigration ist ein industrieller Prozess, der es erlaubt, die Dauer der einzelnen Aufgaben genau festzulegen und die Termine dieser Aufgaben in einem umfassenden Netzplan abzustimmen.

Das Ergebnis der Migrationsplanung ist ein solcher Netzplan, ergänzt durch Aufgabenverteilungstabellen und Gantt-Charts. Daraus gehen die Projektmeilensteine hervor: der Abschluss von Entwurf, Transformation und Systemtests. Zu jedem Meilenstein ist in einem eigenen Planungsdokument anzugeben, welche Ergebnisse mit welchen Abnahmekriterien vorliegen müssen. Das können Dokumente, Protokolle, konvertierte Datenbestände oder Softwarekomponenten sein. Neben den Aufgabentabellen, der Zuordnung der Aufgaben an die beteiligten Mitarbeiter, den Projektmethoden und den Gantt-Diagrammen sollte aus einer Ergebnistabelle hervorgehen, welche Ergebnisse zu welchem Zeitpunkt geplant sind. Erfasst und kontinuierlich fortgeschrieben werden können diese Angaben mit einem der gängigen Projektmanagementtools. Damit ist es möglich, den aktuellen Stand des Projekts jederzeit mit dem zu diesem Zeitpunkt geplanten Sollstand abzugleichen.

Komponente	Größe vorher	Komplexität vorher	Qualität vorher	Migrations- beginn (Soll)	Migrations- beginn (Ist)	Migrations- ende (Soll)	Migrations- ende (Ist)	Terminüber- schreitung	Größe nach Migration	Komplexität nach Migration	Qualität nach Migration	Qualitäts- differenz
A	1650	0,56	0,48	01.01.07	15.01.07	31.01.07	15.02.07	+15	1920	0,58	0,46	-0,02
B	1475	0,62	0,47	15.01.07	20.01.07	15.02.07	20.02.07	+5	1560	0,64	0,44	-0,03
C	1325	0,52	0,54	01.02.07	20.02.07	28.02.07	10.03.07	+10	1400	0,56	0,50	-0,04
D	1550	0,58	0,52	15.02.07	01.03.07	15.03.07	20.03.07	+5	1650	0,60	0,54	+0,02

Abb. 5–6   *Detaillierte Planung eines Migrationsprojekts*

Da Migrationsprojekte in der Regel Festpreisprojekte sind, liegt es nahe, die Vergütung des Auftragnehmers mit dem Erreichen der Meilensteine zu verknüpfen. Insofern ist der Projektplan nicht nur eine Leitlinie für die Abwicklung des Projekts, sondern auch eine Basis für die Projektsteuerung und die Zahlungstermine für geleistete Dienste.

Während das in Migrationsprojekten so planbar ist [Olse98], können Entwicklungsprojekte nur bedingt in ähnlicher Weise vorausgeplant werden, weil sie immer Lernprozesse einschließen und sich ihre Ziele während des Projekts verändern können.

5.5   Migrationssteuerung

Relativ zu Entwicklungsprojekten gesehen lassen sich Migrationsprojekte nicht nur exakter planen, sondern auch strenger steuern. Die fixierten Termine und Kosten verlangen das im Übrigen auch.

Was die Steuerung von Migrationsprojekten erschwert, ist die große Menge an Einzelaufgaben. Ein Programm zu transformieren oder zu kapseln ist eine Aufgabe, Ergebnis ist das transformierte bzw. gekapselte Programm. Eine Datenbanktabelle zu konvertieren oder zu kapseln ist eine andere Aufgabe. Die einzelnen Aufgaben sind leicht zu steuern, weil ihre Ergebnisse eindeutig definierbar sind. Die Schwierigkeit bei der Projektsteuerung liegt in der Menge: Typische Migrationsprojekte haben tausende Programme und/oder hunderte von Datenbanken zu migrieren. Jedes Programm muss auch einzeln getestet und jede Datenbank einzeln abgeglichen werden. Diese Mengen bringen herkömmliche Projektmanagementsysteme an ihre Leistungsgrenzen. Auch die Qualitätssicherung wird durch die hohe Anzahl abzunehmender Ergebnisse überfordert. Für das Projektmanagement ist das keine einfache Aufgabe: Wie können so viele Aufgaben von so vielen Mitarbeitern in so kurzer Zeit bewältigt werden? Beispielhaft für diese Problematik ist eine Ausschreibung des österreichischen Sozialversicherungsamts, die forderte,

- 1000 Batch-Jobprozeduren sowie
- 11,000 PL/1-Module und
- 113.480 Include Members mit
- 1,8 Millionen Codezeilen

in acht Kalendermonaten von einem IBM-Mainframe in eine Client/Server-Umgebung zu versetzen. Zur Migration zählten dabei die Programmumsetzung, der Systemtest, die Dokumentation und die Versionsverwaltung.

Es ist klar, dass ein derartiges Projekt nur fabrikmäßig und mit strengen Vorgaben termingerecht umgesetzt werden kann. Die Projektleitung braucht einen detaillierten Plan mit einer ebenso detaillierten Aufgabenteilung. Die Umsetzung der einzelnen Prozeduren, Module und Include Members muss automatisiert sein, ohne Werkzeuge bestünde keine Erfolgschance. Trotzdem werden aber Mitarbeiter benötigt, die den automatisierten Prozess überwachen. Allein die Verwaltung eines solchen Projekts verlangt eine aufwendige Managementinfrastruktur mit entsprechenden Overheadkosten. Und die gesamte Migration soll zu einem Festpreis angeboten werden!

Eine Methode zur Steuerung großer Migrationsprojekte, die sich bei Migrationsprojekten in Ungarn nach der Systemwende – also seit den 90er-Jahren – bewährt hat, ist, die Projektmitarbeiter nach migrierten Codeanweisungen zu bezahlen und für Regelverletzungen und Fehler wieder Geld abzuziehen. Die Regelverletzungen werden von einem Codeprüfungswerkzeug, die Fehler von den Systemtestern der Auftraggeber aufgedeckt. Beide, Regelverletzungen und Fehler, werden nach Schweregrad klassifiziert. Die Höhe des Geldabzugs hängt vom jeweiligen Schweregrad des Fehlers bzw. der Regelverletzung ab, wobei Fehler höher gewichtet sind als Regelverletzungen. Zusätzlich wird Geld abgezogen, wenn ein vorgegebener Liefertermin nicht eingehalten wird. Die Höhe dieses Abzugs hängt von der Höhe der Terminüberschreitung ab. So werden die Mitarbeiter leistungsabhängig nach der Softwaremenge, die sie migrieren, »belohnt« und nach den Softwaremängeln, Fehlern und Terminverzögerungen, die sie verursachen, »bestraft«.

Ein derartiges methodisches Vorgehen veranlasst die Projektbeteiligten dazu, sich selbst zu kontrollieren und zu steuern. Die Abgabe der migrierten Komponenten, Oberflächen und Datenbanken und deren Größe in Anweisungen registriert das Konfigurationsmanagementsystem. Codemängel werden über den automatischen Codeaudit ausgewiesen. Die Fehler melden die Systemtester im Fehlerverfolgungssystem. Für jeden Projektmitarbeiter wird ein Konto geführt, das vom Konfigurationsmanagement, dem Codeauditor und dem Fehlerverfolgungssystem automatisch aktualisiert wird. Sowohl die Projektleitung als auch die Projektmitarbeiter werden über den Stand der Konten regelmäßig informiert. Auf diese Weise ist es möglich, auch riesige Migrationsprojekte mit der erforderlichen Qualität zu den geplanten Terminen mit vertretbaren Overheadkosten durchzuführen und zu steuern [HaSeRo93].

Eine solche leistungsbezogene Projektsteuerung ist bei Migrationsprojekten nur deshalb möglich, weil die Einzelaufgaben weitgehend voneinander unabhängig sind. Jedes Programm kann einzeln transformiert, reimplementiert oder gekapselt werden, unabhängig von den anderen, solange die Schnittstellen und die Funktionalität unverändert bleiben. Dies erlaubt die beschriebene industrielle Abwicklung der Migration. Im günstigsten Fall brauchen die Mitarbeiter nur die Werkzeuge zu bedienen und die Ergebnisse zu kontrollieren. Je nachdem, wie ausgereift die Werkzeuge sind, muss der Migrationsmitarbeiter nur in Ausnahmefällen in den Code eingreifen. Wichtig ist in diesem Zusammenhang, dass die Qualität der migrierten Software bzw. Daten erhalten bleibt. Sie darf nicht unter den Qualitätsstand fallen, der vor der Migration bestand. Deshalb empfiehlt sich eine Qualitätssicherung durch einen dritten Partner.

5.6   Entwurfsmethoden

Der Entwurf der Zielarchitektur ist eine der wenigen Aktivitäten in einem Migrationsprojekt, die sich von einem Entwicklungsprojekt nicht unterscheidet. Der Entwurf wird in der Regel vom Anwenderunternehmen oder einem Berater in dessen Auftrag erledigt. Der Auftragnehmer im Falle der externen Vergabe einer Migration sollte diese Aufgabe nicht übernehmen, denn damit würde er seine eigenen Ziele definieren. Seine Aufgabe wird es sein, diese Ziele zu erreichen.

Das Buch »Objektorientierte Softwaremigration« beschreibt eine Methode für den Entwurf des Zielsystems in Migrationen [Snee99a], die unverändert gültig und anwendbar ist. Danach wird zunächst das Altsystem mit Reverse-Engineering-Werkzeugen nachdokumentiert und daraus ein Modell der bestehenden Architektur gewonnen, die mit UML-Diagrammen abgebildet wird. Dies kann völlig automatisiert geschehen. Die Ergebnisse der Nachdokumentation werden in einem Software-Repository abgelegt und dort als Entitäten und Beziehungen gespeichert, verknüpft und grafisch dargestellt.

Wichtig bei dieser Methode ist das zugrunde liegende Prinzip: Modelliert wird nicht die gewünschte oder gar die ideale Architektur, sondern die Istarchitektur. Der Systemarchitekt hat weder bei einer Transformation noch bei einer Reimplementierung die Freiheit, an der bestehenden Architektur etwas zu ändern.

Nur im Fall einer Kapselung kann er eine neue Architektur konzipieren, unterliegt aber auch dann zahlreichen Einschränkungen. Aufgabe des Architekten ist es dann, eine annehmbare Lösung für das Zielsystem zu finden, die sich möglichst nahe an der alten Lösung bewegt, damit viel alter Code wiederverwendet werden kann. Die gekapselten Komponenten müssen in das Zielsystem hineinpassen. Die Entscheidung für die Migration bleibt also immer in hohem Maße eine Entscheidung für die Vergangenheit.

5.6.1   Entwurf der Istarchitektur

Anzustreben ist eine 1:1-Umsetzung der bestehenden Komponenten, d.h., ein Baustein im alten System soll dieselbe Rolle im neuen System übernehmen.

Problematisch wird es, wenn die neue Umgebung das nicht zulässt. Ein Beispiel dazu ist die Nutzung eines Betriebssystemregisters zur Steuerung des Programmaufrufs. In der Zielumgebung gibt es keinen Zugang zu den Betriebssystemregistern, sie müssen durch Steuerungsparameter ersetzt werden. Ein anderes Beispiel ist die Zugriffslogik hierarchischer Datenbanken. Wird eine hierarchische Datenbank durch eine relationale abgelöst, funktioniert die alte Zugriffslogik nicht mehr. Sie muss entweder simuliert oder anders implementiert werden.

Den höchsten Grad an Änderungsbedarf verursacht ein Sprachwechsel. Angenommen, die Altprogramme liegen in COBOL vor und sollen in der neuen Umgebung in Java implementiert werden. Für diese Transformation muss der Architekt ein Objektmodell definieren, das möglichst nahe an das alte Funktionsmodell herankommt. Dies bedeutet aber, er muss auf vieles verzichten, was normalerweise zu einer objektorientierten Architektur gehört – auf Vererbung, auf Polymorphie, auf dynamische Bindung usw. Wer diese Eigenschaften in der neuen Software nutzen will, muss sie neu entwickeln. Die Migration selbst kann einen solchen Paradigmenwechsel nicht bewerkstelligen. Auch alle Forschungen in dieser Richtung waren bisher ergebnislos. Das relativ Beste, das man erreichen kann, ist ein objektangelehntes (object based) Neusystem mit gekapselten alten Modulen. Der Systemarchitekt muss das wissen und sich danach richten [GaAlOc95].

5.6.2 Entwurf der Sollarchitektur

Für den Entwurf der neuen Architektur kann eine Untermenge von UML benutzt werden: Mit Klassendiagrammen lassen sich die Komponenten und deren Beziehungen zueinander umreißen. Eine Klassenhierarchie wird es nicht geben, es sei denn, das Altsystem war bereits objektorientiert. Mit Sequenzdiagrammen können die Interaktionen zwischen den Komponenten dargestellt werden. Zustandsdiagramme werden kaum benötigt. Mit Aktivitätsdiagrammen lassen sich die Transaktions- bzw. Batch-Abläufe beschreiben.

Besondere Aufmerksamkeit muss der Beschreibung der Systemverwendung aus Benutzersicht gelten. Dafür sind Anwendungsfälle zu spezifizieren, je einer für jeden Batch-Job und für jede Onlinetransaktion. Diese Use-Case-Dokumentation dient als Ausgangsbasis für die künftige Weiterentwicklung des Systems. Zusätzliche Anwendungsfälle dürfen nicht hinzukommen. Der Architekt muss sich darauf beschränken, die bestehende Funktionalität zu dokumentieren.

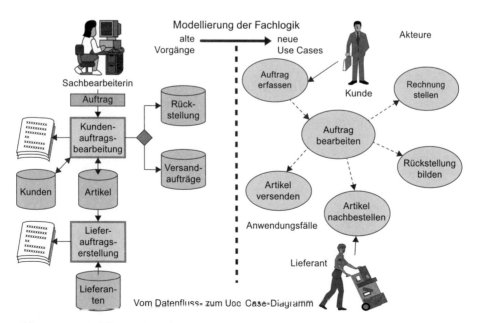

Abb. 5–7 *Modellierung der Fachlogik: alt und neu*

Mit Entity-/Relationship-Diagrammen werden die neuen Datenbankstrukturen dokumentiert. Auch für die Daten gilt der Grundsatz: So wenig wie möglich ändern! Die alte Datenstruktur soll erhalten bleiben, auch wenn sie nicht normalisiert ist. Allenfalls müssen wiederholte Daten(gruppen) ausgelagert und redefinierte Daten verdoppelt werden, da diese Eigenschaften früherer Datenbanksysteme wie IMS, IDMS und ADABAS von relationalen Datenbanken nicht unterstützt werden. Dies bedeutet, der Architekt muss solche Inkompatibilitäten kennen, sie im konkreten Fall identifizieren und Wege finden, sie in der neuen Datenbankstruktur abzubilden.

Der Architekt muss sich auch mit der Frage der Interoperabilität auseinandersetzen. Wie soll das migrierte Altsystem mit anderen Systemen in der neuen Umgebung kommunizieren bzw. Daten austauschen? Sind neue Datenschnittstellen erforderlich, muss der Architekt sie entwerfen und dokumentieren; hierfür kann er die XML-Sprache verwenden. Werden die Altkomponenten als Web Services weiterverwendet, kommt die Spezifikation der WSDL-Schnittstelle dazu [FiEmMa00].

Heutzutage werden Altsysteme meist in eine Webarchitektur wie WebSphere, WebLogik, NetWeaver oder Net migriert. In diesem Fall besteht die Hauptaufgabe des Systemarchitekten darin, die Interaktionen der migrierten Software zu konzipieren. Je kleiner die migrierten Bausteine sind, desto leichter lassen sie sich in die neue Architektur integrieren [Snee03a]. Werden ganze Anwendungssysteme migriert, müssen ihre Schnittstellen nach außen verändert werden. Der Systemarchitekt muss dann vorgeben, wie die neuen Schnittstellen auszusehen haben. Sie können entweder mit der Zielsprache oder mit XML bzw. IDL spezifiziert werden. Wichtig ist, dass sie simuliert und getestet worden sind, bevor sie in die migrierte Software eingebaut werden.

Das Ergebnis des Systementwurfs ist eine umfassende Entwicklungsdokumentation mit:

- UML-Diagrammen zu den migrierten Komponenten und deren Interaktionen;
- Entity-/Relationship-Diagrammen für die migrierten Datenbanken;
- Aktivitätsdiagrammen zu den migrierten Onlinetransaktionen und Batch-Prozessen;
- Anwendungsfällen zur Beschreibung der neuen Benutzerinteraktionen;
- formalen Spezifikationen der geplanten Schnittstellen zwischen dem migrierten System und anderen Systemen der neuen Umgebung, z.B. als IDL- oder XML-Schema.

Diese Entwurfsdokumentation dient als Zieldefinition für die Mitarbeiter, die die Migration im Detail ausführen.

5.7   Code-Transformationstechniken

Für die Migration des Codes bieten sich drei Möglichkeiten an:

- Codetransformation
- Codereimplementierung
- Codekapselung

Eine vierte Möglichkeit – die 1:1-Übertragung – setzt voraus, dass der alte Code unverändert in der neuen Umgebung kompiliert, zusammengebunden und ausgeführt werden kann und dass die ausführbaren Komponenten sich danach genau so verhalten wie in der alten Umgebung. Dieser Weg ist zwar der billigste und sicherste, aber nur dann gangbar, wenn der Compiler und auch das Runtime-System der beiden Umgebungen voll kompatibel sind. Dies muss vor der Migration in einer Studie geklärt werden. Ein gutes Beispiel für eine 1:1-Übertragung ist die Migration von PL/1- oder COBOL-Programmen von einem IBM-Mainframe mit dem Betriebssystem Z-OS auf einen IBM-P5-Rechner unter dem Betriebssystem AIX. In diesem Fall sind die Compiler, die Runtime-Systeme und die Datenbanksysteme voll kompatibel.

Von einer Transformation spricht man, wenn Codezeilen geändert werden. Einzelne Anweisungen müssen geändert werden, wenn die Compiler der beiden Umgebungen nicht 100-prozentig kompatibel sind, wenn die Runtime-Systeme sich unterscheiden oder wenn die Datenbank- bzw. Transaktionssteuerungssysteme sich verschieden verhalten. In diesen Fällen verhalten sich Anweisungen in der neuen Umgebung anders als in der alten Umgebung. Bei einem Sprachwechsel schließlich sind natürlich alle Anweisungen betroffen.

In den anderen Fällen ist in einem ersten Durchgang zunächst herauszufinden, welche Anweisungen betroffen sind, diese müssen identifiziert und markiert werden. Im anschließenden zweiten Durchgang werden diese Anweisungen ersetzt durch solche, die in der neuen Umgebung die bisherige Auswirkung haben. Abbildung 5–8 demonstriert, welche Beziehungen zwischen alten Anweisungen bzw. Anweisungsgruppen und Anweisung(sgrupp)en im neuen Code grundsätzlich möglich sind.

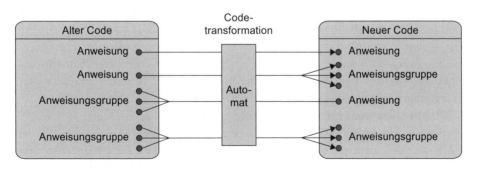

Abb. 5–8   *Transformation des Programmcodes*

Im besten Falle ist dies eine 1:1-Beziehung; der einzelne Funktionsaufruf wird z.B. durch einen anderen Funktionsaufruf abgelöst. In anderen Fällen sind 1:n-Umsetzungen erforderlich; aus einer Anweisung im alten Code werden mehrere im neuen Code: Nehmen wir beispielsweise eine STRING-Anweisung in COBOL an, die in Java umzusetzen ist, dann brauchen wir mehrere Java-Anweisungen, um dasselbe Resultat zu erzielen. Ähnliches gilt für andere komplexe Anweisungen. Der Java-Code wird in solchen Fällen um ein Vielfaches größer als der ursprüngliche COBOL-Code [Snee92a]. Um dies zu verhindern, sollten alle Anweisungen, die eine 1:n-Umsetzung erfordern, schon vorher erkannt und inventarisiert werden. Anschließend wird für jede dieser Anweisungen eine einzige Funktion oder Methode mit mehreren Anweisungen in der neuen Sprache entwickelt. Die Variablen in der alten Anweisung werden zu Parametern für die neue Funktion bzw. Methode. Es wird also sozusagen eine Bibliothek allgemeingültiger Funktionen aufgebaut. Damit lässt sich jede derartige Anweisung im alten Code 1:1 durch eine neue »Anweisung« ersetzen, die die gewünschte Methode bzw. Funktion aufruft. Damit kann dieses Problem mit vertretbarem Aufwand gelöst werden, ohne den neuen Code unnötig aufzublähen. Schwieriger wird es, wenn Anweisungen m:1 oder m:n umgesetzt werden müssen.

Eine m:1-Transformation wird erforderlich, wenn aus einer Anweisungsgruppe in der alten Sprache eine einzelne Anweisung in der neuen Sprache erzeugt werden muss. Ein Beispiel dafür ist die Übersetzung eines Assembler-Modulaufrufs in eine COBOL-Call-Anweisung. Ein anderes Beispiel liegt vor, wenn die Zugriffslogik für eine hierarchische Datenbank in eine SQL-Select-Anweisung für eine relationale Datenbank umzuwandeln ist. Statt mehrerer Anweisungen im alten Code kommt es nur zu einer Anweisung im neuen Code.

Eine m:n-Transformation liegt vor, wenn aus einer Anweisungsgruppe im alten Code eine andere Anweisungsgruppe im neuen Code werden muss. Das trifft z.B. zu, wenn man ein prozedurales Programm in ein objektorientiertes transformiert. Aus einer Anweisungsgruppe auf der einen Seite wird eine andere Anweisungsgruppe auf der anderen Seite, z.B. werden aus einem Modul mehrere Klassen, in denen die Anweisungen des Moduls zwar wieder vorkommen, aber in einer völlig anderen Reihenfolge.

m:1- und m:n-Transformationen erhöhen den Aufwand für die Migration und bringen zusätzliche Unsicherheiten mit sich. Man muss sorgfältig prüfen, ob die Umsetzungsalgorithmen wirklich korrekte Lösungen produzieren. Wenn nicht bewährte Werkzeuge vorhanden sind, die solche komplexen Transformationen automatisch bewältigen, gerät die Migration hier zu einer Erkundungsarbeit mit unsicherem Ausgang.

Dann sollte man prüfen, ob es nicht günstiger wäre, den Code zu reimplementieren. Damit wären wir aber bei einer anderen Technik gelandet, die den Rahmen einer Codetransformation sprengt. Der Schlüssel zur Codetransformation ist deshalb die Erkenntnis, welche Anweisungen 1:1, 1:n, m:1 und m:n

umzusetzen sind. Das setzt gute Kenntnisse beider Sprachen und beider Umgebungen voraus. Es brauchen nur wenige m:n-Fälle vorzukommen, um dem Migrationsprojekt eine andere Dimension zu verleihen. Komplexe Transformationen
mit einer signifikanten Anzahl m:1- und m:n-Umsetzungen setzen außerdem
zwingend bewährte Transformationswerkzeuge voraus [Knas01].

Das Thema Werkzeuge wird erst in Kapitel 6 behandelt. Hier wird deshalb
nur festgehalten, dass Codetransformation automatisiert sein muss. Tausend
Mitarbeiter beim Outsourcing-Partner aufzubieten, um tausend Programme
umzusetzen, wäre keine Lösung. Jedes Programm würde danach anders aussehen
und wäre obendrein voller unterschiedlicher Fehler. Bei einer automatischen
Transformation dagegen sind alle generierten Sourcecode-Bausteine gleichförmig
und einheitlich. Falls ein Fehler in der Transformation auftritt, wird er relativ
leicht zu erkennen sein, da er an vielen Stellen gleichzeitig auftritt.

5.8   Code-Reimplementierungstechnik

Der Begriff »Reimplementierung« impliziert eine andere Art Tätigkeit als eine
Transformation bzw. Konversion. Bei einer Transformation wird der Code
Anweisung für Anweisung übersetzt. Eine Reimplementierung ist zu empfehlen,
wenn die Kluft zwischen dem alten und dem neuen Code zu groß ist, wie z.B. zwischen prozeduralem und objektorientiertem Code.

Bei einer Reimplementierung überlegt sich der Übersetzer, was der alte Code
bezweckt hat, und verfasst sinngleichen neuen Code mit funktional entsprechenden, aber ansonsten ganz anderen Anweisungen. Der Übersetzer muss also zuverlässig erkennen, was mit den alten Codebausteinen bezweckt war, und den gleichen Zweck mit neuen Codebausteinen erfüllen. So würde er z.B. für eine alte
PL/1-Prozedur eine neue C++-Klasse schreiben, die zwar die gleichen Parameter
und Ergebnisse hat, aber völlig andere Anweisungen beinhaltet. Möglicherweise
muss er dafür auch zwei Klassen anlegen, denn eine 1:1-Beziehung zwischen den
Codebausteinen wird es selten geben.

Aus praktischer Sicht liegt der Hauptunterschied zwischen Transformation
und Reimplementierung in der Tatsache, dass die Transformation automatisierbar ist. Es gibt klare Regeln, wie Anweisungen oder Anweisungsgruppen umzusetzen sind, und diese Regeln lassen sich programmieren. Es ist sogar möglich,
Strukturen umzusetzen, sofern es dafür einen eindeutigen Algorithmus gibt. Für
die Umsetzung von prozeduralem Code in objektorientierten Code gibt es zahlreiche veröffentlichte Ansätze aus der Forschung. Der Softtran-Ansatz [SnNy92]
ist ein gutes Beispiel dazu. Soweit sie jedoch wirklich funktionieren, bewirken sie
keine Reimplementierung, sondern eine Transformation.

Dennoch hat keiner dieser Ansätze großen Anklang in der Praxis gefunden.
Am weitesten kam der Recovery-Ansatz von Relativity, der COBOL in Java
umsetzte. Resultat waren COBOL-Programme in Java-Syntax. Um ihre Kunden

nicht zu enttäuschen, hat Relativity eine Migrationsfabrik in Russland gegründet. Dort wurden die von diesem Werkzeug transformierten Java-Programme anschließend bearbeitet, also (teilweise) reimplementiert. Aber auch danach waren die Kunden nicht durchweg mit den Ergebnissen zufrieden, weil die russischen Mitarbeiter den fachlichen Inhalt der Programme nicht immer richtig verstanden hatten [TeVe00].

Reimplementierungen sind um ein Vielfaches aufwendiger als Transformationen. Da es keine klar definierten Regeln für die Übersetzung gibt bzw. geben kann, muss der reimplementierende Mitarbeiter improvisieren. Er liest den ursprünglichen Code durch, abstrahiert den darin enthaltenen Sinn, setzt diesen Sinn in seinem Kopf um und sucht nach einer vergleichbaren Formulierung in der Zielsprache. Da die Konstrukte der betroffenen Programmiersprachen unterschiedlich sein können, muss er oft auf Patterns zurückgreifen, die zwar durch einen anderen Algorithmus dargestellt werden, aber das gleiche Resultat erzeugen. Für jedes Sprachkonstrukt werden andere Muster gebraucht. Bei der Reimplementierung handelt es sich gewissermaßen um ein Pattern-Matching-Problem. Zu jedem Implementierungsmuster im alten Code muss der Reimplementierer ein entsprechendes Muster in der Zielsprache finden und ggf. anpassen (vgl. Abb. 5–9).

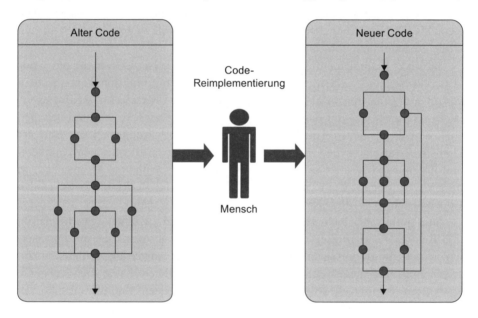

Abb. 5-9   *Reimplementierung des Codes*

Erschwert wird die Reimplementierungsarbeit durch die mangelnde Kommentierung und die Namensvergabe im alten Code. Die Namen der Datenvariablen bestehen oft nur aus wenigen Buchstaben ohne erkennbare fachliche Bedeutung. Der Reimplementierer müsste neue, sinnvolle Namen vergeben, aber dazu muss er erst erforschen, was hinter den alten, verschlüsselten Namen steckt. Dies kann wiederum leicht in ein umfassendes Ontologieprojekt ausarten. Also belässt er die verschlüsselten Namen und übernimmt sie in den neuen Code mit dem Resultat, dass keiner die neuen Programme auf Anhieb versteht, manchmal nicht einmal der Reimplementierer selbst [MüMa02].

Zu diesen Schwierigkeiten kommt noch die drohende Einschränkung der funktionalen Äquivalenz. Der reimplementierte Code muss exakt das gleiche Ergebnis produzieren wie der Vorgängercode. Wenn der etwa eine Gleitkommazahl mit vier Nachkommastellen erzeugt, muss der neue Algorithmus das haargenau nachvollziehen. Tut er das nicht, werden die einzelnen Module eines komplexen Systems nicht korrekt zusammenarbeiten, wenn ein Modul am anderen Ende des Systems just eine Gleitkommazahl mit vier Nachkommastellen erwartet. Bei einer 1:1-Transformation ist diese Bedingung viel leichter zu erfüllen, für eine Reimplementierung kann sie sich als schwer erreichbares Ziel erweisen. Andere Algorithmen, auch wenn sie nahezu identisch sind, produzieren geringfügig unterschiedliche Ergebnisse. Daran sind schon viele Reimplementierungsprojekte gescheitert.

Es ist daher zu hinterfragen, ob sich eine Reimplementierung lohnt. Ernsthafte Zweifel sind angebracht. Wenn es nicht möglich ist, den Code automatisch zu transformieren, soll man ihn entweder kapseln oder völlig neu entwickeln auf der Basis neuer Anforderungen und neuer Architektur. Wer dazu die Mittel hat, kann den zweiten Weg gehen. Wer über diese nicht verfügt, muss sich mit dem ersten abfinden.

5.9 Code-Kapselungstechniken

Die Alternative zur Codetransformation ist die Codekapselung. Statt den alten Code zu transformieren wird er belassen, wie er ist, und so in eine »Schale« verpackt, dass er in der neuen Umgebung lauffähig bleibt.

Bei der Kapselung geht es also vorrangig um Kompatibilität. Die Inkompatibilität von Rechnerumgebungen liegt weniger auf der Ebene der einzelnen Anweisungen als vielmehr auf den Ebenen der Benutzer-Programm-Kommunikation, der Programm-Programm-Kommunikation und der Programm-Datenbank-Kommunikation. Bisherige Benutzungsoberflächen sind durch andere, z.B. GUI-Masken durch Webseiten, zu ersetzen. Die Datenbankstrukturen verändern sich. Andere Umgebungen haben andere Runtime-Systeme. Die Standardfunktionen, die ein Programm aufruft, verhalten sich anders. Auch der Datenaustausch mit anderen Systemen findet über andere Protokolle statt. Die alten Programme an sich wären ausführbar, können aber mit ihrer neuen Umgebung nicht kommunizieren [Snee96]. Die Lösung zu diesem Problem ist die Kapselungstechnik, englisch »Wrapping« genannt. Die Verbindungen der Software zur Außenwelt werden gekappt und über eine Übersetzungsschale umgeleitet (vgl. Abb. 5–10).

Software lässt sich auf verschiedenen Ebenen kapseln. Es gibt:

- Prozesskapselung
- Transaktionskapselung
- Programmkapselung
- Modulkapselung
- Prozedurkapselung

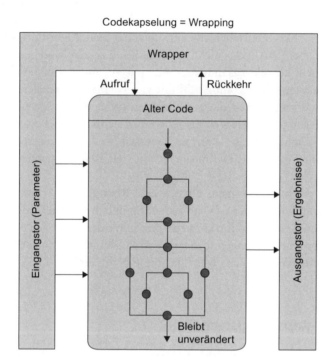

Abb. 5–10　　*Kapselung bestehender Codebausteine*

5.9.1　Prozesskapselung

Auf der Prozessebene werden Batch-Abläufe, in denen mehrere Programme hintereinander ausgeführt werden, in der Weise gekapselt, dass ein neues, übergeordnetes Programm ihre Eingabedaten bereitstellt, ihre Ausführung anstößt und, wenn sie fertig sind, ihre Ausgabedateien abholt. So kann ein Batch-Job auf einem Mainframe-Rechner von einem Arbeitsplatzrechner aus gestartet und gesteuert werden. Der Prozess erhält seine Steuerungsparameter vom Arbeitsplatzrechner. Es sieht so aus, als liefe der Prozess am Arbeitsplatzrechner selbst.

5.9.2   Transaktionskapselung

Onlinetransaktionen werden von einem Bildschirm aus gestartet. Auch hier wird eine Kette einzelner Programme ausgeführt, die alle über den Bildschirm mit dem Benutzer kommunizieren. Bei der Kapselung der Transaktionen werden die Bildschirminteraktionen mit dem Benutzer ausgetauscht. Der Datenstrom vom Anwenderprogramm zum Bildschirmanzeigeprogramm wird abgefangen, verändert und an ein neues Bildschirmanzeigeprogramm umgeleitet. In umgekehrter Richtung wird der Datenstrom von der neuen Oberfläche abgefangen, umgesetzt und an das alte Programm weitergegeben. Das alte Programm meint mit dem alten Bildschirmprogramm weiterzuarbeiten, kommuniziert tatsächlich aber mit dem neuen Anzeige- und Erfassungssystem. Auf diese Weise können Programme mit bisher fest formatieren Masken auf GUI-Oberflächen umgestellt werden.

5.9.3   Programmkapselung

Programme bilden einzelne Prozessschritte in einem Batch-Job oder in einer Onlinetransaktion ab. Batch-Programme lesen und schreiben Dateien, Onlineprogramme senden und empfangen Bildschirminhalte. In beiden Fällen geht es darum, die Eingangsdatenströme aus einer anderen Quelle zu entnehmen und die Ausgangsdatenströme an einen anderen Bestimmungsort zu senden. Dies erfordert ein zusätzliches Programm – einen Wrapper –, das die Datenflüsse aus bzw. für das alte Programm umsetzt. So kann z.B. ein Programm, das bisher Textdateien verarbeitet hat, auf XML-Dateien umgestellt werden.

5.9.4   Modulkapselung

Module sind getrennt kompilierbare Codebausteine, die über eine Parameterschnittstelle aufgerufen werden. Sie nehmen die Eingabeparameter entgegen, erarbeiten damit ein Ergebnis und geben die Ergebnisse als Ausgabeparameter zurück an den Aufrufer.

Problem hier ist die Art und Weise, wie die Parameter übergeben werden. In einer konventionellen Umgebung geschieht das mittels eines Adresszeigers. Das aufgerufene Modul bekommt die Adresse des Zwischenspeichers, wo es die Eingabedaten abholen kann, und eine andere Adresse, wo es die Ausgabedaten ablegen kann. Dieser Adressierungsmechanismus ist betriebssystemspezifisch. Soll das Modul in Zukunft als Web Service verwendet werden, braucht es eine andere Schnittstelle. Es soll seine Eingabeparameter aus einer Request-Nachricht übernehmen, wo diese im WSDL-Format definiert sind, und seine Ausgabeparameter in eine Response-Nachricht verpacken und versenden. Dazu wird ein Zwischenmodul – ein Wrapper – benötigt, um die Daten aus der Request-Nachricht auszupacken, in das alte Format wie z.B. gepackten EBCDIC-Code umzusetzen und als Parameter an das alte Modul zu übergeben. Umgekehrt bekommt das Zwischenmodul die Ergebnisse als Rückgabewerte zurück, setzt sie in das WSDL-Format um und sendet die Response-Nachricht an den Aufrufer.

5.9.5 Prozedurkapselung

Alte Programme können sehr groß und komplex sein. Sie enthalten auch viele Funktionen, die in der neuen Umgebung nicht mehr benötigt werden. Es wird deshalb oft wünschenswert sein, nur einzelne Teile der Altprogramme herauszuschneiden und als eigene Module wiederzuverwenden. Dazu muss der betreffende Code mit einem eigenen Eingang, einem eigenen Ausgang und mit eigenen Parametern versehen werden. Dann verhält sich dieser Codeabschnitt wie ein separates Modul, obwohl er zuvor Bestandteil eines größeren Programms war.

Diese Kapselungsart erfordert einen Eingriff in den alten Code. Eine Entry-Anweisung muss zu Beginn des auszuschneidenden Abschnittes eingefügt werden; die Daten, die der Abschnitt verwendet, müssen als Parameter in eine Linkage-Sektion versetzt und eine Exit-Anweisung muss am Ende des Codeabschnitts eingefügt werden. Außerdem müssen sämtliche Verzweigungen in andere Codeteile gekappt werden. Diese Vorgehensweise wird als Procedure oder Class Flattening bezeichnet. Am Ende muss der ausgeschnittene und bearbeitete Codeabschnitt ein in sich geschlossenes Modul bilden, das von außen aufrufbar ist.

Prozedurkapselung ist nicht einfach, kann aber durch ein geeignetes Werkzeug völlig automatisiert werden (siehe Abschnitt 6.6). Der Benutzer braucht dann nur den Anfang und das Ende des gewünschten Codeabschnitts zu markieren, den Rest erledigt das Tool. Diese Technik ist deshalb so wichtig, weil damit Codebausteine aus alten Anwendungen als Web Services übernommen werden können. Es wird selten vorkommen, dass die alten Programme 1:1 zu den Anforderungen der neuen Geschäftsprozesse passen. Es wird viel eher der Fall sein, dass Teile der alten Programme weiterverwendbar sind, z.B. eine Kalenderfunktion oder eine Zinsberechnung. Um diese Funktionalität in die neue Umgebung zu versetzen, muss der alte Code, der diese Funktion erfüllt, herausgeschnitten und als eigenständiger Baustein bzw. Web Service bereitgestellt werden [Snee01c].

5.10 Datenkonvertierungstechnik

Die Konvertierung der Datenbestände von einem Datenbanksystem zu einem anderen vollzieht sich auf zwei Ebenen. Auf der unteren Ebene werden die einzelnen Datentypen bzw. die Attribute umgesetzt; aus gepackten EBCDIC-Werten werden z.B. Gleitkommazahlen. Auf der oberen Ebene werden die Datenbankstrukturen verändert; aus hierarchischen oder netzartigen werden flache Datenstrukturen.

Wenn eine relationale Datenbank von einem Hersteller in die relationale Datenbank eines anderen Herstellers migriert wird, dann handelt es sich um eine Konvertierung der Attribute, also eine Konvertierung auf der unteren Ebene. Die übergeordnete Struktur der Daten – die relationalen Tabellen – bleibt unverändert. Es werden lediglich einzelne unkompatible Datentypen umgesetzt, z.B. werden gepackte Felder entpackt und Datumsfelder entschlüsselt. SQL-Datenbanken sind weitgehend normiert, aber einzelne Hersteller bieten eigene Datentypen oder herstellerspezifische Auslegungen des SQL-Standards. In einem solchen Fall werden die Daten aus der einen Datenbank in ASCII-Zeichenformat herausgezogen, durch ein Programm gefiltert und in die andere Datenbank geladen. Bei der Filterung werden inkompatible Werte erkannt und geändert. Das geht sehr schnell, da es vollautomatisiert erfolgt. Es gibt dafür Dienstprogramme, die von den Datenbankherstellern zur Verfügung gestellt werden [Lyon91].

Problematischer ist eine Datenkonversion auf der oberen Ebene. Nehmen wir an, wir wollen eine IMS-, eine CODASYL- oder eine ADABAS-Datenbank in eine relationale Datenbank migrieren (siehe Abb. 5–11). Dann ändert sich die Struktur der Datenbank. Im Falle von IMS wird die hierarchische Struktur der Segmente durch Fremdschlüssel abgebildet; aus jedem Segment wird eine Tabelle. Der Hauptschlüssel des Wurzelsegments (Root-Segment) muss als Fremdschlüssel (Foreign Key) in alle untergeordneten Tabellen eingefügt werden. Falls es andere übergeordnete Segmente in einer Datenbankhierarchie gibt, müssen auch deren Hauptschlüssel in die untergeordneten Tabellen übertragen werden. Am Ende werden alle untergeordneten Tabellen so viele Fremdschlüssel aufweisen, wie sie übergeordnete Tabellen haben. Damit wird die alte hierarchische Struktur in den relationalen Tabellen abgebildet. Die Suchlogik ist jedoch invertiert: Sie geht nicht mehr von oben nach unten, sondern von unten nach oben.

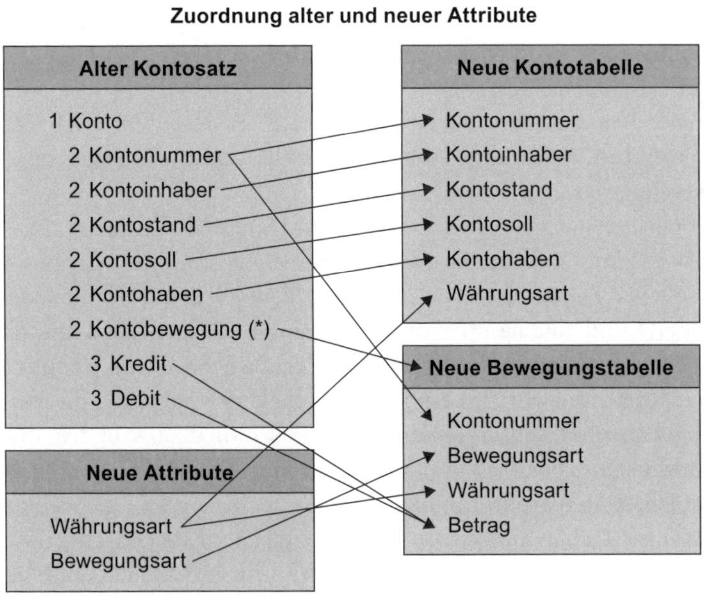

Abb. 5–11   *Datenumsetzung in relationale Tabellen*

Noch problematischer wird es bei der Konvertierung einer netzartigen CODA-SYL-Datenbank wie IDS, UDS oder IDMS in eine relationale Datenbank. Denn hier gibt es nicht nur hierarchische Verknüpfungen von übergeordneten zu untergeordneten Sätzen, sondern auch Querverknüpfungen von einem übergeordneten Satz in einer Hierarchie zu einem untergeordneten Satz in einer anderen Hierarchie. Statt mit Segmenten haben wir es hier mit Satzarten zu tun. Jeder Satz wird zu einer relationalen Tabelle. Jede Beziehung verlangt, dass der Hauptschlüssel der Besitzertabelle (Owner Record) als Fremdschlüssel in die Mitgliedertabelle (Member Record) eingefügt wird. Dies gilt auch für alle Querbeziehungen. Die Suchlogik geht danach vom Gesuchten aus.

Diese Veränderung der Suchlogik bleibt nicht ohne Konsequenzen für die Daten benutzenden Programme. Ihre ursprüngliche Top-down-Abarbeitung der Datenhierarchien muss in eine Bottom-up-Suchaktion umgewandelt werden. Möglicherweise führt dies zu erheblichen Performance-Engpässen. Dann muss die Logik der betroffenen Programme völlig verändert werden, was aus einer ursprünglichen Datenkonversion schnell zu einer umfassenden Programm-Migration werden kann, vor allem dann, wenn die Verarbeitungslogik der Programme eng mit der Datenzugriffslogik verknüpft ist.

Ein weiteres Problem, das sowohl bei hierarchischen als auch bei netzartigen Datenbanken auftaucht, ist die Existenz von wiederholten Datenfeldern und Datengruppen innerhalb der Sätze bzw. Segmente. So kann z.B. ein Kunde mehrere Namen haben. Da dies eine Verletzung der ersten Normalform ist, darf es in einer relationalen Tabelle nicht vorkommen. Die Namen müssen in eine eigene Tabelle ausgelagert werden. Das Gleiche gilt für Datengruppen. Wenn z.B. die Anschrift des Kunden mit den sonstigen Kundendaten in einem Satz abgespeichert ist, muss auch sie in eine separate Anschriftentabelle mit Name, PLZ, Ort, Straße und Land ausgelagert werden. Dadurch entstehen aus vermeintlich einer Tabelle viele. Wenn andere Satzarten, wie z.B. Lieferanten, auch eingebettete Anschriften haben, muss die Anschriftentabelle der Lieferanten mit jener der Kunden vereinigt werden.

Ein ähnliches Beispiel ergibt sich aus den Datenredefinitionen. In Abhängigkeit vom Wert eines anderen Attributs könnte ein bestimmtes Attribut als jeweils unterschiedlicher Datentyp ausgelegt sein, z.B. könnte das Kundenkennzeichen entweder der Kundenname oder die Kundennummer sein, abhängig davon, wie das dazugehörige Feldtypenkennzeichen gesetzt ist. So etwas kommt häufig in alten Datenstrukturen vor. Im einen Fall enthält der Satz z.B. die persönlichen Daten eines Patienten und im anderen Fall dessen medizinische Daten. Das Programm unterscheidet beide Fälle anhand eines Steuerungsfelds. In SQL-Datenbanken sind solche Datenstrukturen nicht erlaubt, weil sie gegen die zweite Normalform verstoßen. Daher müssen sie über zusätzliche Tabellen aufgelöst werden. Neben der Tabelle der Patienten müssen zwei weitere Tabellen, eine für die persönlichen und eine für die medizinischen Daten, eingerichtet werden. Beide müssen über einen Fremdschlüssel auf den Patienten in der Patiententabelle verweisen.

Seit einiger Zeit bewegen wir uns in Richtung objektorientierter Datenbanken. Diese haben wieder alle Eigenschaften der netzartigen Datenbanken und einiges mehr wiederholte Gruppen, Redefinitionen, Hierarchien und Querverweise sowie eingebettete Objekte (Bilder, Grafiken und Tabellen). Sie sind in der Lage, komplette XML-Dokumente samt Unterhierarchie als ein Objekt abzuspeichern. Wer also von einer relationalen in eine objektorientierte Datenbank migrieren will, muss die Verteilung der Daten auf viele Tabellen rückgängig machen und alle Daten, die zu einem Objekt gehören, wieder zusammenführen.

Eine manuelle Datenkonvertierung kommt nicht infrage. Es ist undenkbar, dass Menschen alle Daten neu erfassen, sobald es sich nicht mehr um eine äußerst kleine Datenmenge handelt. Daten müssen also automatisch konvertiert werden. Entweder wird ein Konvertierungswerkzeug speziell für diese Datenübertragung entwickelt oder es wird ein Standard-Datenkonvertierungswerkzeug eingesetzt. Dieses Konvertierungswerkzeug liest die Daten aus der alten Datenbank ein, strukturiert sie um, übersetzt die inkompatiblen Datentypen und schreibt die neuen Daten in eine Zwischendatei. Zum Schluss wird die letzte Version der Zwischendatei in die Zieldatenbank geladen.

5.11 Datenkapselungstechnik

Besondere Risiken einer Datenmigration sind: Unternehmenskritische Daten werden dabei verzerrt oder, noch schlimmer, sie gehen verloren. Deshalb empfiehlt es sich, Datenbanken zu kapseln (siehe Abb. 5–12). Anstatt also die alte hierarchische oder netzartige Datenbank in eine relationale zu konvertieren, wird eine Zugriffsschale entwickelt, die zur Laufzeit relationale Datenbankoperationen in DLI- oder DML-Zugriffe umwandelt [MoMo02].

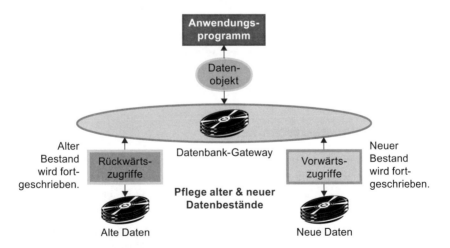

Abb. 5–12 Datenbankkapselung

Im Anwendungsprogramm werden Call-Anweisungen verwendet, so wie in ODBC oder JDBC, um die Datenbankzugriffe auszulösen. Die Operanden – Suchbegriffe, Zieltabellen und Zeiger auf den Puffer, in dem die Daten abzulegen bzw. wo sie zu entnehmen sind – werden als Parameter übergeben. Die Zugriffsschale nimmt diese Aufrufe entgegen, interpretiert die Parameter und generiert die entsprechenden Zugriffsanweisungen. Im Fall alter hierarchischer oder netzartiger Datenbanken wird das eine ganze Kette von Zugriffsanweisungen sein. Auf der Ausgabeseite werden Sätze in der Datenbank gelöscht, überschrieben und eingefügt. Auf der Eingabeseite werden Sätze aus der Datenbank gelesen und deren Inhalte in den Puffer übertragen. Falls inkompatible Datentypen vorkommen, werden diese zur Laufzeit umgesetzt.

Damit erfüllt die Zugriffsschale die Rolle eines Wrapper. Sie versteckt die eigentliche Datenbank hinter einer Wand und vermittelt dem Anwendungsprogramm den Eindruck, es arbeite mit einer relationalen Datenbank. Auf diese Weise kann das Anwenderunternehmen darauf verzichten, seine Daten zu konvertieren. Im Prinzip könnten sie für immer in der alten Datenbank belassen werden. Offen bliebe dabei nur, wie lange das alte Datenbanksystem vom Anbieter noch unterstützt wird und ob mit dem Wrapping verbundene Performance-Verluste auf Dauer in Kauf genommen werden.

Eine moderne Variante der Datenkapselung ist die Umsetzung relationaler Daten in XML-Dokumente und umgekehrt. Websysteme arbeiten mit komplexen Objekten, die eigentlich in eine objektorientierte Datenbank gehören. Die meisten Anwenderunternehmen setzen aber noch relationale Datenbanken ein. Also nutzen sie eine Datenbankkapselungsschale, die die Daten aus dem XML-Dokument holt und auf mehrere relationale Tabellen verteilt. Wenn die Anwendung dasselbe XML-Dokument wieder abbilden will, fügt die Zugriffsschale die Daten aus den betroffenen relationalen Tabellen wieder zusammen und baut sie in das Dokument ein. Auf diese Weise bekommt die Anwendung ihre Daten in der gleichen Form zurück, in der sie ursprünglich waren, obwohl sie in einer völlig anderen Form gespeichert sind. Datenkapselung ist so gesehen inzwischen ein gängiges Instrument, um die Unabhängigkeit der Datenhaltung von den jeweiligen Anwendungen zu gewährleisten [DaMe03].

5.12 Regressionstesttechniken

Der größte Kostenfaktor in jedem Migrationsprojekt ist der Test. Programme und Daten können mithilfe automatisierter Werkzeuge schnell konvertiert bzw. gekapselt werden. Dennoch stellt sich die Frage, ob das Ergebnis der Migration wirklich korrekt, das migrierte System äquivalent zum ursprünglichen System ist. Sind die migrierten Daten inhaltlich identisch mit den alten Daten? Die sichere Beantwortung dieser Fragen verursacht erheblichen Aufwand, der deutlich über dem Aufwand für die eigentlichen Migrationsschritte liegen kann. Nur mithilfe automatisierter Testwerkzeuge lässt sich dieser Testaufwand auf ein vertretbares Maß reduzieren.

Das Ziel von Regressionstests ist es nachzuweisen, dass das migrierte System sich genauso verhält wie das ursprüngliche. Dies kann auf zweierlei Weise und mit unterschiedlicher Gründlichkeit geschehen. Zum einen gibt es den vollständigen Regressionstest, bei dem alle neuen Ergebnisse, also Benutzungsoberflächen, Daten, Datenbankinhalte, Listen und andere Ergebnisse, mit denen des alten Systems verglichen werden. Zum anderen gibt es den selektiven Regressionstest, mit dem ausgewählte neue Ergebnisse stichprobenartig mit den alten verglichen werden. Der erste Ansatz ist der gründlichere und sicherere, aber eben auch teurer. Je nach individuellen Gegebenheiten kann auch der zweite Ansatz ausreichen. In beiden Fällen müssen alle bzw. die ausgewählten Transaktionsarten zunächst in der alten Umgebung durchgeführt, anschließend in der neuen Umgebung wiederholt und danach abgeglichen werden [Snee92b].

5.12.1 Voller Regressionstest

Für den vollen Regressionstest müssen alle vorhandenen Transaktionen mit dem alten System ausgeführt und die Zustände nach jedem Intervall festgehalten werden: also angezeigte Bildschirminhalte, ausgegebene Listen, veränderte Daten und Datenbanken und versandte Nachrichten. Sie müssen alle kopiert und archiviert werden, wobei die Bildschirmmasken notfalls als Hard Copy abgezogen werden können. Die Tester brauchen diese Vergleichsbasis.

Wesentlich sind die Intervalle, nach denen jeweils die Ergebnisse gesichert werden. Man könnte diese Intervalle eng halten, indem man die Ergebnisse nach jedem Batch-Job und nach jeder Onlinetransaktion sichert. In diesem Fall gibt es viele Vergleichsobjekte zu verwalten, man braucht eine riesige Speicherkapazität, um sie unterzubringen. Ein breiteres Intervall wäre, die Ergebnisse am Ende jeden Tages festzuhalten, ein noch breiteres, die Ergebnisse einer Periode zu sichern. Nachteil der breiteren Intervalle ist aber, dass jene Transaktionen, die zwischen zwei Intervallen abgelaufen sind, mit dem neuen System wiederholt werden müssen. Je größer also das Intervall, desto länger dauert der Regressionstest. Hier geht es um die situationsgerechte Balance zwischen Zeitaufwand und benötigtem Speicherplatz.

Der volle Regressionstest setzt weiter voraus, dass die Datenstrukturen des migrierten Systems mit denen des Altsystems weitgehend identisch sind [SnBaSe06]. Es muss möglich sein, die Datenbanken, Dateien und Nachrichten Satz für Satz und Nachricht für Nachricht zu paaren und den vollen Inhalt abzugleichen (siehe Abb. 5–13). Bei Listen und Bildschirmmasken kann ein Tester interpretieren, ob die Inhalte identisch sind, dies kann aber auch sehr aufwendig werden. Besser ist es, auch das automatisch abzugleichen; dazu werden die Datenwerte abgezogen und in eine Zwischentabelle gebracht, wo sie Feld für Feld verglichen werden können. Je mehr Ergebnisse zu vergleichen sind, desto aufwendiger wird diese Methode. Bei großen Systemen mit vielen Transaktionen und umfangreichen Ergebnissen kann sich der Regressionstest über viele Monate hinstrecken, auch wenn er voll automatisiert abläuft.

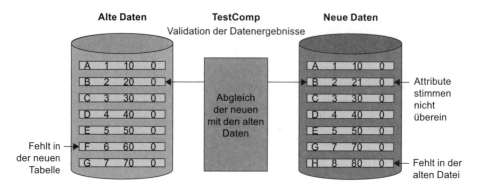

Abb. 5–13   *Abgleich der Daten aus Alt- und Neusystem*

5.12.2   Selektiver Regressionstest

Daher ist zu überlegen, ob der Regressionstest nicht selektiv durchgeführt werden kann. In einem selektiven Regressionstest werden nur bestimmte, repräsentative Transaktionen getestet und ausgewählte Ergebnisse verglichen. Anstatt alle Sätze einer Datei oder alle Zeilen einer Tabelle zu vergleichen, werden Stichproben dazu ausgewählt. Auch innerhalb der Objekte kann sich der Abgleich auf kritische Attribute beschränken, z.B. werden bei einem Konto lediglich Kontoinhaber und Kontostand verglichen oder bei einer Rechnung werden nur Rechnungsdatum und Rechnungsbetrag verglichen.

Diese Einschränkung auf Stichproben und repräsentative Ergebnisse reduziert den Testaufwand erheblich, vor allem dann, wenn nur die ausgewählten Ergebnisse abgezogen und für den Vergleich gesichert werden. Dafür brauchen die Tester jedoch intelligente Werkzeuge, die in der Lage sind, repräsentative Ergebnisse zu erkennen und auszusortieren. Darüber hinaus brauchen die Tester die Unterstützung der Anwender, um die richtigen Transaktionen mit den wesentlichen Ergebnissen zu identifizieren. Die große Gefahr eines selektiven Regressionstests ist, dass die ausgewählten Stichproben nicht hinreichend repräsentativ sind, dass geschäftskritische Transaktionsarten und Ergebnistypen existieren, die durch die Auswahl nicht abgedeckt sind. Wenn sich dort Migrationsfehler finden, bleiben sie in der Testphase unentdeckt. Ein selektiver Test ist letztlich nur so gut wie die Selektion der repräsentativen Beispiele [Snee03c].

5.13 Systemnachdokumentation

Wird ein System im Auftrag migriert, obliegt es dem Auftragnehmer, die migrierte Software technisch nachzudokumentieren. Geht man davon aus, dass die Fachlichkeit sich nicht verändert hat, dann gelten die unterstützten Geschäftsprozesse, die zugrunde liegenden Geschäftsregeln und das fachliche Datenmodell nach der Migration ebenso wie vor der Migration. Programme und Datenstrukturen werden sich jedoch geändert haben. Die alte Systemdokumentation ist also nicht mehr gültig, auch die Systembedienung kann in der neuen Umgebung anders ausfallen. Ergo muss eine neue Dokumentation erstellt werden.

Für die Bedienungsanleitung kann man vom alten System ausgehen, denn die Grundstruktur bleibt erhalten, nur die Inhalte müssen revidiert werden. Dazu wird eine Liste aller Veränderungen an der Benutzungsoberfläche benötigt. Diese sollte der Systemarchitekt erstellen. Der nachdokumentierende Mitarbeiter vergleicht diese Liste mit dem Inhalt der Bedienungsanleitung und passt alle betroffenen Abschnitte entsprechend an. Auch die Oberflächenbeispiele sind gegen die neuen auszutauschen. Dabei sind alle Eigenarten der neuen Umgebung, z.B. Tastatur, Mausbedienung und Seitenlayout, zu berücksichtigen.

Für die technische Dokumentation ist es am besten, sie automatisch per Reverse Engineering aus dem neuen Sourcecode abzuleiten. Dafür gibt es genug Werkzeuge, die in Kapitel 6 beschrieben werden. Wichtig ist, dass die Feinstruktur der Module und Prozeduren bzw. der Klassen und Methoden, die Interaktion der Module bzw. Klassen, die Entscheidungslogik und die Datenverwendung übersichtlich dargestellt werden. Die neue technische Dokumentation soll es den bisherigen Wartungsprogrammierern erleichtern, sich schnell in den neuen Code einzuarbeiten. Die Erstellung eines Software-Repository aus dem Code, in dem alle alten Softwarebausteine, Schnittstellen und Datenbanktabellen samt ihren wechselseitigen Beziehungen abgebildet sind, wäre für die Wartungsprogrammierer die größte Hilfe. Damit haben sie die Möglichkeit, Abfragen zu Zusammenhängen zu stellen und durch die Systemstrukturen zu navigieren (siehe Abb. 5–14).

Eine Migration bewirkt immer eine Entfremdung zwischen dem früheren (Wartungs-)Programmierer und »seinen« Programmen, ganz besonders wenn die Migration von Betriebsfremden durchgeführt wurde. Die mentale Landkarte, die jeder Programmierer von seinem Code hat, wird dadurch zerstört. Die Nachdokumentation soll helfen, sie wiederherzustellen. Später, wenn die Programmierer mit dem neuen Code vertraut sind, wird sie nicht mehr benötigt [Snee98b].

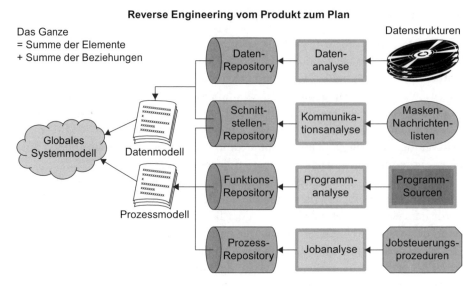

Reverse Engineering vom Produkt zum Plan

Abb. 5–14   *Einsatz multipler Repositories zur Nachdokumentation der migrierten Software*

5.14 Systemverwaltung

Die letzte Methode bzw. Technik, die hier behandelt wird, betrifft nicht nur Migrationen, sondern alle Arten von Softwareprojekten. Sie spielt aber in Migrationen eine besondere Rolle.

Konfigurationsmanagement ist generell ein wichtiges Thema geworden, gehört inzwischen zu den Grundsäulen des Software Engineering und ist Gegenstand vieler Fachbücher und -artikel. Alle größeren Softwareentwicklungsunternehmen verwenden ein Konfigurationsmanagementsystem zur Verwaltung ihrer Zwischenergebnisse. Auch für die Softwarewartung ist Konfigurationsmanagement unerlässlich.

Alle Softwareelemente, d.h. Dokumente, Sourcecode, Testfälle usw., werden als Configuration Items registriert und in einer Konfigurationsbibliothek abgespeichert. In diese Bibliothek werden Softwareobjekte eingetragen, und diese werden ausgeliehen, wobei nur die Autoren ein entliehenes Softwareelement verändern dürfen. Alle anderen haben ein Nutzungsrecht. In der Zeit, in der ein Objekt ausgeliehen ist, darf es nicht verändert werden.

Jedes Mal, bevor ein Objekt zur Änderung ansteht, wird der letzte Stand gesichert und archiviert. Jede frühere Version wird aufbewahrt. So hat ein Dokument bzw. ein Sourcecode viele Versionen, abhängig von der Häufigkeit der vorgenommenen Veränderungen. Die Versionen werden durch einen Zeitstempel und eine Versionsnummer identifiziert. Man kann damit jederzeit auf frühere Versionen zurückgreifen.

Ein Release ist die Summe aller Konfigurationselemente, die an Anwender gemeinsam ausgeliefert werden, d.h., es ist ein zusammengestelltes Konstrukt, bestehend aus den ausgewählten und zueinander passenden Versionen aller relevanten Konfigurationselemente. Für jedes Release gibt es ein Inhaltsverzeichnis, das aufführt, welche Versionen welcher Elemente zu diesem Release gehören. Es obliegt den Testern zu kontrollieren, ob Release-Inhalt und Release-Inhaltsverzeichnis einander zu 100 Prozent entsprechen. Trifft das nicht zu, dann liegt ein Konfigurationsfehler vor. Jedes Inhaltsverzeichnis wird aufbewahrt, ebenfalls mit einem Zeitstempel und einer Release-Nummer. Es ist also auch möglich, ein altes Release jederzeit wiederherzustellen [Berc03].

Für eine Softwaremigration ist ein strenges Konfigurationsmanagement unabdingbar. Das hat zum einen mit der Menge der zu migrierenden Softwarebausteine und zum anderen mit der Häufigkeit von Änderungen dieser Bausteine zu tun. Datenbanken werden migriert und validiert. Falls Abweichungen auftreten, werden diese korrigiert und die Migration wiederholt. Das kann mehrere Male pro Tag geschehen. Jeder Zwischenstand der Datenbank muss gesichert werden. Bei den Programm-Sources dauert es etwas länger, bis sie validiert sind. Die Source-Module werden in Batches oder Paketen transformiert bzw. gekapselt, das Paket-Release wird gesichert und aufbewahrt. Dazu braucht man ein leistungsfähiges Konfigurationsmanagementsystem, auch deshalb, weil es zwei Produkte gibt, die parallel verwaltet werden müssen – das alte und das neue System.

Ein weiteres Problem ergibt sich aus der Tatsache, dass das alte System sich während der Migration weiterentwickelt. Es ist selten möglich, das alte System für die Dauer der Migration einzufrieren. Fehler müssen korrigiert und unaufschiebbare Änderungen vorgenommen werden. Aufgabe des Konfigurationsmanagementsystems ist es dann, sämtliche Änderungen und Korrekturen zu erfassen und die Deltas zu protokollieren, damit diese im migrierten System nachvollzogen werden können. Diese Verschiebung der Systemaktualisierung ist ein immer wiederkehrendes Problem in allen Migrationsprojekten. Die Projektplaner müssen dafür sorgen, dass es über das Konfigurationsmanagement korrekt gelöst wird.

Letztlich stellt die Verwaltung vieler Ein- und Ausgabedaten aus der Produktion des Altsystems eine besondere Herausforderung an die Systemverwaltung. Der Test einer Migration basiert auf dem Datenabgleich. Ohne diese Möglichkeit des automatischen Abgleichs wäre der Test unbezahlbar. Voraussetzung dafür ist die Aufbewahrung der alten Produktionsdaten, sowohl der Ein- als auch der Ausgabedaten und der Datenbankzustände. Auch das ist Aufgabe der Systemverwaltung, die sie genauso versionieren und archivieren muss wie die alten Programme; beide gehören zusammen.

6 Softwaremigrationswerkzeuge

Unabhängig davon, welcher Migrationsprozess eingesetzt wird, sind Werkzeuge erforderlich, um den gewählten Prozess zu unterstützen. Denn Softwaremigration ist im Gegensatz zur Softwareentwicklung nicht nur einfacher zu automatisieren, sie ist ohne Automatisierung gar nicht denkbar. Schon die ersten Migrationen der 70er-Jahre, von einem Betriebssystem oder einem Rechner zum nächsten, wurden durch Tools unterstützt. In dieser Zeit entstanden die ersten Codetransformatoren und die ersten Datenkomparatoren. Schon damals kam niemand auf die Idee, Code per Hand zu verändern oder Daten visuell zu vergleichen. Migration war also von Anfang an eng mit Automatisierung gekoppelt.

Schon die Anfänge der industriellen Softwareproduktion sind also eng mit Migrationen verbunden. Auch heute, im Zeitalter der Globalisierung und preiswerter Offshore-Programmierkapazitäten, spielt die Automatisierung eine wichtige Rolle. Den Offshore-Markt für Migrationen beherrschen große Anbieter wie Tata Consulting, Infosys und Wipro. Es ist auch kennzeichnend, dass global agierende Softwarehäuser wie z.B. IBM Global Services ihre Migrationsfabriken in Indien eingerichtet haben. Aber auch sie und die indischen Anbieter sind gezwungen, Werkzeuge in der IT-Systemmigration einzusetzen. Der Aufwand wäre sonst trotz der dort niedrigeren Löhne zu hoch. Deshalb stammen auch die meisten Erfahrungsberichte in den internationalen Fachzeitschriften und auf den internationalen Konferenzen zum Einsatz von Migrationswerkzeugen aus Indien und China [DaMo06]. Die Billiglohnländer haben erkannt, dass auch sie bestimmte Arbeiten automatisieren müssen.

Da aber keine Migrationsaufgabe voll automatisierbar ist, wird Personal gebraucht, um die Restarbeiten zu erledigen und um die Ergebnisse der automatisierten Vorgänge zu überprüfen. Hier haben die Softwarehäuser aus Asien einen entscheidenden Vorteil: Ihr Personal ist nicht nur preiswerter, sondern auch eher zu solchen repetitiven Aufgaben bereit, die mehr Aufmerksamkeit und Selbstdisziplin erfordern, als amerikanische und europäische Entwickler in der Regel aufbringen wollen. Der Schlüssel zum Erfolg in der Softwaremigration ist die Verbindung von diszipliniertem und preiswertem Personal mit leistungsfähigen Werkzeugen in einem straffen und ausgereiften Prozess [Bhar05].

So wie im Software Engineering generell kommt es auch bei der Softwaremigration nicht auf ein bestimmtes Werkzeug an. Gefragt ist nicht das eine, allumfassende Tool, sondern gebraucht werden verschiedene Werkzeuge für verschiedene Zwecke, die miteinander zusammenarbeiten. Was die einzelnen Werkzeuge erfüllen sollen, ergibt sich aus den einzelnen Migrationsaufgaben und den dabei einsetzbaren Methoden und Techniken (vgl. Kap. 5).

Für jede dieser Aufgaben wird eine andere Art Werkzeug benötigt. Der Grad der Automatisierung variiert dabei. Ein hoher Automatisierungsgrad verspricht höhere Qualität, weniger Fehler und mehr Konsistenz. Bei manchen Aufgaben, z.B. der Konvertierung von Daten, kann die Automatisierung beinahe vollständig sein. Bei anderen, z.B. beim Entwurf der Zielarchitektur, kann das Werkzeug nur unterstützen.

Ohne adäquate Werkzeuge ist ein Migrationsprojekt mit hohen Risiken behaftet. Ergebnisse ohne Werkzeugeinsatz sind nicht einheitlich und deshalb auch schwer voraussagbar. Mit Werkzeugen dagegen sind die Ergebnisse immer einheitlich, ggf. eben auch einheitlich falsch! Das vereinfacht das Finden und die Behebung von Fehlern [Mill98].

Zahlreiche Migrationsprojekte belegen es: Mit steigender Automatisierung sinken die Risiken. Eine vollautomatisierte Migration wäre also beinahe risikolos, ist aber leider nur in den seltensten Fällen möglich. Die meisten Migrationsprojekte sind nur teilweise automatisierbar [Meye07].

Solche Erkenntnisse aus der Migrationspraxis unterstreichen die Bedeutung einer geeigneten und ausreichenden Werkzeuginfrastruktur. Das wird nicht immer eine Migrationsfabrik im Sinne von Borchers [Borc95] sein, aber alle essenziellen Tools sollten vorhanden sein. Die Produktionsmittel, hier die Migrationswerkzeuge, bestimmen sowohl Geschwindigkeit als auch Qualität der Migration entscheidend mit.

Migrationswerkzeuge lassen sich in folgende Klassen entsprechend ihrer Aufgabe einteilen:

- Codeanalysewerkzeuge
- Schätzwerkzeuge
- Projektmanagementwerkzeuge
- Entwurfswerkzeuge
- Programmtransformationswerkzeuge
- Programmkapselungswerkzeuge
- Datenkonvertierungswerkzeuge
- Datenkapselungswerkzeuge
- Regressionstestwerkzeuge
- Nachdokumentationswerkzeuge
- Systemverwaltungswerkzeuge

6.1 Codeanalysewerkzeuge

Analysewerkzeuge sind in der Vorphase einer Migration unentbehrlich. Sie helfend aber, das alte System zu bewerten und das neue zu projektieren. Zum einen müssen die Verantwortlichen für ein Softwaresystem wissen, ob sich dessen Migration überhaupt lohnt. Dazu müssen sie den Istzustand bewerten. Zum anderen brauchen sie eine Vorstellung davon, was die Migration kosten wird. Da Migrationen fast ausschließlich zu Festpreisen vergeben werden, ist das auch für die Vertragsverhandlungen vor der Vergabe wichtig. Der Auftraggeber muss eigene Vorstellungen zu den Migrationskosten und der Migrationsdauer haben, ehe er sie beauftragt. Auch der Anbieter, also der potenzielle Auftragnehmer, braucht Informationen für die Ausarbeitung seines Angebots: mindestens die Größe des Systems, besser auch Angaben zu dessen Komplexität und Qualität. Für den Auftraggeber ist es auch immer gut zu wissen, wie der Anbieter zu seinem Angebot gekommen ist, d.h. welche Fakten dessen Kalkulation zugrunde gelegen haben.

Ein Analysewerkzeug hat demnach mindestens zwei Funktionen zu erfüllen: den alten Code zu prüfen und ihn zu messen. Diese beiden Funktionen soll es mit minimalem Aufwand in möglichst kurzer Zeit liefern, möglichst innerhalb Monatsfrist. Eine Person müsste in der Lage sein, die Sourcecodebibliotheken für die Analyse in einer Woche zusammenzustellen und analysegerecht zu gliedern. Die Analyse selbst wird im Allgemeinen nur wenige Tage in Anspruch nehmen. Streng genommen dürfte es nur Stunden dauern, um Millionen von Codezeilen zu prüfen und zu messen. Der Hauptaufwand besteht also darin, die Analyse vorzubereiten. Dazu kommt noch die Nacharbeit: Die Auswertung der Analyseergebnisse kann länger dauern, aber dies ist weniger eine Frage des Werkzeugs als die der Qualifikation der auswertenden Menschen [SnRo96].

6.1.1 Codeprüfung

Die Codeprüfung beinhaltet das Durchlesen des Codes und die Prüfung der einzelnen Anweisungen gegen vorgegebene Regeln. Diese Regeln variieren von Sprache zu Sprache und von Umgebung zu Umgebung. Sie müssen vorher bestimmt und dem Werkzeug vorgegeben werden. Solche Regeln können Verbote, Vorschriften oder Einschränkungen sein.

Beispiele für Verbote sind:

- Keine GOTO-Anweisungen im prozeduralen Code
- Keine numerischen Konstanten und Textliterale in ausführbaren Anweisungen
- Kein Casting in Funktionsaufrufen
- Keine multiple Vererbung in objektorientiertem Code
- Keine Datenbankzugriffe in der Geschäftlogikschicht

Beispiele für Vorschriften sind:

- Kommentare sind an bestimmten Stellen im Code vorgeschrieben.
- Assertions, die nach jedem Ein- bzw. Ausgang erscheinen müssen
- Namenskonventionen für Datenelemente und Prozeduren
- Fehlerbehandlungen, die nach jedem Aufruf einer fremden Methode oder eines fremden Services auftreten müssen
- Einrückungen, die im Codeformat einzuhalten sind

Beispiele für Einschränkungen sind:

- Grenzen zur Anzahl der Anweisungen pro Modul oder Klasse
- Grenzen zur Tiefe der Klassenhierarchie
- Grenzen zur Tiefe der Entscheidungsverschachtelung
- Grenzen zur Anzahl gemeinsam übergebener Parameter
- Grenzen zur Anzahl der Datenattribute in einer Klasse oder Struktur
- Grenzen zur Anzahl der Verbindungen nach außen

Regelverletzungen werden vom Prüfwerkzeug nach Schwere gewichtet und in einem Mängelbericht mit Verweisen auf die entsprechenden Stellen im Code aufgelistet. Diese Liste bildet die Grundlage für die Überprüfung durch einen Menschen, der beurteilt, welche Regelverletzungen kritisch sind und welche nicht. Bei einer Migration sind vor allem die Regelverstöße bedeutsam, die eine Transformation oder eine Kapselung erschweren: Vom Standard abweichende Anweisungen sind schwer zu transformieren, übergroße Module, Module mit vielen Verbindungen nach außen oder einer häufigen Nutzung globaler Daten sind schwer zu kapseln [Snee00b].

Das Ausmaß der Regeleinhaltung bestimmt die Konformität des untersuchten Softwaresystems. Konformität wiederum hat einen starken Einfluss auf die Qualität. Damit es sich lohnt, ein Softwaresystem zu migrieren, muss es eine gewisse Qualität haben. Diese Qualität wird durch die Codeprüfung festgestellt. Ist der alte Code allzu weit vom gesetzten Qualitätsstandard entfernt, empfiehlt sich seine Bereinigung noch vor der Migration. Bestandteil der Migration selbst darf die Codebereinigung auf keinen Fall sein [LiRu96].

6.1.2   Codemessung

Codemessung beinhaltet das Parsen des Codes und seine Zerlegung in elementare syntaktische Ebenen bzw. Operanden und Operatoren. Diese werden klassifiziert und gezählt. Sie können auch aggregiert und kombiniert werden, um zu Metriken wie Function Points oder Object Points zu gelangen.

Typische Größenmaße sind:

- Anzahl Codezeilen
- Anzahl Anweisungen

- Anzahl Datendeklarationen
- Anzahl Datenreferenzen
- Anzahl Modulaufrufe
- Anzahl Eingabeoperationen
- Anzahl Ausgabeoperationen
- Anzahl Methoden/Prozeduren
- Anzahl konvertierbarer Anweisungen
- Anzahl wiederverwendbarer Methoden/Prozeduren
- Anzahl Datenbankzugriffe

Abbildung 6–1 führt Beispiele zu Quantitätsmaßen auf.

Datenquantitätsmaße		Prozedurquantitätsmaße	
Anzahl Programme/Module	6	Anzahl Standardanweisungen	17849
Anzahl Dateien/Tabellen/Datenbanken	38	Anzahl Makroanweisungen	16
Anzahl Satzarten/Recode Types/Views	20	Anzahl Makroreferenzen	308
Anzahl Copy/Include Members	77	Anzahl Anweisungen insgesamt	21211
Anzahl Benutzungsschnittstellen	6	Anzahl Dateizugriffe	177
Anzahl Datenstrukturen/Objekte	759	Anzahl Datenbankzugriffe	243
Anzahl wiederverwendbarer Datenobjekte	215	Anzahl Teleprocessing-Operationen	0
		Anzahl Eingabe/Ausgabe-Operationen	564
Anzahl deklarierter Datenelemente	6660	Anzahl Labels bzw. Marken	2862
Anzahl externer Datenelemente	287	Anzahl Programmeingänge (Entries)	6
Anzahl interner Datenelemente	6413	Anzahl interner Prozeduren	756
Anzahl konstanter Datenelemente	8009	Anzahl wiederverwendbarer Bausteine	50
Anzahl variabler Datenelemente	5697	Anzahl interner Prozedurabläufe	2162
Anzahl redefinierter Datenelemente	250	Anzahl externer Module aufgerufen	4
Anzahl wiederholter Datenelemente	192	Anzahl externer Modulaufrufe	10
Anzahl verschiedener Datenelemente	60	Anzahl Auswahlstrukturen	3843
Anzahl benutzter Datenelemente	6198	Anzahl Schleifenstrukturen	52
Anzahl Eingabedaten/Argumente	3200	Anzahl GOTO-Verzweigungen	1985
Anzahl Ausgabedaten/Ergebnisse	3812	Anzahl Ablaufzweige	11943
Anzahl Steuerungsdaten/Prädikate	2729	Anzahl Steuerungsanweisungen insgesamt	8012
Anzahl Parameterdaten	6	Anzahl verschiedener Anweisungs- typen	129
Anzahl Datenreferenzen	26751		
Anzahl Data Points	513	Anzahl unbekannter Anweisungen	38
		Anzahl Programmausgänge (Returns)	1041
Codequantitätsmaße		Anzahl Operanden	88810
Anzahl Sourcezeilen insgesamt	60126	Anzahl Function Points	143
Anzahl echter Codezeilen	46098		
Anzahl Kommentarzeilen	12351		
Anzahl Regelverletzungen	6402		

Abb. 6–1   Software-Quantitätsmetriken nach SoftAudit (Sneed)

Aus solchen elementaren Kenngrößen können nicht nur Function Points, Data Points und Object Points errechnet, sondern auch diverse Komplexitäts- und Qualitätsmaße ermittelt werden. Schnittstellenkomplexität, Ablaufkomplexität und Sprachkomplexität beispielsweise beeinflussen die Kosten der Migration. Noch größeren Einfluss darauf haben Qualitätsmetriken wie Konvertierbarkeit, Wiederverwendbarkeit, Interoperabilität, Flexibilität und Testbarkeit. Sie müssen als Justierungsgrößen in die Kostenkalkulation einfließen: Die zunächst »rohe« Größe des betrachteten Softwaresystems wird über die Komplexität und Qualität des Codes justiert.

6.1.3   Verfügbare Analysewerkzeuge

Source-Analysewerkzeuge werden viele angeboten, manche kostenpflichtig, andere kostenlos. Sie haben schon eine lange Tradition. Einer der Pioniere der Programmanalyse und -messung war Tom McCabe, der Urheber der McCabe-Metrik. Sein Tool Battlemap galt lange Zeit als das Muster für Programm-Messwerkzeuge. In England gab es Qualms und LDRA-Testbed, in Frankreich Logiscope, in Deutschland entstand im Rahmen des Bauhaus-Projekts an der Universität Stuttgart eine ganze Reihe von Werkzeugen zur Analyse von Sourcecode. In der Schweiz wurden zwei Werkzeuge für die statische Programmanalyse entwickelt: das FAMOUS-Toolset an der Universität Bern und die Software Tomography von der gleichnamigen Firma. Die Software Tomography ist zweifelsohne das mächtigste Tool auf dem Markt, weil es alles vereint: Messung, Prüfung und Reverse Engineering. Nur das Bauhaus-Toolset hat einen vergleichbaren Funktionsumfang, was das Codequalitätsmanagement anbetrifft [Kosc08].

Allerdings ist keines dieser Werkzeuge auf die Migration von Legacy- Systemen ausgerichtet, weil sie die alten Sprachen mit Ausnahme von C nicht behandeln. Migriert werden jedoch in der Regel Assembler-, PL/1-, COBOL- oder 4GL-Systeme, und für die gibt es kaum noch Analysewerkzeuge. Außerdem verlangt eine Migration andere Messwerte als die von den gängigen Source-Analysewerkzeugen gelieferten, weil der Migrationsplaner andere Informationen braucht als der Qualitätsmanager. Er benötigt für die Migration Informationen über den Grad der Konvertierbarkeit und Kapselungsfähigkeit der Software. Leider liefern die wenigsten Messwerkzeuge das, was er eigentlich wissen will: nämlich wie es um Konformität, Wiederverwendbarkeit, Konvertierbarkeit, Portierbarkeit, Interoperabilität und Kompatibilität des Codes steht [Flei07].

Das Werkzeug SoftAudit bildet hier eine Ausnahme, weil es von vornherein konzipiert wurde, um Antworten auf genau diese Fragen zu geben. Es deckt neben objektorientierten und 4GL-Sprachen auch die alten Programmiersprachen Assembler, PL/1 und COBOL ab, also gerade jene Sprachen, die häufig in Migrationsprojekten auftreten. SoftAudit prüft den Code gegen die vorgegebenen Programmierkonventionen, um den Anteil konventionskonformer Anweisungen zu ermitteln, zählt die Anzahl der 1:1, 1:n, m:1 und m:n konvertierbaren Anweisungen und berechnet daraus die Konvertierbarkeit. SoftAudit erkennt wiederverwendbare Codebausteine, prüft deren Abhängigkeit von anderen Bausteinen und ermittelt daraus die Wiederverwendbarkeit. Portierbarkeit, Interoperabilität und Kompatibilität mit fremden Umgebungen werden ebenfalls gemessen. Mit SoftAudit erhält der Migrationsplaner also genau die Metriken, die er für eine zuverlässige Schätzung des Migrationsaufwands braucht. Ob der Code mehr oder weniger komplex ist, spielt nur insoweit eine Rolle, als Komplexität den Migrationsaufwand erhöht. SoftAudit kombiniert acht verschiedene Komplexitätsmaße, um die Gesamtkomplexität in einer Metrik zu verdichten. Dasselbe geschieht mit den Qualitätsmaßen, die vorwiegend die Migrationsfähigkeit bestimmen (siehe Abb. 6–2).

Datenkomplexität	(Chapin-Maß)	0.524
Datenflusskomplexität	(Elshof-Maß)	0.768
Datenzugriffskomplexität	(Card-Maß)	0.900
Schnittstellenkomplexität	(Henry-Maß)	0.125
Ablaufstrukturkomplexität	(McCabe-Maß)	0.678
Entscheidungskomplexität	(McClure-Maß)	0.362
Verzweigungskomplexität	(Sneed-Maß)	0.578
Sprachkomplexität	(Halstead-Maß)	0.215
Mittlere Programmkomplexität		0.518

Modularität	0.498
Portabilität	0.668
Flexibilität	0.100
Konformität	0.774
Testbarkeit	0.498
Lesbarkeit	0.821
Wiederverwendbarkeit	0.150
Konvertierbarkeit	0.464
Mittlere Programmqualität	0.448

Abb. 6–2   *Komplexitäts- und Qualitätsmetrik von SoftAudit*

6.2   Schätzwerkzeuge

Schätzwerkzeuge sind für ein Migrationsprojekt deshalb so wichtig, weil Migrationen, wie schon mehrfach betont, Festpreisprojekte sind. Die Kostenschätzung muss stimmen, wenn das Projekt nicht von vornherein zum Scheitern verurteilt sein soll. Unter den Ursachen für gescheiterte IT-Projekte rangiert die Unterschätzung von Aufwand und/oder Dauer der Projekte ganz oben [Snee05a]. Diese Schwachstelle ist in Migrationsprojekten besonders kritisch, weil das Anwenderunternehmen damit rechnet, dass es die alten Systeme zu einem bestimmten Zeitpunkt ausschalten kann. In der Regel laufen sie auf einem Rechner und in einer Umgebung, die der Anwender bereits abgeschrieben hat, die Pläne für die Umstellung sind schon verabschiedet. Die Überschreitung des Umstellungstermins kann dann äußerst ungelegen kommen.

Die Unterschätzung der Kosten hat nicht ganz so verheerende Folgen, sie sind aber auch schlimm genug. Die Entscheidung für eine Migration wird gefällt, weil sie weniger kostet als andere Alternativen. Geraten dann die Kosten aus dem Rahmen, sind die Wirtschaftlichkeitsüberlegungen zur Migration stark beeinträchtigt oder gar hinfällig. Kommen sie in die Nähe einer Neuentwicklung, dann hätte der Anwender besser gleich neu entwickeln lassen, mit höherem Folgenutzen für sein Geschäft. Möglicherweise hätte er auch ein Standardpaket gewählt, wenn er gewusst hätte, was die Migration wirklich kostet.

Also muss das Kostenangebot verbindlich sein. Werden Termin oder Budget überschritten, drohen dem Auftragnehmer hohe Geldstrafen. Er muss nicht nur die zusätzlichen Kosten selbst tragen, die Konventionalstrafen kommen noch dazu. Ein falsch geschätztes Migrationsprojekt kann also bis zum Konkurs des Anbieters führen. Das Ausweichen auf Niedriglohnländer ist eine Möglichkeit, um mehr Spielraum zu gewinnen, aber auch hier setzt die Kalkulation Grenzen [KeWi07].

Leider sind nur wenige der angebotenen Schätzwerkzeuge auch für Migrationen gedacht, COCOMO und SoftCalc bilden die Ausnahmen. Die anderen Werkzeuge sind mehr auf Maße wie Function Points oder Use Case Points ausgerichtet und diese Maße gelten u.a. für Neuentwicklungen. Sowohl Function Points als auch Use Case Points sind Maße für das Anwendungsmodell, also den Oberbau. Sie messen die Größe des Systems aus Anwendersicht. Bei einer Migration geht es aber darum, den Unterbau zu migrieren, die Maße des darüber liegenden Anwendungsmodells spielen dabei keine Rolle. Ergo muss die Größe mit Maßen ermittelt werden, die sich auf Code und Daten beziehen, und das sind Codezeilen, Anweisungen, Data Points und für objektorientierte Systeme Object Points. Diese Kennzahlen werden zusammen mit den Komplexitäts- und Qualitätsmetriken aus dem Analysewerkzeug übernommen und in das Schätzwerkzeug übertragen (siehe Abb. 6–3).

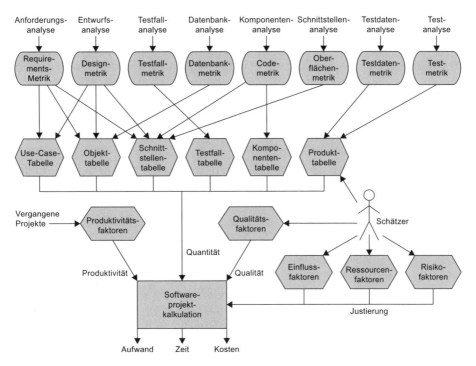

Abb. 6–3   *Metrikübergabe an das Schätzwerkzeug SoftCalc*

6.2.1 COCOMO-II

In das COCOMO-II-Werkzeug muss die Systemgröße manuell eingegeben werden. Sie wird vom Tool durch die mittlere Migrationsproduktivität dividiert, um
den rohen Aufwand zu ermitteln. Anschließend wird der Bediener aufgefordert,
die Exponentenfaktoren – Automatisierungsgrad, Zielumgebungskenntnisse,
Gruppenzusammenhalt, Wiederverwendungsgrad und Prozessreife – festzulegen
und die Qualitäts- und Einflussfaktoren mit den aktuellen Werten zu belegen.
Zum Schluss muss er noch den Systemtyp eingeben. Wenn alle Parameter gesetzt
sind, wird die Kalkulation gestartet. Heraus kommt der wahrscheinliche Aufwand für das Migrationsprojekt nach der folgenden Formel:

$$Migrationsaufwand = Systemtyp \times \left\{ \left[\left(\frac{Anzahl\ Anweisungen}{Migrationsproduktivit\ddot{a}t} \right) \times SE \right] \times Qualit\ddot{a}tsfaktor \right\}$$

(SE = Scaling Exponent, Skalierungsexponent, d.h. Mittelwert der individuell
festgelegten Einflussfaktoren im geschätzten Migrationsprojekt)

6.2.2　SoftCalc

Mit dem SoftCalc-Werkzeug werden die Größen-, Komplexitäts- und Qualitäts-metriken über eine XML-Schnittstelle automatisch auf das Schätzwerkzeug über-tragen. Das Tool führt eine Schätzdatenbank mit Tabellen für Komponenten, Schnittstellen, Datenobjekte, Testfälle und Qualitätsmerkmale. Enthalten ist auch eine Produktivitätstabelle mit den Produktivitätsdaten aus früheren Projek-ten. Der Qualitätsfaktor wird aus der statischen Codeanalyse übernommen. Der Schätzer muss nur noch den Systemtyp eingeben [Snee04].

SoftCalc unterstützt mehrere Schätzmethoden, darunter COCOMO, Func-tion Point, Data Point, Object Point, Use Case Point, Test Point und Error Projec-tion. Für ein Migrationsprojekt kommen davon COCOMO, Data Point, Object Point und Test Point infrage. Am besten ist es, wenn der Schätzer mindestens drei Methoden verwendet und die drei Schätzergebnisse vergleicht. Je Methode wird er aufgefordert, die Qualitätsziele zu quantifizieren, die Einflussfaktoren festzu-setzen und die Risiken zu bewerten. So stößt er eine Schätzung nach der anderen an. Das Tool justiert die Größe der Anweisungen, Data Points, Object Points und Test Points mit der aus der Source-Analyse gewonnenen Komplexität und Quali-tät. Mit dieser justierten Systemgröße geht SoftCalc in die Produktivitätstabelle und ermittelt aus der Systemgröße anhand der vergleichbaren früheren Produkti-vität den voraussichtlichen Aufwand. Dieser wird anschließend mit den Einfluss-faktoren, Ressourcen und Risiken justiert und in diesem letzten Schritt der erwar-tete endgültige Aufwand in Personenmonaten gewonnen [Snee07]:

$$\textit{Justierter Migrationsaufwand = Migrationsaufwand} \times \textit{Einflussfaktor} \times$$
$$\textit{Ressourcenfaktor} \times \textit{Risikofaktor}$$

Die Mindestdauer des Projekts wird wie bei COCOMO unter Einbezug von Auf-wand und Systemtyp berechnet. Je Schätzung bekommt der Schätzer einen wahr-scheinlichen Aufwand, eine Mindestdauer und eine optimale Projektbesetzung. Damit kann der Schätzer nicht nur alternative Angebote formulieren, sondern ebenso erhaltene Angebote bewerten bzw. Entscheidungen für den Fall der Mig-ration mit eigenen Mitarbeitern treffen.

6.3　Projektmanagementwerkzeuge

Der Bedarf an Werkzeugen für die Planung und Steuerung der Projekte unter-scheidet sich im Falle eines Migrationsprojekts nicht von dem anderer Software-projekte. Eine Menge Ergebnisse wird definiert und einer Menge Aufgaben zuge-ordnet. Letztere werden terminiert und einer Menge Ressourcen zugeteilt. Ressourcen können Menschen oder Softwarewerkzeuge sein, wobei es in Migra-tionsprojekten darauf ankommt, möglichst viele Aufgaben von Werkzeugen erledigen zu lassen. Aber auch automatisierte Aufgaben müssen im Projektmanagementsystem erfasst und verfolgt werden.

Eine Besonderheit in Migrationsprojekten ist die Menge der Ergebnisse und Aufgaben. In einem Entwicklungsprojekt wird in der Regel nur ein Teilsystem auf einmal bearbeitet. Somit entsteht nur eine beschränkte Anzahl von Ergebnissen, und das auf einer längeren Zeitachse. In einem Migrationsprojekt müssen dagegen mehrere hundert wenn nicht mehrere tausend Einzelergebnisse in einem kurzen Zeitraum parallel zueinander fertiggestellt werden. Jedes transformierte, reimplementierte oder gekapselte Modul ist ein Ergebnis. Jede Transformation bzw. Reimplementierung bzw. Kapselung eines Moduls ist eine Aufgabe. Das Gleiche gilt für Dateien und Datenbanken sowie für die Jobsteuerungsprozeduren. Bei einem großen System kommen so schnell einige tausend Aufgaben und Ergebnisse zusammen.

Das Projektmanagementsystem muss also in der Lage sein, diese Menge zu bewältigen. Außerdem muss es die Ergebnisse in Einzelpakete aufteilen und paketweise abarbeiten können. Die Pakete in einer Migration entsprechen den Inkrementen in einem Entwicklungsprojekt. Ein Werkzeug, das inkrementelle Entwicklung unterstützt, müsste demnach auch in der Lage sein, Migrationspakete abzubilden. Es empfiehlt sich, das vorab zu prüfen, damit die Projektverantwortlichen sicher sein können, dass das ausgewählte Projektmanagementwerkzeug dem Mengenbedarf der Migration gerecht wird [RhOr03].

6.4 Entwurfswerkzeuge

Der Entwurf der Zielarchitektur kann im Prinzip von jedem gängigen Entwurfswerkzeug unterstützt werden. Es kommt aber auch hier darauf an, die Menge der Architekturelemente zu bewältigen. Wie im Fall des Projektmanagementwerkzeugs muss auch das Entwurfswerkzeug in der Lage sein, eine große Menge von Komponenten, Schnittstellen und Daten zu behandeln.

Da das Ziel einer Migration nicht ist, Programmiervorgaben zu erstellen, sondern die Architektur des migrierten Systems darzustellen, muss man nicht ins Detail gehen. Die Details stecken in der Altsoftware und werden über deren automatische Nachdokumentation ans Licht gebracht. Infolgedessen fallen die dynamischen Entwicklungselemente wie Zustandsdiagramme, Aktivitätsdiagramme und Sequenzdiagramme weg. Es genügt, die Komponenten- und Klassenstrukturen sowie die Komponentenverteilung und die Klasseninteraktion zu beschreiben. Mit dem Entwurfswerkzeug muss es demnach möglich sein,

- Klassendiagramme,
- Komponenten- bzw. Kollaborationsdiagramme und
- Verteilungsdiagramme

zu erstellen [BoLaAl04].

Die neuen Datenbankstrukturen werden mit Entity-/Relationship-Diagrammen abgebildet, die Schnittstellen in Schnittstellen- und Datenbaumdiagrammen beschrieben. Die Datenbaumdiagramme werden um die entsprechenden XML-Dokumente ergänzt.

Für die Darstellung des Systems aus Benutzersicht werden Use-Case-Diagramme und Prozessdiagramme benötigt. Erstere werden von UML-Werkzeugen unterstützt, für Letztere sind prozessorientierte Werkzeuge wie z.B. ARIS erforderlich. Die Werkzeuge untereinander müssen bezüglich der Semantik der Prozesselemente – Ereignisse, Auslöser, Akteure, Schritte usw. – abgestimmt sein, d.h., ihre Nutzung setzt eine gemeinsame Ontologie voraus.

Falls das migrierte System weiterhin in einer prozeduralen Architektur bleiben soll, empfiehlt es sich, nur die Geschäftsprozesse, die Anwendungsfälle, die Datenbanken und die Schnittstellen zu modellieren. Die Struktur der Programme und Prozeduren wird über die Programmnachdokumentation gewonnen.

Schwieriger wird es bei einer Migration von einer prozeduralen in eine objektorientierte Architektur. Dann muss die prozedurale Darstellung in Form von Ablauf- und Datenflussdiagrammen in eine objektorientierte Darstellung mit Klassen- und Sequenzdiagrammen überführt werden. Dabei können Reverse-Engineering-Werkzeuge helfen. Das Tool SoftRepo z.B. ist in der Lage, aus prozeduralem Code in C, PL/1 oder COBOL einen objektorientierten Architekturentwurf zu generieren [Snee01b]. In diesem Entwurf werden die Module als Klassen in einem Klassendiagramm und die Modulaufrufe als Interaktionen in einem Interaktionsdiagramm abgebildet (siehe Abb. 6–4). Damit ist der Hauptteil der Übersetzungsarbeit erledigt, der Architekt muss nur noch mit einem geeigneten Modellierungswerkzeug die anwendungsbezogene Struktur darstellen.

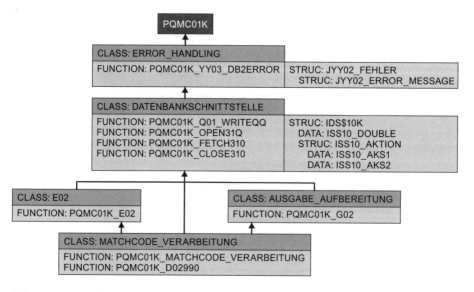

Abb. 6–4   *Aus dem Code abgeleitete Klassenstruktur*

Von besonderer Bedeutung für die Migration ist die Modellierung der System-schnittstellen nach außen, denn das migrierte System muss wie bisher auch mit anderen Systemen zusammenarbeiten. Dafür wird ein Reverse-Engineering-Tool zur Analyse und Darstellung der Schnittstellen benötigt. Sehr oft sind Schnittstel-len entweder als Sourcecode oder als Textdateien implementiert. Es ist daher nicht einfach, ihre Struktur und ihren Inhalt zu erkennen. Stephan Sneed ist es aber gelungen, für das GEOS-Projekt in Wien ein Tool zu bauen, das komplexe C-Datenstrukturen in XML abbildet; für ein Migrationsprojekt der Debeka in Koblenz hat Harry M. Sneed ein Tool entwickelt, das überlagerte COBOL-Datenstrukturen in ein XML-Schema überführt [Snee06]. Einmal in XML erfasst, lassen sich die Datenstrukturen beliebig weiter modellieren.

6.5   Programmtransformationswerkzeuge

Werkzeuge für die Transformation von Sourcecode haben eine lange Vorge-schichte. Sie geht zurück bis in die 60er-Jahre des vorigen Jahrhunderts, als zunächst Programme von einem Betriebssystem zu einem anderen portiert wur-den. Harry M. Sneed kann sich daran erinnern, 1968 ein FORTRAN-Programm geschrieben zu haben, das andere FORTRAN-Programme von einem IBM-7490-Rechner auf einen IBM-360-Rechner übertragen konnte. Es mussten einzelne Anweisungen ausgetauscht und andere hinzugefügt werden. Eine manuelle Anpas-sung des Codes kam nicht infrage, das wäre zu aufwendig gewesen. So entstan-den damals die ersten Programmtransformationswerkzeuge als einmalige zweck-gebundene Entwicklungen im Rahmen einzelner Migrationsprojekte. Die Pro-gramme blieben in derselben Sprache und wurden nur geringfügig verändert, um in einer neuen Umgebung lauffähig zu sein.

6.5.1   Die prozeduralen Werkzeuge

In den 70er-Jahren des 20. Jahrhunderts kamen die ersten Restrukturierungspro-gramme auf den Markt – Structured Engine für FORTRAN und Structured Retrofit für COBOL. Mit diesen Werkzeugen konnte umstrukturierter Spaghetti-code voller GOTO-Verzweigungen in strukturierten Code mit IF-THEN-ELSE-Kon-strukten und Do-While-Schleifen umgewandelt werden. Ziel war hier, die Quali-tät des Codes zu steigern. In diesem Zusammenhang ist auch der Begriff »Software Reengineering« geprägt worden [GiZv83].

Erst in den 80er-Jahren entstanden die ersten Werkzeuge zur Übersetzung von Code aus einer Sprache in eine andere. Anfangs waren das Übersetzungen von FORTRAN in C bzw. ADA und von COBOL in PL/1. Das amerikanische Verteidigungsministerium z.B. hat damals von der Firma CSC mehrere FORTRAN-Systeme in ADA umsetzen lassen. Davor mussten die FORTRAN-Programme restrukturiert und in FORTRAN IV umgewandelt werden, danach mussten die ADA-Programme manuell nachbearbeitet werden. Dieses dreistufige Transformationskonzept wurde zur Vorlage für weitere Transformationswerkzeuge [Arno92].

Als klar geworden war, dass PL/1 sich nicht als universelle Sprache durchsetzen würde, folgten die ersten toolgestützten Transformationen von PL/1 in COBOL. Das Budapester Toollabor unter der Leitung von Harry M. Sneed wurde Mitte der 1980er-Jahre von Bertelsmann beauftragt, ein Werkzeug zur Transformation von PL/1 zu COBOL zu bauen.

Um diese Zeit gab es auch zahlreiche Migrationen vom alten unstrukturierten COBOL-74-Code in den neuen strukturierten COBOL-85-Code. Diese Transformation war zwangsläufig mit einer Restrukturierung des Codes verbunden [SnJa87]. IBM bot zu diesem Zweck das Produkt Structuring Facility an, das COBOL-I-Programme in COBOL-II transformierte. Alternative Produkte waren Recoder von Language Technology, CARE von Siemens und AMELIO von der Delta GmbH. Es entstanden auch die ersten Forschungsergebnisse in Universitäten, z.B. RIGI an der Universität Victoria, Uniform an der Universität Oxford und HIBOL am M.I.T. Ende der 80er-Jahre war der Markt mit Transformationswerkzeugen mehr als gut versorgt [Zuyl93].

Eine besondere Herausforderung an die Werkzeuganbieter stellt die Assembler-Transformation. Viele Anwender, vor allem in Europa, hatten ihre Systeme in Basic-Assembler implementiert. Pflege und Weiterentwicklung dieser Systeme wurden immer aufwendiger, es wurde auch zunehmend schwieriger, geeignete Assemblerprogrammierer zu finden. Diese Anwender träumten von einem vollautomatisierten Tool, das aus ihrem alten Assemblercode einwandfreien COBOL- oder C-Code generieren konnte. Die Universität Durham entwickelte ein Produkt namens »Fermat«, das Assemblercode zunächst in eine Zwischensprache versetzte: WSL, Wide Spectrum Language. Aus WSL konnte anschließend wahlweise COBOL- oder C-Code erzeugt werden. Ergebnis war eine Assemblerlogik mit COBOL-Syntax [WaZe04]. Für Basic-Assembleranweisungen funktionierte das. Dennoch erfüllte Fermat die Erwartungen der Kunden nicht voll, einerseits weil die Assembler-Programmierer viele umgebungsspezifische Makros verwendet hatten, andererseits weil die generierten COBOL- und C-Programme die nicht sprechenden Namen der Assemblerprogramme übernehmen mussten und damit schwer verständlich blieben.

Interessanterweise gab es schon Ende der 1980er-Jahre Bedenken bei einigen Anwendern, ob die proprietären 4GL-Sprachen auf die Dauer wirklich der richtige Weg aus der Softwarekrise wären. Zu diesem Zeitpunkt waren diese Sprachen weit verbreitet. Es gab neben Natural (Software AG) und CSP (IBM) u.a. auch Ideal, ADS-online, Focus und APS. Diese – aus späterer Sicht zu Recht verunsicherten – Anwender wollten zurück in eine standardisierte Sprache wie COBOL oder C. Eine große deutsche Bank z.B. ließ ihr komplettes Natural-Programmportfolio vom indischen Softwarehaus Tata Consulting in COBOL migrieren und half auf diese Weise der indischen Softwarebranche auf die Beine [CuPr06].

Eine Hafengesellschaft in Norddeutschland und eine Großbank in der Schweiz beauftragten zur gleichen Zeit das Budapest Toollabor damit, ihre Natural-Programme in COBOL zu transformieren. Andere Kunden, vor allem Finanzdienstleister, wollten ihre Assemblerprogramme in COBOL versetzen lassen. Es ist kein Geheimnis, dass andererseits z.B. die deutschen Sparkassenrechenzentren jahrelang ihre Assembler-Altlasten vor sich herschoben, ohne sich für einen Ausweg aus diesem Dilemma entscheiden zu können.

In dieser Zeit entstand das Transformationswerkzeug *SoftReorg* mit den vier Subsystemen *SoftAudit*, *SoftRedoc*, *SoftRecon* und *SoftRetest* (siehe Abb. 6–5).

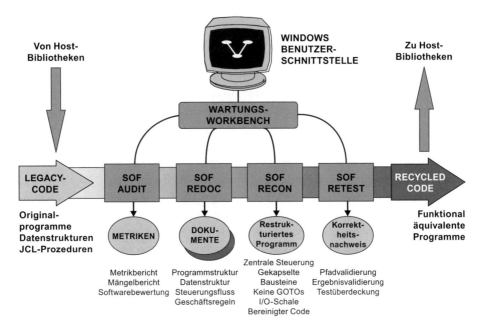

Abb. 6–5   *Automatisierte Programmtransformation mit SoftReorg*

Mit dem Subsystem *SoftAudit* wurden die Programm-Sources analysiert, geprüft und gemessen. Die Qualitätsbewertung sollte für das betreffende Programm zeigen, ob sich seine Transformation lohnt. Der Quellcode wurde in eine Reihe von Programm- und Datenstrukturtabellen verwandelt, diese in einem Repository abgelegt.

Das Subsystem *SoftRedoc* besorgte die Nachdokumentation der Programme. Außer Programmstrukturbäumen, Datenverwendungstabellen, Struktogrammen und Querverweislisten auf Modulebene wurden Ablaufgrafen und Datenflussdiagramme auf der Systemebene ausgedruckt.

Mit *SoftRecon* wurden die Programme remodularisiert, restrukturiert und bereinigt. Eingabe zu SoftRecon waren die Programm- und Datenentwurfstabellen aus dem Repository. SoftRecon generierte daraus neue strukturierte Programme in der Zielsprache, einschließlich der Copy- bzw. Include-Segmente, der

Masken und Datenbankzugriffsroutinen. Auf diese Weise wurden die Programme nicht nur transformiert, sondern auch in mehrere strukturierte Prozeduren in einem hierarchischen Prozedurbaum aufgeteilt. Über einen syntaxgetriebenen Editor hatte der Benutzer zudem die Möglichkeit, Programminhalte und vor allem Datennamen zu verändern. Bei Namensänderungen wurden über die Repository-Links auch sämtliche Referenzen auf diesen Namen mitgeändert.

Das Subsystem *SoftReTest* schließlich testete die neu generierten Programme anhand von Zwischenergebnissen und Ablaufpfaden gegen die ursprünglichen Programme. Fehlerfreiheit war nur gegeben, wenn sowohl die Zwischenergebnisse als auch die Ablaufpfade der alten und neuen Programmversionen übereinstimmten [Snee98].

SoftReorg wurde in mehreren Migrationsprojekten der 90er-Jahre eingesetzt, um Assembler in COBOL, Natural in COBOL, PL/I in COBOL oder C++ und COBOL-74 in COBOL-85 zu transformieren. Wie andere Werkzeuge dieser Zeit lief SoftReorg auf IBM und Siemens-Mainframe-Rechnern. Und wie bei anderen Transformationswerkzeugen dieser Zeit gelang es nie, eine zu 100 Prozent automatische Transformation zu erreichen. Es musste immer manuell eingegriffen (z.B. bei Kommentierung und Namensvergabe) und nachbearbeitet werden (z.B. bei Schnittstellen und Benutzungsoberflächen). Die Anwenderunternehmen mussten also akzeptieren, dass sie mit Transformationswerkzeugen allein ihr Ziel nicht erreichten. Also wurde aus dem Toolgeschäft ein Outsourcing-Geschäft, und die indischen Softwarehäuser ebenso wie die europäischen mit eigenen Migrationsfabriken in Indien (z.B. CaseConsult aus Wiesbaden) hatten erhebliche Vorteile. Ab Mitte der 90er-Jahre war die Auslagerung von Migrationsprojekten nach Indien voll im Gange.

6.5.2　Die objektorientierten Werkzeuge

Im Laufe der 90er-Jahre setzte sich Objektorientierung allmählich durch. Also entstand bei den Anwendern der Wunsch, ihre alten prozeduralen Systeme in neue objektorientierte zu migrieren. Transformationswerkzeuge sollten diesen Übergang vollautomatisch ermöglichen.

Dieser Wunsch war verständlich, die Erfüllung der Aufgabe aber noch schwieriger als die Transformation von Assembler in eine 3GL-Sprache. Denn die Übersetzung prozeduralen Codes in objektorientierten erfordert eine völlige Reorganisation der Programmstrukturen. An die Stelle der Module treten Klassen, an die der Prozeduren Methoden, die zudem viel kleiner sein müssen als die ursprünglichen Prozeduren.

Die Hauptschwierigkeit lag und liegt darin, dass prozedurale Programme den Vorgängen bzw. Anwendungsfällen entsprechen. Der gesamte zur Verarbeitung eines Vorgangs erforderliche Code ist – mit Ausnahme gemeinsamer Subroutinen – in einem einzigen prozeduralen Programm zusammengefasst. Was ein Programm beinhaltet, wird von außen aus Funktionssicht bestimmt.

In einer objektorientierten Architektur dagegen ist der Code um die Objekte herumorganisiert. Da ein Vorgang, also ein Anwendungsfall, mehrere Objekte bearbeitet, ist der Code eines Anwendungsfalls verteilt. Das Transformationswerkzeug muss also zuerst die Objekte und ihre Attribute im alten Code erkennen. Danach muss es alle Anweisungen, die Attribute eines Objekts verwenden, sammeln und aufgrund der Entscheidungslogik zu Methoden des Objekts zusammenfassen. Viele Anweisungen in einem prozeduralen Programm verwenden Attribute verschiedener Objekte, z.B. wenn der Inhalt eines Datenfelds aus einer Datei in ein Datenfeld in einer Bildschirmmaske übertragen wird. In der Klasse für die Datei wird diese Anweisung durch eine get-Methode, in der Klasse für die Bildschirmmaske durch eine set-Methode ersetzt. Beide Methoden werden in einer übergeordneten Steuerungsklasse aufgerufen. Auf diese Weise erhöht sich die Menge der Anweisungen zunächst stark. Es muss also ein Optimierungslauf folgen, in dem die redundanten Klassen und Methoden mittels Mustererkennung wieder zusammengefasst werden. Das alles ist zusätzlich zur Sprachtransformation nötig [Coyl96].

Dieser Transformationsprozess muss auf mehrere Werkzeuge verteilt werden. Es gibt nicht einen, sondern eine Kette von Transformationsschritten. Mit dem Werkzeug SoftRedo werden die Programme zunächst restrukturiert und modularisiert. Die Ablaufsteuerung wird in einer einzigen Hauptprozedur zusammengefasst, Datenbank- und Bildschirmanweisungen werden in je eine separate Zugriffsprozedur pro Datenschnittstelle (Datenbanktabelle, Datei, Bericht oder Maske) ausgelagert. Anweisungen, die die eigentliche Geschäftslogik repräsentieren, werden in viele kleine, aufrufbare Bausteine zerlegt (siehe Abb. 6–6) [Snee96c].

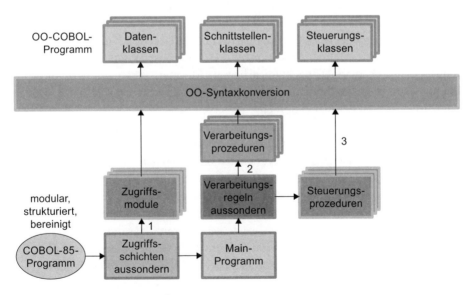

Abb. 6–6   *OO-Programmtransformation*

Diese transformierten prozeduralen Source-Bausteine werden dann vom *Soft-Tran*-Werkzeug weiterbearbeitet, das daraus Klassen in OO-COBOL, C++ oder Java erzeugt. Die Hauptprozedur wird zu einer Steuerungsklasse oder (wie sie in der Literatur genannt wird) zu einer Gottklasse [Tomi94]. Die Masken- und Berichtsprozeduren werden zu Schnittstellenklassen, die Datenbankzugriffsprozeduren zu Datenklassen, alles streng nach dem Prinzip von Jacobson, wonach Klassen sich in Datenklassen, Schnittstellenklassen und Steuerungsklassen einteilen lassen [Jaco92]. Die verarbeitenden Prozeduren werden auseinandergerissen und Objekten nach dem Verantwortungsprinzip von Wirfs-Brock zugewiesen [WiWiWi90]. So entsteht aus einem einzigen großen Source-Programm eine Vielzahl einzelner Klassen.

Da diese Transformation für jedes Altprogramm wiederholt werden muss und da jedes Programm Dateien und Datenbanken aus demselben Datenbestand benutzt, häufig auch identische Verarbeitungsregeln enthält, sind viele der generierten Klassen beinahe identisch. Also muss ein weiteres Tool sie durchlesen, den ähnlichen Code – die Klones – erkennen und solche Klassen in einer einzigen zusammenfassen. Sonst wird der Sinn der Objektorientierung, nämlich die Reduzierung der Codemenge, verfehlt. Leider hat das Recovery-Tool von Relativity diesen Schritt weggelassen. Die Programme waren zwar lauffähig, aber viel größer und viel schwieriger zu pflegen als die ursprünglichen Altprogramme. Soft-Tran hat diesen Schritt vollzogen, scheiterte dabei aber an den unterschiedlichen Datenbenennungen. Ohne einheitliche Nutzung von Datennamen war es unmöglich, redundante Methoden zu erkennen [SnNy92].

Der letzte Schritt ist die Umsetzung der Anweisungen in den objektorientierten Bausteinen – Klassen, Methoden und Schnittstellen – in eine andere Sprache, z.B. von COBOL in Java oder von PL/1 in C++. Diese Umsetzung ist, verglichen mit den vorangegangenen Schritten, relativ einfach: Es geht um die 1:1-, 1:n- oder m:1-Übersetzung einzelner Anweisungen. Trotzdem ist es am Ende nötig, den migrierten Code manuell nachzubearbeiten. Meistens fehlen die Kommentare und die Namen der Methoden und Attribute sind selten aussagekräftig. Vor allem passen sie nicht zu der neuen Sprache.

Jetzt wird der Leser verstehen, warum es nie ganz gelungen ist, ein marktfähiges Transformationswerkzeug für die Migration prozeduraler in objektorientierte Systeme zu entwickeln. An Versuchen dazu mangelt es nicht, weder in der Praxis noch in der Forschungsgemeinschaft. Nur ist das Problem bis zum heutigen Tag nicht befriedigend gelöst. Das hat dazu geführt, dass Anwender auf eine Migration von prozeduralen in objektorientierte Systeme verzichten und stattdessen die Systeme prozedural belassen, sie neu entwickeln oder durch Standardsoftware ablösen. Eine objektorientierte Migration im Sinne einer automatisierten Programmtransformation ist zu risikobehaftet und bislang nicht gelungen.

6.6   Programmkapselungswerkzeuge

Die Schwierigkeit, prozedurale Programme in objektorientierte zu transformieren, führte zu der Alternativlösung der Programmkapselung. Statt die Programme zu transformieren, werden sie in eine Schale verpackt und in einer objektorientierten Architektur als Objekt angeboten. Der Code bleibt weitgehend unverändert, allenfalls die Schnittstellen werden angepasst. Es gibt auch Kapselungsmechanismen, die Programme sogar in ihrer ursprünglichen Umgebung laufen lassen und eine Rechner-zu-Rechner-Verbindung zu ihnen herstellen. Sie werden also über einen entfernten Prozeduraufruf (RPC – Remote Procedure Call) mit der neuen Umgebung verbunden. Ob dies als Migration anzusehen ist, erscheint aber zweifelhaft; eine derartige Kapselung ist eher als technische Integration zu klassifizieren [Snee96a].

Im Folgenden werden nur Werkzeuge behandelt, die den Code in irgendeiner Weise verändern. Dazu gehören Screen Scraping Tools, Transaction Wrapping Tools und Function Wrapping Tools.

6.6.1   Screen Scraping Tools

Screen Scraping Tools beschränken sich auf den Austausch der Benutzungsoberflächen. Screen Scraping ist eigentlich eine Art von Data Casting, das allen OO-Programmierern bekannt ist. Data Casting bezeichnet die Veränderung eines Datentyps bei der Übergabe als Parameter. Die aufrufende Komponente kennt z.B. eine Datenvariable als Dezimalzahl, die aufgerufene Komponente will aber diese Variable als alphanumerische Zeichenfolge erhalten. Diese Umwandlung des Datentyps beim Aufruf einer Komponente durch eine andere heißt »Data Casting«. Im Fall von Screen Scraping wird nicht eine einzelne Variable, sondern eine ganze Datengruppe, nämlich der Inhalt einer Bildschirmmaske, im Typ umgewandelt, z.B. von einer CICS-BMS-Maske in ein XML-Dokument. Auf dem Weg vom Sender zum Empfänger einer Nachricht wird sie umgesetzt.

Im Sourcecode werden also jene Stellen gesucht, an denen Bildschirmmasken ein- oder ausgegeben werden. Die Anweisungen, die eine Eingabe vom Bildschirm entgegennehmen (z.B. die ACCEPT-Anweisung in COBOL, die RECEIVE-Anweisung in CICS oder die Call DLITCBL in IMS) werden durch eine andere CALL-Anweisung ersetzt. Diese ruft eine Methode im Wrapper auf, die den Bildschirmpuffer mit Daten aus einer anderen Quelle füllt. Auch Funktionstasten und Ereigniszustände werden im Wrapper simuliert. Anweisungen, die eine Ausgabe zum Bildschirm bewirken (wie die DISPLAY-Anweisung in COBOL, die SEND-Anweisung in CICS oder die Call CBLTDLI in IMS) werden ebenfalls durch eine CALL-Anweisung ersetzt. Damit wird der Wrapper aufgefordert, die Daten aus dem Bildschirmpuffer zu übernehmen und weiterzuleiten.

Mit Screen Scraping Tools werden also lediglich die Bildschirmein- und -ausgaben manipuliert. Geschäftslogik und Zugriffslogik bleiben unberührt (siehe

Abb. 6–7). Tools dieser Art können PC- oder Mainframe-Masken gegen HTML-Seiten austauschen und damit die Programme webfähig machen. Solche Tools sind sehr weit verbreitet und inzwischen auch Bestandteil von Integrationsprodukten wie WebSphere, WebLogic, Tibco, Enterprise/X usw.

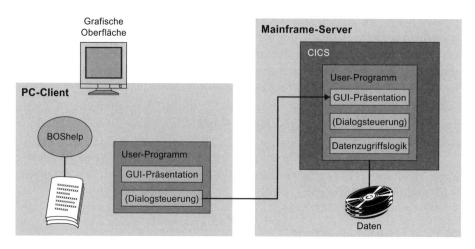

Abb. 6–7   *Screen-Scraping-Technik*

In Italien hat das RCOST-Institut zwei derartige Werkzeuge entwickelt, eines für GUI- und eines für Weboberflächen. Beide analysieren den Sourcecode und generieren den Wrapper-Code. Diese Tools wurden auch schon in Migrationsprojekten eingesetzt. Ein solches Projekt wird in Kapitel 7 als Fallstudie vorgestellt [CaFaTr06a].

In Deutschland hat ein Fraunhofer-Institut ein solches Kapselungswerkzeug mit dem Namen VisualLift entwickelt. VisualLift fängt 3270-Datenströme ab, analysiert sie und generiert daraus GUI-Objekte für eine Client-Komponente [PiRoSh97]. Das alte Programm bleibt unverändert, da ausschließlich mit dem Datenstrom gearbeitet wird. Der Benutzer bekommt eine neue Oberfläche mit dem vertrauten Inhalt.

Ein interessantes kommerzielles Produkt für das Screen Scraping ist das COBOL CGI von Fujitsu aus England. Zunächst übersetzt dieses Tool die COBOL-Screen-Definitionen in HTML-Belege. Die Struktur des jeweiligen HTML-Belegs wird auch als COBOL-Datenstuktur in einem Copy-Member abgebildet. Diese Copy-Strecke wird in die Data-Division des COBOL-Programms eingebaut. Anschließend wird die Procedere-Division des COBOL-Programms nach ACCEPT- und DISPLAY- bzw. SEND- und RECEIVE-Anweisungen durchsucht. Jede DISPLAY- bzw. SEND-Anweisung wird in eine Call-Anweisung

```
CALL "CGIWRITE" USING BY CONTEXT <HTML.Form>
```

verwandelt und jede ACCEPT- bzw. RECEIVE-Anweisung in eine CALL »CGI-READ« USING-Eingabemaske umgesetzt. Sonst wird im Programm nichts geändert. Bei einem CGIWRITE wird die HTML-Form automatisch mit Inhalt aus der COBOL-Ausgabemaske gefüllt. Bei einem CGIREAD wird der Inhalt der HTML-Form automatisch in die COBOL-Eingabemaske übertragen. Das Programm funktioniert so, als ob es nicht wüsste, woher die Daten kommen und wohin sie gehen. Damit ist COBOL CGI vielleicht eines der besten Beispiele für die Anwendung von Data Casting bzw. Screen Scraping für Benutzungsoberflächen [Lang98].

6.6.2   Transaction Wrapping Tools

Transaction Wrapping Tools unterscheiden sich von Screen Scraping Tools dadurch, dass sie ganze Dialog- oder Batch-Prozesse kapseln. Es wird nicht nur z.B. die Oberfläche »Kundendaten« ausgetauscht, sondern alle Oberflächen, die für die Transaktion bzw. den beispielhaften Anwendungsfall »Kundenauftragsbearbeitung« verwendet werden. Hierzu gibt es zwei Ansätze:

- den statischen Ansatz und
- den dynamischen Ansatz.

Der statische Ansatz kann gut am Beispiel des IBM-Tools »IMS Web Studio« erläutert werden. Web Studio unterstützt die folgenden Kapselungsfunktionen:

1. Der Benutzer durchsucht die Message-Format-Sets und wählt die Masken für eine bestimmte Transaktion aus. Für die Kundenauftragsbearbeitung wären das z.B. die Masken »Artikel-suchen« und »Auftrag-bearbeiten«.
2. Web Studio analysiert die ausgewählten Masken und generiert daraus Java- und HTML-Dateien für die Transaktion, z.B. die Klassen »Artikelsuche« und »Auftragsbearbeitung« samt entsprechenden HTML-Formularen.
3. Das Tool erzeugt eine Makefile-Prozedur, um die Java-Sources zu kompilieren und zu einer ausführbaren CGI-BIN-Komponente zu binden.
4. Diese CGI-BIN-Komponente wird anschließend mit der alten IMS-COBOL-, IMS-PL/1- oder IBM-Assembler-Transaktion zusammengebunden. Alle von der Transaktion gesendeten Nachrichten werden abgefangen, von der CGI-Komponente in eine oder mehrere GUI-Oberflächen und in IMS-MFS-Datenströme umgesetzt und an die Zieltransaktion weitergeleitet. Die Transaktion funktioniert weiter so, als wäre sie mit einem 3270-Terminal verbunden [Keye98a].

Der dynamische Ansatz wird an Celest, einem Produkt der Universität Alberta in Kanada, erläutert. Celest wurde dort gemeinsam mit der Celcorp Corporation entwickelt. Die Autoren, allen voran die bekannte Reengineering-Wissenschaftlerin Elena Stroulia, behaupten, die statische Analyse des alten Codes sei eine unzuverlässige Basis für eine Kapselung. Das wirkliche dynamische Verhalten eines Systems lasse sich daraus nicht ableiten. Viel wichtiger sei es, die Interaktion zwischen Benutzer und System zu analysieren und daraus das Dialogmuster zu gewinnen [StEl01].

Celest führt daher zunächst ein dynamisches Reverse Engineering der Transaktionen durch und dokumentiert sämtliche Benutzungsoberflächenzustände. Diese werden analysiert und daraus neue GUI- bzw. Weboberflächen generiert, die dem Benutzer als Prototypoberflächen vorgeschlagen werden. Der Benutzer kann diese Oberflächen geringfügig anpassen. Danach wird ein Daten-Wrapper erzeugt, der sogar die Reihenfolge der Präsentation und den Datenrahmen verändern kann. Dennoch bleibt der Sourcecode des alten Programms unverändert. Dieses benutzt weiterhin virtuell die alten Masken, während der Benutzer eine völlig andere Oberfläche bedient. Es ist schwer vorstellbar, wie das in der Praxis funktionieren soll, aber die Urheber berichten, das Tool sei in einigen Laborprojekten getestet worden [StEl02].

6.6.3   Function Wrapping Tools

Die Function-Wrapping-Werkzeuge greifen viel tiefer in den Legacy-Sourcecode ein. Statt das Programm bzw. die Transaktion insgesamt als wiederverwendbares Objekt bereitzustellen, bieten sie einzelne Teile davon als Methoden an [ToBoAl02].

Das SoftWrap-Tool von Harry M. Sneed wird hier als Repräsentant dieser Werkzeuggruppe vorgestellt. SoftWrap implementiert Modul- und Prozedurkapselung sowohl für Batch- als auch für Dialogprogramme. In den Modulen wird der Linkage-Bereich ausgetauscht und die Parameterliste des Moduls geringfügig ergänzt. Gleichzeitig wird ein Wrapper generiert, der das gekapselte Modul aufruft und die Ein- und Ausgabeparameter umsetzt (siehe Abb. 6–8).

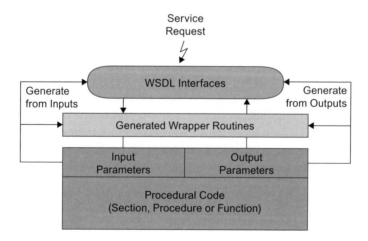

Abb. 6–8   *Kapselung wiederaufbereiteter Komponenten*

Bei Batch-Programmen werden alle Anweisungen, die Daten einer bestimmten Datei referenzieren, gesammelt und zu Methoden einer Klasse für diese Datei zusammengefasst. Die Felder der Datei werden die Attribute dieser Klasse. Es wird ein Wrapper generiert, der die Zugriffe auf die Datei durchführt und die Datenabfragen und -änderungen steuert. Damit kann die Legacy-Datei als Geschäftsobjekt oder als Web Service angeboten werden.

Bei der prozeduralen Kapselung markiert der Benutzer einen Codeabschnitt, den er als eigenständiges Modul bzw. Web Service wiederverwenden möchte. Dieser markierte Abschnitt wird aus dem Legacy-Sourcecode herausgeschnitten und mit eigenem Linkage-Bereich, Eingang und Ausgang versehen. Ein vom Tool generierter Wrapper versorgt die gekapselte Prozedur mit Dateien aus einer XML-Nachricht oder einer Web-Service-Schnittstelle. Auf diese Weise werden die ausgewählten Bestandteile eines Legacy-Programms migriert, die restlichen zurückgelassen.

Dieser Ansatz berücksichtigt damit, dass ein Großteil der alten Programme in einer neuen Umgebung, z.B. einer serviceorientierten Architektur (SOA), gar nicht mehr benötigt wird. Es sind in der Regel nur einzelne Geschäftsregeln bzw. -objekte, die man weiterhin benützen will. Ergo müssen diese wichtigen Codebausteine vom Rest des alten Codes getrennt und als allgemeingültige Funktionen bereitgestellt werden, die in jeden beliebigen Geschäftsprozess eingebunden werden können [Snee97b].

Function Wrapping Tools wie SoftWrap sind in der Praxis bisher kaum zum Einsatz gekommen. Die Granularität der Ergebnisse ist viel zu fein, die Veränderung des Codes zu tiefgreifend. Dennoch könnte mit dem Trend zu serviceorientierten Architekturen ihre Stunde bald kommen. In Kapitel 8 wird diese Frage nochmals aufgegriffen.

6.7   Datenkonvertierungswerkzeuge

Werkzeuge für die Datenkonversion gab es erstmals in den 70er-Jahren für die ersten Migrationen von Dateien auf Datenbanken. Eines der ersten Werkzeuge, das Harry M. Sneed Anfang der 70er-Jahre als Siemens-Mitarbeiter entwickelt hat, übertrug indexsequenzielle Dateien in eine SESAM-Datenbank. Ein kurz danach entstandenes zweites Werkzeug konvertierte Daten aus einer SESAM-Datenbank in eine UDS-CODASYL-Datenbank. Diese Werkzeuge liefen damals auf dem Mainframe unter dem Betriebssystem BS2000. Ähnliche Datenkonvertierungswerkzeuge gab es auch schon frühzeitig in der IBM-Welt.

Ein weiteres, typisches Datenmigrationswerkzeug hat Harry M. Sneed 1993 im Rahmen eines Migrationsprojekts für die Schweizer Bankgesellschaft entwickelt. Dieses Werkzeug, DLITrans, konvertierte hierarchisch organisierte IMS-Datenbanken in relationale DB2-Datenbanken unter Windows 3.1. Es war eines der ersten PC-Programme für die Offline-Datenkonvertierung. Davor fanden

Datenkonvertierungen im Allgemeinen auf dem Host statt. Eine Ausnahme war das Data Modeling Tool von Charles Bachmann [Aike96].

Andere Werkzeuge dieser Art folgten. Vier Jahre später baute Harry M. Sneed ein weiteres Tool, DDLTrans, für die Bank Julius Bär, mit dem IDMS-CODASYL-Datenbanken in DB2-Datenbanken umgewandelt wurden. Zur gleichen Zeit entstand ein drittes Tool für das Deutsche Auswärtige Amt, damals noch in Bonn, ADATrans, das ADABAS-Datenbanken in Oracle-Datenbanken umsetzte [HeThHa02]. Problem und Lösung blieben in allen diesen Fällen gleich:

Das alte Schema muss in das neue transformiert werden. Aus einem IMS-DBD-Schema oder einem CODASYL-Schema werden SQL-Create-Table-Anweisungen mit Keys und Indizes. Da sowohl IMS-DLI als auch CODASYL-DDL nur die Satzstrukturen, jedoch nicht die einzelnen Felder darstellen, muss das Tool die Satzbeschreibungen in der Programmiersprache (Assembler, COBOL, PL/1 oder eine 4GL-Sprache) einbeziehen. Auch der Datenbankkonverter braucht eine Unterkomponente zum Parsen der lokalen Datenbeschreibungen. Schwierigkeiten treten auf, wenn ein Satz alternative Strukturen in Abhängigkeit vom Satztyp haben kann. Dann müssen mehrere SQL-Tabellen, eine für jeden Satztyp, generiert werden [DaAr85].

Bei ADABAS-Datenbanken ist das glücklicherweise nicht erforderlich, weil die Datenbanktabelle in der ADAWAN-Sprache komplett beschrieben ist, allerdings mit verschlüsselten Namen, die umgesetzt werden müssen. Was in ADABAS ebenso wie in DLI und DDL vorkommt, sind Vektoren (Mehrfachvorkommen eines einzelnen Attributs, z.B. mehrfache Vornamen) und wiederholte Datengruppen (eine Datenstruktur oder ein Objekttyp treten mehrfach auf, z.B. mehrere Anschriften). Im ersten Fall ist es möglich, mehrere Spalten für das gleiche Attribut vorzusehen, solange dessen Anzahl begrenzt ist. Können viele Attribute mehrfach vorkommen oder ist gar deren potenzielle Anzahl unbekannt, dann muss das Tool eine SQL-Untertabelle kreieren, die den Primärschlüssel des Hauptsatzes und eine laufende Nummer zur Unterscheidung der einzelnen Ausprägungen erhält. Im zweiten Fall, bei wiederholten Datengruppen, muss eine selbstständige Tabelle mit einem Fremdschlüssel generiert werden, der auf die übergeordnete Tabelle verweist.

Parallel, aber im Zusammenhang mit der Schemakonvertierung muss das Tool kleine Module oder Klassen generieren, die die eigentlichen Daten aus der alten Datenbank lesen und in die neue Datenbank schreiben. Hierfür lässt sich das von Michael Jackson empfohlene Prinzip der Programminversion verwenden: Ein Unterprogramm holt die Daten satzweise aus der alten Datenbank und speichert sie als einzelne Felder in einer Zwischendatei; ein zweites Unterprogramm holt die Felder aus dieser Zwischendatei und lädt sie als Attribute in eine DB2- oder Oracle-Tabelle [MeDi92].

Schema-Umsetzung und Generierung der Datenübertragungsprogramme geschehen nur einmal. Die Datenübertragungsprogramme können jedoch mehrfach ausgeführt werden, solange sicher ist, dass Struktur und Inhalt der neuen

Datenbanktabellen stimmen. Dies zu belegen, ist Aufgabe des Datenbank-Regressionstests.

Verglichen mit einer Programmtransformation ist die Transformation einer Datenbank einfach und wohldefiniert. Sie lässt sich gut automatisieren (vgl. Abb. 6–9), sodass hierfür kaum Outsourcing-Bedarf entsteht, der Anwender kann mit den Werkzeugen die Datenmigration selbst bewältigen.

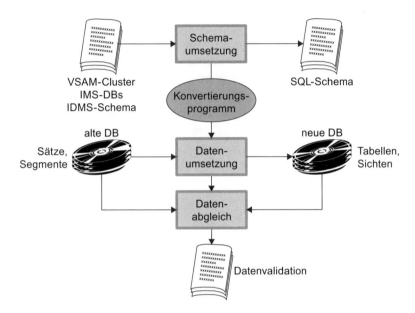

Abb. 6–9   *Automatisierte Datentransformation*

Probleme können allerdings bei den Zugriffszeiten auftreten. Die Simulierung der alten Zugriffe durch die Zugriffsschicht, kombiniert mit der Umstellung von netzartigen auf relationale Datenbanken, führten durchweg in allen beobachteten Datenkonvertierungsprojekten zu einem Performance-Verlust. Im Fall einer Konvertierung von IDMS auf Oracle für eine Hamburger Bank war der entstandene Performance-Engpass nicht annehmbar. Man ließ Tuning-Experten aus den USA anreisen, aber auch sie konnten das Problem nicht beheben. Also musste das Tool so umgestellt werden, dass es aus den Relationen mit den vielen einzelnen Attributen BLOBS erzeugte, d.h., aus einer Relation wurde ein einziges großes Datenfeld in der Datenbank. Erst intern in der Zugriffsschicht wurde der BLOB wieder in einzelne Attribute aufgelöst. Bei Insert- und Update-Fällen mussten die einzelnen Attribute wiederum zu einem einzigen BLOB zusammengeführt werden. Insgesamt bescherten diese Probleme dem für die Migration verpflichteten Auftragnehmer einen beachtlichen finanziellen Verlust.

Ähnliche Probleme traten bei der größten deutschen Bank in Frankfurt auf. Dort wurde Tata Consulting damit beauftragt, IMS-Datenbanken in DB2-Datenbanken zu migrieren. Lösung war eine eingebaute Zugriffssimulation am Ende jedes einzelnen COBOL-Programms. Die hierarchische IMS-Zugriffslogik blieb im Mainframe-Code erhalten, wurde aber bei jedem Zugriff durch mehrere einkopierte Abschnitte programmintern in eine relationale Logik umgesetzt. Diese eher umständliche Lösung bot die indische Gesellschaft unter dem Namen »HIREL« an. HIREL ist typisch für viele Datenbankkonvertierungen dieser Art, im Grunde genommen stellt HIREL eher eine Art Datenbankkapselung dar.

Festzuhalten ist, dass jede Umstellung von einem Datenmodell auf ein anderes Performance-Verluste bringt. Diese können nur über schnellere Hardware abgefangen werden, die Datenbanksoftware gibt das nicht her. Hauptproblem sind aber nicht die Daten, sondern die Programme, die auf die Daten zugreifen. Sie sind auf die alten Zugriffspfade zugeschnitten; sie der neuen Zugriffslogik anzupassen bedeutet, sie neu zu schreiben. Wer sie behalten möchte, muss eine Datenumsetzung zwischen die alten Anwendungsprogramme und die neue Datenbank einschieben, und das bringt zwangsläufig Performance-Verluste.

Auch hier erkennt man erneut: Migration ist eine Kompromisslösung mit vielen Nachteilen. Dennoch wird sie vorgezogen, weil nicht einmal die größte Bank Deutschlands die Alternative einer deutlich teureren und länger dauernden Neuentwicklung wählt.

6.8   Datenkapselungswerkzeuge

Datenkapselung ist ein relativ neues Feld. Bisher wurden Daten meistens konvertiert, um die Vorteile des neuen Datenbanksystems nutzen zu können. Allerdings gab es immer auch Situationen, in denen die Daten von Altsystemen weiterhin in hierarchischer bzw. netzartiger Form gebraucht wurden, wogegen neue Softwaresysteme relationale Speicherungsformen verwendeten. In solchen Fällen wurden Daten aus der Sicht des neuen Systems gekapselt. Neuerdings werden sogar relationale Daten gekapselt, um Webanwendungen eine objektorientierte Sicht auf die Daten zu ermöglichen. Daten aus den verschiedenen relationalen Tabellen werden dann in einem XML-Dokument zusammengeführt, das für die Webanwendung bereitgestellt wird.

6.8.1   Kapselung der Legacy-Datenbanksysteme

Ein Beispiel für die Kapselung netzartiger Datenbanken stammt von Unisys. Mit deren Produkt SQL-1100 war es möglich, mit Standard-SQL-Anweisungen auf eine DMS-1100-CODASYL-Datenbank zuzugreifen. Ein ähnliches Produkt für IDMS-Datenbanken bot Cullinet an. Die Software AG stellt für ihr netzartiges Datenbanksystem ADABAS das Tool ADASQL bereit. ADASQL ermöglicht es Anwenderprogrammen, mit Standard-SQL-Operationen Daten aus einer ADABAS-Datenbank wiederzugewinnen und dort auch wieder abzulegen. Die SQL-Operationen behandelt ein Datenbank-Wrapper.

Eine Lösung in der umgekehrten Richtung lieferte die indische Firma Tata (TCS); ihr weiter oben schon erwähntes HIREL-Tool wurde im Rahmen einer IMS-zu-DB2-Migration für eine deutsche Bank entwickelt. Die Daten wurden aus IMS-hierarchischen Datenbanken in relationale DB2-Datenbanken migriert, damit neue Anwendungen mit ihnen arbeiten konnten. Die weiterlaufenden alten Anwendungen benötigten aber weiterhin die Daten als IMS-Segmente in einer hierarchischen Struktur. Mit HIREL wurden Umsetzungsmodule als Copy- bzw. Include-Strecken in den Sourcecode der Anwenderprogramme eingebaut. Die IMS-Anweisungen wurden durch einen Präprozessor in PERFORM- bzw. CALL-Anweisungen umgewandelt, die eingebundene Umsetzungsroutinen aufrufen. Dort werden SQL-Anweisungen verwendet, um auf die DB2-Datenbank zuzugreifen. Der Code wird dadurch erheblich aufgebläht, aber der Anwender muss ihn nicht ändern. Er kann mit den relationalen Daten so arbeiten, als ob sie weiterhin in einer hierarchischen Form wären. Mit solchen Lösungen sind Entwickler selten zufrieden – aber sie sind schnell und billig [JaBy01].

6.8.2 Kapselung relationaler Datenbanken

Inzwischen will man aus relationalen Datenbanken Objekte gewinnen und diese wieder relational abspeichern können (siehe Abb. 6–10).

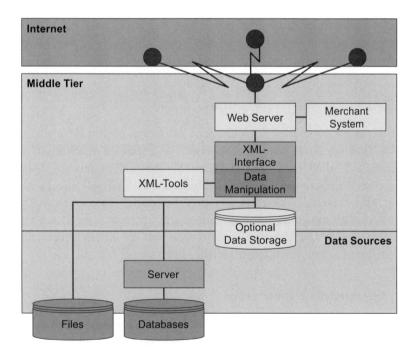

Abb. 6–10 *Automatisierte Datenbankkapselunq*

Dafür bietet IBM das Produkt DB2-XML Extender an. Voraussetzung ist ein vollständiges XML-Schema. Bei der Generierung der Zugriffsschale wird das jeweilige SQL-Schema mit dem entsprechenden XML-Schema vereinigt und daraus ein Zugriffsmodul erzeugt, das die Statthalternamen durch die echten Attribut- und Suchbegriffsnamen aus dem Schema ersetzt. Die einzelnen Attribute der Datenbank werden intern in einem Feldvektor abgespeichert, aus dem ein XML-Dokument für den aufrufenden Client erzeugt wird. In umgekehrter Richtung wird der Feldvektor aus dem eintreffenden XML-Dokument aufgebaut. Daraus werden die Attribute der betroffenen Datenbanktabellen gefüllt. Mit dem DB2-XML-Extender ist es also möglich, XML-Dokumente auch mit eingebetteten Images zu speichern, die Inhalte der Dokumente relational zu verarbeiten und die Dokumente aus den veränderten Datenwerten wieder zusammenzustellen [HaThHo05].

Ab der Version ORACLE-9 bietet der Datenbankanbieter Oracle eine ebenso gute, wenn nicht sogar bessere Datenkapselung für relationale Datenbanken an. Dort entsprechen die Bezeichnungen in den XML-Dokumenten den Attributnamen in den SQL-Tabellen, die Gruppierung der Daten innerhalb der XML-Dokumente korrespondiert mit der Verschachtelung der Tabellen über die Fremdschlüssel. So wie hierarchische Datenbanken verflacht werden, um eine relationale Datenbank zu imitieren, werden hier flache Strukturen verschachtelt, um eine hierarchische Struktur abzubilden. Deshalb wird hier auch von einer objektrelationalen Datenbank gesprochen. Der Anwender kann beides haben: Es ist nicht mehr notwendig, die Daten zu migrieren, weil diese Art von Datenkapselung für eine objektorientierte Sicht auf die Daten ausreicht [ChScKi01].

6.9   Regressionstestwerkzeuge

Testwerkzeuge haben leider noch keine zum Werkzeugangebot für Datenmigrationen vergleichbare Reife erlangt. Es stehen auch weniger mächtige Hersteller dahinter als z.B. IBM oder Oracle. Datenbankhersteller offerieren Dienstprogramme zum Abgleich von Datenbankinhalten; z.B. lässt sich der Inhalt einer DB2-Datenbank werkzeuggestützt mit dem einer IMS-Datenbank abgleichen, weil beide vom gleichen Hersteller stammen! Wer aber z.B. seine Daten von IMS auf den SQL-Server von Microsoft migriert hat und die Inhalte vergleichen will, hat ein Problem, er muss sich selbst helfen.

6.9.1   Kommerzielle Testwerkzeuge

Hewlett-Packard bietet die ehemaligen Mercury-Testwerkzeuge unter dem Dachbegriff »Test Directory« an. Dazu gehören auch Werkzeuge zum Vergleich von Bildschirminhalten. Wer also von Hostmasken auf Client-GUIs migriert, kann damit die Inhalte der neuen GUI-Oberflächen mit denen der alten Hostmasken abgleichen. Ebenso kann, wer von Client/Server- zu webbasierten Oberflächen wechselt, die HTML-Inhalte gegen die GUI-Inhalte prüfen, sofern die Struktur der Oberflächen im Wesentlichen unverändert bleibt. Ähnliche Tools zum Abgleichen bieten auch Empirix, Logiscope und Compuware an.

Compuware ist groß geworden mit dem File Comparator, der Datei- und Datenbankinhalte miteinander vergleicht und gefundene Abweichungen protokolliert. Dafür sind die Compuware-Werkzeuge gut geeignet. Ergänzend wird auch noch das Test-Directory ToolSet angeboten; damit ist aber nicht allzu leicht umzugehen. Werkzeugfamilien dieser Art richten sich an professionelle Tester, die tagtäglich damit arbeiten [RoDeCh03].

Harry M. Sneed hat für seine jüngsten Migrationsprojekte zwei eigene Werkzeuge entwickelt: *SoftRetest* für die Programm-Migration, *DataRetest* für die Datenmigration.

6.9.2 Regressionstest einzelner Module

SoftRetest wurde für die Migration von COBOL-74 zu COBOL-85 sowie von COBOL-85 zu OO-COBOL entwickelt. Die dahinter stehende Idee ist, dass sich die Programme selbst testen (vgl. Abb. 6–11) [Snee94].

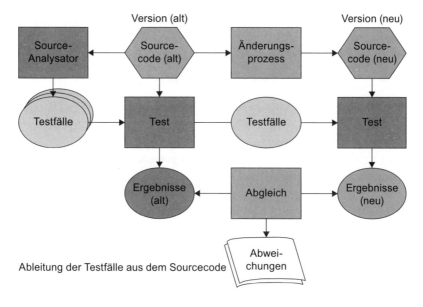

Abb. 6–11   *Automatisierter Abgleich alter und neuer Module*

Zunächst wird das alte COBOL-Programm analysiert und instrumentiert. Anhand der Bedingungen – IF, EVALUATE, PERFORM UNTIL, AT END, ON KEY usw. – werden künstliche Daten erzeugt, die diese Bedingungen variabel erfüllen; z.B. wird unmittelbar vor der Ausführung der Bedingung IF PLZ >=8000 die PLZ einmal auf

7999, einmal auf 8000 und einmal auf 8001 gesetzt. Das alte Programm wird mit den künstlichen Daten ausgeführt, alle ausgeführten Pfade werden registriert und abgespeichert. Die Pfadtabelle mit den Anweisungsnummern in den Spalten enthält eine Zeile für jeden Pfad. Außerdem werden die Endzustände aller Ausgabevariablen in einer Ergebnistabelle festgehalten.

Anschließend wird die neue Programmversion instrumentalisiert und mit denselben künstlichen Daten ausgeführt. Auch hier werden Durchlaufpfade und Endergebnisse festgehalten. Danach werden alte und neue Pfade miteinander verglichen, Gleiches geschieht für alte und neue Endergebnisse. Der dahinter stehende Gedanke ist, dass ein konvertiertes bzw. restrukturiertes Modul sich dynamisch genauso verhalten muss wie das ursprüngliche Modul, d.h., die Ablauffolgen der Codezweige müssen übereinstimmen. Auch dann, wenn der Code statisch umstrukturiert wird und eventuell neue Anweisungen enthält, müssen die alten Anweisungen in der gleichen Reihenfolge ausgeführt werden wie vorher, unabhängig davon, wo sie im Code stehen.

Die Erfolge mit dieser Testtechnik waren erstaunlich. Es gab in den anschließenden Integrationstests nur noch Fehler in der Interaktion mit der Umgebung, keine Fehler mehr innerhalb der Programme. Damit ist bewiesen, dass das Verhalten neuer und alter Modulversionen automatisch verglichen werden kann. Dies ist für Outsourcing-Projekte, in denen die Codetransformation verteilt und ohne Zugriff auf die zentrale Testumgebung stattfindet, besonders wichtig. Nun kann das Ergebnis einer Codetransformation sofort geprüft werden.

6.9.3   Regressionstest der migrierten Systeme

DataRetest wurde für die Migration von VSAM-Dateien und IMS-Datenbanken auf den Microsoft SQL-Server entwickelt. Es funktioniert jedoch genauso für die Migration anderer Datenbanken, z.B. IDMS, UDS oder ADABAS. Das Besondere an diesem Werkzeug ist, dass es mit einer Skriptsprache verbunden ist. Mit den Assert-Anweisungen der Skriptsprache können einzelne Attribute zum Vergleich ausgewählt und sogar manipuliert werden. So können numerische Werte zum Vergleichszeitpunkt erhöht oder herabgesetzt, Stringwerte zusammengefasst oder nur ausschnittsweise verglichen werden. Schließlich können auch Attribute gegeneinander abgeglichen werden, z.B. das Einstellungsdatum gegen das Entlassungsdatum [Snee03c].

DataRetest ist aber mehr als nur ein weiterer File Comparator. Es vergleicht auch Dokumente jeglicher Art. Printouts, Berichte, Listen, Textdateien, Webseiten etc. werden in ein XML-Dokument umgewandelt. Die enthaltenen Werte werden erkannt und abgezogen, ebenso die Titel zu diesen Werten bzw. die Spaltenköpfe. Wo ein Titel fehlt, wird er generiert. Die Titel bilden die Tags im XML-Dokument. Die Gruppierung der Daten spielt dabei keine Rolle, da es sich lediglich um einen Vergleich einzelner Felder handelt (vgl. Abb. 6–12).

```
+------------------------------------------------------------------------------+
|                      WSDL Response Validation Report                          |
|                                                                              |
| File:   DFI-XML                                           Params: Y Y Y Y    |
| Object: Notification                                        Date: 26.02.06   |
| Type  : WSDL                                              System: WebService |
|                                                                              |
| Key Fields of Response(new,old)                                              |
+------------------------------------------------------------------------------+
| New:Notification                                                             |
| Old:Notification                                                             |
+-------------------------------------------------+----------------------------+
| Non-Matching Fields                             | Non-Matching Values        |
+-------------------------------------------------+----------------------------+
| RecKey:4711                                     |                            |
| New: EventName                                  | Manchester/Arsenal         |
| Old: EventName                                  | Manchester/Liverpool       |
+-------------------------------------------------+----------------------------+
| RecKey:4713                                     |                            |
| New: Eventdate                                  | 2006-10-11                 |
| Old: Version                                    | 2006-10-12                 |
+-------------------------------------------------+----------------------------+
+-------------------------------------------------+----------------------------+
|   Total Number of old Responses checked:              10                     |
|   Number of old Responses found in new File:          10                     |
|   Number of old Responses not in new File:            00                     |
|   Number of new Responses found in old File:          10                     |
|   Number of new Responses not in old File:            00                     |
|   Total Number of Attributes checked:                 70                     |
|   Total Number of non-Matching Attributes:            07                     |
|   Percentage of matching Attributes:                  90 %                   |
|   Percentage of matching Responses:                  100 %                   |
+------------------------------------------------------------------------------+
```

Abb. 6–12   *Vergleich alter und neuer Datenausgaben*

Nachdem alte und neue Dokumente automatisch in XML umgewandelt wurden, werden die beiden XML-Dokumente über Assert-Skripts miteinander auf der Feldebene verglichen. Die Zuordnung der ausgewählten Vergleichsfelder erfolgt über die Titel. So wird z.B. der Kontostand im einen Dokument mit dem Kontostand im anderen Dokument verglichen, unabhängig davon, wo dieses Datenfeld jeweils steht. Auf diese Weise können sämtliche Ausgaben eines migrierten Systems gegen die Ausgaben des ursprünglichen Systems validiert werden [Snee05b].

In Zusammenhang mit dem Abgleich der Datei- und Datenbankinhalte und dem Abgleich der Bildschirmoberflächen bietet DataRetest also auch noch einen Abgleich der Dokumente an. Damit ist die vollständige Überdeckung aller Ausgaben eines migrierten Systems möglich. Wenn sich dessen Ausgaben mit denen des Vorgängersystems decken, ist die funktionale Äquivalenz bewiesen. In dieser Automatisierbarkeit des Tests liegt der Hauptvorteil einer Migration. Möglich ist das, weil man das alte System zum Abgleich hat. Das Fehlen eines solchen Abgleichobjekts ist es, was den Test einer Neuentwicklung aufwendig und teuer macht.

6.10 Nachdokumentationswerkzeuge

Zur Nachdokumentation migrierter Software wird ein Werkzeug gebraucht, das aus dem Sourcecode möglichst viele Informationen herausholt und auf verständliche Weise präsentiert. Hier stellt sich zunächst die Frage, für wen diese Information gedacht ist und wozu sie gebraucht wird. Adressat ist derjenige, der die Software in der neuen Umgebung pflegen und weiterentwickeln muss, also der Systembetreuer bzw. der Wartungsprogrammierer. Er braucht Informationen, um Fehlerursachen zu finden, um gefundene Fehler ohne Fernwirkungen korrigieren und um Änderungen durchführen zu können. Im letzteren Fall muss er absehen können, welche Auswirkungen die Änderung auf den Rest der Software hat. Soll er eine neue Funktion in das System einbauen, muss er wissen, wo er anzusetzen hat. Was er dazu nicht braucht, sind nichtssagende Überblicksbilder oder stapelweise Detaildiagramme [WeTrMo07].

Leider ist es eine Tatsache, dass Menschen nicht fähig sind, große Softwaresysteme in ihrer Gesamtheit zu verstehen. Sie begreifen allenfalls einzelne Zusammenhänge. Ein Systembetreuer braucht also nur so viel Information, dass er damit den nächsten Wartungsauftrag erledigen kann. Er muss z.B. wissen, welche untergeordneten Klassen betroffen sind, wenn er eine Basisklasse ändert, und welche Methoden er wie ändern muss, wenn er einen neuen Use-Case-Pfad einzuführen hat.

Ein Werkzeug für die Nachdokumentation muss ein Repository aufbauen und eine Suchmaschine anbieten. Mit der Suchmaschine muss es möglich sein, Abhängigkeiten zu analysieren. Es gibt zwar viele Reverse-Engineering-Werkzeuge, aber nur wenige, die dieses Kriterium erfüllen. Eines davon ist GUPRO von der Universität Koblenz, ein anderes Tomography von der gleichnamigen Münchner GmbH.

GUPRO ist das Ergebnis eines langjährigen Forschungsprojekts zum Thema Nachdokumentation bestehender Anwendungssysteme. Die Programm-Sourcen werden analysiert, deren Entitäten und Beziehungen in einem Repository abgelegt. Von dort aus werden Anfragen beantwortet und frei gestaltbare Dokumente nach Bedarf erzeugt. Der Benutzer hat die Möglichkeit, über Links durch die Architektur des Systems zu navigieren und zu sehen, wo welche Abhängigkeiten bestehen [Eber04].

Tomography hat eine lange Entstehungsgeschichte. Begonnen hat sie im UBS-Labor in Zürich: Ein Tool zur Nachdokumentation der vielen Altsysteme der Schweizer Banken sollte entstehen. Später hat es die Firma Take Five in Salzburg erworben und mit dem Produkt Sniff++ für die Dokumentation von C- und C++-Programmen vereinigt. Take Five wiederum wurde von der Firma Wind River aus Kanada übernommen, die Sniff++-Entwicklung danach abgespaltet und an das Softwareunternehmen Tomography mit Sitz in München verkauft. Heute ist das Tool Tomography in der deutschsprachigen Wirtschaft weit verbreitet und dient unverändert dem oben geschilderten Zweck. Es liefert gezielte Informationen zu gesuchten Zusammenhängen und stellt sie grafisch dar [Bisc06]. Eine Alternative zu Tomography sind die Bauhaus-Reverse-Engineering-Werkzeuge der Firma Axivion. Die Bauhaus-Tools bieten viele Sichten auf migrierte Systeme an und heben dabei Unterschiede zur alten Version besonders hervor.

Es gibt weitere Produkte dieser Art. Für das GEOS-Projekt in Wien hat Harry M. Sneed zwischen 1999 und 2002 ein Repository eingerichtet,

- mit dem durch Komponenten, Klassen, Methoden, Schnittstellen und Datenbanktabellen navigiert werden kann,
- das ausgehend von einem Anwendungsfall alle betroffenen Klassen, Methoden und Schnittstellen auflistet,
- das von einem Startknoten aus – z.B. einer Klasse oder Datenbank – alle abhängigen Knoten verfolgt,
- das für ein Change Request alle betroffenen Softwarebausteine identifiziert und kalkuliert, was die Durchführung der Änderung voraussichtlich kostet,
- das ermittelt, welche Testfälle erforderlich sind, um eine Änderung oder Fehlerkorrektur zu überprüfen.

Dabei hat Harry M. Sneed vieles aus GUPRO, aber auch aus Sniff++, dem Vorgänger des Tools Tomography, übernommen.

Problem ist also weniger, dass es keine Nachdokumentationswerkzeuge gibt, sondern eher, ob man genau das Tool findet, das zur individuellen Umgebung passt [SnHaTe05]. Die Grundfunktionen eines Repository sind stets die gleichen: Es speichert Daten aus der Source-Analyse, generiert Berichte über den Systemzustand, bietet grafische Sichten auf die Systemarchitektur und erlaubt Abfragen (vgl. Abb. 6–13).

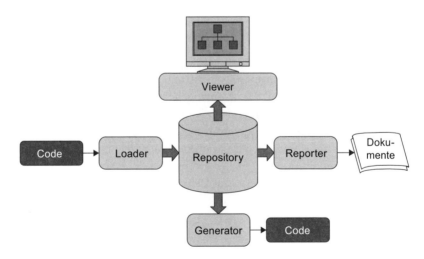

Abb. 6–13   *Funktionen eines Repository*

Zum Zeitpunkt des GEOS-Projekts konnte GUPRO nur prozedurale Systeme
nachdokumentieren. Sniff++ war zwar auf objektorientierte Systeme ausgerichtet, konnte aber die spezielle, im Projekt verwendete Makrosprache nicht verarbeiten. Die Generierung des Codes aus einer eigenen Makrosprache verhinderte
dessen Bearbeitung. Das galt ebenso für das Repository-Tool von sd&m.

Wie in vielen Fällen in der Praxis war man also gezwungen, eigene Werkzeuge zu basteln, weil die Standardwerkzeuge nicht anwendbar waren. Nur wenn
Anwender sich auf streng standardisierten Wegen bewegen, was Sprachen,
Datenbanken, Oberflächen und die Architektur angeht, können sie standardisierte Werkzeuge einsetzen.

6.11 Systemverwaltungswerkzeuge

Die Nutzung von Systemverwaltungswerkzeugen ist nicht auf Migrationsprojekte beschränkt. Sie sind ein unentbehrliches Hilfsmittel in jedem Softwarepro-
jekt, unabhängig davon, ob es Entwicklung, Wartung, Sanierung oder Migration
betrifft. Source-Dateien, Steuerungsskripte, Testfälle, Testdaten und Dokumente
müssen verwaltet werden. Je größer das System ist, desto wichtiger wird diese
Verwaltungsfunktion [Leet07].

In einem Migrationsprojekt muss ein Konfigurationsmanagementtool die folgenden Aufgaben abwickeln:

- Alle Konfigurationselemente unter einem logischen Dach zusammenfassen,
  auch wenn sie physisch verteilt sind
- Einzelne Konfigurationselemente ein- und auschecken
- Jedes Konfigurationselement versionieren
- Ein Release aus ausgewählten Versionen automatisch zusammenstellen
- Mehrere Releases nebeneinander führen
- Testdatenbestände verwalten

Das Angebot an Konfigurationsmanagementtools ist inzwischen so groß, dass es
nicht nötig ist, hier auf einzelne davon einzugehen. Fast jeder große Softwarehersteller und viele kleine Softwarehäuser bieten solche Produkte an.

Hier muss nur nachdrücklich gesagt werden, dass eine größere Softwaremigration ohne ein leistungsfähiges Konfigurationsmanagementsystem nicht möglich
ist. Softwaremigration unterliegt mehr als jede andere Software-Engineering-
Tätigkeit dem Zwang, Tools einzusetzen. Das gilt auch für die Systemverwaltung.

7 Migrationsfallstudien

In diesem Kapitel werden acht typische Migrationsprojekte knapp vorgestellt.

Das erste Projekt fand in Italien statt und ist ein gutes Beispiel für eine Kooperation zwischen Forschungsinstituten und mittelständischen Betrieben im Umgang mit Altsystemen. Es ging um die Webfähigkeit eines PC-Produkts, das alte COBOL-System wurde hinter einer neuen Dialogoberfläche mit Internetanschluss gekapselt.

Das zweite Projekt ist ebenfalls ein Kapselungsprojekt, aber von größerem Ausmaß. Eine deutsche Bausparkasse kapselte ihre alten COBOL-Programme für den Mainframe, um via Internet von Java-Client-Programmen aus darauf zuzugreifen. Dabei wurden verschiedene neue Technologien wie XML, XSL, JavaScript und WebSphere verwendet. Die Fallstudie zeigt, was man alles erreichen kann, ohne die alten Programme in eine neue Umgebung versetzen zu müssen.

Das dritte Projekt steht stellvertretend für einen iterativen Sprachwechsel. Zuerst sollte COBOL durch eine 4GL-Sprache abgelöst werden, was aber nie ganz gelungen ist. Die COBOL-Programme wurden reimplementiert, später musste dann auch die 4GL-Sprache ersetzt werden. Dieses Beispiel zeigt, was Anwendern in der 4GL-Falle passieren kann. Eine Migration ist dann meistens der einzige Ausweg.

Das vierte Projekt spielt in einer schweizerischen Großbank. Es ist die Geschichte einer Migration über 15 Jahre und ein anschauliches Beispiel dafür, dass Migration ein Dauerthema ist, eine »never ending story«. Kaum ist eine Migration beendet, zeichnet sich bereits die nächste ab.

Das fünfte Projekt ist typisch für die vielen sogenannten »Downsizing«-Projekte, in denen es darum geht, Anwendungssysteme von einem großen Mainframe-Rechner auf verteilte UNIX-Rechner zu übertragen. In diesem Fall wurde ein Billing-System mit minimalen Änderungen am Sourcecode von der alten auf die neue Plattform versetzt.

Im sechsten Projekt handelt es sich um eine große Migration. Die komplette Anwendungssoftware einer Versicherung wurde samt Daten von einem Mainframe in eine UNIX Umgebung übertragen, allerdings ohne dabei die Sprache zu wechseln. Dieses Projekt untermauert, wie wichtig es ist, normierte, überall lauffähige Sprachen und Datenhaltungssysteme zu benutzen und konsequent dabei zu bleiben. Einen Sprachwechsel soll man nur ins Auge fassen, wenn er zwingend notwendig ist.

Die siebte Fallstudie stellt eine umfangreiche Migration vor: aus einer proprietären Mainframe-Umgebung in eine offene Welt mit portablen Sprachen, normierten Datenbanken und flexiblen Benutzungsoberflächen. Hier ließ sich ein Sprachwechsel nicht vermeiden. Die Art und Weise, wie er sich vollzog, spielte eine große Rolle für den Erfolg des Projekts.

In der letzten Fallstudie wird schließlich die automatisierte Transformation vom alten COBOL-74-Code in objektorientierten Java-Code geschildert.

7.1   RCOST: Migration von COBOL-Client/Server-Systemen in eine Webumgebung

Diese Migrationsfallstudie ist eng mit dem RCOST-Institut an der Universität Benevento in Süditalien verbunden. Das Institut wurde Ende der 90er-Jahre gegründet mit dem Ziel, Forschung und Entwicklung auf dem Gebiet der Softwarewartung und -evolution voranzutreiben und dabei mit der lokalen Wirtschaft und Verwaltung zu kooperieren.

RCOST genießt einen guten Ruf in der internationalen Software-Maintenance- und -evolutionsgemeinschaft. Das Institut hat mittlerweile über 30 wissenschaftliche Mitarbeiter, die an diversen Praxis- und Forschungsprojekten mitarbeiten. Sie publizieren regelmäßig in den führenden internationalen Fachzeitschriften, insbesondere in den Journalen IEEE Transactions and Software Engineering, IEEE Software Practice and Experience und im International Journal of Software Maintenance and Evolution. Außerdem haben RCOST-Mitarbeiter schon immer zu den führenden internationalen Konferenzen, allen voran der International Conference on Software Maintenance, der International Conference on Reverse Engineering und der European Conference on Software Maintenance and Reengineering beigetragen. Softwaremigration war immer ein Schwerpunktthema von RCOST. Auf diesem Gebiet haben sich RCOST-Forscher profiliert und seit der Gründung des Instituts über 70 Publikationen veröffentlicht. Sie haben in lokalen Migrationsprojekten, vor allem in der Kommunalverwaltung und bei Finanzdienstleistern, mitgewirkt. Diese Fallstudie beschreibt ein solches Projekt [CaCiLu00].

RCOST-Partner war in diesem Projekt ein kleines Softwarehaus namens MTSys, das sich auf die Migration von Legacy-COBOL-Systemen für mittelständische Unternehmen und kommunale Verwaltungen spezialisiert hatte. Im Rahmen des Projekts entwickelte RCOST ein Eclipse-Plugin namens MELIS (Migration Environment for Legacy Information Systems) zur Unterstützung des Migrationsprozesses. Das Produkt hat sich bewährt und wurde seitdem schon in zwei weiteren Migrationsprojekten eingesetzt.

7.1.1   Projekthintergrund

Die Partnerfirma von RCOST in diesem Projekt entwickelte seit den 70er-Jahren Standardsoftwaresysteme in COBOL auf Microcomputern für kleine und mittelständische Unternehmen sowie für kommunale Verwaltungen der Region (Champagne). In den 80er-Jahren wurden Standardanwendungen auf UNIX-Rechner migriert. Gleichzeitig wurde der ursprüngliche COBOL-Code für Microcomputer in Micro Focus COBOL und später in ACU-COBOL umgesetzt. In den 90er-Jahren wurden grafische Benutzungsoberflächen mithilfe der ACU-COBOL-GT-Version implementiert, um die alten fest formatierten Screens abzulösen: Der neue ACU-COBOL-Compiler generiert Java-ähnlichen Bytecode, der sich auf unterschiedlichen Client-Arbeitsplätzen interpretieren lässt. Dazu werden herstellerspezifische SCREEN-Sections in die Dialogprogramme eingebaut.

Stand Ende der 90er-Jahre war, dass es ein Backend mit ganz alten COBOL-Batchprogrammen und mittelalten COBOL-Serverprogrammen gab, das neben der Microsoft-Access-Datenbank auch sequenzielle und indexsequenzielle Dateien für die zentrale Datenhaltung nutzte. Im Frontend existierten neue COBOL-Client-Programme mit einer grafischen Oberfläche für Datenerfassung und -anzeige; hier lag also eine klassische Client/Server-Architektur mit relationalen Datenbanken und COBOL-Code sowohl für die Server- als auch für die Client-Programme vor.

Ziel der letzten Migration war die Einführung der Webtechnologie, die einzelnen Anwendungen sollten über das Internet erreichbar sein und die grafischen Oberflächen durch Webseiten abgelöst werden. Die alte Datenhaltung sollte zunächst unverändert bleiben, ebenso auch weitgehend die Programme auf dem Server. Die Partnerfirma sah keinen Vorteil in einem Wechsel der Programmiersprache und eine Konversion der Daten wäre zu teuer und risikoreich gewesen [LuFr08].

7.1.2   Migrationsvorbereitung

Der erste Schritt war wie in allen Migrationsprojekten die Analyse der bestehenden Software. Sie stützte sich auf eine statische Codeanalyse mit den SoftAudit-Werkzeugen. Dabei stellte sich heraus, dass Modularität und Wiederverwendbarkeit der Programme sehr gering waren. Das lag hauptsächlich an der Verflechtung der Präsentationslogik mit der Verarbeitungs- und Zugriffslogik, was in Legacy-Software für betriebswirtschaftliche und administrative Applikationen noch häufig zu finden ist [BoCaFa03].

Neben der schlechten Struktur der Programmablauflogik (man fand z.B. bis zu 223 GOTO-Anweisungen in einem einzelnen Programm) waren Prozeduraufrufe und Datenbankzugriffe in die Bildschirmdefinitionen eingebettet, es gab bis zu 37 Zugriffe in einer einzelnen Screen-Definition. Die Analyse der Software erbrachte auch sehr geringe Werte für Konvertierbarkeit und Wiederverwendbarkeit, beide Maßgrößen lagen unter dem in ISO 9126 definierten Mindestwert von 0,4. Das alles machte deutlich: Es wäre sehr aufwendig geworden, diese Software zu konvertieren. Deshalb wurde entschieden, die Programme zu kapseln und die Oberflächen neu zu gestalten.

Bei der Vorbereitung der Migration wurde ein Werkzeug entwickelt, das COBOL-Screen-Definitionen in XML-Dokumente umwandelt. Das Tool MELIS wurde als Eclipse-Plugin implementiert. Aus den XML-Dokumenten wurden wiederum HTML-Formate mit eingebetteten JavaScript-Prozeduren generiert. Somit konnten die COBOL-Bildschirmmasken 1:1 in Webseiten umgesetzt werden (siehe Abb. 7–1). Struktur und Inhalt der Oberflächen blieben unverändert. Das war auch ein Wunsch der Benutzer, die ihre Gewohnheiten im Umgang mit dem System nicht ändern wollten.

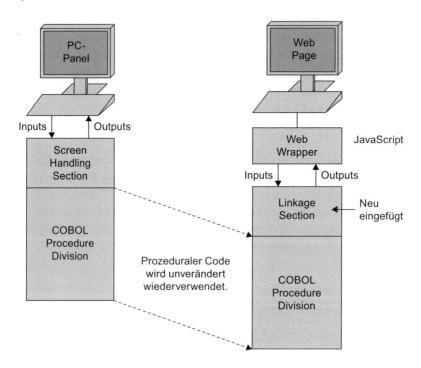

Abb. 7–1   *Weboberflächen für COBOL-Programme*

Die Anwendungsdaten waren in indexsequenziellen Dateien gespeichert, die von den COBOL-Programmen direkt angesprochen wurden: Zugriffsoperationen für solche Dateien sind Bestandteil von COBOL, das sowohl primäre als auch sekundäre Suchbegriffe benutzt, um auf die Dateien zuzugreifen. Da diese Dateizugriffe zerstreut durch alle Module vorlagen, wäre ihre Auslagerung in eine Zugriffsschicht sehr aufwendig und risikobehaftet gewesen. Also wurde entschieden, die Daten zunächst unverändert zu belassen. Die Datenmigration in eine relationale Datenbank wurde für ein Folgeprojekt vorgesehen.

Das bestätigt eine Strategie, die in fast allen erfolgreichen Migrationsprojekten zu finden ist: Man ändert so wenig wie möglich, um das primäre Ziel nicht zu gefährden. Dieses Ziel war, die Softwaresysteme über das Internet zugänglich zu machen. Eine Migration der Datenbasis hätte diesem Ziel nicht unmittelbar gedient, aber wertvolle Ressourcen gebunden. Also sollte die Datenmigration nach dem Dijkstra-Prinzip »Separation of Concerns« Gegenstand eines eigenen, späteren Migrationsprojekts sein [Dijk76].

7.1.3   Migrationsdurchführung

Durchgeführt wurde die Webmigration in fünf Phasen (siehe Abb. 7–2).

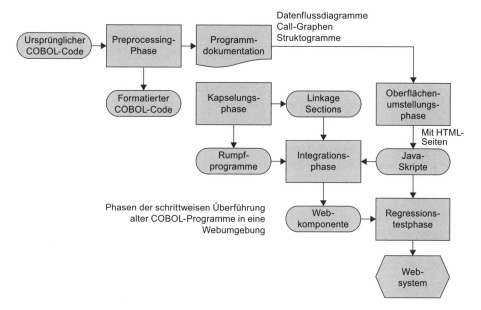

Abb. 7–2   *Phasen der Webmigration*

In der Preprocessing-Phase wurde der aktuelle Stand der Programme und der Benutzungsoberflächen automatisch nachdokumentiert. Aus den Programmen wurden Datenflussdiagramme mit Referenzen auf die verwendeten Dateien, Call-Graphen mit Verweisen auf die aufgerufenen Unterprogramme und Struktogramme für die Darstellung der Entscheidungs- und Verzweigungslogik generiert. Zu den Oberflächendefinitionen wurden die Datenfelder der einzelnen Masken und die Referenzen auf Prozeduren in den Programmen tabellarisch angezeigt. Diese Dokumente lieferten dem Migrationspersonal Detailinformationen über die Migrationsobjekte.

In der folgenden Programmkapselungsphase wurden die Dialogprogramme der Anwendung in Batch-Programme umgewandelt. Ihre Daten erhielten sie danach nicht mehr von der Bildschirmoberfläche bzw. aus den Masken, sondern aus einer XML-Datei. Andererseits übergaben sie auch ihre Ergebnisse nicht mehr direkt zur Anzeige in der betreffenden Maske, sondern übertrugen sie in eine XML-Datei. Die Abänderung des Sourcecodes erfolgte weitgehend automatisch mit dem Tool MELIS. Für die Übergabe bzw. die Rückgabe der Dialogdaten wurde ein Wrapper gebaut, der die Kommunikation zwischen den JavaScript-Oberflächenkomponenten und den gekapselten COBOL-Batch-Programmen ermöglichte.

Wichtig dabei ist anzumerken, dass nicht versucht wurde, die Programme zu restrukturieren, obwohl sie sehr schlecht strukturiert waren mit jeweils zwischen 51 und über 200 GOTO-Anweisungen. Sie wurden gekapselt, so wie sie waren. Ziel des Projekts war es auch nicht, die Qualität des Codes anzuheben, sondern das System webfähig zu machen.

Das zeigt deutlich den Unterschied zwischen einem Reengineering- und einem Migrationsprojekt. Beim Reengineering geht es um die Steigerung der Qualität. In einem Migrationsprojekt geht es vorrangig darum, die Software zu portieren, und nicht darum, sie zu verbessern.

In der Oberflächenkonvertierungsphase wurden die COBOL-Screens aus den Dialog-Sourcen herausgeschnitten und in Java-Client-Komponenten umgewandelt. Aus jeder alten Maskendefinition gingen drei neue Source-Texte hervor:

- eine JavaScript-Website-Definition;
- ein Java Bean mit den Felddefinitionen der ursprünglichen Maske;
- zwei Java Servlets, das erste, um die Ausgabe des gekapselten COBOL-Programms zu empfangen und in die Felder der Website zu übertragen, und das zweite, um die vom Benutzer ausgefüllten Felder in der Website als Eingabedaten an das gekapselte COBOL-Programm weiterzuleiten.

Es war für die Benutzer wichtig, dass die Struktur der Website der Struktur der alten Maske entsprach. Sie wollten das Look & Feel des alten Systems auch in der Webumgebung behalten, also sollte die alte Maske möglichst 1:1 durch die neue Website abgebildet werden. Nur die Technologie zur Darstellung und Verarbeitung der Oberflächeninhalte sollte sich ändern, darüber hinaus wurden nur neue Reiter und Buttons eingeführt. Hier handelt es sich also um ein klassisches Beispiel des »Screen Scraping« [BoGuTo03].

In der Integrationsphase wurden die einzelnen Komponenten verpackt und verteilt. Die Oberflächenkomponenten – Java Beans und Servlets – kamen auf den Webserver, die gekapselten COBOL-Komponenten auf den Applikationsserver, zusammen mit Zugriffsmodulen und Daten. Die Kommunikation zwischen Webserver und Applikationsserver wurde durch .Net Middleware realisiert. Zu den Komponenten des Webservers konnte man über jeden Standardbrowser gelangen. Dies erlaubte auch die Nutzung mobiler Geräte für die Erfassung und Präsentation von Daten, weil sich auch die Präsentationsschicht auf dem Server befand. Das Ganze ist ein extremes Beispiel der Kombination eines »dünnen« Clients mit einem »dicken« Server.

In der Regressionstestphase schließlich wurden identische Transaktionen mit dem alten und dem neuen System nacheinander ausgeführt, anschließend die Inhalte der Benutzungsoberflächen sowie die Inhalte der Datenbanken bzw. VSAM-Dateien miteinander verglichen. Für die Oberflächen geschah dies manuell, für den Abgleich der Dateien wurde ein File-Comparison-Werkzeug eingesetzt. Erfreulicherweise ergaben sich nur wenige Abweichungen, die größtenteils auf inkompatible Datentypen zurückzuführen waren und durchweg rasch beseitigt werden konnten. Nach nur vier Monaten konnten die ersten neuen Subsysteme freigegeben werden.

7.1.4   Lehren aus dem RCOST-Projekt

Die Erfahrung aus dem RCOST-Projekt belegt ein weiteres Mal, wie wichtig es ist, sich bei einer Migration begrenzte Ziele zu setzen. Je bescheidenere Ziele ein Projekt verfolgt, desto größer sind seine Erfolgsaussichten [AvCaLu01].

RCOST hatte nur ein Ziel, bestehende Altanwendungen webfähig zu machen. Man hatte sich weder vorgenommen, die Daten zu migrieren noch die Funktionen zu ergänzen, und trotz qualitativ schlechter Programme erlagen die Projektverantwortlichen nicht der Versuchung, sie zu restrukturieren und zu verbessern.

So konnte RCOST das primäre Ziel mit begrenzten Mitteln in einer begrenzten Zeit erreichen, seine Migrationswerkzeuge testen und den Anwender in die Migrationstechnologie einbeziehen. So gesehen war das Projekt ein Erfolg, auch wenn danach noch viel zu tun übrig blieb.

7.2   Migration von Mainframe-COBOL-Programmen in eine UNIX-J2EE-Umgebung

Wie die erste kann auch diese zweite Fallstudie als gutes Beispiel für die Anwendung der Kapselungsstrategie zur Integration bestehender Altprogramme in eine moderne Umgebung dienen. Sie wurde im Jahr 2000 im Anschluss an den Jahrtausendwechsel begonnen und dauerte zwei Jahre. Der Anwender, eine deutsche Bausparkasse, wollte seine bestehenden Anwendungssysteme auf dem Mainframe in eine moderne webbasierte Umgebung einbinden, ohne sie komplett neu zu entwickeln. Die alten Hostprogramme aus den frühen 80er-Jahren waren in COBOL-74 codiert. Sie waren schon einmal von Tata (TCS) mit der in Kapitel 6 bereits erwähnten HIREL-Technik migriert worden: vom netzartigen Datenbanksystem IMS auf das relationale Datenbanksystem DB2. Diese Migration hatte gewisse Narben hinterlassen.

Jetzt stand die Umsetzung derselben COBOL-2-Hostprogramme nach COBOL für MVS in einer objektbasierten Form an. Die Frontend-Anwendungen plante man in Java auf einem UNIX-Rechner neu zu entwickeln. Die Mainframe-Programme sollten mittels eines gekauften Wrapper namens XML4COBOL mit den Java-Client-Komponenten verbunden werden.

7.2.1   Projekthintergrund

Die Hostapplikationen waren fast 20 Jahre lang benutzt und in dieser Zeit fachlich mehrfach erweitert, technisch von IMS auf DB2 migriert und für das Jahr 2000 überarbeitet worden. Um die Kontinuität der Dienstleistung nicht zu gefährden, wollte der Anwender sie Stück für Stück reimplementieren und ans Web anbinden. Die Erneuerung der Hostanwendungen sollte ohne Unterbrechung der laufenden Geschäftsprozesse und unter Verwendung der bestehenden DB2-Datenbanken ablaufen. Zudem sollte der große Erfahrungsschatz der vorhandenen COBOL-Mannschaft erhalten bleiben, sie sollte die reimplementierten Programme weiter betreuen [HaGöWa00].

Daher wurde beschlossen, die wesentlichen Bausparfunktionen weiterhin in COBOL zu belassen und sie als Services in ein webbasiertes J2EE-Umfeld zu integrieren. Im erneuerten Bausparsystem verblieben Geschäfts- und Zugriffslogik ebenso wie die Daten weiterhin auf dem Hostrechner, während die Präsentations- und die Prozesssteuerungslogik in einer mehrschichtigen J2EE-Architektur mit dem BEA WebLogic Server unter dem Betriebssystem Sun Solaris auf verteilten Netzrechnern bereitgestellt wurde. Damit sollten alle Benutzergruppen – Kundenbetreuer, Vertriebspartner und Internetkunden – über eigene Webapplikationen mit einem einheitlichen Framework bedient werden.

Die neue Architektur war von der Kommunikation zwischen dem Applikationsserver und dem Mainframe geprägt. Die Nachrichtenübertragung verlief über das IBM-Produkt MQ-Series; darüber wurden XML-Aufträge an die Hostprogramme gesendet und XML-Antworten von den Hostprogrammen zurück an die Client-Programme geleitet. Es gab dabei sowohl asynchrone Verbindungen für schreibende Zugriffe als auch synchrone für lesende Zugriffe. Das auf XML basierende Protokoll war eine Eigenentwicklung, da das SOAP-Protokoll zu diesem Zeitpunkt noch nicht verabschiedet war. Es beinhaltete den Aufruf mehrerer Methoden innerhalb einer Nachricht und erlaubte es dem Auftraggeber, die CICS-Transaktionen auf dem Mainframe zu starten und zu beenden. Die wichtigste Eigenschaft des Protokolls war das eigene Typensystem mit Transformationsregeln zur Überführung der XML-Daten sowohl in Java-Klassen als auch in COBOL-Datentypen. Die Datenstrukturen, die als Parameter oder Rückgabewerte über die Schnittstelle transportiert wurden, wurden auch als UML-Klassen modelliert. Diese Schnittstellenklassen wurden als Stereotypen gekennzeichnet. In Java waren sie Value Objects, in COBOL Copy-Strecken. Zur Steuerung der Transformation zwischen Java, XML und COBOL wurde in Java je eine XML-Transferklasse und in COBOL jeweils ein XML-Baumnavigationsmodell generiert. Die COBOL-Anwendungen wurden hinter dem Produkt »XML4COBOL« von Maas High Tech Software verborgen. Somit waren alle Schnittstellendefinitionen automatisch generierbar. Es gab keinen Anlass, manuell einzugreifen [Maas00].

7.2.2   Schichtenarchitektur

Wie viele moderne Webarchitekturen hatte auch die neue Architektur fünf Schichten (siehe Abb. 7–3):

- eine Präsentationsschicht in JSP,
- eine Anwendungsschicht in Java,
- eine Geschäftslogikschicht in COBOL,
- eine logische Zugriffsschicht und
- eine physische Zugriffsschicht.

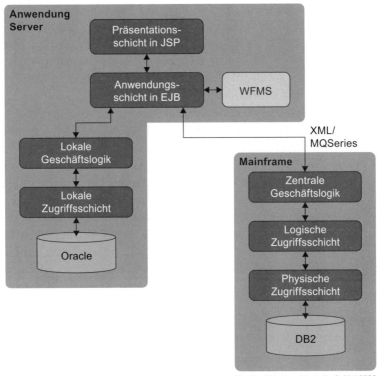

Quelle: Objektspektrum Nr. 3, Mai 2002

Abb. 7–3   *Schichten der Client/Server-Mainframe-Architektur*

Die *Präsentationsschicht* wurde im Sinne eines Thin Client als Webbrowser nach dem bewährten Entwurfsmuster »Model View Controller für Webarchitekturen« auf dem Arbeitsplatzrechner der Endbenutzer implementiert. Die Projektverantwortlichen entschieden sich für eine lose Kopplung zwischen Model und View, wo der Kontrollfluss des Controller-Servlets über eine XML-Parameterdatei konfiguriert werden konnte. Die View-Elemente wurden durch Java Server Pages (JSPs) umgesetzt. Das Model wurde von Action-Klassen umhüllt, die ihre Aufrufe vom Control-Servlet bekamen. Diese Action-Klassen leiteten die Aufträge über Remote-Method-Invokationen weiter an die EJB-Schicht.

Die *Anwendungsschicht* auf dem UNIX-Vorrechner hatte die Aufgabe, im Sinne des Strawman-Modells [YaPa00] die Geschäftstransaktionen zu steuern. Hier wurde entschieden, ob die Transaktion lokal auf dem Client-Rechner zu erledigen war oder ob sie an den Hostrechner weitergeleitet werden sollte. Im ersten Fall wurde eine lokale Geschäftslogikkomponente aufgefordert, den Vorgang unter Einbeziehung der lokalen Daten aus der Oracle-Datenbank zu bearbeiten. Im zweiten Fall wurde die Transaktion über MQ-Series an den Mainframe weitergeleitet. Dort kam sie in die Warteschlange der anstehenden CICS-Transaktionen.

Zum Aufgabenbereich der Anwendungsschicht gehörte das Ansprechen der Datenzugriffsschicht, der Aufruf von Mainframe-Diensten, die Steuerung langer Transaktionen und logischer Datenprüfungen im Zusammenhang mit den lokalen Datenbankzugriffen. Diese Funktionen wurden gemäß dem Session Facade Pattern von Gamma durch zustandslose Session Beans implementiert. Die Transaktionssteuerung fand mithilfe eines Workflow-Managementsystems statt. Da die Bestandsdaten sich auf dem Hostrechner befanden, gab es nur lokale Datenbanken auf dem Applikationsserver. Es handelte sich dabei in erster Linie um Wiedervorlagedaten für die Plausibilitätsprüfungen und Prozesssteuerungsdaten. Auf die lokalen Datenbanken wurde über eine JDBC-Schnittstelle, auf die Hostdaten über XML-Aufträge zugegriffen [Hass00].

Die *zentrale Geschäftslogikschicht* auf dem Mainframe bestand aus den reimplementierten COBOL-Programmen. Diese Programme boten dem Applikationsserver ihre Dienste über XML-fähige Schnittstellen an. Sie empfingen die Client-Aufträge, steuerten die dafür erforderlichen Abläufe auf dem Host und bauten die XML-Rückantworten auf. Dabei wurden Methoden der logischen Zugriffsschicht herangezogen, die ihrerseits Methoden der physischen Zugriffsschicht benutzten. Alle Methodenaufrufe liefen über einen maßgeschneiderten Namensdienst, der sie in Aufrufe von COBOL-Modulen umsetzte. Die Methoden selbst waren in die COBOL-Module als verschachtelte Prozeduren eingebettet. Dieses Verfahren erlaubte den geschachtelten Aufruf von Methoden innerhalb eines Moduls. Die Namen der auszuführenden Methoden wurden aus dem Kopfteil der XML-Nachrichten entnommen. Für die Entnahme der Daten aus den XML-Eingabedaten und ihre Bereitstellung als Parameter im Linkage-Bereich wurden spezielle XML-Wrapper generiert. Andere XML-Wrapper erzeugten aus den Ausgabedaten im Linkage-Bereich die XML-Rückantworten (siehe Abb. 7–4).

Diese Art der Hostprogrammanbindung war nur möglich, weil die COBOL-Programme zu diesem Zweck reimplementiert wurden. Es wäre mit den ursprünglichen Programmen nicht realisierbar gewesen. Insofern ist von einer Kapselung bestehenden Codes nicht die Rede. Lediglich die Daten wurden wiederverwendet, nicht jedoch die Programme. Die reimplementierten COBOL-Programme behielten zwar die alte Verarbeitungslogik, erhielten aber eine völlig andere objektbasierte Struktur.

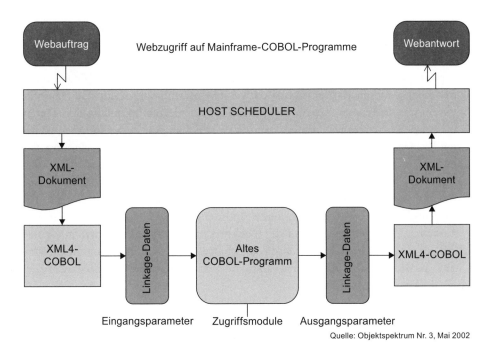

Abb. 7–4   *Kapselung der Mainframe-Programme*

Die *logische Zugriffsschicht* diente als Scharnier zwischen den Applikations- und Geschäftslogikschichten und den Datenbanken. Sie erlaubte es, sowohl mit Value-Objekten aus Java als auch mit Datenstrukturen aus COBOL auf die Datenbank zuzugreifen. Auf der Serverseite entsprachen die Datenbanken dem Klassenmodell und ließen sich 1:1 abbilden. Auf dem Mainframe waren die Datenbanken Überbleibsel der Vergangenheit, sie waren immer noch logische IMS-Datenbanken in einem DB2-Behälter und mussten deshalb gekapselt werden. Die logische Zugriffsschicht diente dazu, die objektorientierten Datensichten in hierarchische umzusetzen. Die logischen Zugriffsmodule konnten aus den Datenstrukturen weitgehend generiert werden. Auf diese Weise war es möglich, eine objektorientierte Sicht der Daten auf das vorhandene semirelationale Datenmodell der existierenden Datenbanken abzubilden.

Die *physische Datenzugriffsschicht* war im Prinzip das alte HIREL-Modell aus der letzten Migration. Sie setzte die hierarchischen Datensegmente in relationale Sichten zwecks Abspeicherung in DB2 um. Für jede Tabelle gab es ein eigenes Zugriffsmodul, in dem die Standardzugriffsarten – Insert, Select, Modify und Delete – ausgeführt wurden. Dort wurden auch die feldbezogenen Transformationsregeln gepflegt, die zur Generierung der Zugriffsoperationen dienten. Der Datenaustausch mit der logischen Zugriffsschicht erfolgte über gemeinsame Datenstrukturen bzw. Copy-Strecken. Je Modul wurde eine Copy-Strecke generiert, die als Übergabe- und Rückgabeparameter zu den Zugriffsoperationen diente. Dies entsprach einer Tabellenzeile mit einem primären Suchbegriff [PRRK02].

Diese Architektur ist ein Beispiel dafür, was passiert, wenn bereits konvertierte Daten erneut gekapselt werden. Zuerst wurden die hierarchischen IMS-Datenbanken in relationale (DB2) umgesetzt. Dazu musste die Zugriffslogik gekapselt werden. Wenige Jahre später wurden die gekapselten IMS-Programme hinter einer weiteren Kapselungsschicht versteckt, um objektorientierte Daten in hierarchische Daten zu verwandeln, die dann wiederum in relationale Daten umgewandelt werden. Das erinnert an die Geschichte: Auf zugeschütteten römischen Ruinen wurden die mittelalterlichen Städte gebaut, auf deren Mauerresten dann die Bürgerhäuser des Kaiserreichs und auf deren von amerikanischen Bomben planierten Resten schließlich die heutigen Hochhäuser errichtet. Zum Teil wurden die gleichen Steine immer wieder verwendet. Summa summarum, es gibt keine Stunde Null. Die Vergangenheit lebt als eingebaute Blackbox in der Gegenwart weiter. Zwar versteht keiner die Blackbox mehr ganz, aber es will auch niemand auf sie verzichten. In diesem Projekt hatte keiner je völlig verstanden, was warum in den alten COBOL-Programmen wirklich geschieht. Man wusste nur noch, dass es so bleiben sollte.

7.2.3   Erfahrungen mit der Kapselung alter Programme und deren Daten

Dieses Projekt wies einen hohen Automatisierungsgrad auf, ein Großteil der Komponenten konnte automatisch generiert werden. Dafür musste der Anwender zunächst mehrere maßgeschneiderte Generatoren entwickeln lassen. Diese Vorausinvestition lohnte sich jedoch, denn damit wurden mehrere hundert Komponenten generiert. Manuell entwickelt wurden lediglich die Java-Applikationsklassen auf der Serverseite. Die COBOL-Verarbeitungsmodule auf der Hostseite wurden teils automatisch, teils manuell transformiert. Damit konnten die Kosten der Systemerneuerung auf ein Minimum reduziert werden.

Auch hier, wie in vielen Migrationsprojekten, zwang die unzureichende Finanzierung zu Einschränkungen. Durch die Kapselung anstelle einer Neuentwicklung der vorhandenen Altprogramme konnte der Anwender sparen. Er hätte die Gelegenheit nutzen und den alten COBOL-Code gründlich überarbeiten können, aber das hätte mehr Zeit und Ressourcen gekostet. Also mussten danach die alten Programmierer den alten, mehrfach geflickten Code weiterpflegen. Kapselung verdeckt Mängel, beseitigt sie aber nicht.

Ein späteres Sanierungsprojekt war geplant, wurde aber nie Realität. So ist es oft auch in anderen Unternehmen. Angesichts der deutlichen Unterfinanzierung der IT – nach Carr ist sie ja auch nur ein notwendiges Übel! – bleibt Qualität immer auf der Strecke, vor allem die innere Qualität der Software [Carr03]. Daher rührt auch die verbreitete Grundhaltung des IT-Managements: Migration ja, wenn es denn sein muss, Sanierung nein, denn die muss nicht sein.

7.3 Eine inkrementelle Systemablösung

In dieser Fallstudie geht es um ein komplexes Schuldenverwaltungssystem eines deutschen Finanzdienstleisters. Das Beispiel zeigt, wie schwer es sein kann, alte Anwendungssysteme zu ersetzen. Das alte System war wie viele andere im Finanzdienstleistungssektor in COBOL-74 auf einem Mainframe-Rechner implementiert. Zum Zeitpunkt der Migration umfasste es ca. zwei Millionen Codezeilen mit etwas mehr als 800.000 Anweisungen. Die dazugehörige Datenbank mit rund neun Millionen Einträgen war ursprünglich für ein CODASYL-netzartiges Datenbanksystem konzipiert worden. Das System verarbeitete zum Zeitpunkt der Migration täglich bis zu einer Million Transaktionen mit einer besonders hohen Last während der typischen Arbeitsspitzen [Snee05c].

Mitte der 90er-Jahre sollte das System aufgrund eines wissenschaftlichen Gutachtens durch eine Neuentwicklung mit der objektorientierten 4GL-Sprache Forte und der relationalen Oracle-Datenbank abgelöst werden. Die wissenschaftlichen Berater sahen diese Neuentwicklung sehr optimistisch und waren der Meinung, das neue System könne innerhalb von drei Jahren in Betrieb gehen. Leider verzögerte sich die Neuentwicklung aber erheblich. Es erwies sich nämlich als äußerst schwierig, die Funktionalität der alten COBOL-Programme zu erfassen und nachzubilden, obwohl moderne Nachdokumentationstechniken zur Verfügung standen. Die Migration der Daten ging schnell über die Bühne, aber nach sieben (!) Jahren waren erst rund 60 Prozent der COBOL-Funktionalität umgesetzt, obwohl zeitweise bis zu 40 Personen im Projekt arbeiteten. In der Zwischenzeit waren auch die noch laufenden alten COBOL-Programme auf die relationale Datenbank umgestellt worden, benutzten also die gleichen Daten wie die neuen 4GL-Programme. Nach diesen sieben Jahren kam der entscheidende Tiefschlag: Der Forte-Hersteller stellte die weitere Unterstützung für diese Sprache ein. Wie schon in anderen Fällen von 4GL-Sprachen blieb der Anwender im Regen stehen, seine Berater hatten auf das falsche Pferd gesetzt und ihn auf einen Holzweg geführt. Jetzt konnte er den noch laufenden COBOL-Code erst einmal vergessen und sich Gedanken über die Ablösung der »neuen« 4GL-Programme machen.

Die Zeit war knapp, also kam weder eine Neuentwicklung noch eine Reimplementierung infrage. Der 4GL-Code sollte soweit möglich 1:1 in Java transformiert werden. Für Java entschied man sich, weil der Hersteller der 4GL-Sprache das empfahl und weil Java dieser Sprache noch am nächsten kam. Für die Durchführung engagierte man ein indisches Softwarehaus, das Erfahrung in solchen Migrationen hatte. Das System wurde in Pakete aufgeteilt, weil es zu groß war, um in einem Zug transformiert zu werden. Das sollte Paket für Paket geschehen.

Dabei kam der alte COBOL-Code nochmals zum Einsatz. Die meisten Funktionen, die in der 4GL-Sprache neu implementiert worden waren, existierten auch noch im früheren COBOL-Code. Die Endbenutzer waren es sogar gewohnt, mit zwei verschiedenen Umgebungen parallel zu arbeiten: An ihrem Client konnten sie sowohl die alten, fest formatierten Masken der COBOL-Lösung als auch die grafischen Oberflächen der 4GL-Version nutzen. Das ließ sich für jede Transaktion in einem übergeordneten Menü auswählen. Ironischerweise wurde die alte COBOL-Lösung meistens vorgezogen, weil sie einfacher und schneller zu bedienen war als die grafischen Oberflächen. Das lag wohl auch daran, dass die Endbenutzer unter erheblichem Zeitdruck arbeiten und neben der Bedienung des Systems auch telefonieren mussten; also zogen sie das Arbeiten nur mit der Tastatur der Alternative Maus plus Tastatur vor. Konsequenz war: Das alte COBOL-System konnte komplett wieder benutzt werden, bis die neuen Java-Komponenten aus Indien über Irland eintrafen; der 4GL-Code wurde zwar in Indien transformiert, jede neue Java-Komponente aber in Irland bei einer Tochtergesellschaft des Finanzdienstleisters getestet. Auf diese Weise wurde ein Paket nach dem anderen durch die Java-Lösung ersetzt.

Diese inkrementelle Migration konnte nur dank des Vorhandenseins einer Backup-Lösung – nämlich des uralten COBOL-Systems – erfolgreich realisiert werden. Nach zwei Jahren war der 4GL-Code komplett ersetzt. Die verbleibende Arbeit war nun, den Rest des Uralt-COBOL-Codes in Java zu reimplementieren. Dabei stand im Hintergrund eine Reduzierung der Betriebskosten und die Freisetzung der inzwischen der Pensionierung nahe gekommenen COBOL-Programmierer. Diese Migration von COBOL zu Java war um einiges schwieriger als die Migration von der objektorientierten 4GL-Sprache zu Java. Letztere war nahezu als 1:1-Übersetzung möglich gewesen, mit Ausnahme einiger umgebungsspezifischer Funktionen wie Oberflächenverarbeitung und Datenbankzugriffslogik; die Struktur des 4GL-Codes dagegen war identisch mit dem Java-Code. Der Umsetzung von COBOL zu Java dagegen lag ein Paradigmenwechsel – vom prozeduralen zum objektorientierten Code – zugrunde. Das ergab viel höhere Anforderungen an die Transformation.

Zur Aufrechterhaltung der Systemkontinuität wurden die COBOL-Programme zunächst gekapselt und damit von ihrer Umgebung isoliert. Dann wurde der gekapselte Code in sechs Schritten Programm für Programm umgesetzt. Im ersten Schritt wurden die Programme statisch analysiert und gemessen. Im anschließenden zweiten Schritt wurden die Programminhalte in einem Repository abgelegt und zu neuen Komponenten kombiniert. Mit einem UML-Entwurfswerkzeug konzipierte man im dritten Schritt die für die neue Architektur erforderlichen Änderungen. Der vierte Schritt bestand aus der Überführung der verbliebenen COBOL-Dateien in eine relationale Datenbank. Im fünften Schritt wurden die COBOL-Programme in UML-Diagrammen nachdokumentiert, in Java reimplementiert und gegen das alte Programm getestet. Im sechsten und letzten Schritt wurden die reimplementierten Java-Komponenten in die Produktionsumgebung eingespielt. So konnten die verbleibenden COBOL-Programme eines nach dem anderen ohne Unterbrechung des Produktionsbetriebs abgelöst werden.

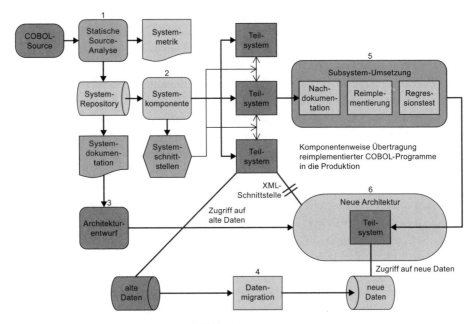

Abb. 7–5   *Iterative Migration in eine J2EE-Umgebung*

Abbildung 7–5 demonstriert die Vorgehensweise im Gesamtzusammenhang. Wichtig war, dass die reimplementierten Komponenten erst nach sorgfältigem Testen freigegeben wurden. Für den Fall, dass Probleme in der Produktion auftraten, konnten zudem die alten COBOL-Programme erneut reaktiviert werden, weil beide (COBOL- wie Java-) Programme die gleichen Kapselungsschnittstellen bedienten. So konnten Risiken im Produktionsbetrieb minimiert werden.

Parallel zu dieser Migration mussten die verbliebenen alten COBOL-Programme immer noch gepflegt werden – zehn Jahre nach ihrer ursprünglich vorgesehenen Ablösung. Dieses Beispiel zeigt, wie langwierig es werden kann, sich von alten Systemen zu trennen. Hätte der Anwender anstelle des Wechsels auf die 4GL-Sprache entschieden, die COBOL-Altsoftware zu kapseln, wären ihm eine lange Leidensgeschichte und beträchtliche Ausgaben erspart geblieben.

7.4   Eine schrittweise COBOL-Migration in drei Akten

Die folgende Migrationsgeschichte einer Schweizer Großbank dauerte 15 Jahre und beinhaltet sowohl zwei Sprachwechsel als auch zwei Hardware- und Betriebssystemwechsel. Begonnen hat sie Anfang der 90er-Jahre, von da ab erstreckte sie sich über drei Akte mit Zwischenpausen.

Die Bank, ein langjähriger Unisys-Kunde, betrieb mehrere tausend Programme im Online- und Batch-Betrieb auf einem Unisys-1100-Rechner mit dem TP Monitor TIP und dem CODASYL Datenbanksystem DMS 1100. Dazu kamen einige Batch-Anwendungen, die auf einem noch älteren UNIVAC-Rechner mit einem ISAM-Dateiverwaltungssystem aus den 60er-Jahren verblieben waren; die Programme dieser Anwendungen lagen zum Teil in UNIVAC-Assembler, zum Teil in COBOL-68 vor. Die Programme auf dem Unisys-Rechner waren in einer Kombination von Delta/COBOL-74 und der Jackson-Strukturierten-Programmiertechnik entstanden. Michael Jackson, ein bekannter Software-Guru der 80er-Jahre, hatte nicht nur eine datenbezogene Programmiertechnik erfunden, sondern auch eine dazu passende Sprache. Diese wurde mit einem Precompiler in Standard-COBOL umgesetzt. Reinhold Thurner, ein anderer bekannter Softwareexperte der 80er-Jahre, hatte mit Delta eine andere strukturierte Sprache konzipiert, die ebenfalls über einen Precompiler in Standard-COBOL umgewandelt wurde.

Da die Bank die Vorteile beider Ansätze zu verbinden hoffte, hatte sie beide Sprachen eingesetzt: Also lief der Sourcecode durch zwei verschiedene Precompiler. Delta lieferte die Makros für TP-Operationen und DB-Zugriffe sowie die Ein-/Ausgaberoutinen; die JSP-Sprache gab die Programmstruktur mit den Grundstrukturen Sequenz, Auswahl und Wiederholung vor, außerdem die für Onlineprogramme von Jackson entworfene Programm-Inversionstechnik. Es gab also innerhalb eines Programms Elemente aus drei verschiedenen Sprachen: Delta-Makroanweisungen, JSP-Struktur- und Steuerungsanweisungen und Standard-COBOL-74-Anweisungen.

7.4.1   Der erste Akt – Beseitigung der Altlasten

1989 fiel die Entscheidung, den Univac-Rechner abzulösen und die darauf noch laufenden Altprogramme mit ca. 1,5 Millionen Codezeilen in die gleiche Form zu bringen wie die jüngeren Unisys-1100-Programme. Die Daten sollten aus den ISAM-Dateien in die CODASYL-Datenbank migriert werden. Das auf Reengineering spezialisierte Unternehmen SES aus Budapest wurde beauftragt, diese Migration innerhalb eines Jahres durchzuführen. Sie konnte sogar schon nach neun Monaten abgeschlossen werden, weil auf jegliche Architekturverbesserung verzichtet wurde; nur das absolut Notwendige wurde gemacht, um die Programme in das Zielformat zu bringen [Snee91].

Die Transformation der UNIVAC-Assemblerprogramme (siehe Abb. 7–6) vollzog sich in fünf Schritten: Zuerst wurden die Programme über einen Assembler-zu-COBOL-Transformator automatisch transformiert. Im Anschluss wurden sie manuell korrigiert und mit sprechenden Namen versorgt. Im dritten Schritt wurden die Datenbank- und Dateioperationen durch Delta-Makros ersetzt und im vierten wurden die weiteren Anweisungen in eine JSP-Struktur umgeformt; dazu mussten die GOTO-Verzweigungen eliminiert und IF-THEN-ELSE und DO-WHILE-Konstrukte eingebaut werden. Im fünften und letzten Schritt wurden die entstandenen neuen Programme gegen die alten Assemblerprogramme getestet.

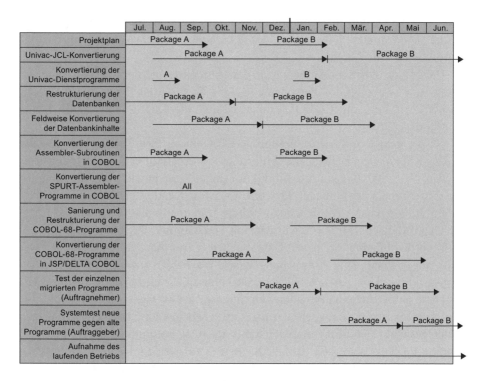

Abb. 7–6   *Univac-zu-Unisys-Migrationsprojekt (Plan der ersten Migrationsstufe)*

Die Transformation der schon vorhandenen COBOL-Programme war wesentlich einfacher und konnte mit dem SoftReorg-Restrukturierungswerkzeug vollautomatisch abgewickelt werden. Im ersten Schritt wurden die Programme restrukturiert, reformatiert und bereinigt. Im zweiten wurden die COBOL-Steuerungsbefehle durch JSP-Anweisungen ersetzt und im dritten die Delta-IO-Makros eingefügt. Danach mussten nur noch die ursprünglichen Kommentare manuell eingefügt werden; das war damals nicht automatisch lösbar.

Parallel zur Programmkonversion lief die Datenmigration. Es ging nicht nur darum, die Daten zu konvertieren und aus der flachen Struktur in eine Netzstruktur zu bringen, sondern auch darum, neue Datenbankzugriffsroutinen zu schaffen. Konvertierung und Restrukturierung der Daten erfolgten automatisch mit einem Werkzeug, die Zugriffsroutinen mussten manuell bearbeitet werden. Da die Zeichendarstellung auf dem alten Rechner anders war als auf dem neuen, mussten Zeichen und Zahlen umgeschlüsselt werden. Später stellte sich heraus, dass diese Umschlüsselung als Folge von dabei entstandenen Satzverschiebungen eine Fehlerquelle war. Weitere Fehler entstanden bei der manuellen Nachbesserung der Assemblerprogramme.

Eine dritte Projektschiene war die Umsetzung der Jobsteuerungsprozeduren. Sie mussten von der UNIVAC Job Control Language in die Sprache der Unisys-Jobnetze versetzt werden. Dafür wurde ein spezielles Konvertierungswerkzeug entwickelt, die neuen Jobsteuerungsskripte mussten aber manuell nachgebessert werden. Die Umsetzung der Jobsteuerung komplexer Batch-Anwendungen ist bis heute eine diffizile Aufgabe.

Die Migrationsmannschaft wurde den Anforderungen entsprechend in vier Teams zu je zwei oder drei Personen aufgeteilt. Es gab je ein Team für die Assemblerkonvertierung, die COBOL-Konvertierung, die Daten- und die Jobsteuerungskonvertierung.

Neben dem Konvertierungsteilprojekt lief ein eigenes Testprojekt, das der Auftraggeber in eigener Regie durchführte. Zur Vorbereitung der Regressionstests wurden über 800 Bänder mit Produktionsdaten gesammelt. Alle wesentlichen Berichtstermine sollten abgedeckt werden – Monatsende, Quartalsende, Jahresende usw. Die Bänder enthielten sowohl die Datenbankinhalte als auch Berichte und Exportdateien. Die Werte wurden zum Testzeitpunkt über einen File Comparator mit den Inhalten der neuen Datenbanken, Exportdateien und Berichte byteweise abgeglichen. Jede Abweichung wurde als Fehler an die Konvertierungsmannschaft berichtet, diese lokalisierte die Fehlerquelle und beseitigte den Fehler.

Diese Fehlersuche nahm mehr Zeit in Anspruch als jede andere Teilaufgabe! Manchmal wurde tagelang, einmal sogar zwei Wochen lang nach einem einzigen Fehler gesucht. Den Konvertierern stand als Ausgangspunkt nur die jeweilige Position im Satz, also z.B. »das 1200. Byte«, zur Verfügung, und sie mussten zunächst feststellen, welche logischen Felder auf dieser Adresse lagen; angesichts häufiger Redefinitionen gab es dabei oft mehrere Alternativen. Von da aus mussten sie die betroffenen Variablen zurück zu der/den Eingangsvariablen verfolgen, also eine Datenflussanalyse durchführen. Das war eine anspruchsvolle und zeitraubende Tätigkeit, denn erst an dieser Stelle konnten sich die Konvertierer mit der Programmlogik auseinandersetzen, davor hatten sie den Code zunächst nur rein formal betrachtet.

Trotz dieser aufwendigen Fehlersuche konnte das Projekt, nicht zuletzt dank der sehr guten Organisation und Projektleitung seitens des Anwenders, noch vor dem gesetzten Endtermin abgeschlossen werden. Ende des betreffenden Jahres gingen die konvertierten Anwendungen auf dem Unisys-1100-Rechner in Produktion. Der erste Akt war abgeschlossen.

7.4.2   Der zweite Akt – Zurück zu Standard-COBOL

Fünf Jahre nach der Übernahme der Univac-Anwendungen auf die Unisys-1100-Plattform bei nun einheitlichem Datenbanksystem und einheitlicher Sprachkombination begann die Bereinigung der Software mit dem Ziel einer Migration in die IBM-Welt. Der JSP-Code sollte dabei völlig eliminiert werden, da der JSP-Precompiler von Michael Jackson – der inzwischen an die Hochschule gewechselt hatte – schon lange nicht mehr unterstützt wurde. Reinhold Thurner hatte seine Firma verkauft und wurde Berater, seine Delta-Sprache lief aber noch lange bei vielen Anwendern weiter. Die Bank wollte den Anteil der Programme mit Delta-

Code reduzieren und die danach noch verbleibenden Delta-Programme in den eigenen Besitz übernehmen. Der COBOL-74-Code sollte in strukturierten COBOL-85-Code umgewandelt werden, im Endeffekt sollte es nur noch reine COBOL-85-Programme geben.

Da im Zeitraum von 20 Jahren mehr als 25.000 Programme zusammengekommen waren, schied eine manuelle Umsetzung von vornherein aus. Es musste ein Umsetzungstool geschaffen werden. Dieses Tool sollte die JSP-Strukturen und -Steuerungsanweisungen durch COBOL-85-Konstrukte ersetzen und die Delta-IO-Operationen in einen separaten IO-Abschnitt am Programmende verlagern. Außerdem sollte es in zwei Formen existieren: für den PC-Arbeitsplatz unter Windows und für Mainframe unter OS-1100. Deshalb musste es auch in COBOL geschrieben werden. Nach seiner Fertigstellung sollten die Programmierer des Anwenders es übernehmen und betreiben [SnEr96].

1995 erhielt SES den Auftrag, zunächst einen Prototyp und nach dessen erfolgreichem Test das endgültige Tool zu entwickeln. Damit wurden die JSP/COBOL-Source-Befehle völlig zerlegt und die einzelnen elementaren Operationen als Einträge in einer Datenbank abgelegt. Wesentlich war die Trennung der Ablaufstruktur von den Verarbeitungsblöcken und den TP-/DB-/IO-Operationen. Die JSP-Ablaufsteuerung wurde durch entsprechende COBOL-85-Strukturanweisungen ersetzt. Für die Programminversion musste ein neuer Algorithmus eingebaut werden. Am Schluss wurden die einzelnen elementaren Operationen wieder zusammengeführt und ergaben ein vollständiges COBOL-85-Programm (siehe Abb. 7–7).

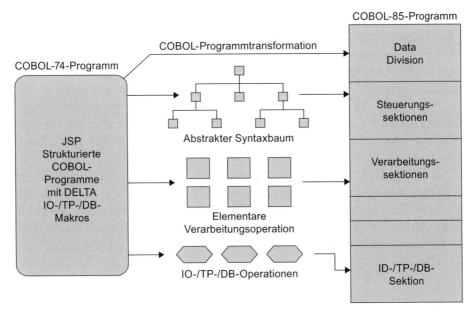

Abb. 7–7   *Transformation von JSP zu COBOL-85*

Mit diesem Werkzeug konnte der Anwender seine Programme nach seinem eigenen Zeitplan migrieren. Das geschah dezentral: Jeder Sachgebietsleiter bekam das
Werkzeug zur Verfügung gestellt und konnte entscheiden, wann er die Programme in seinem Zuständigkeitsbereich umsetzen wollte. Die Hauptarbeit lag
in der Bestätigung der funktionalen Äquivalenz der umgesetzten Programme.
Dafür gab es ein spezielles Regressionstestwerkzeug – den File Editor –, mit dem
die Programmierer Daten vom Mainframe auf den PC-Arbeitsplatz zum Editie-
ren und Abgleichen übertragen konnten.

Diese Migration erstreckte sich zwischen 1996 und 1999 über einen Zeitraum von drei Jahren. Damit verbunden wurden auch die Datumskorrekturen
für den Jahrtausendwechsel. Ende 1999 waren alle 25.000 Programme in Stan-
dard-COBOL-85 konvertiert. Zusätzlich wurden sie von der CODASYL-Datenbank durch eine Zugriffsschicht getrennt, vom TIP-Monitor durch eigene Makros
abgeschirmt und tauglich für den Jahrtausendwechsel gemacht. Abschließend
wurden noch die CODASYL-Datenbanken in Unisys-2200-relationale Datenbanken (RDBM) umgesetzt. Damit war ein jahrzehntelanges Ziel der Bank endlich
erreicht: die Weichen für eine Ablösung der Unisys-Plattform zu stellen.

7.4.3   Der dritte Akt – Der Übergang zum IBM-Mainframe

Der dritte Akt – der lang angestrebte Hardwarewechsel – begann erst drei Jahre
nach dem Abschluss des zweiten. Die Bank hatte inzwischen mit einer anderen
Großbank fusioniert und sich dabei organisatorisch neu aufgestellt.

Jetzt stand der Plattformwechsel endlich an. Das Unisys-Betriebssystem
OS-2200 sollte durch MVS abgelöst und das Unisys-Jobsteuerungsnetz durch ein
Standard-Jobsteuerungspaket ersetzt werden. Die COBOL-85-Programme sollten
in COBOL-2 überführt und die RDBM-Datenbanken in DB2 migriert werden. Da
die COBOL-Programme bereits im Standard COBOL-85 vorlagen, war die Programmumsetzung relativ trivial, Hauptaufgabe war die Migration der Daten.

Schwieriger gestaltete sich die Softwaremigration der fusionierten Bank.
Deren Programme liefen zwar bereits auf IBM-Anlagen, waren aber in vielen ver-
schiedenen Sprachen verfasst, darunter Natural, Mantis, PL/1 und Visual Basic.
Hinzu kamen noch etliche IMS-hierarchische Datenbanken.

Die Migration insgesamt hatte also einen beachtlichen Umfang. Dafür
zuständig war ein externes Unternehmen mit Sitz in der Schweiz. Dieses schaffte
es, sämtliche Kernapplikationen mithilfe firmeneigener Werkzeuge innerhalb
eines Jahres vom Unisys-Rechner auf die IBM-Z/09-Plattform zu übertragen.
Dabei wurde ein Automatisierungsgrad von über 98 Prozent erreicht [Salv07].

Oberstes Gesetz der Migration war es, die Kontinuität der Bankdienstlei-
stungen zu gewährleisten, es durfte zu keiner Unterbrechung im Betrieb kommen.
Dieser musste jederzeit einschließlich erforderlicher Pflegearbeiten sichergestellt
sein. Auf der abzulösenden Plattform liefen sämtliche für die tägliche Geschäfts-

abwicklung nötigen Funktionen, darunter die Pflege der Kundendaten, die Abwicklung von Geschäftsfällen, der Zahlungsverkehr, der Wertpapierhandel und das Electronic Banking. Diese Applikationen bedienten täglich Hunderttausende von Kunden und wickelten einen Zahlungsverkehr in Milliardenhöhe ab.

Im Rahmen der Migration waren 20.000 Online- und über 5000 Batch-Programme, 3000 Datenbankobjekte, 10.000 Dateien, 300.000 Jobprozeduren und knapp 40.000 Batch-Netze zu versetzen. Mit den automatisierten Transformationswerkzeugen konnte dieses Ausmaß bewältigt werden.

Für den Erfolg eines solchen Großprojekts kommt es aber nicht nur auf die Werkzeuge an. Zusätzlich sind ein hohes Maß an Professionalität in Projektplanung, -organisation und -steuerung sowie die volle Unterstützung der Geschäftsleitung nötig. Beides war im vorliegenden Fall gegeben. Der Anwender stellte wie im ersten Akt einen sehr kompetenten Projektleiter bereit, der die Voraussetzungen für eine erfolgreiche Migration schaffen konnte, die erforderlichen Ressourcen bereitstellte und diese permanent zu mobilisieren vermochte. Auftraggeber und Auftragnehmer richteten zusammen ein konsequentes Qualitäts- und Risikomanagementsystem ein. Das Prinzip des Single-Source-Managements bewährte sich: Es gab immer nur eine Version des Quellcodes, fachliche Änderungen am laufenden System konnten ununterbrochen behandelt werden.

Natürlich stecken in Großprojekten wie diesem viele Risiken. Im vorliegenden Fall waren sie berechen- und handhabbar. Beim Auftreten eines Risikoanzeichens wurden sofort die vorgesehenen Gegenmaßnahmen eingeleitet. Die vom Auftraggeber parallel betriebenen Testaktivitäten trugen dazu bei, Konversionsfehler rechtzeitig zu erkennen.

Besonders herausfordernd waren aus Sicht der Projektleitung die Bewältigung der laufend notwendigen Programmanpassungen und Erweiterungen während der Migrationszeit, die Umstellung von ASCII- auf EBCDIC-Code, der Wechsel von einem hierarchischen zu einem relationalen Datenbanksystem, das Tuning der System-Performance und die rechtzeitige Bereitstellung der Middleware-Produkte. Der Performance-Verlust durch den Datenbank- und Datenkommunikationswechsel war wie bei allen Migrationen signifikant und musste durch eine Hardwareaufstockung abgefangen werden.

Aber alle diese Herausforderungen konnten gemeistert werden, nach nur einem Jahr wurde auch dieses Migrationsprojekt erfolgreich abgeschlossen und unmittelbar danach die Jahresendverarbeitung korrekt durchgeführt. Damit war auch der dritte Akt beendet. Abbildung 7–8 gibt nochmals einen Überblick über die Stufen dieses 15 Jahre dauernden Migrationsprozesses.

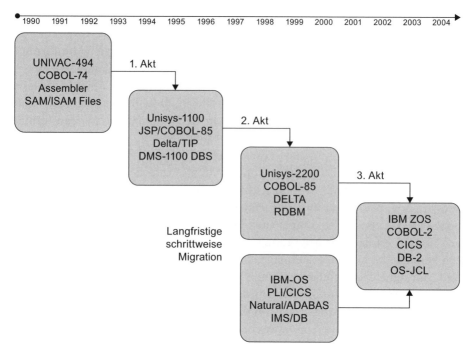

Abb. 7–8   *15-jähriger, gestaffelter Migrationsprozess*

7.5   Migration einer Mainframe-Anwendung auf UNIX

In den letzten Jahren wurden zahlreiche Mainframe-Anwendungen im Zusammenhang mit Downsizing-Maßnahmem auf verteilte UNIX-Rechner migriert. Dafür gab es im Wesentlichen zwei Gründe: Betriebskostenersparnis und Interoperabilität in einer offenen Umgebung. Nicht selten war bzw. ist eine solche Migration mit Outsourcing verbunden. Ein externer Partner übernimmt die Verantwortung für Wartung und Weiterentwicklung eines bestehenden Anwendungssystems.

Dies war auch der Fall bei der Abrechnungsgesellschaft der Deutschen Telekom, die 2004 ihr Billing-System an T-Systems übergab. Mit über zwei Millionen fakturierter und gedruckter Rechnungen täglich und 42 Millionen Debitorenkonten gehörte dieses Billing-System für Telekommunikationsleistungen zu den größten Systemen dieser Art in Europa [Hahn07].

Der Kern des Systems lief im Batch-Betrieb auf einem IBM-Mainframe. Zur Nachbearbeitung der Rechnungen gab es einen Dialogbetrieb auf PC-Arbeitsplätzen unter Windows. Als Host für den Dialogbetrieb diente eine Sun-Solaris-Plattform mit einem UNIX-Betriebssystem. Es lag also nahe, die Batch-Anwendungen auf dem gleichen Rechner zu betreiben, um dadurch Betriebskosten zu sparen. Diese Vereinheitlichung der Betriebsumgebung war auch eine wichtige

Voraussetzung für geplante Sanierungsmaßnahmen. In diesem Fall sollte zuerst migriert und anschließend saniert werden, nicht umgekehrt, wie sonst eher üblich. Der Auftrag für beide Tätigkeiten ging an ein mitteldeutsches Softwarehaus, das auf Reengineering und Migrationen spezialisiert ist.

Diese zwei Aktivitäten sollten aber streng getrennt bleiben. Auch diese Fallstudie unterstreicht also ein weiteres Mal, wie wichtig es ist, zwischen Migration und Reengineering zu unterscheiden.

7.5.1   Machbarkeitsstudie

Dem eigentlichen Migrationsprojekt ging eine Machbarkeitsstudie voraus. Sie diente dazu, die Durchführbarkeit der geplanten Migration zu überprüfen und Daten für die Rechtfertigung des Vorhabens zu sammeln. Das aus der Studie hervorgehende Migrationskonzept sollte den Migrationsansatz beschreiben und den Migrationsaufwand schätzen.

Im Rahmen der Studie wurde auch ein Pilotprojekt mit ausgewählten Programmen durchgeführt, um den Migrationsansatz zu prüfen. Diese Programme wurden probeweise transformiert und in einer betriebsnahen Testumgebung vermessen. Die Auswahl der Programme für das Pilotprojekt erfolgte mit dem Ziel, über eine Hochrechnung der Messergebnisse den Hardwarebedarf abzuschätzen und Aussagen über die Performance in der neuen Umgebung zu ermöglichen. Erst nachdem die Performance-Messwerte, der Hardwarekapazitätsbedarf, die geschätzten Aufwände und das Proof of Concept auf dem Tisch lagen, fiel die Entscheidung zur Durchführung der Migration.

7.5.2   Grundprämissen für das Projekt

Die wichtigste Grundprämisse bei der Durchführung dieser Migration war wie bei fast allen Migrationen der Grundsatz der minimalen Änderung. Anpassungen an der Software wurden auf ein unumgängliches Mindestmaß reduziert. Der Hauptanteil der erforderlichen Anpassungen wurde bis zu einem späteren Sanierungsprojekt aufgeschoben.

Eine weitere Prämisse bestand darin, Wartung und Weiterentwicklung der bestehenden Programme durch das Migrationsprojekt nicht zu beeinträchtigen. Parallel zur Migration des Abrechnungssystems auf die UNIX-Plattform wurde die Mainframe-Version weiterhin ständig angepasst. Durch Kopierautomaten ließen sich die letzten fachlichen Änderungen auf die Software in der Migrationsumgebung übertragen. Damit war es möglich, die Anwendung unabhängig vom Zeitdruck notwendiger, fachlicher Weiterentwicklungen auf die neue Plattform umzustellen. Der anschließende Parallelbetrieb der Anwendung mit ständigem Datenabgleich auf der alten und der neuen Plattform verhalf zusätzlich dazu, Qualität und Benutzbarkeit des Systems auch während des Übergangs sicherzustellen.

7.5.3　Gegenstände der Migration

Folgende Systemelemente waren Gegenstand dieser Migration:

- Batch-Teil der Anwendung auf dem IBM-Mainframe
- 15 DB2-Datenbanken im Umfang von zusammen 1,25 Terabyte
- Über 1000 COBOL-Programme mit 1,8 Millionen Codezeilen
- 600 JCL-Prozeduren unter der ZEKE-Jobnetzsteuerung
- Rund 70 Systemschnittstellen zu anderen Anwendungen

Daraus ergaben sich folgende Migrationsaufgaben (vgl. Abb. 7–9):

- Manuelle Ablösung des ZEKE-Jobsteuerungssystems durch das UC4-Job-steuerungssystem
- Automatische Transformation der JCL-Jobprozeduren über einen eigenen Konverter in UNIX-Shellskripte
- Manuelle Ablösung der Dienstprogramme und REXX-Skripte durch Perl-Skripte
- Reimplementierung eines einzelnen CICS-Onlineprogramms
- 1:1-Konversion der 15 DB2-Datenbanktabellen in 15 Oracle-Datenbank-tabellen
- Ablösung des IBM-COBOL-2-Compilers durch den Micro Focus COBOL-Compiler
- Entwicklung von Präprozessoren für das Generieren zusätzlicher Modulauf-rufe in den COBOL-Programmen

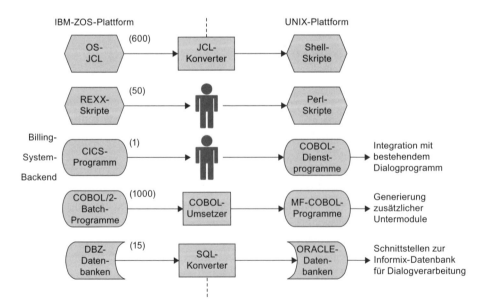

Abb. 7–9　　*Migration vom Mainframe zur UNIX-Plattform*

7.5.4   Regressionstest des migrierten Billing-Systems

Nach dem Abschluss dieser Migrationsaufgaben wurde das Gesamtsystem unter Echtbedingungen auf der neuen UNIX-Plattform parallel zum Betrieb auf dem Mainframe getestet. Jeder Testlauf begann mit der Durchführung der Datenmigration als Vorstufe zur Übernahme in die Produktion.

Um einen exakten Vergleich aller Funktionen auf beiden Plattformen zu ermöglichen, mussten alle Benutzerdialogeingaben eingespielt werden. Dies wurde durch eine geringe Anpassung der Anwendung erreicht: Nach Ablauf jedes Verarbeitungstags wurden alle von der Anwendung geänderten Datenzustände einschließlich der Datenbankinhalte maschinell in ein normiertes Format überführt und miteinander verglichen. Abweichungen in den Daten ließen Fehler in den konvertierten Programmen vermuten, die zu analysieren und zu korrigieren waren. Nur bei 100-prozentiger Übereinstimmung war die erforderliche Datenintegrität gegeben.

Durch den Regressionstest wurde nicht nur die Funktionalität der Anwendung überprüft. Parallel erfolgten die Ausbildung der Betriebsmannschaft, die Validierung der betrieblichen Verfahren und Werkzeuge sowie die Messung der Performance, Robustheit und Bedienbarkeit des neuen Systems.

7.5.5   Erfahrungen aus der Migration des Billing-Systems

Vor allem hat sich bewährt, dass weder fachliche noch systemtechnische Verbesserungen mit der Migration vermischt wurden. Das Risiko der Code- bzw. der Datenkorruption wäre zu hoch gewesen. Es blieb bei einer 1:1-Migration. Das Prinzip der minimalen Änderung sicherte die Einhaltung von Termin und Budget.

Der Migrationsprozess mit den Schritten Pilotierung, Migration parallel zur Weiterentwicklung mit automatischer Übernahme fachlicher Änderungen und Durchführung des Parallelbetriebs mit Regressionstest führte zum gewünschten Erfolg.

Eine wichtige Rolle spielten dabei die automatisierte Übernahme der Änderungen in der Altversion in den migrierten Quellcode, die automatisierte Datenkonvertierung und der automatisierte Abgleich der konvertierten Daten. Letztlich wurden nicht nur die Programme, Daten und Jobsteuerungsprozeduren migriert, sondern am Ende des Projekts auch noch die technische Dokumentation aktualisiert.

7.6   Massenmigration von einem Bull-Mainframe auf verteilte UNIX-Rechner

Die folgende Softwaremigration spielte sich in einem der größten deutschen Versicherungsunternehmen ab. Das Unternehmen betrieb seit den 70er-Jahren einen umfangreichen und ständig erweiterten integrierten IT-Betrieb auf einem Bull-Mainframe mit dem CODASYL-netzartigen Datenbanksystem IDS-II unter dem Betriebssystem GCOS-8.

Zu Beginn dieses Jahrhunderts verwaltete das Unternehmen damit mehr als 12 Millionen Versicherungs- und Bausparverträge teils im Online-, teils im Batch-Betrieb. Dazu gehörten mehr als 100 Millionen Datensätze in 735 verknüpften Datenbankbereichen. Auf diesen Datenbestand griffen mehr als 10.500 COBOL-Programme mit über 10 Millionen Codezeilen zu.

Die Softwarearchitektur bestand aus mehreren aufeinander abgestimmten Schichten: In der obersten lagen die Dialogbausteine, auf der untersten Schicht die Datenbankzugriffsmodule. Dazwischen gab es zwei Schichten mit Verarbeitungs-modulen, eine applikationsspezifische und eine Dienstleistungsschicht. Daneben liefen die Batch-Programme, die dieselben Dienstleistungs- und Zugriffsmodule verwendeten. Das Ganze war so konzipiert, dass mit möglichst wenig Code möglichst viel Funktionalität abgedeckt war. Die COBOL-Programme waren nach einer strengen Programmierkonvention verfasst worden und hatten dadurch alle eine einheitliche Struktur. Allerdings entsprach diese Struktur der Datenbank-struktur der CODASYL-Programmiertechnologie der 70er-Jahre. Datenunabhän-gigkeit gab es damals noch nicht, Programme und Daten waren eng miteinander verflochten. Das war mit Konsequenzen für die Migration verbunden.

2003 wurde beschlossen, diese integrierten und hochkomplexen Systeme samt Daten vom Bull-Mainframe auf verteilte UNIX-Rechner desselben Herstel-lers zu übertragen. Diese Migration war notwendig geworden, weil Bull sich aus dem Mainframe-Geschäft zurückziehen wollte, den Anwender also zwang zu handeln. Wie in fast allen Migrationsprojekten in diesem Kapitel ging es nicht um irgendwelche hohen Qualitätsziele, sondern einfach um einen Plattformwechsel. Der IT-Betrieb sollte in der UNIX-Umgebung genauso weiterlaufen wie bisher in der Mainframe-Umgebung, weder besser noch schlechter.

Aber um diesen 1:1-Plattformwechsel zu realisieren, musste der Anwender tief in die Tasche greifen. Keine derartige Massenmigration ist billig, und diese sollte schon für die erste von zwei Phasen 24.000 Personentage erfordern.

Derartige Migrationen müssen auch von langer Hand vorbereitet werden. Die ersten Vorbereitungsarbeiten begannen 2004 mit einer technischen und betriebswirtschaftlichen Analyse der Software; entbehrliche Komponenten wur-den dabei aussortiert. Darauf folgte eine Bestandsaufnahme der zu migrierenden Bausteine und Datenbereiche. Für die Projektplanung wurden alle erhältlichen Angaben zu Mengen und Größen genau erhoben. Besonders wichtig war die Paketierung, also die Aufteilung der Programme nach ihren fachlichen Abhängigkeiten sowie ihrer gemeinsamen Datennutzung. Es kam darauf an, die Programme zusammen mit ihren Daten zu »paketieren«.

7.6.1   Projektorganisation

Das Gesamtprojekt wurde in sechs Teilprojekte folgendermaßen aufgeteilt:

1. Vorbereitung und Abnahme der Migrationspakete
2. Konvertierung der Programme und Daten
3. Aufbau und Durchführung des Regressionstests
4. Bereitstellung und Verwaltung der technischen Infrastruktur
5. Festlegung der Projektverfahren, -methoden und -werkzeuge
6. Projektorganisation, -planung und -steuerung

Diese sechs Teilprojekte wurden an vier beteiligte Partner verteilt. Für das Projektmanagement einschließlich des Testmanagements war eine international tätige Beratungsfirma zuständig, für die technische Infrastruktur der Hersteller Bull. Die Konvertierung der Programme und Daten wurde an ein darauf spezialisiertes französisches Softwarehaus vergeben. Für die restlichen Teilprojekte einschließlich der Testdurchführung übernahm der Anwender selbst die Verantwortung; am Ende stellte sich dann heraus, dass das fast 50 Prozent des Gesamtaufwands ausmachte. Der Aufwand für die eigentliche Konvertierung, also der Anteil des französischen Partners, betrug unter 30 Prozent des Gesamtaufwands. Der Regressionstest machte anteilsmäßig 42 Prozent aus. Das Projektmanagement mit 19 Prozent des Gesamtaufwands entsprach der Größenordnung des Gesamtprojekts. Bereitstellung und Verwaltung der technischen Infrastruktur dagegen machten weniger als 4 Prozent der Kosten aus.

7.6.2   Einrichtung von Gateways zwischen den Rechnern

Offiziell begann das eigentliche Projekt im Januar 2005. In den ersten fünf Monaten wurden mehrere Pilotmigrationen durchgeführt: Einzelne Programme wurden umgesetzt und einzelne Datenbankabschnitte konvertiert. Außerdem wurden die Verbindungsbrücken bzw. Gateways vom Mainframe zu den UNIX-Rechnern eingerichtet. Diesen Gateways war eine wichtige Rolle bei der Migration zugedacht: Während der Übergangszeit sollten die Daten auf beiden Plattformen identisch fortgeschrieben werden. Jede Transaktion auf dem Mainframe wurde also auf der UNIX-Plattform nachvollzogen; sollte auf dieser ein unerwartetes Problem die Ausführung einer Änderung verhindern, so musste die Transaktion auf dem Mainframe ebenfalls abgebrochen und zurückgerollt werden. Dieses »Zwei-Phasen-Commit« garantierte, dass die Datenbestände in beiden Umgebungen immer auf demselben Stand waren. Im gleichen Zeitraum wurden auch Exportdateien vom Mainframe auf UNIX im Batch Modus übertragen; dazu wurden die Textdateien automatisch ins XML-Format umgewandelt (siehe Abb. 7–10).

Die Datenübertragung erfolgte immer in eine Richtung, von der alten Umgebung zur neuen. Es gab keine Rückübertragung von Daten.

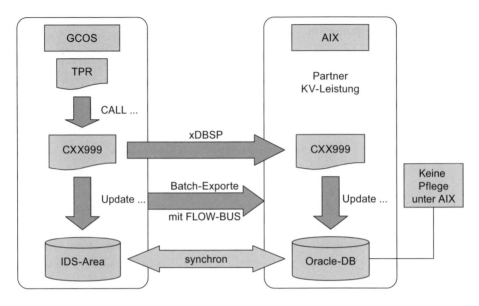

Abb. 7–10   *Parallele Datenfortschreibung*

7.6.3   Aufbau einer Migrationsfabrik

Kernstück des Migrationsprozesses war die Migrationsfabrik, die vom französischen Partner aufgebaut wurde. Sie bestand aus einer Reihe von Migrationswerkzeugen, die den Programm-Sourcecode, die GCOS-JCL-Prozeduren, die CODASYL-Datenbankschemata und die Daten selbst bearbeiteten.

Ein Datenkonvertierungstool setzte die CODASYL-Datenbankschemata in SQL-Tabellendefinitionen um. Dieses Tool generierte auch Übertragungsprogramme, um IDS-Datenbanken zu lesen, Daten herauszukopieren und in die Oracle-relationalen Datenbanken zu schreiben. Gleichzeitig generierte es die entsprechenden Zugriffsroutinen. Die hierarchische Struktur der Daten blieb dabei erhalten, das Tool bildete Haupttabellen für die Owner-Sätze und Untertabellen für die Member-Sätze. Über Fremdschlüssel wurden die alten vernetzten Zugriffspfade in den relationalen Tabellen abgebildet. So blieb auch die alte Netzstruktur der Daten erhalten.

Diese Kompromisslösung für die Daten hatte Konsequenzen für die Programme, die hierarchischen Zugriffspfade prägten deren Verarbeitungslogik, also wurde auch sie beibehalten. Sie zu ändern wäre einer Reimplementierung sehr nahegekommen. Und schon die Konvertierung war teuer genug, eine Reimplementierung der Programme hätte aber mindestens das Doppelte gekostet. Außerdem wäre dadurch die Testvergleichsbasis verloren gegangen.

Deshalb wurde auf eine Umstrukturierung der Programme verzichtet und die Zugriffspfade wurden 1:1 umgesetzt. Dafür hatte das französische Softwarehaus auch ein geeignetes Werkzeug, das CODASYL-DML-Anweisungen in COBOL-Programmen in Call-Anweisungen transformierte. Die aufgerufenen Unterprogramme emulieren das Verhalten einer netzartigen Datenbank mit einer relationalen Zugriffslogik.

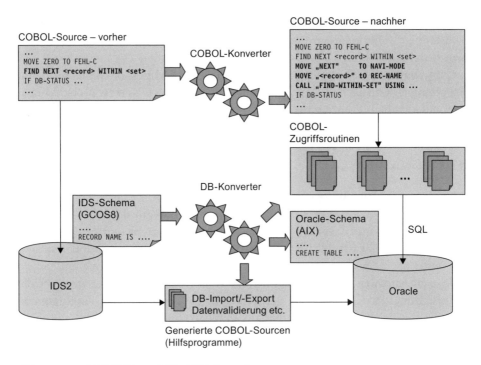

Abb. 7–11   *GCOS COBOL- zu UNIX-COBOL-Konvertierung*

Dieser Konvertierungsalgorithmus zeigt, welche Kompromisse mit einer Softwaremigration verbunden sein und häufig nicht vermieden werden können. Die migrierten Programme arbeiten zwar physikalisch mit relationalen Datenbanken, aber logisch noch mit netzartigen Datenstrukturen. Also bleibt die alte, umständliche und verschachtelte Struktur der Programme mit erhalten. Nicht einmal diese Kompromisslösung war ohne Aufwand zu erreichen: Einige Programmkonstrukte ließen sich nicht ohne Weiteres automatisch umsetzen. Dann gingen die Programme zurück an die zuständigen Programmierer, die sie umzuschreiben und neu zu testen hatten. In diesem Fall mussten also die Programmierer die Programmlogik an den Umsetzungsalgorithmus des Konvertierungswerkzeugs anpassen; auch das nahm beachtliche Zeit in Anspruch.

Weitere Werkzeuge dienten dazu, die GCOS-JCL-Prozeduren in UNIX-Shell-Skripte zu verändern. Da das Bull-System viele Dienstprogramme wie Sort, Copy und Merge verwendete, mussten diese Dienste für UNIX neu erstellt werden.

Auch hier stellte die Umsetzung der Jobsteuerung wie in jeder Migration ein besonderes Problem dar.

Der automatisierte Migrationsbetrieb wurde im Mai 2005 in Betrieb genommen. Nach einigen Startschwierigkeiten lief der Migrationsprozess an und versetzte ein Teilsystem samt Daten nach dem anderen in die UNIX-Welt. Nach jeder Teilsystemkonvertierung erfolgte ein intensiver Systemtest, bei dem die neuen Datenausgaben sowie die neuen Datenbanken mit den alten abgeglichen wurden. Abnahmekriterium war eine 100-prozentige Übereinstimmung, also vollständige funktionale Äquivalenz. Auch auf die Antwort- und Laufzeiten wurde dabei geachtet.

Im Oktober 2007 war es dann so weit. Die erste Migrationswelle mit 2.500 Programmen war nach 30 Monaten abgeschlossen. Das waren zwar erst 25 Prozent des gesamten Programmvorrats, sie behandelten aber 60 Prozent der Transaktionslast.

7.6.4   Projektresümee

Anschließend wurde die zweite Migrationswelle begonnen. Man ging davon aus, dass die restlichen 7.500 Programme bis Oktober 2008 auf der UNIX-Plattform produktiv laufen und dass auch die verbleibenden Daten zu diesem Zeitpunkt migriert sein würden. Tatsächlich dauerte es dann doch bis ins Frühjahr 2009 hinein.

Mit einer Reimplementierungsstrategie hätte man diese Termine mit Sicherheit nicht einhalten können. Nachteil der Konvertierungsstrategie war hier die Beibehaltung der CODASYL-Programmlogik, die hierarchischen Zugriffspfade wurden mit der relationalen Datenbank emuliert, um die Programmlogik nicht ändern zu müssen. Erst zu einem späteren Zeitpunkt ist vorgesehen, die Programme zu reengineeren, also die innere Qualität zu verbessern und die verschachtelten Strukturen zu verflachen.

Auch hier wird der Unterschied zwischen Migration und Reengineering erneut deutlich. Grundsatz in dieser Fallstudie war: Zuerst migrieren, um dem Druck des unausweichlichen Hardwarewechsels zu entkommen, später sanieren, um die unangenehmen Folgen der Migration zu lindern.

7.7   Das ARNO-Projekt:
Beispiel einer Migration von einem proprietären
Mainframe-Rechner in eine offene UNIX-Umgebung

Die vorletzte Fallstudie beschreibt ein klassisches Migrationsprojekt. Ursache war wie meist eine veraltete, proprietäre Umgebung. Der Anwender in diesem Falle wollte seine Handlungsfreiheit zurückgewinnen. Die Qualität der migrierten Software war auch hier zweitrangig, es ging in erster Linie darum, die Plattform zu wechseln, um die Abhängigkeit von der alten Umgebung zu beenden. Das ist dem Anwender letztlich auch gelungen.

Das AMADEUS-Reisebuchungssystem wurde ursprünglich in einer proprietären Sprache von Siemens programmiert, die inzwischen schon lange nicht mehr unterstützt wird. Diese Sprache, SPL (System Programming Language, ein PL/1-Derivat mit Assemblerschnittstellen), entstand Anfang der 70er-Jahre bei Philips in den Niederlanden und wurde im Rahmen einer damaligen Firmenkooperation von Siemens übernommen. Ihr erster großer Einsatz fand im ITS-Projekt (integrierte Transportsteuerung) der Deutschen Bundesbahn statt, das vier Jahre lief, bevor es aufgegeben wurde.

Der zweite große Einsatz folgte in einem Projekt namens START, das die Entwicklung des ersten automatisierten Reisebuchungssystems im deutschsprachigen Raum zum Ziel hatte. Auch dieses Projekt hat länger gedauert und mehr gekostet als geplant, ist jedoch im Gegensatz zum ITS-Projekt erfolgreich abgeschlossen worden. Die erste START-Version ging 1980 in Produktion.

Kurz nach diesen beiden Großprojekten wurde die Firmenkooperation zwischen Siemens, Philips und Bull wieder aufgegeben, und die Sprache SPL wurde nicht mehr weiterentwickelt. Interessanterweise überlebte das Reisebuchungssystem START die Sprache, in der es geschrieben wurde, um fast 30 Jahre. Das spricht für die Qualität der ursprünglichen Entwicklung, bei der die damals neuesten Erkenntnisse der Informatik und des Software Engineering erfolgreich in der Praxis angewandt wurden. Deshalb war es möglich, das System runde 30 Jahre weiterzubetreiben und neue Technologien im Mainframe-, Endgeräte- und Netzwerkbereich einzuführen, ohne die grundsätzliche Systemarchitektur (an der seinerzeit führende deutsche Softwarespezialisten mitgearbeitet hatten) ändern zu müssen.

Ein Softwaresystem ist aber leider kein Bauwerk für die Ewigkeit. Es altert relativ schnell, abhängig davon, wie sich die Welt, für die es ursprünglich gedacht war, verändert. Der Nutzen eines Softwaresystems nimmt mit jeder fachlichen und technischen Umweltveränderung ab, und im Gegenzug steigen seine Erhaltungskosten durch das ständige Flickwerk am Code.

In den letzten 30 Jahren hat sich vieles geändert, fachlich und technisch. Fachlich muss die Reisebranche inzwischen ganz andere Anforderungen erfüllen, technisch entstanden neue Datenbanksysteme, neue Benutzungsoberflächen und nicht zuletzt neue Kommunikationsmedien. Mit SPL konnte der Anwender diesen Veränderungen nicht gerecht werden. Zudem wurde es für ihn immer schwie-

riger, Nachwuchsprogrammierer zu finden. Ein Anschluss an die objektorientierte Welt war ebenso ausgeschlossen wie eine Webanbindung. Der Siemens-
Mainframe, auf dem das System lief, erforderte außerdem eine besondere Infrastruktur und war deshalb erheblich kostenintensiver als Server auf UNIX-Basis.

Deshalb wurde nach längerer Überlegung entschieden, ein Migrationsprojekt
mit der Bezeichnung ARNO zu beginnen [Tepp03].

7.7.1   Die Migration beginnt mit einer Studie

Um herauszufinden, ob und wie eine Ablösung des Systems ablaufen könnte,
wurde zunächst von Kennern des Systems eine Studie angefertigt. Die Kosten des
aktuellen Systems und die potenzieller neuer Systeme wurden erhoben, Wartung
und Weiterentwicklung sowie der Betrieb auf dem alten System und neuen Systemen bewertet.

Dabei wurden drei Migrationsalternativen betrachtet:

1. Neuentwicklung der Anwendung (mit unverändertem Funktionsumfang)
2. Konvertierung der vorhandenen Programme, Skripte (Jobs) und Dateien
3. Entwicklung eines Compilers bzw. Frontends, mit dem aus SPL-Sources
   UNIX-Objektcode generiert werden kann; die SPL-Quelltexte wären in diesem Fall weiterverwendet worden.

Bei der Bewertung der dritten Alternative fiel auf, dass sie ungefähr so viel kosten
würde wie die zweite, aber zur Folge hätte, dass die Weiterentwicklung in der bisherigen Sprache mit ihren Nachteilen (insbesondere: verfügbares Personal) ablaufen müsste.

Eine Neuentwicklung kam nicht infrage, weil sie einen geschätzten, vielfachen
Aufwand im Vergleich zur zweiten und dritten Alternative verlangt hätte. Eine
Reimplementierung schied aus, weil sie im vorliegenden Fall gleichbedeutend mit
einer Neuentwicklung des Systems gewesen wäre. Der Funktionsumfang wäre
unverändert geblieben; dazu wäre der Nachteil gekommen, alle Fehler der Neuim-
plementierung entdecken und beheben zu müssen. Eine Konvertierung dagegen
hätte »nur« Fehlersuche und Behebung aus der Konvertierung erfordert. Davon
abgesehen wäre dem Anwender die Neuentwicklung eines Systems aus rein technischen Gründen ohne Funktionserweiterung schwer zu vermitteln gewesen.

Also fiel die Wahl auf die Alternative 2, eine reine Konvertierung. Als Zielsprache wurde C++ festgelegt, weil dadurch der konvertierte Code zwar prozedural bleibt, der Weg in die Welt der Objektorientierung aber nicht ganz versperrt
ist. Im Gegensatz zu Java lässt C++ sowohl prozedurale als auch objektorientierte
Programmierung zu.

Anstelle der bisherigen BS2000-JCL zur Steuerung der Prozesse sollte die
Kommandosprache Perl verwendet werden. Als Datenbanksystem wurde der
Konzernstandard Oracle ausgewählt. Als Transaktionsmonitor wurde UTM von

Siemens vorgezogen, weil einige der Onlinetransaktionen bereits damit liefen und weil er unter UNIX bei gleicher Funktionalität ebenfalls zur Verfügung stand.

Die Konvertierung der SPL-, SDF-(Skript-)Sprache und der Dateiobjekte sollte weitgehend automatisch erfolgen. Da die Entwicklung der Konvertierungswerkzeuge eine einmalige Aufgabe in diesem Projekt war und nicht zur Kernkompetenz des Anwenders gehörte, wurde diese Aufgabe extern vergeben, während die eigentliche Migration wegen des erforderlichen Prozesswissens vom Anwender selbst durchgeführt werden sollte.

7.7.2   Die Projektorganisation

Da verschiedene Konzernteile, darunter rechtlich eigenständige Gesellschaften, am Projekt beteiligt waren, wurde ein Projektsteuerungsgremium gebildet, in dem die Geschäftsführer der beteiligten Unternehmen vertreten waren. Nur so waren kurze Entscheidungswege und die Priorisierung gegenüber anderen Vorhaben durchzusetzen und die nötige »Management Awareness« zu sichern. Damit wollte man einem Risiko von vornherein begegnen: dass einzelne Anwender Projekte mit höherem betriebswirtschaftlichem Nutzen für ihre Gesellschaft einschieben und damit Ressourcenkonflikte und eine längere Laufzeit des Migrationsprojekts verursachen könnten. Als Folge der relativ langen Migrationszeit und der damit verbundenen laufenden Änderungen am produktiven System war ohnehin ein »bewegliches« Projektziel zu erwarten.

Generell gilt: Je länger ein Projekt dauert, desto mehr Änderungen finden statt. Ein geschäftskritisches System lässt sich aber nicht einfrieren, nicht einmal für einen Monat. Schon allein der Aufwand für das Change Management verlangt also möglichst kurze Migrationslaufzeiten.

7.7.3   Die Vorbereitung der Migration

Die Migration der AMADEUS-Applikationen erforderte vorbereitende Maßnahmen unter BS2000. Eine vollständige Inventur aller Programmquellen, aller eingesetzten Steuerungsprozeduren (Jobs) und aller Hilfsprogramme anderer Hersteller war zur Vermessung des umzustellenden Gesamtpakets zwingend erforderlich. Nur so konnte der genaue Projektumfang definiert werden. Dabei wurden auch einige Komponenten identifiziert, die nicht mehr benötigt wurden und aus dem System entfernt werden konnten: sogenannte Klone, Programmleichen und »tote Zweige«. Außerdem wurde mit den Produktmanagern abgesprochen, welche Teilsysteme aus dem Migrationsportfolio gestrichen werden konnten. Diese Maßnahmen reduzierten den Konvertierungs- und Testaufwand deutlich.

7.7.4   Der Wechsel der Programmiersprache

Die Programmiersprache auf dem Siemens-Rechner war SPL (Standard Programming Language), eine Untermenge der PL/1-Sprache von IBM mit der Fähigkeit, Assemblercode zu integrieren. Das machte sie systemnah. Die IO- und andere Systemdienstleistungen waren als Assemblermakros, die Steuerungslogik und die Datenmanipulationen in PL/1-ähnlichen Befehlen realisiert. Das verlieh SPL eine große Flexibilität, machte sie aber vom darunter liegenden Betriebssystem abhängig. Es war deshalb nicht möglich, SPL 1:1 in eine andere Betriebssystemumgebung zu versetzen.

Als im AMADEUS-System die Entscheidung zum Hardwarewechsel fiel, blieb nur übrig, die vorliegenden über 2000 SPL-Prozeduren mit ca. 2,5 Millionen Codezeilen zu konvertieren. Zielsprache sollte C++ sein, diese Sprache kam mit ihrer maschinennahen Semantik der Sprache SPL am nächsten. Sie ist auch die Basissprache der UNIX-Welt. Es wäre viel schwieriger, wenn nicht gar unmöglich gewesen, den SPL-Code in Java zu transformieren. Dann hätte man die Prozeduren als Klassen reimplementieren müssen, bei der Transformation in C++ dagegen konnten die einzelnen Prozeduren weitgehend 1:1 in entsprechende C-Module umgesetzt werden. Die Objektorientierung konnte, wo nötig, unterwandert werden, denn Ziel war nicht ein Technologie-, sondern ein Sprachwechsel. Der SPL-Code sollte möglichst unverändert in eine UNIX-Umgebung überführt werden, von einer Steigerung der Qualität war auch hier nicht die Rede. Die qualitative Verbesserung der Anwendungssoftware sollte, wenn überhaupt, später erfolgen [Erdm06].

Ein renommiertes Softwarehaus aus Sachsen wurde mit der Sprachtransformation beauftragt. Es entwickelte als Erstes ein spezielles Werkzeugsystem mit dem Namen »STC-SPL to C++ Transformator«, das sich am klassischen Compilermodell orientierte, aber einige wesentliche Unterschiede aufwies:

- die Erhaltung der Kommentare
- eine Schnittstelle zwischen Quell- und Zieldarstellung
- einen Postprozessor
- Codegenerierung

7.7.4.1 Transformationsbausteine

Die Hauptbausteine dieses Sprachtransformators zeigt Abbildung 7–12 in der Ausführungsreihenfolge.

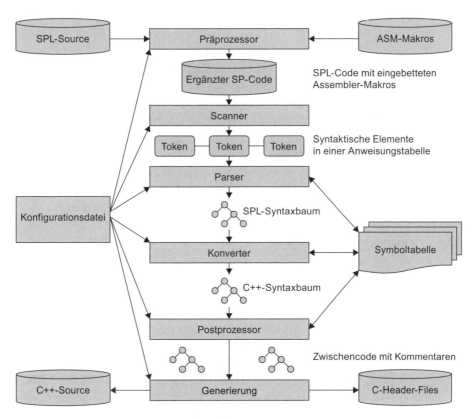

Abb. 7–12   *Architektur des »STC-SPL to C++ Transformator«*

Der *Präprozessor* hat die Aufgabe der Makroverarbeitung. Die Sprache SPL arbeitet mit vielen Makroanweisungen, z.B. Include-Anweisungen, die vom Präprozessor aufgelöst werden müssen. An ihrer Stelle werden vorgefertigte Header-Dateien in den Mainline-Code hineinkopiert und entsprechend den Makroparametern angepasst.

Der *Scanner* identifiziert die Anweisungstypen und unterscheidet sie nach Anweisungsart. Wichtig in diesem Zusammenhang ist die Unterscheidung zwischen SPL und eingebauten Assemblerbefehlen. Ergebnis des Scannerschritts ist eine Tabelle einzelner Anweisungen. Wie im Compiler wird der Codetext für das vereinfachte Parsing formatiert.

Der *Parser* zerlegt die Anweisungen in syntaktische Einheiten – Operatoren, Operanden und sonstige Symbole – und baut eine Symboltabelle auf. Da SPL einen beschränkten Befehlsvorrat hat, ist die Zahl der Symbole überschaubar und mit begrenztem Aufwand verarbeitbar. Das Ergebnis des Parsers ist ein abstrakter Syntaxbaum.

Der *Konvertierer* transformiert diesen SPL-Syntaxbaum in einen entsprechenden C-Syntaxbaum. Die beiden Syntaxbäume sind in ihrer Struktur sehr ähnlich. Die SPL-Prozeduren und -Blöcke entsprechen C-Funktionen. Die drei Steuerungsstrukturen – WHILE, IF und CASE – sind fast identisch. Wenn überhaupt, dann hat SPL eine strengere Blockstruktur, C++ ist näher am Assembler. Die Datennamen sind auch ähnlich aufgebaut. Also ist die Kluft zwischen SPL und C++ relativ gering, solange auf moderne Eigenschaften der C++-Sprache wie Vererbung, Polymorphie und Templates verzichtet wird.

Der *Postprozessor* ergänzt den konvertierten Code durch die Makroanweisungen und die Kommentare, d.h., er vervollständigt den Zwischencode, sodass es möglich ist, daraus ein vollständiges C++-Modul zu generieren.

Der *Generator* schließlich erzeugt ein C++-Modul aus dem erweiterten Zwischencode. Dann muss dieses Modul noch gegen das ursprüngliche SPL-Modul getestet werden, damit die Korrektheit der Transformation bewiesen ist.

7.7.4.2   Unterschiede zum Compiler

Die Hauptunterschiede eines solchen Sprachtransformators im Vergleich zum klassischen Compiler sind:

1. Er erzeugt nicht Objektcode, sondern einen anderen Sourcecode.
2. Er soll die Kommentare erhalten, und das an der richtigen Stelle. Die Behandlung der Kommentare war schon immer ein Problem, bereits bei den ersten Codetransformatoren der 70er-Jahre. Das liegt daran, dass sie aus dem ursprünglichen Code erst entfernt und später in den transformierten Code wieder eingesetzt werden müssen. Die Frage ist dann, wo sie hingehören, vor allem wenn der transformierte Code eine andere Struktur hat.
3. Er muss eine wohldefinierte Schnittstelle zwischen Quell- und Zielcodedarstellung schaffen. Hier ist eine strikte Trennung notwendig. Der Parser liefert einen attributierten Syntaxbaum des Zielprogramms, im vorliegenden Fall für C++.
4. Er enthält einen Postprozessor, was auch neu gegenüber dem klassischen Compilermodell ist. Wesentliche Aufgabe des Präprozessors ist die Aufteilung des Quellcode-Syntaxbaums in Teilbäume; der Postprozessor fügt die konvertierten Teilbäume wieder zu einem ganzen Baum zusammen.
5. Ein Transformator hat eine völlig andere Generierungsfunktion als ein Compiler, nämlich eine zielsprachenspezifische. Er erzeugt Sourcecode durch die Abarbeitung einzelner Syntaxbäume. Im Beispiel entstanden daraus mehrere C++-Header-Dateien und ein Hauptprogramm. Der vorformatierte C++-Sourcecode lässt sich dann nach den Vorstellungen des Anwenders einstellen, d.h., der Anwender kann das endgültige Format und die Aufteilung des Zielcodes bestimmen.

Mit diesem Transformator ermöglichte es das sächsische Softwarehaus dem Anwender, die eigentliche Codetransformation selbst durchzuführen und dabei zu bestimmen, wie der transformierte Code aussehen soll.

Eine mangelnde Beteiligung der Anwendungsprogrammierer, die am Ende den migrierten Sourcecode vorgesetzt bekommen, ist ein häufiger Kritikpunkt bei Offshore-Migrationsprojekten. In dieser Fallstudie hatten die Besitzer des Codes viel mehr Einfluss auf dessen Transformation, zum einen durch das anpassbare Transformationswerkzeug und zum anderen durch die Nähe des Auftragnehmers. Dieses Projekt spricht also für eine Kombination automatisierter Werkzeuge, damals gewonnen mit relativ billigen Arbeitskräften aus Sachsen, und eine Transformationsausführung mit hausinternen Anwendungsprogrammierern.

7.7.5   Der Konvertierungsprozess

Da man neu entwickelten Werkzeugen nie blind vertrauen soll, wurde vereinbart, nicht den kompletten Sprachumfang der jeweiligen Systeme auf einmal zu konvertieren, sondern die Konvertierung iterativ und komponentenweise durchzuführen: Zwischen den Iterationen waren Zeitintervalle eingeplant, um die Tools nötigenfalls nachzubessern.

Basis aller Konvertierungen war die jeweilige in der Produktion laufende Version jedes Source-Moduls. Ein SPL-Modul nach dem anderen wurde vom STC-Konvertierungswerkzeug transformiert. Konnte das entsprechende C++-Modul fehlerfrei kompiliert werden, wurde es in das Repository der erzeugten C++-Sourcen aufgenommen. Gab es Kompilierungsfehler, wurde zunächst untersucht, ob der SPL-Sourcecode angepasst oder der STC-Konverter verbessert werden sollte. Das hing u.a. davon ab, wie oft ein bestimmter Fehler vorkam. War er häufig, wurde der Konverter modifiziert und die Konvertierung wiederholt. Bei einmaligen Fehlern wurde im Sourcecode ausgebessert. Sobald alle Objekte einer Komponente fehlerfrei konvertiert waren, wurden sie vom C++-Compiler übersetzt und gebunden. Gelang das für alle Objekte erfolgreich, dann wurde diese Komponente anschließend im Komponententestrahmen getestet. War auch der Test bestanden, wurde die Komponente freigegeben. Das wiederholte sich je Komponente.

Das gleiche iterative Verfahren wurde auch für Jobs, Dateien und Datenschnittstellen eingesetzt. Kam es zu Änderungen an den Originalobjekten unter BS2000, wurden diese Änderungen an den bereits konvertierten C++-Modulen nachvollzogen. Der Systemtest lief parallel zur Konvertierung. Sobald Komponenten konvertiert bzw. geändert worden waren, kamen sie in den Systemtest. Nach bestandenem Systemtest wurden sie der Produktion übergeben. Sowohl die alten SPL- als auch die neuen C++-Komponenten unterlagen dem Konfigurationsmanagementsystem, das festhielt, welche Version welcher Komponente jeweils aktuell war. Damit wurde verhindert, dass frühere Versionen veränderter oder korrigierter Module wieder auftauchten.

7.7.5.1 Besonderheiten der Codetransformation von SPL zu C++

Für die Konvertierung von SPL zu C++ musste zunächst eine eigene Klassen-
bibliothek aufgebaut werden. Dort befanden sich u.a. Klassen für die SPL-Daten-
typen, für die es weder ein C++-Äquivalent noch eine C++-Standardklasse gab.
Dazu gehörten z.B. Klassen zur Zeichenketten- und Bitleistenverarbeitung, wie
sie in der Assemblersprache vorkommen. Diese speziellen Klassen mussten vor
Beginn der Konvertierung vom Toollieferanten eigens entwickelt werden.

Außerdem waren etliche nicht triviale Probleme wie die unterschiedliche
Sichtbarkeit von Variablen in den beiden Programmiersprachen zu behandeln. Es
wurden Regeln definiert, welche SPL-Konstrukte durch welche C++-Konstrukte
zu ersetzen sind. Glücklicherweise hatten strenge Programmierrichtlinien für den
SPL-Code verhindert, dass alle unter SPL denkbaren Konstrukte behandelt werden mussten. Die Einhaltung dieser Richtlinien wurde bereits vor der Konvertierung überprüft, Abweichungen wurden vorab unter BS2000 im SPL-Code korrigiert. Erst dadurch wurde eine eindeutige Umsetzung überhaupt möglich.
Trotzdem mussten diese Regeln im Zuge der Umstellung mehrmals im Detail
angepasst werden. Das zeigt, wie wichtig es ist, die Einheitlichkeit des Codes
durch strikte Konventionen zu erzwingen.

Ein weiteres Problem entstand mit der Definition der Datenvariablen in C++.
Typ und Sichtbarkeit der Daten konnten erst durch ihre Nutzung definiert wer-
den. Die meisten Daten waren in Include-Codestrecken vereinbart, die in mehrere
SPL-Sourcemodule zur Kompilierzeit hineinkopiert wurden. Oft war jedoch die
Nutzung dieser Variablen und Konstanten in den einzelnen Modulen nicht iden-
tisch. Das führte dazu, dass für ein und dasselbe SPL-Include verschiedene, inkom-
patible C++-Header-Files erzeugt wurden. Erst im Test stellte sich heraus, welche
Header Files die richtigen waren. Passte keines, musste manuell angepasst werden.

Diese Probleme zeigen, dass trotz aller Bemühungen die Codekonvertierung
nicht zu 100 Prozent automatisiert werden konnte. Trotz Programmierrichtlinien
und reduziertem Sprachumfang ließen sich nicht für alle verwendeten SPL-
Sprachkonstrukte eindeutige Umsetzungsregeln festlegen. Zu diesen automatisch
nicht lösbaren Umsetzungen gab der Konverter Warnungen aus, diese wurden
manuell überprüft und führten bei Bedarf zu manuellen Anpassungen.

Die Erfahrung, dass eine vollautomatisierte Konvertierung selten möglich ist
und ein Restaufwand bleibt, wurde also durch das Projekt bestätigt.

7.7.5.2 Prozesssteuerungstransformation von JCL zu Perl

Neben den vielen Programmen musste eine große Anzahl von Jobsteuerungsprozeduren auf UNIX übertragen werden. Als Zielkommandosprache wurde »Perl«
bestimmt, weil diese Sprache die größte Flexibilität versprach.

Angesichts der Menge an Prozeduren kam eine manuelle Umstellung nicht
infrage. Im Gegensatz zum Quellcode der Programme waren die vorhandenen
Quellen für die Prozeduren wesentlich inhomogener und schlechter definiert. Zum

einen bestand die unter BS2000 verwendete Job Control Language eigentlich aus verschiedenen Kommandosprachen, im Einsatz waren sowohl ISP als auch SDF. Zum anderen waren viele Prozeduren einfache Hüllen für Dienstprogramme wie z.B. »Sort« zur Sortierung und »Merge« zur Vereinigung sequenzieller Dateien. Andere Dienstprogramme wie der BS2000-Editor »EDT« oder der Report-Generator »Easytrieve« hatten ihre eigene Prozedursprache. Um den Jobsteuerungscode zu vereinheitlichen und eine automatisierte Analyse mit anschließender Konvertierung überhaupt möglich zu machen, mussten im ersten Schritt alle Prozeduren mit dem Programm SDF-CONV von Siemens bearbeitet werden. Ausgabe waren neue, einheitliche Prozeduren in einer wohldefinierten Untermenge des Sprachumfangs von SDF. Erst nach dieser Vorverarbeitung konnten die neuen Prozeduren vom Konverter JTP (JCL to Perl) nach Perl umgestellt werden.

Anstelle der häufig verwendeten Dienstprogramme wurden zusammen mit Perl maßgefertigte Ersatzmodule bereitgestellt. Es gab zwar für manche Dienstprogramme wie »Sort« unter UNIX vergleichbare Lösungen, im jeweiligen Fall traten aber regelmäßig Abweichungen in der Funktionalität auf, was einen einfachen Austausch der Dienstprogrammaufrufe ausschloss. Die manuell erstellten Perl-Module konnten dagegen mithilfe formal definierbarer Umsetzungsregeln von JTP an der Stelle der Aufrufe der BS2000-Hilfsprogramme eingefügt werden. Der größte Teil der Jobsteuerungsanweisungen konnte 1:1 oder 1:n automatisch mit dem JTP-Konverter umgesetzt werden. Wo das nicht möglich war, wurden die Prozeduren manuell vervollständigt. Dafür erstellte JTP eine Liste der nicht konvertierbaren Kommandokonstrukte.

7.7.5.3   File Handler zur Oracle-Datenmigration

In den 80er-Jahren gab es noch Performance-Engpässe in den damaligen Datenbanksystemen, vor allem unter Siemens BS2000. Das Reisebuchungssystem brauchte aber sehr kurze Antwortzeiten bei einer hohen Transaktionsrate. Deshalb wurde ursprünglich zur Datenhaltung eine selbst entwickelte, systemnahe Programmbibliothek mit dem Namen »File Handler« verwendet. Sie enthielt die rudimentären Funktionen eines Datenbanksystems. Dieses selbst gebastelte Dateiverwaltungssystem hatte sich fast 30 Jahre lang bewährt. Seine Umstellung wäre jedoch sehr aufwendig geworden, vor allem wegen der großen Nähe zum Betriebssystem. Man hätte es völlig neu entwickeln müssen.

Stattdessen entschied man sich für das bei AMADEUS als Standard eingesetzte Datenbanksystem Oracle 10. Es sollte hinter einer neuen Zugriffsschicht in die Applikationsarchitektur eingefügt werden. Da eine Bibliothek mit klar definierten Zugriffsschnittstellen bereits vorlag, konnte das ohne Anpassung der Applikationslogik erfolgen. Aufbauend auf den existierenden Schnittstellen wurde eine Zwischenschicht entwickelt, deren Aufgabe es war, die alten »File Handler«-Aufrufe dynamisch zur Laufzeit in SQL-Datenbankoperationen umzusetzen. Dabei mussten nicht nur die üblichen Datenbankzugriffsoperationen, sondern auch die Oracle-Fehlermeldungen auf entsprechende »File Handler«-Fehlercodes nachgebildet werden. Da die Schnittstelle wohldefiniert vorlag, konnte hier eine vollständig automatisierte Umsetzung erfolgen.

Durch die Umsetzung der Zugriffsschicht blieb auch die bewährte Entkopplung der Geschäftslogik von der Datenhaltung bestehen. Diese Art Datenkapselung stellte die Weichen für einen späteren Austausch der Datenhaltung.

7.7.5.4 Migration der Transaktionssteuerung vom DCAM-Monitor zu UTM

Zur alten BS2000-Mainframe-Anwendung gehörte eine selbst entwickelte Middleware-Schicht, der DCAM-TP-Monitor. Da dieser speziell für die START-Anwendungen entwickelt worden war, war er sehr effizient und belegte wenige Ressourcen. Diese Monitorschicht war aber deshalb zwangsläufig auch sehr systemnah programmiert worden. Bei einer Umstellung des Monitor-Quellcodes hätte nicht nur eine Konvertierung von SPL nach C++, sondern auch die Umstellung aller Systemaufrufe von entsprechenden Funktionen für das UNIX-Umfeld stattfinden müssen. Das wäre nur durch eine zusätzliche Steuerungsschicht möglich gewesen, die BS2000-Systemaufrufe unter UNIX emuliert hätte. Neben dem hohen zusätzlichen Aufwand wäre eine weitere Folge gewesen, dass der DCAM-TP-Monitor in der UNIX-Umgebung mit erheblichen Performance-Verlusten emuliert worden wäre.

Da das nicht dem Projektziel entsprochen hätte, wurde entschieden, eine Standard-Kommunikationssoftware einzusetzen. Die Wahl fiel auf UTM von Siemens, weil dieses Produkt unter BS2000 und unter UNIX verfügbar ist. Dabei sind alle Programmierschnittstellen auf beiden Plattformen identisch. Das machte die Durchführung der Migration in zwei unabhängigen Schritten möglich. Im ersten Schritt wurden vor der Konvertierung der Programme alle Onlineanwendungen unter BS2000 auf UTM umgestellt, getestet und in Produktion gebracht; d.h., man hatte den TP-Monitor in der alten Umgebung ausgewechselt. Im zweiten Schritt konnten die Anwendungen ohne Änderungen an der Kommunikationsarchitektur oder an den Middleware-Schnittstellen auf die UNIX-Rechner übertragen werden. Sie waren unter UNIX sofort einsatzbereit.

7.7.6   Der Testprozess

Beim Test der umgestellten Systeme waren neben den Entwicklungsabteilungen auch Produktmanagementmitarbeiter beteiligt. Letztere setzten einen Testprozess auf, der mithilfe des Konfigurationsmanagementsystems die Testergebnisse festhielt und bei festgestellten Fehlern die Fehlermeldungen als RFD (Request for Development) dokumentierte. Die Testkoordination hatte damit jederzeit den Überblick über den Gesamtzustand aller Testläufe sowie über die festgestellten Fehler und konnte die RFDs den entsprechenden Entwicklern im Projekt zur Korrektur zuweisen. Korrigierte Objekte wurden über das Konfigurationsmanagementsystem dem Testprozess wieder zugeführt. Durch die strenge Testorganisation konnte der Regressionstest besser gesteuert und schneller wiederholt werden.

7.7.6.1   Testziele

Testziel war, alle Umstellungen für die Benutzer weitgehend ohne negative Auswirkungen, im Idealfall sogar völlig unbemerkt vorzunehmen. Da dem System
durch den Umstieg keinerlei zusätzliche Funktionalität hinzugefügt wurde, galt es
nachzuweisen, dass das neue System sich in allen fachlichen Aspekten exakt so
verhielt wie das alte.

Dieser Nachweis erforderte verschiedene Tests. Die der Batch-Abläufe waren
vergleichsweise einfach; hier war nur sicherzustellen, dass die Jobs unter UNIX
bei gleichen Eingabedateien die gleichen Ergebnisse erzeugten. Beim Dateiver-
gleich mussten die in beiden Systemen unterschiedlichen Codierungen (EBCDIC
unter BS2000, ASCII unter UNIX) beachtet werden. Der Vergleichstest der Onlinetransaktionen war wegen der vielen angekoppelten Partnersysteme mit ihren
Datenbanken ungleich schwieriger. Systemschnittstelleninhalte wurden gesammelt und selektiv verglichen. Die Benutzungsschnittstelleninhalte mussten protokolliert und durch die Endbenutzer bestätigt werden.

7.7.6.2   Testverfahren beim Versionswechsel

Für die unter BS2000 laufenden Anwendungen wurden jährlich etwa zwölf Versionen erstellt und ausgerollt. Darin waren neben Wartungsänderungen auch
neue Funktionalitäten enthalten. Dafür gab es ein etabliertes und über Jahrzehnte
bewährtes Testverfahren. Dieses war allerdings darauf fokussiert nachzuweisen,
dass neue Funktionen im Sinne der Anforderungen implementiert worden waren.
Dazu wurde ein einfacher Regressionstest durchgeführt. Für manche, selten geänderte Bereiche mit geringen Wechselwirkungen zu neuen oder geänderten Komponenten war die Testabdeckung nicht besonders tief. Negativtests fehlten zum
Teil. Vor allem für diese alten Komponenten waren kaum automatisierbare Testfälle vorhanden.

Für die Migration musste das ganze System flächendeckend getestet und
sämtliche Ergebnisse verglichen werden. Dafür war neben einem anderen Prozess
auch eine andere Werkzeugsammlung erforderlich.

7.7.6.3   Testautomation

Um während der gesamten Entwicklungs- und Migrationszeit eine verlässliche
und preiswerte Qualitätskontrolle zu ermöglichen, mussten diese Tests automatisiert werden. Ziel war es, innerhalb kurzer Zeit und ohne Einbeziehung der für
die einzelnen Komponenten verantwortlichen Entwicklungsabteilungen jede
neue Komponentenversion im System in der Regressionstestumgebung prüfen zu
können. In Zusammenarbeit mit den bestehenden Testteams wurde dafür eine
Vielzahl automatisierbarer Testfälle aus der Produktion abgeleitet und ergänzt.
Dadurch wurde erreicht, dass selbst mehrere Programmversionen pro Tag getestet werden konnten, ohne über die gesamte Projektlaufzeit ein komplettes Test-
team vorzuhalten. Dieser neu geschaffene automatisierte Test stellte ein weiteres

positives Nebenergebnis der Migration dar. Beim Abschluss wurde dieser Regressionstest in den allgemeinen Testprozess aufgenommen, damit er auch in Zukunft auf der neuen Systemplattform bei jedem neuen Release zur Qualitätssicherung beitragen kann.

7.7.6.4   Der Lasttest

Lasttests waren für die bestehenden Applikationen unter BS2000 nicht üblich gewesen. Da das Lastverhalten sich zwischen den einzelnen Versionen nur wenig änderte, wurde lediglich das Verhalten in der Produktion überwacht. Durch die Migration nach UNIX wurden einige für das Lastverhalten wesentliche Komponenten aber komplett verändert, z.B. wurde die Architektur um eine neue Datenbankschicht erweitert, was nicht ohne Einfluss auf das Lastverhalten bleiben konnte. Eine Voraussetzung für den Produktionsstart unter UNIX war daher der Nachweis, dass die erforderliche Last bewältigt werden konnte.

Dazu musste erst eine Lasttestumgebung geschaffen werden. Die zu testende Applikation war Teil eines komplexen Applikationsverbunds. Das hat den Aufbau enorm erschwert. Im Endeffekt ist es aber gelungen, einen Test zu definieren, der die Applikationsumgebung realistisch nachbildete und einen Dauertest ermöglichte. Dazu mussten u.a. Komponenten geschaffen werden, die externe Partnersysteme simulierten. Außerdem wurden realistische Massentestabläufe benötigt, die beliebig oft wiederholbar waren. Bei manchen Testfällen, z.B. bei der Platzbuchung für einen Flug, war das nicht einfach zu realisieren. Aber auch diese Tests konnten erfolgreich durchgeführt und die Applikation über zwölf Stunden mit der vollen geforderten Last betrieben werden.

Der Lasttest hat nicht nur dazu gedient, die Erfüllung nicht funktionaler Anforderungen erfolgreich nachzuweisen, er half auch dabei, mehrere Fehler frühzeitig zu erkennen, die unter normalen Betriebsbedingungen ohne parallele Verarbeitung nicht entdeckt worden wären. Auch dieser Test wurde so angelegt, dass er später jederzeit wiederholt werden konnte, er kann weiterhin bei jeder neuen Systemversion eingesetzt werden.

7.7.7   »Migration« der Mitarbeiter

Bei Projektbeginn wurde vereinbart und auch im Projektauftrag niedergelegt, dass die Entwicklungs- und Produktionsmitarbeiter des Altsystems mit »migriert« werden sollten, um so das Anwendungs- und Produktionswissen zu erhalten. Es war bekannt, dass dieses Know-how von erheblichem Wert für das Unternehmen und deshalb zu erhalten war: Fach- und Verfahrenswissen ist wichtiger als z.B. das Beherrschen einer bestimmten Programmiersprache, C++-Sprachkenntnisse sind leichter zu erwerben als Sachgebietswissen über die Reisebranche.

Daher wurden umfangreiche Weiterbildungsmaßnahmen für die Zielsysteme geplant und durchgeführt. Ausführliche Informationsveranstaltungen sowie die Einführung von Projekt-WIKIs und -BLOGs stellten die Wissens- und Informationsweitergabe sicher. Diese Form der Wissensvermittlung erleichterte auch die Nachdokumentation des (Alt-)Systems. Das gewählte Vorgehen führte zu einer Veränderung des Change-Prozesses im gesamten Unternehmen.

7.7.8 Übergabe an die Linienorganisation

Da der Betrieb der Rechnersysteme und der Anwendungen in anderen Unternehmensbereichen als Projektteam und -leitung lag und die Projektorganisation wenig Einfluss auf die Systemadministration und die Organisation des Rechenzentrums hatte, wurde schon im Projektauftrag festgelegt, dass mit der Fertigstellung der Migrationsobjekte (nachgewiesen durch System-, Akzeptanz- und Performance-Tests) die Verantwortung auf die Linienorganisationen übertragen wird.

Dies schloss auch die Übergabe der umgestellten Sources an die Entwicklungsabteilungen ein. Durch Einbeziehung der betroffenen Entwicklungs-, Wartungs- und Produktionsbereiche in die Projektarbeit war diese Übergabe erfolgreich vorbereitet worden. Diese Beteiligung aller Betroffenen erwies sich als äußerst wichtig für den Erfolg des Projekts.

7.7.9 Fazit einer erfolgreichen Migration

Das ARNO-Projekt (einen abschließenden Bericht dazu enthält [Tepp09]) belegt erneut, wie wichtig es ist, klare eindeutige Ziele zu setzen. Das Ziel war hier die Herauslösung der bestehenden Funktionalität aus einer veralteten, proprietären Umgebung. Das System sollte in einer neuen UNIX-Umgebung genauso weiterarbeiten, wie es in der alten BS2000-Umgebung funktioniert hatte.

Sind die Ziele klar definiert, dann geht es im Weiteren darum, den richtigen Prozess zu definieren, den geeigneten Partner zu finden (was im ARNO-Projekt zweifellos gelang) und den Prozess mit automatisierten Werkzeugen zu unterstützen. Diese Automatisierung der Transformationen auf allen Ebenen spielte eine wichtige Rolle. Man darf die Bedeutung von Werkzeugen nicht überschätzen, man soll sie aber auch nicht unterschätzen. Für eine Massenmigration wie die beschriebene sind sie unentbehrlich. Sind Standardwerkzeuge nicht verfügbar, muss der Benutzer eine erhebliche Investition in die Werkzeugentwicklung vornehmen, wie es hier der Fall war.

In einer erfolgreichen Migration kommen viele Faktoren zusammen: die richtigen Prozesse, Techniken, Werkzeuge und nicht zuletzt die Menschen. Passt das alles zusammen, ist der Erfolg sicher.

7.8   Automatisierte Migration von COBOL in Java

Die letzte Fallstudie beschreibt ein Projekt, das zum Zeitpunkt dieser Veröffentlichung noch nicht abgeschlossen ist:

Es geht wie in vielen Fällen um die Migration alter, prozedural strukturierter COBOL-Programme aus den 70er-Jahren. Auslöser des Projekts sind die üblichen: Einerseits will der Anwender den Rechner wechseln, andererseits gehen ihm die COBOL-Programmierer aus. Der alte Mainframe-Rechner, auf dem die Applikationen noch laufen, wird nicht mehr unterstützt. Die noch tätigen COBOL-Programmierer stehen kurz vor der Pensionierung, Ersatz ist nicht zu finden. Es gibt wie immer keine aussagefähige Dokumentation zu den alten Anwendungssystemen, das Wissen steckt in den Köpfen der pensionsreifen Altprogrammierer. Zwei Versuche, die Applikationen durch eine Neuentwicklung abzulösen, sind bereits gescheitert; der Anwender musste handeln.

Da seine neuen Systeme inzwischen alle in Java vorliegen, liegt es nahe, die alten COBOL-Systeme zu Java zu migrieren, die Frage ist nur wie. Angesichts knapper Zeit und geringer Ressourcen erscheint eine automatisierte Übertragung verlockend. Unsicher ist zu diesem Zeitpunkt, ob diese Lösung erfolgversprechend ist. Wie aus der Literatur über Migrationswerkzeuge hervorgeht, ist es noch nie so recht gelungen, aus prozeduralem Code objektorientierten zu erzeugen. An Versuchen dazu hat es nicht gemangelt, sie wurden seit Beginn der 90er-Jahre unternommen.

Sneed und Nyary [SnNy92] berichteten schon 1992 auf der internationalen Maintenance-Konferenz von ihrem Transformationsansatz. Sie sind aber über eine objektorientierte Nachdokumentation nicht hinausgekommen. Andere Forscher gingen ähnliche Wege. Klösch und Gall [KlGa95] entwickelten an der technischen Universität Wien COREM (Capsule-oriented reverse engineering method) das Legacy-C-Systeme in C++ transformieren sollte. Für einige ausgewählte Prototypsysteme hat das auch bei weitgehend manueller Transformation funktioniert, es ist aber nie zu einer weitergehenden Automatisierung dieses Ansatzes gekommen.

Im Laufe der 90er-Jahre begann das IBM-Labor in Toronto sich mit diesem Problem zu befassen. Es gab erste Versuche und einige Veröffentlichungen [Tomi94]. Bald danach änderte das Labor seine Strategie und setzte auf Kapselung der COBOL-Programme bei gleichzeitiger Überführung des COBOL-Codes in Objekt-COBOL. Heute ist IBM bemüht, COBOL gleichrangig neben Java zu behandeln: Denn in der IBM-Welt gebe es keinen zwingenden Grund mehr für einen Wechsel von COBOL zu Java, es sei denn, der Anwender finde keine COBOL-Programmierer mehr.

In seinem 1999 veröffentlichten Buch zum Thema »Objektorientierte Softwaremigration« beschrieb Sneed [Snee99a] einen werkzeuggestützten Prozess für die Transformation von COBOL-85-Code in Objekt-COBOL-Code. Dieser Ansatz wurde in Abschnitt 6.5.2 bereits erläutert. Er ist anwendbar, aber nur für diejenigen, die COBOL beibehalten wollen. Ein Übergang zu Java ist in diesem Ansatz nicht vorgesehen.

Gleichfalls an der Universität Wien, wo Klösch und Gall COREM entwickelt hatten, entstand zehn Jahre später ein Werkzeug für die automatische Konvertierung von COBOL in Java-Code. Dieser Ansatz basiert auf dem Prinzip der Emulation. Für jeden COBOL-Datentyp gibt es einen entsprechenden Java-Datentyp, der den COBOL-Datenwert darstellt, und für jeden COBOL-Anweisungstyp eine entsprechende Java-Methode, die die COBOL-Anweisung emuliert. Die COBOL-Daten werden in Klassen aufgeteilt, aber der prozedurale Code ist in einer einzigen Prozedurklasse pro Programm zusammengefasst. Dieses Tool kam bei der österreichischen Sozialversicherung für die Migration von Legacy-Systemen zum Einsatz und hat sich dort in einem Projekt auch bewährt [Snee09]. Die Java-Programme sind auf dem IBM-Mainframe ausführbar, allerdings entspricht der Java-Code mehr COBOL als Java, er ist für Java-Programmierer ohne COBOL-Kenntnisse kaum verständlich. Andererseits lässt sich behaupten, die COBOL-Programme lägen jetzt in Java vor und liefen in einer Java-WebSphere-Umgebung.

Das italienische Forschungsinstitut IRST in Trento versucht einen ähnlichen Weg. Das Institut soll im Auftrag der norditalienischen Sparkassen COBOL-ähnliche Legacy-Anwendungen automatisch in Java konvertieren. Auch das IRST kam auf die Idee einer Emulation. Zum Zeitpunkt dieser Veröffentlichung ist das Institut noch dabei, ein Tool für die Umsetzung der Datenstrukturen zu bauen. Dabei sind die Wissenschaftler auf das Problem der Redefinition von Datenstrukturen gestoßen, das ihnen den Anlass für eine tiefergehende Studie gab [CDTM08]. Das Projekt ist zum Zeitpunkt dieser Veröffentlichung noch nicht abgeschlossen.

Einen weiteren Versuch zur automatischen Transformation von COBOL in Java unternahm Triangle Technologies in North Carolina. Als Partner wurde die Staatliche Universität St. Petersburg in Russland gewonnen und über diesen Partner auch noch das ehemalige sowjetische Forschungszentrum in Nowosibirsk einbezogen. Das Produkt mit dem Namen »Relativity« wurde in Amerika zu einem Markenzeichen [Tria01]. Damit sollte es gelingen, COBOL-Programme vollautomatisch in Java umzusetzen. Leider waren die Ergebnisse aber weit davon entfernt, vollständig zu sein. Es bedurfte jeder Menge manueller Nacharbeit von den russischen Wissenschaftlern in Nowosibirsk, um den Java-Code in einen ausführbaren Zustand zu versetzen. De facto hat Triangle Technologies ein Migrations-Outsourcing-Geschäft betrieben. Zu einer vollständigen automatischen Umsetzung kam es nie. Schließlich wurde Triangle Technologies von Micro Focus gekauft. Ob und wie es mit dem Projekt weitergeht, ist ungewiss.

Tatsache ist also, dass es bisher noch keine echte Lösung für das Problem einer vollautomatischen COBOL-zu-Java-Konvertierung gegeben hat; weltweit 2,5 Milliarden Zeilen COBOL-Code warten noch darauf [KaZh05]. Der Anwender der vorliegenden Fallstudie hatte keine Zeit, länger zu warten, er musste sofort handeln. Deshalb erteilte er den Auftrag für ein Werkzeug, das seinen speziellen COBOL-Dialekt in Java umsetzt.

7.8.1   Die Ausgangssituation

Der COBOL-Code in den Programmen dieses Anwenders war in einem speziellen
Dialekt eines europäischen Herstellers verfasst, die Daten waren in einer vernetzten CODASYL-Datenbank gespeichert. Die Verbindung zur Benutzungsschnittstelle und die Verwaltung der Onlinetransaktionen liefen über einen herstellerspe-
zifischen TP-Monitor aus den 70er-Jahren. Dieser TP-Monitor wies eine sehr
hohe Performance auf, die für jedes Nachfolgesystem schwer erreichbar war. Es
war nicht möglich, die Benutzungsoberfläche zu verändern, ohne in das dahinter
liegende Programm einzugreifen. Die Architektur des Altsystems ist in Abbildung
7–13 dargestellt.

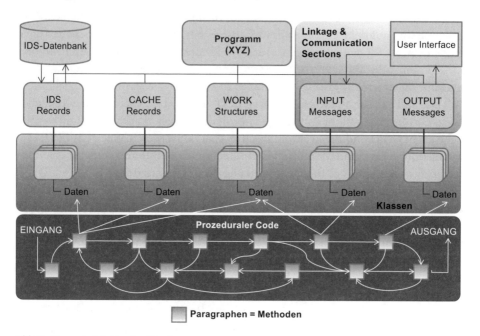

Abb. 7–13   *Architektur des Altsystems*

Die Data Division ist in fünf Speicherbereiche aufgeteilt:

- Datenbankbereich
- Daten-Cache
- Eingabebereich/Linkage Section
- Ausgabebereich/Communication Section
- Arbeitsbereich/Working Storage

Die Procedure Division besteht aus mehreren hundert kleinen Codeblöcken bzw.
Absätzen, jeweils mit drei bis 30 Anweisungen, die auf die Felder in der Data
Division beliebig zugreifen und auch von einem Baustein zum anderen hin und
her springen. Ein Durchschnittsprogramm hat ca. 5 K Codezeilen, davon sind
2-3 K Datendefinitionen, von denen die meisten nie benutzt werden. In der Regel

allerdings verarbeitet ein Codebaustein Daten von einem einzigen Datensatz. Deshalb werden die Codebausteine den Klassen zugeordnet, die sie am meisten verarbeiten.

Über die Jahre sind die administrativen Systeme des Anwenders durch ERP-Pakete abgelöst wurden. Etwa die Hälfte der operativen Systeme ist bereits in Java neu entwickelt wurden, aber die Kernsysteme mit 1,1 Millionen Zeilen COBOL-Code in 435 Haupt- und 185 Unterprogrammen werden immer noch von fünf COBOL-Experten mit einem breiten Anwendungswissen gewartet und weiterentwickelt. Leider liegt keine technische Dokumentation vor, und der Code enthält nur wenige Kommentare. Die Prozedurnamen sind nur fortlaufende Nummern und die Datennamen verstümmelte Abkürzungen. Ein Teil der Datendeklarationen, etwa ein Drittel, ist kommentiert. Glücklicherweise sind die Stammdaten schon migriert worden und befinden sich sowohl in der alten COD-ASYL- als auch in einer neuen relationalen Datenbank. Die beiden Datenbanken sind über Gateways miteinander verbunden, alle Veränderungen in den alten Daten werden in den neuen nachgezogen.

7.8.2   Alternative Lösungen

In einer solchen Situation hat der Anwender mehrere Alternativen: Er kann

a)   die Altsysteme durch Standardsysteme ablösen,

b)   die alten Programme in COBOL erhalten und in einer Java-Umgebung kapseln,

c)   die COBOL-Programme nachdokumentieren und reimplementieren,

d)   den alten Code in die neue Sprache konvertieren oder

e)   die Altsysteme einem externen Dienstleister zur Pflege übergeben; wie der das dann macht, ist nicht mehr Problem des Anwenders (solange die Zusammenarbeit reibungslos funktioniert).

Die Alternative a) wurde von den Benutzern abgelehnt, weil sie keine fertige Software fanden, die ihre speziellen Anforderungen abdeckte. Die Einführung einer Standardsoftware verlangt immer eine gewisse Veränderung der bestehenden Geschäfsprozesse, und die Benutzer waren im vorliegenden Fall nicht bereit, ihre optimierten Arbeitsabläufe aufzugeben. Die Kapselungsalternative b) schied aus, weil der COBOL-Code schwer portierbar war und weil man weiterhin COBOL-Programmierer gebraucht hätte, um den gekapselten Code zu pflegen. Die IT-Abteilung sollte aber ein »reiner Java-Shop« werden. Die Outsourcing-Alternative e) kam nicht infrage, weil der Anwender sich nicht in die Abhängigkeit von einem fremden Dienstleister begeben wollte. Er wollte die Kontrolle über seine Kernsysteme behalten.

Es blieben also die beiden Alternativen c) nachdokumentieren und reimplementieren sowie d) konvertieren übrig. Bei einer einfachen Konvertierung wären die ganzen Redundanzen, Inkonsistenzen und das Flickwerk aus 30-jähriger Wartung in die Java-Welt übernommen worden. Der Java-Code hätte die schlechte

Qualität des COBOL-Codes reflektiert. Das war schon der Nachteil der weiter vorne in diesem Kapitel beschriebenen und bei der österreichischen Sozialversicherung zum Einsatz gekommenen Lösung. Bei einer Reimplementierung wird die Frage nach der Dokumentation kritisch. Wie sollten die alten unstrukturierten, monolithischen Programme so beschrieben werden, dass ein Java-Entwickler sie versteht? Eine UML-Dokumentation kam angesichts der Vielzahl der Daten und der Verwobenheit der Prozeduren nicht infrage.

Unter diesen Bedingungen entschied sich der Anwender für einen Kombinationsansatz: Die COBOL-Programme sollten zunächst mit einem Werkzeug automatisch in Java konvertiert und anschließend von Java-Entwicklern reimplementiert werden. Der konvertierte Java-Code, ergänzt durch Javadoc-Kommentarblöcke, wurde die Vorlage für die Reimplementierung der Komponenten. Gleichzeitig sollte ein Repository aller verwendeten Datenattribute und Methoden erzeugt werden, das den Entwicklern hilft, sich in den generierten Java-Klassen zurechtzufinden. In der Zwischenzeit sollten die noch aktiven COBOL-Programmierer möglichst viele der abgekürzten COBOL-Datennamen mit sprechenden Namen per Kommentar versehen.

7.8.3   Die Spezifikation der Reimplementierung

Zweck der automatischen Konvertierung ist es daher nicht, ausführbare Komponenten zu erzeugen, sondern kompilierbare und mit Javadoc verarbeitbare. Mit zusätzlichen Anpassungen an Datenbankzugriffen und Kommunkationsschnittstellen wären die Komponenten ausführbar geworden, aber dies war nicht angestrebt. Ziel war eine detaillierte Spezifikation in der Java-Sprache zuzüglich einer Javadoc-Dokumentation. Damit müsste es möglich sein, die Komponenten ohne Verluste von wertvollen Detailinformationen von Java-Spezialisten überarbeiten und optimieren zu lassen.

Ein wesentlicher Anteil der Reimplementierungsarbeit ist dabei z.B. die Entfernung redundanter Klassen und Methoden; Klassen, die in mehreren Komponenten vorkommen, werden zu einer Klasse zusammengefasst und gleiche Methoden, die in mehreren Komponenten auftreten, werden in übergeordnete Klassen übernommen. Im Grunde genommen läuft die Reimplementierungsaktion also auf ein Refactoring-Projekt hinaus. Deshalb gelten die folgenden 15 Grundregeln der Konvertierung für das COBOL-zu-Java-Werkzeug:

1. Alle Daten sollen in statischen »Singleton«-Objekten enthalten sein, die zu Beginn einer Komponentenausführung angelegt werden.
2. Jede COBOL-Datenstruktur, die auf der Stufe 1 beginnt – also jeder Datensatz – bildet ein solches Singleton-Objekt. Einzelne Felder in COBOL-Programmen, die mit Stufe 1 oder 77 beginnen, sind durch den Präprozessor in eine globale Struktur zu versetzen.

3. Die COBOL-Datensätze bzw. -Strukturen werden in Java als »Character Arrays« implementiert mit normierten get- und set-Methoden für jedes Feld.

4. Nur jene Daten, die in einer Komponente tatsächlich referenziert sind, werden sichtbar gemacht. Alle anderen Daten sind zwar physikalisch vorhanden, aber nicht sichtbar. Sie haben keine set- und get-Methoden. Das Gleiche gilt für Sätze, die nicht adressiert werden, sie bleiben gänzlich weg. Nur Sätze, die verarbeitet werden, werden aufgenommen.

5. Einzelne Datenfelder werden über ihre Anfangsposition und Länge sowie über ihren Typ identifiziert. Wiederholte Felder, sprich Vektoren, werden zusätzlich über einen Index identifiziert.

6. Bedingungsdaten bzw. 88-Felder bilden eigene Enumerierungsklassen, die auf ihren Inhalt abgefragt werden können.

7. Compiler-spezifische Felder wie Indexed-by-Felder werden am Ende der jeweiligen Klasse als Integer-Daten angehängt.

8. Jeder Absatz in der Procedure Division ist in eine Java-Methode umzuwandeln.

9. Jede COBOL-Anweisung ist in eine semantisch äquivalente Java-Anweisung umzusetzen.

10. Generierte Methoden werden Klassen aufgrund der Referenzhäufigkeit zugewiesen, d.h., eine Methode wird jener Klasse zugeteilt, deren Attribute am häufigsten angesprochen sind. Die anderen referenzierten Daten werden über get-Methoden aus den fremden Klassen geholt.

11. Die GOTO-Verzweigungen sind mit einer Labelvariable zu ersetzen, die von der Controller-Klasse interpretiert und angesteuert wird. Dies entspricht einem endlichen Automaten.

12. Die PERFORM-Aufrufe werden als direkte Methodenaufrufe implementiert. Für PERFORM-Sections und PERFORM THRU werden Steuerungsklassen mit einer Methodenaufrufsequenz generiert.

13. Die CODAYSL-Datenbankaufrufe werden in SQL-Anweisungen umgesetzt, die zu den Klassen gehören, in denen die Datenbanksätze gekapselt sind.

14. Vor jeder Methode werden in einem Javadoc-Kommentarblock alle Daten, die von der Methode verwendet werden, mit der Art der Verwendung und HTML-Links zu den Datendefinitionen aufgelistet. Damit kann der Entwickler den Datenfluss verfolgen.

15. Nach jeder Methode werden ebenfalls in einem Javadoc-Kommentarblock alle potenziellen Nachfolgemethoden mit der Art der Verzweigung, ob GOTO, CALL oder PERFORM, sowie mit einem HTML-Link zur nächsten Methode aufgelistet. Damit kann der Entwickler Ablaufpfade verfolgen (vgl. Abb. 7–14).

```
*<Param use = "Input" name = "WO1008R" clas = "WRK_WAUFO1" type = "String" comment = "Undefined">
*<Param use = "Output" name = "WO1008" clas = "WRK_WAUFO1" type = "int" comment = "Undefined">
*<Param use = "Input" name = "WS_F" clas = "WRK_WS_CONTR" type = "int" comment = "Undefined">
*<Param use = "Input" name = "DB_133_ACBG" clas = "DBS_133_SA1R" type = "int" comment =
                                                                   "133-ACBG-CABIN-BAG">
*<Param use = "Input" name = "WO1014_16" clas = "WRK_WAUFO1" type = "String" comment = "Undefined">
*<Param use = "Output" name = "FTEX1" clas = "WRK_KLFEL" type = "String" comment = "Undefined">
*-------------------------------------------------------------------------------------------*/
public String LPX1_1150P() {
    String xNextMethod = xSpaces(30);
        if ((LPX1.WORK.WRK_WAUFO1.getWO1008R().compareTo("OOOS")) == 0) {
            LPX1.WORK.WRK_WAUFO1.setWO1008(LPX1.WORK.WRK_WS_CONTR.getWS_F()
            * LPX1.CACHE.DBS_133_SA1R.getDB_133_ACBG());
        }
        if ((LPX1.WORK.WRK_WAUFO1.getWO1014_16().compareTo(xSpaces(4))) == 0) {
                xNextMethod = "LPX1:WORK.WRK_KLFEL.LPX1_1200P";
                return xNextMethod;
        }
        this.setFTEX1("PAD:");
        LPX1.WORK.WRK_WSKLPR.setWSKLPR(LPX1.WORK.WRK_WAUFO1.getWO1014_16());
        xNextMethod = LPX1.Unknown.LPX1_CLPR();
        if (LPX1.WORK.WRK_LPX1_WORK_DATA.getCLSUM() ==   0) {
                            xNextMethod = "LPX1:WORK.WRK_FELOUP.LPX1_9220F";
                            return xNextMethod;
        }

/** List of successor Methods
*<NextMethod name = "LPX1:WORK.WRK_KLFEL.LPX1_1200P" type = "GOTO">
*<NextMethod name = "LPX1.Control.LPX1_CLPR" type = "PERF">
*<NextMethod name = "LPX1:WORK.WRK_FELOUP.LPX1_9220F" type = "GOTO">
*<NextMethod name = "LPX1:WORK.WRK_KLFEL.LPX1_9140F" type = "GOTO">
* EndMethod */
```

Abb. 7–14   COBOL-zu-Java-Konvertierung (1)

7.8.4   Der Code-Konvertierungsprozess

Der Code-Transformationsprozess wird in sieben aufeinanderfolgenden Schritten ablaufen:

Schritt 1:
Nach dem Motto »Erst sanieren, dann migrieren« wird der COBOL-Code bereinigt und restrukturiert. Der Originalcode ist aufgrund der ungenügenden Editierungsmöglichkeiten schlecht formatiert und schwer leserlich. Es gibt auf einer Zeile mehrere Anweisungen, verschachtelter Code ist nicht eingerückt, die komplexen IF-Bedingungen sind tief gegliedert und nur mit einem Punkt abgeschlossen. Es gibt etliche »Perform Thru«- und »GOTO Depending on«-Anweisungen. Die prozeduralen Anweisungen enthalten jede Menge eingebauter Konstanten und Literalen.

Zweck der Sanierung ist es, den alten Code auf einen minimalen Qualitätsstand zu bringen. Die Anweisungen werden aufgespalten (eine pro Zeile), die IF-Anweisungen mit End-IFS abgeschlossen, der verschachtelte Code wird eingerückt, die »Perform Thru«- und »GOTO Depending On«-Anweisungen werden eliminiert und fest verdrahtete Daten entfernt.

Schritt 2:

Hier wird der Sourcecode jedes Programms um die Copy-Strecken expandiert und die Daten werden restrukturiert. Einzelne Datenfelder werden in einer globalen Datenstruktur gesammelt. Sofern sie vorhanden sind, werden die kurzen Datennamen durch längere sprechende Namen ergänzt. Das Gleiche gilt für die Prozedurnamen.

Schritt 3:

In diesem Schritt wird die Datenverwendung analysiert und eine Datenquerverweistabelle erstellt. Darin werden für jeden COBOL- Codeblock seine Ein- und Ausgabendaten festgehalten.

Schritt 4:

Für jede verwendete COBOL-Datenstruktur wird eine Java-Klasse erzeugt. Das Objekt ist ein Character Array. Jedes Feld ist ein Abschnitt dieser Zeichenfolge, identifiziert über Startposition, Typ und Länge. Damit wird das Problem der Redefinitionen, das den italienischen Forschern so viel Kopfzerbrechen bereitete, umgangen. Für jedes Datenfeld wird eine set- und eine get-Methode erzeugt. Für 88-Felder wird eine Enumerierungsklasse generiert. Für jedes Objekt wird eine Konstruktor- und eine Initialisierungsmethode angelegt. Das Ergebnis ist ein Klassenrahmen für jedes Objekt.

Schritt 5:

Für jeden prozeduralen Codeblock wird eine Java-Methode erzeugt. In einem Vorkommentar werden die Ein- und Ausgabedaten als XML-Elemente dokumentiert. Nach jedem Codeblock werden in einem Nachkommentar die Nachfolgemethoden ebenfalls als XML-Elemente dokumentiert. Dazwischen wird jede COBOL-Anweisung in eine entsprechende Java-Anweisung umgesetzt. Die GOTO-Anweisungen werden durch eine Zuweisung der Methodennamen zur Labelvariable mit Return ersetzt. Die wenigen Anweisungen, die nicht konvertiert werden, werden kommentiert.

Schritt 6:

Die Methoden werden mit den Klassen zusammengeführt. Außerdem werden hier die angesprungenen Methoden durch die Klassennamen qualifiziert. Schließlich werden Container-Klassen für die Section-Aufrufe erzeugt, in denen die Methodenaufrufsequenzen enthalten sind.

Schritt 7:

In diesem letzten Schritt werden die HTML-Links zwischen Daten und Methoden (Datenfluss) sowie zwischen Methoden (Ablauffluss) hergestellt. Damit wird die Javadoc-Dokumentation abgeschlossen (vgl. Abb. 7–15).

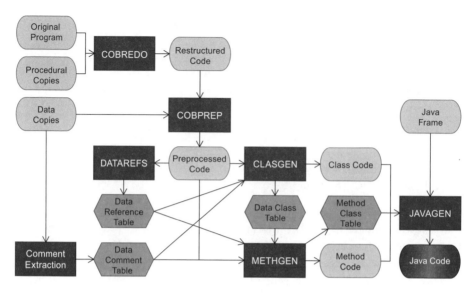

Abb. 7–15   *COBOL-zu-Java-Konvertierung (2)*

7.8.5   Das Konvertierungsergebnis

Ergebnis der Code-Konvertierung ist eine Menge Java-Klassen, eine für jede Stufe-1-COBOL-Datenstruktur, die von einer gemeinsamen Superklasse COBOL-Object erben. Jede Klasse hat eine Konstruktormethode um das Singleton-Objekt zu Beginn eines Anwendungsfalls zu generieren sowie eine Initialisierungsmethode, um das Objekt mit den Initialwerten zu belegen. Diese stammen aus den Value-Klauseln der COBOL-Datenvereinbarungen. Das Objekt selbst ist als Character Array definiert. Für jedes benutzte Feld folgen eine get- und eine set-Methode. Bei alphanumerischen Zeichenfeldern wird ein Objekt vom Typ String erzeugt bzw. im Character Array abgelegt. Bei numerischen Feldern wird entweder ein Integer- oder ein Double-Wert erzeugt bzw. abgelegt.

```
public static char[] R129LOCO;
public String getR129_SA1() {
    return getString(R129LOCO,14,1000);
}
public void setR129_SA1(String inStr) {
    setAsChar(R129LOCO,inStr,14,1000);
}
```

Auch in jeder Klasse existiert eine Steuerungsmethode, die über die Label-Variable »xNextMethod« die betroffene Methode invokiert. Diese wird von der Controller-Klasse überreicht. Innerhalb der Verarbeitungsmethoden wird diese Variable anhand der GOTO- und PERFORM-Anweisungen gesetzt.

```
public ProcessingInfo performOperation(ProcessingInfo processingInfoIn) {
    String methodId = processingInfoIn.getMethodId();
    if (methodID.equals("methodId01") {
    String xNextMethod = this.method.01();
    ProcessingInfo processingInfoOut = new ProcessingInfo(xNextMethod);
    return processingInfoOut;
}
```

Ein Zustandsautomat steuert den Ablauffluss über den Wert der Label-Variablen. Er ist als rekursive Prozedur implementiert.

```
public void runStateMachine(ProcessingInfo processingInfoIn) {
    COBOLObject cobolObject = this.getCOBOLObject(processingInfoIn);
    processingInfoOut = cobolObject.performOperation(processingInfoIn);
    runStateMachine(processingInfoOut);
}
```

Die Mitgliedsklassen bilden eine Aggregation unter der Controller-Klasse. Sie sind in fünf Speicherbereiche entsprechend den Bereichen im COBOL-Programm aufgeteilt:

- Database
- Cache
- Work
- Input
- Output

Der Database-Bereich enthält die Sichten auf die Datenbank. Im Java-Programm sind das die SQL-CRUD-Operationen. Sie werden von den Verarbeitungsmethoden aufgefordert. Der Cache-Bereich enthält alle Objekte, die aus der Datenbank stammen. Sie werden dort so lange gehalten, wie sie verarbeitet werden. Der Input-Bereich enthält die Eingangsnachrichten, die von der Benutzungsoberfläche kommen, der Output-Bereich die Ausgangsnachrichten, die an die Benutzungsoberfläche gesendet werden. Im Work-Bereich stehen die lokalen Hilfsvariablen sowie die Konstanten, Texte und Nummern, die vom COBOL-Programm verwendet werden (vgl. Abb. 7–16).

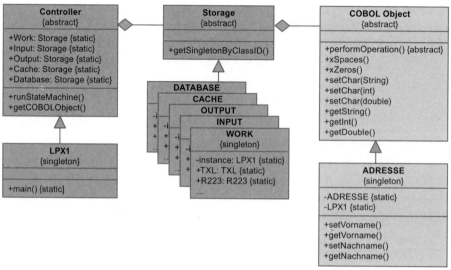

Abb. 7–16   *COBOL-zu-Java-Konvertierung (3)*

7.8.6   Das Ergebnis als Zwischenstufe

Mit dem Werkzeug COB2Java (COB to Java) wurde schon das erste Paket des Projekts mit

- 93 main programs
- 39 sub programs
- 200711 code lines
- 160060 statements
- 2908 function points

automatisch konvertiert. Die manuelle Überarbeitung bzw. die Reimplementierung soll folgen. Die generierten Sources – eine pro Klasse – sind in der Summe dreimal so groß wie der ursprüngliche COBOL-Quellcode. Das geht auf die vielen Kommentarblöcke sowie auf die set- und get-Methoden zurück, die es im COBOL-Code nicht gab. Die folgende Statistik ist Ergebnis der Konvertierung eines der 93 Hauptprogramme. Sie vermittelt einen Eindruck von der Komplexität der Aufgabe:

```
/**End of Package:LPX1                                        */
/** ------------------------------------------------------+
*End of generated Java Component= LPX1
*Number of Classes generated    = 0070
*Number of Methods generated    = 0206
*Number of Attributes generated = 00754
*Number of Code Lines generated = 17642
*Number of original statements  = 02554
*Number of Statements converted = 02536
*Ratio of converted statements  = 0.99
*-------------------------------------------------------- */
```

Wahlweise wird der alte COBOL-Code als Kommentar in die Java- Methoden eingebettet. Mit Javadoc ist es möglich, den Code über HTML zu betrachten und sowohl die Ablauflogik als auch den Datenfluss zu verfolgen. Das soll dem Java-Entwickler helfen, den Code, den er reimplementieren soll, zu verstehen, damit die volle Funktionalität der alten Programme in der Java-Welt erhalten bleibt.

7.8.7 Eine testgetriebene Migration

Wie in diesem Buch immer wieder betont wurde, ist der Test der größte Aufwand in jedem Migrationsprojekt. Um dieser Tatsache gerecht zu werden, ist der Migrationsprozess testgetrieben [DiMaPi09].

Die Testgruppe gibt die Codequalitätskriterien sowie die Testabnahmekriterien vor. Sie baut die Testumgebung auf und stellt Testdaten und Testwerkzeuge bereit. Wenn alles vorbereitet ist, fordert sie die reimplementierten Komponenten in der gewünschten Lieferfolge an, denn hier ist eine Lieferkette geplant.

Die Reimplementierungsmannschaft bekommt die konvertierten Java-Komponenten und liefert reimplementierte Komponenten an die Testgruppe. Die Konvertierungsmannschaft bekommt die aufbereiteten COBOL-Programme von der COBOL-Gruppe und liefert die konvertierten Java-Programme an das Reimplementierungsteam.

Das Ganze wird von der Testmannschaft gesteuert, die normengerechte, lauffähige Java-Komponenten erwartet. Die Komponenten werden erst statisch geprüft und gemessen, um die Codequalität zu sichern. Anschließend werden sie in der bereitgestellten Testumgebung so lange getestet, bis die Testüberdeckungskriterien erfüllt sind. Da es sich um einen Regressionstest handelt, werden die neuen Ergebnisse gegen die alten Produktionsergebnisse abgeglichen. Jede Abweichung wird als Fehler betrachtet. Fehler werden an das Reimplementierungsteam gemeldet, das die Komponenten nachbessern und nachliefern muss. Dieses Team wiederum kann Fehler an das Konvertierungsteam zurückreichen, das seinerseits dann das Konvertierungswerkzeug nachbessert und neue Konvertierungsergebnisse liefert. Am Schluss übergibt die Testgruppe die getesteten Komponenten an die Produktion für einen Live-Test. Das ganze System wird auf diese Weise inkrementell und komponentenweise migriert (vgl. Abb. 7–17).

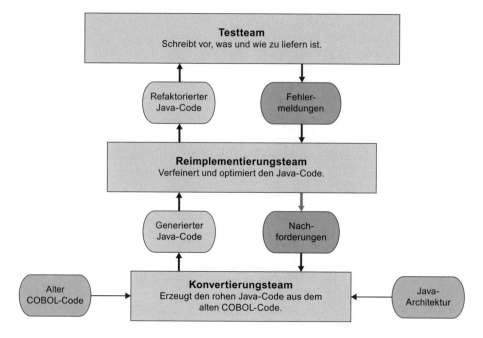

Abb. 7–17   *Zusammenarbeit von Test-, Reimplementierungs- und Konvertierungsteam*

8   Die Zukunft der Migrationstechnologie

Die IT-Anwender haben schon viele Migrationswellen erlebt. Jede neue Technologie ist für sie eine Aufforderung zur Migration. Erst war es der Übergang vom Maschinencode zum symbolischen Assembler, danach die Ablösung des Assemblercodes durch die Sprachen der dritten Generation – FORTRAN, COBOL, PL/I, C. Bis zum heutigen Tage laufen immer noch Migrationen von Assembler zu COBOL oder C. In den 80er-Jahren des letzten Jahrhunderts versprachen dann die sogenannten 4GL-Sprachen das Programmieren für jedermann. In seinem Buch »Application Development without Programmers« kündigte James Martin das Ende des Programmiererberufs an [Mart81]: Ein jeder sollte nun programmieren können. In einem Artikel in der Computerwoche rief Harry M. Sneed die Deutschen auf, ein »Volk von Programmierern« zu werden [Snee82].

Sprachen wie Natural, IDEAL, ADS-Online und CSP brachten in der Tat eine Vereinfachung des Programmierens mit sich, sodass einige Anwender sich aus gutem Grund dafür entschieden haben. Migrationen der bestehenden 3GL-Systeme in eine 4GL-Sprache gab es jedoch nur selten, zu groß war die Kluft zwischen beiden Sprachkonzepten. Meistens lebten die beiden Sprach-Generationen nebeneinander her. Die Backend-Prozesse blieben in COBOL oder PL/I, die Frontend-Prozesse wurden in einer 4GL-Sprache implementiert.

Auf die 4GL-Technologie folgte die CASE-Technologie. Mit Modellierungswerkzeugen wie ADW und IEF begannen viele Anwender ihre Systeme grafisch abzubilden und ihre Programme daraus zu generieren. Nicht wenige fortgeschrittene Anwender sind in diese Technologie eingestiegen, die viele Parallelen zur heutigen modellbasierten Entwicklung hat [Mart85].

Die IT-Welt war im Begriff, sich zu stabilisieren, als Anfang der 90er-Jahre die nächste Technologiewelle anrollte, nämlich die Dezentralisierung der IT mit der Client/Server-Technologie. Die Hardware sollte verteilt werden, jede Fachabteilung sollte ihren eigenen Server haben, um unabhängig arbeiten zu können. Die Software folgte, und mit der Verteilung der Software kam die Objekttechnologie zum Tragen. Es wurde immer wieder versucht, die Migration prozeduraler Systeme in objektorientierte mit der angeblichen Überlegenheit des objektorientierten Ansatzes zu begründen. In der Softwarewelt gibt es aber keine besseren Technologien, es gibt nur für einen bestimmten Zweck besser geeignete. Die objektorientierte Technologie passt zu verteilten Systemen und zu grafischen Oberflächen. Das war letztlich ausschlaggebend für die Migration von monolithischen Mainframe-Systemen in verteilte Client/Server-Systeme. Die Objekttechnologie war dabei Mittel zum Zweck. Noch heute werden die letzten Mainframe-Systeme auf UNIX-, Linux- oder gar Microsoft-Rechner migriert [Grah95].

Inzwischen rollt aber eine neue Rezentralisierungswelle auf die Anwender zu. Ihre so lange angestrebte Unabhängigkeit von einer zentralen Rechnerinstanz war nur von kurzer Dauer, jetzt werden sie wieder in eine Gesamtarchitektur eingebunden. Es heißt zwar, jeder dürfe seine Geschäftsprozesse nach eigenen Vorstellungen gestalten, aber die Bausteine dafür werden zentral bereitgestellt, ebenso wie der organisatorische und technische Rahmen, innerhalb dessen Bereiche oder Abteilungen sich zu bewegen haben. Im Prinzip ist die serviceorientierte Architektur (SOA) eine Rezentralisierung der Hardware- und Softwareressourcen und eine Einschränkung der Freiheit der einzelnen Abteilung zugunsten der Gesamtheit [Lewi99].

Ob auf die SOA-Welle wieder eine Dezentralisierungswelle folgt, bleibt abzuwarten, ist aber nicht unwahrscheinlich. Offensichtlich ist, dass die IT-Welt einem permanenten Wandel unterliegt und dass Softwaremigration Tagesgeschäft jeder IT-Abteilung bleiben wird. Glücklicherweise sind Migrationsprozesse inzwischen so weitgehend definiert und automatisiert, dass sie sich outsourcen lassen. So können sie neben dem eigentlichen Produktions- und Wartungsbetrieb im Hintergrund ablaufen. Wichtig ist, dass Teilsysteme bzw. Komponenten einer Anwendung hinreichend voneinander abgeschottet sind, sodass ein Teilsystem isoliert migriert werden, eventuell sogar die Sprache gewechselt werden kann, ohne die anderen Teilsysteme zu beeinträchtigen. Restrukturierung der Architektur ist die Voraussetzung für eine permanente Migration (vgl. dazu Abb. 8–1).

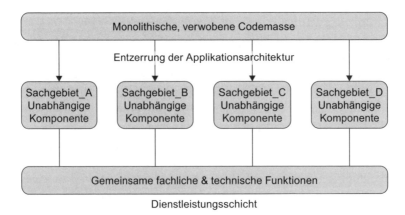

Abb. 8–1   *Entzerrung verwobener Legacy-Systeme*

8.1   Die aktuelle Migrationswelle – serviceorientierte Architekturen (SOA)

Zum Erscheinungszeitpunkt dieses Buches stehen Migrationen in serviceorientierte Architekturen auf der Tagesordnung vieler IT-Bereiche. Es liegt daher nahe, die Behandlung der Migrationstechnologie mit einem Migrationskonzept für den Übergang in eine SOA abzuschließen.

Diese aktuelle Migrationsvariante stellt besondere Herausforderungen, da sie nicht nur Software und Hardware betrifft, sondern auch die gesamte Organisation. Es geht dabei vorrangig um eine Migration des Unternehmens, wobei die Migration der Software nur ein Teil des Problems ist. Die Geschäftsprozesse werden umgestellt, damit sie den neuen Kommunikationstechnologien – Internet und Intranet – gerecht werden. Die Veränderungen der Ablauforganisation verlangen Änderungen der Aufbauorganisation. Aufgrund der vielen Querbeziehungen und der interdisziplinären Interaktionen gelten die alten, sachbezogenen Bereichsgrenzen nicht mehr, Abteilungen werden an Unternehmensfunktionen ausgerichtet [KrBaSc04].

Die IT-Bereiche und -Abteilungen der Unternehmen müssen ebenfalls umstrukturiert werden. Der Teil der IT-Mitarbeiter, die bisher anwendungsnah gearbeitet haben, wandert in die Fachabteilungen ab. Dort können sie helfen, die Geschäftsprozesse zu modellieren und mit den neuen Prozesssprachen wie BPEL zu programmieren. Der andere Teil, die mehr zur Softwaretechnologie neigenden Mitarbeiter, bildet eine serviceorientierte IT-Abteilung. Deren Aufgabe ist es, die Fachabteilungen mit Software-Services zu versorgen. Das klingt zunächst, als handle es sich um eine Fortsetzung der bisherigen IT-Dienstleistung, tatsächlich steckt aber eine tiefgreifendere Änderung dahinter. Durch die Restrukturierung der Geschäftsprozesse entstehen völlig neue Anforderungen an die Softwarefunktionalität, die weder von den vorhandenen (bald auch: Legacy-) Systemen noch von den bisherigen Standardsoftwarepaketen abgedeckt werden. Um ihre Geschäftsprozesse möglichst flexibel zu gestalten, brauchen Anwender und Benutzer im Backend viele kleine Funktionsbausteine, die sie nach Bedarf beliebig kombinieren können. Das bedeutet, Steuerungslogik und Präsentationslogik fallen fortan in die Zuständigkeit der Fachabteilungen. Sie bestimmen über die Art der Kommunikation mit dem Endbenutzer und auch darüber, welche Prozessschritte in welcher Reihenfolge und unter welchen Bedingungen stattfinden. Die IT hat sich dann nur noch um die Datenhaltung, den Datenaustausch und die dahinter liegende Datenverarbeitung – die globale Geschäftslogik – zu kümmern. Wenn wir Software-Services im Sinne der Objekttechnologie als Operationen auf den Geschäftsobjekten betrachten, dann verbliebe bei der IT-Abteilung die Rolle einer erweiterten Datenadministration [EvDeHo05].

8.2   Alternative Wege zur SOA

Es bieten sich zwei alternative Strategien zur Realisierung des oben geschilderten Dienstleistungskonzepts an. Bei der einen haben die Anwender bzw. die Sachgebietsexperten das Sagen, bei der anderen die IT-Techniker. Diese zwei alternativen Migrationssätze sind:

- top-down oder
- bottom-up.

Wie immer gibt es auch eine Zwischenlösung, die hier als gemischter Ansatz bezeichnet wird.

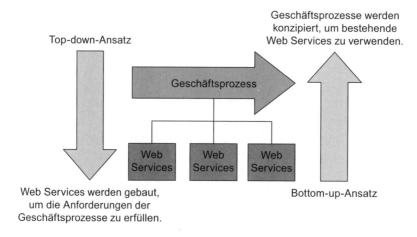

Abb. 8–2   *Alternative Wege zur serviceorientierten Architektur*

8.2.1   Top-down-Migrationsansatz

Der Top-down-Ansatz ist der ideale Weg zu einer serviceorientierten Architektur. Er geht von IT-Governance, also von einer übergeordneten steuernden Instanz aus. Dadurch bestimmt der Oberbau, wie der Unterbau auszusehen hat. Der Oberbau besteht aus den von oben nach unten verfeinerten Geschäftsprozessen. Die fachlich zuständigen Mitarbeiter gestalten die Geschäftsprozesse nach den Anforderungen des Geschäfts und ihren Vorstellungen davon, ohne Rücksicht auf schon vorhandene oder beschaffbare Software-Services zu nehmen. Für sie bilden die Software-Services nur virtuelle Knoten in ihrem Geschäftsprozessnetz, die die untergeordneten Stellen in der IT-Abteilung auf irgendeine Art und Weise bereitzustellen haben, und zwar genau passend zu den von den Unternehmensarchitekten spezifizierten Vorgaben und Schnittstellen. Die Services müssen sich also bei diesem Ansatz den Bedürfnissen der Geschäftsabläufe anpassen. Führt man diesen Ansatz konsequent zu Ende, dann müsste jeder Service, also jeder

Softwarebaustein, maßgeschneidert werden. Das wäre zwar sehr teuer, aber alle Bausteine passten perfekt zur jeweiligen Aufgabe – solange das Geschäft und damit die Aufgabe sich nicht ändern!

Die Vorteile dieses Ansatzes liegen auf der Hand: Die Geschäftsprozesse können optimal gestaltet werden, es gibt keine Medienbrüche, keine Umwege und keine Unebenheiten in der schönen Prozesslandschaft. Alles ist aufeinander abgestimmt.

Die Nachteile sind ebenso offensichtlich: Die IT-Abteilung muss jeden einzelnen Service entweder neu nach Maß entwickeln oder gemäß Schnittstellenspezifikation anpassen. Damit wird die Implementierung der Service-Bausteine sehr aufwendig und sehr teuer. Es wird auch lange dauern, bis alle Services bereitstehen. Ein mittelgroßes Unternehmen benötigt mehrere hundert einzelner betriebswirtschaftlicher Dienste. In der Vergangenheit hat es viele Jahre gedauert, um vergleichbare Funktions- bzw. Klassenbibliotheken aufzubauen. Und es darf nicht vergessen werden: Auch diese zunächst idealen Services müssen im Zeitablauf an die Änderungen des Geschäfts angepasst werden.

Wie bei Häusern, Anzügen und anderen Gebrauchsgegenständen sind Software-Services letztendlich eine Frage des Preises: Wer über die nötigen Mittel verfügt und sie im Rahmen betriebswirtschaftlicher Überlegungen dafür einsetzen will, kann alles genau nach seinem Geschmack herstellen und bei Bedarf wieder modifizieren lassen oder austauschen. Wer das nicht will oder kann, muss von der Stange kaufen. Beim Top-down-Ansatz wird es selten zu einer Wiederverwendung vorhandener Komponenten kommen, denn nur in den wenigsten Fällen werden alte Softwarebausteine zu neuen Anforderungen passen [DJMZ05].

8.2.2 Bottom-up-Migrationsansatz

Der Bottom-up-Ansatz verhält sich entgegengesetzt zum Top-down-Ansatz. Er ist der improvisierte Weg zu einer serviceorientierten Architektur, weil hier der Unterbau den Oberbau bestimmt. Der Vorrat an vorhandenen oder leicht beschaffbaren Software-Services entscheidet mit darüber, wie die Geschäftsprozesse ablaufen. Der für sie Verantwortliche muss sein Prozessmodell weitgehend auf die zur Verfügung stehenden Softwarebausteine stützen. Dies setzt voraus, dass er sich zunächst darüber informiert, welche Bausteine es gibt und wie sie zu handhaben sind. Dann erst kann er damit beginnen, einen Geschäftsprozess mit dafür geeigneten Services anzulegen. Daraus folgt, dass der Geschäftsprozessmodellierer nicht nur in seiner gestalterischen Freiheit eingeschränkt ist, er muss obendrein auch noch einiges von Software und Software-Services verstehen.

Von Vorteil wäre es, wenn alle verfügbaren Services im UDDI-Dienstverzeichnis (Universal Description, Discovery and Integration) bereits registriert wären. Das gilt nicht nur für fremde Services, sondern auch für die eigenen, die aus bestehenden Systemen wiedergewonnen werden. Im UDDI-Verzeichnis müss ten die Services und deren Schnittstellen so weitgehend dokumentiert sein, dass der Geschäftsprozessmodellierer erkennen kann, welche Services zu seinem geplanten Geschäftsprozess passen könnten. Darüber hinaus müsste er für jeden Service einen Qualitätsnachweis finden, der ihm bestätigt, wie weitgehend der Service geprüft wurde und welchen Qualitätsgrad er erreicht hat [Snee07].

Hat der Prozessverantwortliche schließlich die passenden Services gefunden, dann muss er überlegen, wie er seinen Prozess den verfügbaren Services anpasst, d.h., er plant den Geschäftsprozess um die verfügbaren Services herum, auch wenn das Kompromisse für Effizienz und Effektivität des Prozesses mit sich bringt. Das ist der Preis für die Nutzung vorgefertigter Softwarebausteine; ähnliche Kompromisse verlangten im Übrigen auch die bisherigen Standardsoftwarepakete. Da Web Services keine alleinige, umfassende Lösung bilden, sondern aus einzelnen Komponenten bestehen, von denen jede austauschbar ist, könnten sie den Anwendern fallweise auch eine Verbesserung ihrer Gestaltungsmöglichkeiten bringen. Der Prozessverantwortliche hat die Freiheit, seine Auswahl unter den angebotenen Services zu treffen [SmLe07].

8.2.3   Gemischter Migrationsansatz

Der gemischte Ansatz verbindet den Top-down- mit dem Bottom-up-Ansatz. Es wird zweigleisig vorgegangen. Top-down werden die Anforderungen der Benutzer analysiert und als Anwendungsfälle spezifiziert, ein Geschäftsprozess wird als eine Kette solcher Anwendungsfälle interpretiert. Bottom-up werden die vorhandenen Softwarebausteine analysiert und mit UML dokumentiert. Danach wird versucht, die vorhandenen Bausteine den Anwendungsfällen zuzuordnen. Dies geschieht für die Teilschritte eines Anwendungsfalles, d.h., nicht der gesamte Anwendungsfall entspricht einem Web Service bzw. Softwarebaustein, sondern seine einzelnen Schritte verlangen jeweils spezifische Bausteine. Für jeden Schritt versucht der Prozessverantwortliche einen passenden Web Service zu finden. Gelingt ihm das nicht, dann hat er die Wahl, entweder den Anwendungsfall oder die Softwarebausteine anzupassen. Wenn dies nicht ohne Weiteres möglich ist, muss entweder der Anwendungsfall umdefiniert oder ein neuer Softwarebaustein entwickelt werden.

Wichtig ist, nicht auf der Ebene ganzer Geschäftsprozesse, sondern auf der darunter liegenden Ebene der Anwendungsfälle und ihrer Teilschritte vorzugehen. Auf dieser Ebene ist die Wahrscheinlichkeit höher, vorhandene Softwarebausteine zu finden. Es ist auch leichter, einzelne Anwendungsfälle anzupassen als ganze Geschäftsprozesse. Und wenn ein bestimmter Anwendungsfall für das Geschäft in der definierten Form besonders wichtig ist, dann können auch die Services angepasst oder neu entwickelt werden.

Die Modellierung der Geschäftsprozesse findet besser erst dann statt, wenn alle Anwendungsfälle spezifiziert und durch entsprechende Web Services abgedeckt sind. Der komplette Geschäftsprozess wird also induktiv von unten nach oben, aus seinen Bestandteilen heraus, konzipiert. Damit werden die Prozesse zwar nicht immer optimal ausgelegt, beinhalten aber die Funktionalität, die der Benutzer braucht.

Wie alle Mischlösungen stellt auch diese einen Kompromiss zwischen dem Möglichen und dem Wünschenswerten dar. Vorhandene Software-Services werden so weit wie möglich einbezogen, der Anwender kann aber auch seine Anforderungen auf der Stufe der Anwendungsfälle einbringen. Dem Prozessverantwortlichen bleibt eine gewisse Gestaltungsfreiheit bei der Auswahl und Anordnung der Anwendungsfälle. Bedenkt man Zeitaufwand und Kosten zusammen mit den hohen Veränderungsraten von Geschäftserfordernissen in der globalisierten Wirtschaft, dann erscheint die Mischlösung im Vergleich zu den beiden anderen am pragmatischsten.

8.2.4 Voraussetzung für eine Migration zur SOA

Unabhängig davon, ob deduktiv, also top-down von den geplanten Geschäftsprozessen oder induktiv und bottom-up von den vorhandenen Softwarebausteinen ausgegangen wird, ist auf dem Weg zu einer serviceorientierten Architektur eine Reihe von Voraussetzungen zu erfüllen.

Zunächst ist ein geeigneter technischer Rahmen, der die webbasierte Peer-to-Peer-Kommunikation unterstützt, nötig. Dazu gehört eine asynchrone, Messageorientierte Nachrichtenvermittlung bzw. ein Enterprise Service Bus. Diese Voraussetzung ist am leichtesten zu erfüllen, denn solche technischen Infrastrukturen werden nicht nur kommerziell, sondern auch von der Open-Source-Gemeinde angeboten.

Die nächste Voraussetzung ist nicht so leicht zu erfüllen: eine zentrale Planung, Organisation und Steuerung der IT-Aktivitäten, also das Vorhandensein von IT-Governance. Die Einführung einer SOA ist ein unternehmens-, mindestens aber bereichsweites Projekt, dessen Kosten von allen beteiligten Fachabteilungen zu tragen sind. Es geht nicht, dass einzelne Fachbereiche ausscheren und ihr eigenes Süppchen kochen, alle müssen gemeinsam an einem Strang ziehen. Das heißt aber auch, sie müssen Kompetenzen abgeben und sich einer zentralen Instanz unterordnen. Nur wenn eine zentrale Stelle für das SOA-Projekt verantwortlich ist, ist das Projektziel erreichbar. Die Aufgaben dieser zentralen Stelle reichen vom Aufbau einer betriebsweiten Ontologie bis hin zu Codierungsregeln für die Schnittstellen. Einheitlichkeit muss sein, sonst läuft alles auseinander und am Ende passt nichts zusammen. Wenn SOA nicht im Chaos enden soll, müssen im Rahmen der IT-Governance Architekturregeln aufgestellt, überwacht und eingehalten werden.

Dritte Voraussetzung schließlich ist die Bereitstellung der eigentlichen Web Services. Da dies eine Migrationsherausforderung ist, geht der folgende Abschnitt näher darauf ein [Snee07a].

8.3 Die Bereitstellung von Web Services

Web Services für den Wechsel zur SOA können auf verschiedene Art bereitgestellt werden: Sie können gekauft, gemietet, geliehen, selbst entwickelt oder aus vorhandenen Komponenten wiedergewonnen werden (siehe Abb. 8–3).

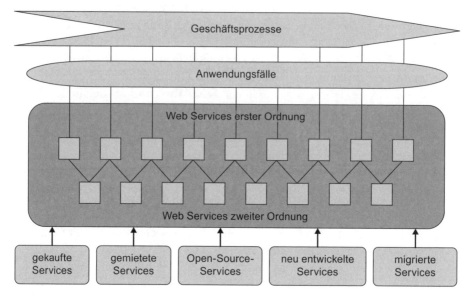

Abb. 8–3   *Quellen von Web Services*

8.3.1 Web Services einkaufen

Web Services können von einem Softwarehersteller gekauft werden. Die meisten ERP-Softwarehersteller bieten ihre Komponenten inzwischen auch als Web Services an, und jeder IT-Anwender kann sie erwerben. Dies gilt nicht nur für betriebswirtschaftliche Software, sondern auch für Konstruktions- und Wissenschaftssoftware, die ebenso von der Stange angeboten wird. Vorteile gekaufter Web Services sind:

■ Sie sind sofort verfügbar,
■ sie sind gut getestet und relativ verlässlich,
■ sie werden mit Support angeboten [Lars00].

Insbesondere der zweite und dritte Vorteil dürfen nicht unterschätzt werden. Es bedarf eines signifikanten Aufwands, schon einen einfachen Web Service in all seinen Verwendungsmöglichkeiten zu testen. Es ist auch bequem zu wissen, dass der Web Service auf einer regelmäßigen Basis gewartet bzw. aktualisiert wird, man sich als Kunde also darum nicht kümmern muss.

Nachteile der Web Services von der Stange sind:

- Sie sind meist teuer,
- im Funktionsumfang beschränkt,
- vom Anwender oder Benutzer nicht ohne Weiteres veränderbar und
- nicht selten zu groß und zu starr.

Der größte Nachteil ist die fehlende Flexibilität. Die Verwendung von großen und starren Web Services, z.B. einem kompletten Abrechnungssystem oder einem Kreditkartenvalidierungspaket, entspricht dem Bauen mit fertigen Betonwänden. Der Benutzer muss seine Geschäftsprozesse um die Web Services herum anlegen, diese bestimmen seinen Geschäftsprozess. Man kauft gewissermaßen nicht nur die Software, sondern auch mehr oder weniger den zugrunde liegenden Geschäftsprozess.

Für manche IT-Anwender mag diese Lösung als Segen erscheinen. Sie müssen weder Zeit noch Geld in die Definition eigener Geschäftsprozesse investieren. Aber sie verlieren damit den Hauptvorteil einer serviceorientierten Architektur, nämlich Flexibilität und Individualität. Sie könnten genauso gut ein komplettes Anwendungssystem kaufen, wie sie es in der Vergangenheit gemacht haben. Werden Web Services so interpretiert und eingeführt, dann macht es wenig Sinn, damit zu einer serviceorientierten Architektur wechseln zu wollen. Für Anwender, die ihre Prozesse nach individuellen Bedürfnissen gestalten wollen, ist dies eine nicht zu tolerierende Beschränkung. Was wird aus dem Wettbewerb, wenn jeder Wettbewerber mehr oder weniger denselben Geschäftsprozess benutzt?

8.3.2   Web Services mieten (Software on Demand)

Eine Alternative zum Kauf der Web Services ist es, sie nach Bedarf zu mieten. Viele Produzenten von Standardsoftware wie SAP und Oracle haben begonnen, ihre Software-Services auch auf einer Vermietungsbasis anzubieten. Anstatt die Software als ganzes Paket zu kaufen und sie in seiner eigenen Umgebung zu installieren, hat der IT-Anwender damit die Option, nur die benötigte Funktionalität und diese dann, wenn er sie braucht, auf Anfrage zu verwenden: »Software on Demand«. Ein anderer Begriff für diesen Markttrend ist »Software as a Service«. Der Anwender bezahlt dann auch nur für die tatsächliche Nutzung.

Dieses Geschäftsmodell hat viele Vorteile gegenüber einem Kauf:

- Zunächst ist der Benutzer nicht gezwungen, die Software zu installieren und ständig zu aktualisieren,
- zweitens arbeitet er stets mit der aktuellen Version.
- Drittens bezahlt er nur für das, was er wirklich benutzt.
- Viertens kann er aussuchen, welche einzelnen Services er verwenden will.
- Schließlich sind die Services on Demand fünftens regresspflichtig, der Benutzer hat ein Anrecht auf Entschädigung, wenn sie nicht das Versprochene leisten.

Software zu besitzen ist nicht immer vorteilhaft für den Anwender. Er trägt dann die vollen Kosten, die sogenannten Total Costs of Ownership. Er muss nicht nur die Software in seiner Umgebung installieren und testen, er muss das auch für jedes neue Release wiederholen. Die Erhaltung gekaufter Software in der eigenen Umgebung kann dadurch sehr teuer werden, vor allem wenn sich oft etwas ändert. Der Vorteil ist nur, dass der Anwender gekaufte Software seinen individuellen Bedürfnissen anpassen kann. Er ist nicht wie im Mietfall gezwungen, seine Geschäftsprozesse der verfügbaren Software anzupassen.

Dasselbe gilt für Web Services. Kauft er sie, kann er sie anpassen. Mietet er sie, in welcher Weise auch immer, muss er sie benutzen, wie sie sind. Ist die Granularität der Software fein genug, bleibt dieses Problem beherrschbar. Der Anwender kann hinreichend kleine Bausteine so in seinen Prozess integrieren wie Ziegelsteine in eine Wand, aber wenn sie so groß wie vorgefertigte Bauplatten sind, dann muss er seine Baupläne danach ausrichten. Grobe Granularität ist nur einer der Nachteile gemieteter Services. Ein weiterer großer Nachteil von »Software as a Service« ist die größere Abhängigkeit vom Lieferanten; der Bezieher gemieteter Services ist auf Gedeih und Verderb auf die Kontinuität der Dienstleistung angewiesen.

Da jedoch das Mietmodell insgesamt für den Anbieter günstiger ist, wird es sich wahrscheinlich über kurz oder lang gegenüber dem Kaufmodell durchsetzen [PaLa06].

8.3.3   Web Services ausleihen

Sich für Web Services aus der Open-Source-Gemeinde zu entscheiden, entspricht dem Ausleihen eines Web Service. Es wird Universitäten, Forschungsinstitute und andere Organisationen geben, die Web Services kostenlos bereitstellen. Ebenso wird es kommerzielle Anbieter geben, die ihre Services zunächst gebührenfrei anbieten, um später Wartungsgebühren dafür zu verlangen. Die Anwender sehen das als eine Möglichkeit, etwas zu bekommen, wofür sie zunächst nichts bezahlen müssen. Sie haben zuweilen auch die eher naive Vorstellung, sie könnten den Sourcecode übernehmen und selbst damit zurechtkommen – auf der einen Seite trauen sie es sich nicht zu, die Bausteine selbst zu entwickeln, auf der anderen Seite wollen sie fremde Bausteine aber selbst weiterentwickeln.

Zwei Aspekte spielen hier eine Rolle: der moralische und der rechtliche. Aus moralischer Sicht sind Web Services wie jede Software intellektuelles Eigentum. Jemand hat wertvolle Zeit geopfert, um ein Problem zu lösen. Wenn es sich um einen qualitativ hochwertigen Web Service handelt, war dieser Aufwand nicht minimal. Wenn diese Lösung einem anderen nutzt, sollte dieser bereit sein, dafür zu bezahlen. Andernfalls werden die Prinzipien einer freien Marktwirtschaft unterlaufen. Hinzu kommt, dass ein Großteil der Open-Source-Software aus staatlichen Instituten stammt, die von den Steuerzahlern finanziert werden. Statt zu tun, wofür sie eigentlich bezahlt werden, nämlich zu lehren oder im Grundlagenbereich zu forschen, entwickeln die Mitarbeiter dieser Institute Open-Source-Software in der Hoffnung, später daraus vielleicht Kapital schlagen zu können. Aus diesen Gründen ist die Verwendung von Open Source Web Services nur bedingt vereinbar mit den gesellschaftlichen Verhältnissen, in denen wir leben.

Die rechtliche Frage ist eine Frage der Verantwortung. Wer ist verantwortlich für das, was der entliehene Service macht? Die Autoren können es nicht sein, da sie gar nicht wissen, wo, wie und durch wen ihr intellektuelles Eigentum verwendet wird. Somit kann nur der Anwender solcher Web Services verantwortlich sein. Wer einen Web Service der Open-Source-Gemeinde verwendet, ist darin frei, diesen so zu verändern, wie er ihn benötigt, aber er muss auch die Verantwortung für dessen Korrektheit und Zuverlässigkeit übernehmen. Und das wiederum bedeutet, dass er den Service für alle denkbaren Fälle gründlich testen muss. Leider ist aber den meisten Anwendern gar nicht bewusst, wie zeit- und kostenaufwendig das Testen von Software ist und dass dies schnell an den Entwicklungsaufwand von Software herankommen kann. Im vorliegenden Fall ist die Software den Testern zudem fremd, der Testaufwand wird also größer sein als bei selbst entwickelter Software.

Nach dem Testaufwand kommt auf den Anwender auch Wartungsaufwand zu. Um den Code für seine Zwecke – und das auch später! – anzupassen, braucht er Mitarbeiter, die ihn voll beherrschen. Unzählige Studien haben ebenso wie 40 Jahre Erfahrung mit Legacy-Systemen bewiesen, dass der größte Zeitfaktor im Bereich der Software-Maintenance ist, die Software zu verstehen. Es fällt schwerer, fremden Code zu verstehen, als neuen Code zu schreiben. Die Mitarbeiter des Anwenders müssen ein zu den Autoren der Software vergleichbares Qualifikationsniveau haben. Bei Open-Source-Code kommt dieser Faktor voll zum Tragen [MaVa96].

In Anbetracht dieser entscheidenden Kostenfaktoren – Test- und Wartungsaufwand – sollte ein Anwender es sich also zweimal überlegen, ob er einen Web Service von der Open-Source-Gemeinde entleiht. Es könnte sich am Ende herausstellen, dass er das Mehrfache des Kaufpreises bezahlt.

8.3.4   Web Services entwickeln

Web Services können wie jede andere Anwendungssoftware vom Anwender selbst oder von einem Vertragspartner in seinem Auftrag entwickelt werden.

Ein Unterschied zu konventioneller Software ist, dass Web Services, wenn sie korrekt definiert wurden, viel kleiner und deshalb auch leichter zu entwickeln sind. Der zweite Unterschied liegt darin, dass Web Services Allgemeingut des Unternehmens, also für alle Instanzen dieses Unternehmens verfügbar sein sollen. Das ist ein deutlicher Bruch mit der Tradition im Unternehmen hinsichtlich der Frage, wer Software aus welchem Budget bezahlt.

In der Vergangenheit wurde die IT-Abteilung als internes Softwarehaus angesehen und hatte den Auftrag, für die verschiedenen Anwendungsbereiche als IT-
Dienstleister zu fungieren. Benötigte die Marketingabteilung ein neues Customer-
Relationship-Managementsystem, beauftragte sie die IT-Abteilung, eines zu entwickeln oder zu kaufen. Brauchte die Logistikabteilung ein neues Dispositions-
system, hatte die IT-Abteilung es für sie zu entwickeln. Dafür wurde es schon vor
längerer Zeit üblich, aus dem jeweiligen Abteilungsbudget zu bezahlen. Die Fachbereiche gaben also nur dann Geld aus ihrem Budget aus, wenn damit ein direk-
ter Nutzen für sie verbunden war.

Im Falle von Web Services ist aber unklar, wem sie gehören. Jeder in der Organisation kann auf sie zugreifen. Wer soll sie also bezahlen? Faktum ist zunächst
nur, dass es ein beachtlicher Aufwand ist, gute Web Services zu planen, zu entwickeln und vor allem zu testen. Sie sollen stabiler und verlässlicher sein als die
Anwendungen der Vergangenheit, und sie sollen außerdem für die verschiedensten
Zwecke und in den verschiedensten Zusammenhängen wiederverwendbar sein.
Wie andere mehrfach verwendbare Software werden auch Web Services mindestens dreimal so viel kosten wie einfache, dedizierte Systeme [BoHu03]. Fachbereiche sind aber derzeit noch eher abgeneigt gegenüber Projekten, die nicht genau
ihren Anforderungen gewidmet sind und ihnen selbst allenfalls einen mittelfristi-
gen Nutzen versprechen. Sie wollen ihr Problem gleich und direkt gelöst bekommen, und die Lösung soll auf ihre Anforderungen zugeschnitten sein.

Web Services sind aber mittel- bis langfristige Investitionen [BiHo06]. Es dau-
ert mindestens zwei Jahre, bis so viele Services von ausreichender Qualität für die
Anwender verfügbar sind, dass diese ganze Prozesse damit entwickeln können. Es
ist fraglich, ob die Anwender so lange warten wollen. Vorteile selbst entwickelter
Web Services werden sich erst nach Jahren zeigen, in der Zwischenzeit muss die
IT-Abteilung aber die laufenden Systeme weiterhin warten. Das bedeutet eine
Doppelbelastung für das Unternehmen. Deswegen und auch wegen der hohen
Folgekosten mag es keine attraktive Alternative sein, alle Web Services selbst zu
entwickeln. Barrieren sind die benötigte Zeit neben der Frage der Finanzierung.

8.3.5   Web Services aus vorhandenen Systemen wiedergewinnen

Die fünfte und letzte Lösung ist, Web Services aus bereits vorhandener Software
wiederzugewinnen. Es mag stimmen, dass die existierende Software alt, aus der
Mode gekommen und schwierig zu warten ist – aber sie funktioniert und enthält
jede Menge verstecktes Know-how. Sie ist an die lokale Situation angepasst, sie
passt zu den Daten und zur Umgebung des Unternehmens. Warum sollte man sie
also nicht wiederverwenden?

Ziel dürfte nicht sein, die existierenden Anwendungen komplett zu nutzen,
sondern bestimmte Teile daraus zu extrahieren. Das können Methoden, Prozeduren, Module oder andere Komponenten sein. Wichtig ist nur, dass sie unabhängig

ausführbar sind. Weniger wichtig ist, in welcher Sprache diese Software vorliegt, solange sie nur in der Server-Umgebung ausführbar ist [AvCaLu01]. Dafür muss sie gekapselt werden. Kapselungstechnologie ist der Schlüssel für die Wiederverwendbarkeit von Software.

Da Anfragen an Web Services umgeleitet werden können, ist es legitim, verschiedene Server für verschiedene Sprachtypen zu haben. Es ist also durchaus möglich, einen COBOL- und PL/1-Service auf dem einem und einen C- bzw. C++-Service auf einem anderen Server zu betreiben. Es kommt nur darauf an, dass die Komponenten mit einer standardisierten WSDL-Schnittstelle ausgestattet sind, die Daten aus der Anfrage in das lokal benötigte Format bringt und Ergebnisse wieder in das Datenformat der Anfrage konvertiert. Die Erstellung solcher Schnittstellen kann automatisiert werden, sodass zusätzlicher Aufwand nur daraus entsteht, dass diese Schnittstellen zu testen sind [Snee06]. Der Service selbst wurde schon im jahrelangen produktiven Einsatz getestet. Die geringen Kosten und die geringe Zeit, in der Web Services auf diese Art erstellt werden können, bilden die größten Vorteile dieses Ansatzes.

Es gibt aber auch Nachteile:

- Die Software ist alt und nicht immer leicht zu verstehen,
- die Konvertierung von Daten aus einem externen in ein internes Format reduziert die Geschwindigkeit,
- irgendwann könnten keine Programmierer mehr mit Kenntnissen der alten Systeme verfügbar sein.

Ein zusätzliches Problem ist es, den Datenstatus von einer Transaktion zur nächsten zu verwalten, wenn die Software nicht schon ursprünglich darauf ausgelegt war, ablaufsinvariant bzw. reentrant zu sein. Fehlt diese Eigenschaft, dann muss sie nachträglich in der Software implementiert werden. Weiter stellt sich die Frage, wie man die verschiedenen Zustände für die Benutzer(gruppen) verwalten will. Das ist zwar kein Web-Service-spezifisches Problem, hat aber für Web Services eine besondere Bedeutung.

8.4 Ansätze zur Wiedergewinnung von Web Services

Wer sich für die fünfte Alternative entschieden hat, steht vor der Frage, wie man einen Web Service aus existierender Software herausholt. Ein englischer Begriff im Zusammenhang mit einer solchen Softwarewiederverwendung heißt »Web Service Mining« [CaFaTr06a]. Es geht um die Wiedergewinnung und Aufbereitung bestehender Softwarebausteine mit dem Ziel der Wiederverwendung als Web Services. Ein Großteil der benötigten Funktionalität eines Unternehmens liegt bereits im vorhandenen Code versteckt vor. Die Aufgabe ist, sie zu finden und wieder verfügbar zu machen.

Um bisherige Funktionalität für die Wiederverwendung als Web Service bereitzustellen, muss sie nicht nur gefunden werden, sondern auch aus dem Zusammenhang, in dem sie seinerzeit implementiert wurde, extrahiert und an die technischen Anforderungen einer serviceorientierten Architektur angepasst werden. Das ergibt vier Schritte: entdecken, bewerten, extrahieren und anpassen.

8.4.1   Entdecken potenzieller Web Services

Im Prinzip ist jede Funktion einer Legacy-Anwendung ein potenzieller Web Service. Tatsache ist jedoch, dass ein Großteil des Legacy-Codes aus technischen Funktionen besteht oder einer überholten Art der Datenhaltung bzw. der Datenkommunikation dient. Studien haben gezeigt, dass diese Teile fast zwei Drittel des gesamten Codes ausmachen. Nur das letzte Drittel des Codes kommt also für die Wiederverwendung als Web Service infrage. Ein Problem besteht darin, dass in den meisten Altsystemen dieser fachbezogene Code eng mit dem technischen Code verwoben ist. Innerhalb eines Codeblocks – etwa einer Methode, eines Moduls oder einer Prozedur – können sowohl Anweisungen für die Definition einer Bildschirmmaske als auch für die Ermittlung fachlicher Ergebnisse vorkommen. Beim Durchsuchen des Codes muss das Analysewerkzeug Anweisungen mit einem fachlichen Bezug erkennen und herausziehen [Snee06a].

Andererseits sind nicht alle so gefundenen, grundsätzlich wiederverwendbaren Funktionen noch aktuell, manche sind über die Jahre veraltet. Das heißt, der applikationsrelevante Code muss nicht nur identifiziert, er muss auch auf Aktualität geprüft werden. Das wirft zwei Fragen auf:

- Wie erkennt man, ob der Code anwendungsrelevant ist?
- Und wie überprüft man, ob eine anwendungsrelevante Funktion noch einen Wert für den Anwender hat?

Beide Fragen können nur von einer regelbasierten Entscheidungsfindung beantwortet werden. Wesentlich dabei ist, dass der Anwender in der Lage ist, die Regeln auf seine Bedürfnisse hin anzupassen. Das Analysewerkzeug muss also in hohem Maße anpassungsfähig sein. Außerdem sollte es auch sehr schnell arbeiten, denn es muss unter Umständen mehrere Millionen Codezeilen analysieren, um potenzielle Web Services zu identifizieren. Es wird also eine ausgefeilte Suchmaschine für Quellcode benötigt. Da es kaum möglich sein wird, den Nutzwert einer Softwarefunktion ohne Mitwirkung eines menschlichen Experten zu bestimmen, muss das Werkzeug eine effiziente Dialogführung für seinen Benutzer bereithalten, damit dieser in die Suche eingreifen und Entscheidungen treffen kann.

Der Schlüssel zur Identifizierung potenzieller Web Services in existierendem Code wurde bereits vor Jahren in einem früheren Forschungsbeitrag zur Wiedergewinnung von Geschäftsregeln beschrieben [SnEr96]. Der Ansatz besteht darin, zuerst die Namen der für die Applikation wichtigen Ergebnisdaten zu identifizieren und anschließend ihre Entstehung zu verfolgen. Dies geschieht in einer invertierten Datenflussanalyse. Der Datenfluss kann durch verschiedene Methoden bzw. Prozeduren in verschiedenen Klassen bzw. Modulen hindurchlaufen. Es ist wichtig, deren Ausführungsfolge festzuhalten.

Ein Beispiel ist die Berechnung der Bonität im Kreditwesen (siehe Abb. 8–4). Das letztendliche Resultat ist ein Schlüsselwert für Bonität, z.B. gut, ausreichend, nicht ausreichend o.Ä., aber es sind viele Anweisungen in mehreren Klassen bzw. Modulen in die Berechnung dieses Schlüsselwerts involviert. Für die Erstellung eines Web Service zur Bonitätsberechnung müssen also alle beteiligten Anweisungen erkannt und zusammengefasst werden. Das Problem gleicht der Impact-Analyse in der Softwarewartung. Dort geht es um die Auswirkungen geplanter Änderungen, hier geht es um den Weg zu einem fachlichen Ergebnis.

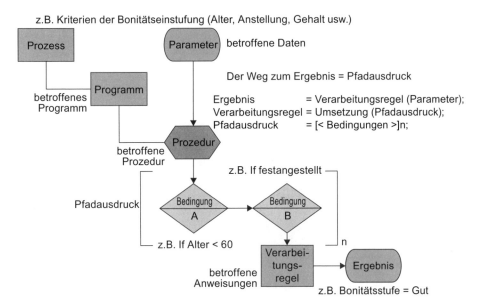

Abb. 8–4   *Identifizierung wiederverwendbarer Codebausteine am Beispiel der Berechnung einer Bonitätskennziffer*

8.4.2   Bewertung potenzieller Web Services

Ein weiteres Problem ist die Bewertung jener Codesegmente, die als potenzielle Web Services infrage kommen. Zunächst muss der Codeanalytiker entscheiden, ob es sich überhaupt lohnt, einen bestimmten Codebaustein aus dem System zu extrahieren. Dafür werden Metriken benötigt, die den Grad der »Reusability« messen. Allerdings ist ungewiss, was ein Stück Code wiederverwendbar macht, an diesem Punkt besteht noch Forschungsbedarf.

Eine mögliche solche Metrik ist die Kapselungsfähigkeit [Snee98a]. Ein Codebaustein ist kapselbar, wenn er sich ohne allzu großen Aufwand aus dem umgebenden Code extrahieren lässt, ähnlich einem Körperorgan, das sich zur Transplantation entfernen lässt, ohne dabei selbst Schaden zu nehmen. Ein Codebaustein dieser Art hat wenige externe Funktionsaufrufe, erbt nichts von übergeordneten Klassen, greift nicht auf externe Daten zu und teilt keine oder nur wenige globale Daten mit anderen Komponenten. Das bedeutet, man müsste externe Funktionsaufrufe, externe Datenzugriffe, referenzierte globale Daten und vorhandene Vererbungsbeziehungen zählen. Die Summe dieser externen Abhängigkeiten muss dann in Relation zur Größe des Codeblocks, gemessen in Anweisungen, gesetzt werden. Die Kapselungsfähigkeit ergäbe sich dann daraus im Sinne von Abbildung 8–5.

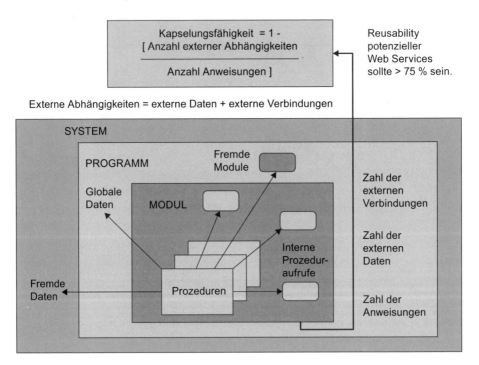

Abb. 8–5　　*Ermittlung der Kapselungsfähigkeit von Code*

Das ist zwar ein guter Ansatzpunkt, reicht aber nicht aus. Es sind noch die Fragen der Codequalität und die des fachlichen Nutzwerts zu klären. Es bleibt also zu hinterfragen, ob der Code qualitativ gut sowie fachlich wertvoll genug ist, um für die neue Architektur brauchbar zu sein. Der Nutzwert muss danach bemessen werden, wie wertvoll die von diesem Codeabschnitt produzierten Ergebnisse für den Anwender sind; es existiert aber bisher kaum praktische Erfahrung oder Forschung zu dieser Frage.

Schließlich ist auch zu berechnen, was es kostet, den Code zu extrahieren und Web-Service-bereit zu machen. Dieses Ergebnis ist dann dem Nutzwert der von diesem Baustein produzierten Ergebnisse gegenüberzustellen. Weitere benötigte Metriken beziehen sich auf die Wartbarkeit, Testbarkeit und Interoperabilität des Codebausteins.

Die Evaluierung potenzieller Web Services ist also kein triviales Problem, sie bedarf zu ihrer Lösung ausgereifter Metriken. In der Zwischenzeit müssen die Anwender zusehen, das Beste daraus zu machen, und bereits verfügbare Metriken verwenden.

8.4.3   Extrahierung des Codes für den Web Service

Wurde ein Codefragment als potenzieller Web Service identifiziert, ist der nächste Schritt, es aus dem System zu extrahieren, in dem es gefunden wurde. Auch das ist eine hochkomplexe Aufgabe – ähnlich einer Organtransplantation – besonders dann, wenn der Code sich nicht als separate Einheit kompilieren lässt. Prozedurale Module teilen sich globale Daten mit anderen Modulen im Hauptspeicher, sie können auch andere Module aufrufen. Alle diese Abhängigkeiten müssen aufgelöst werden.

Objektorientierter Code ist generell leichter zu extrahieren als prozeduraler, aber auch damit gibt es noch genug Probleme. Eine spezielle Klasse kann Elemente höherstufiger Klassen erben, die man nicht mit extrahieren möchte. Auch kann eine Klasse die Methoden einer fremden Klasse aufrufen, deren Ergebnisse wichtig für die weitere Verarbeitung sind. Diese Abhängigkeiten müssen entweder durch Verflachung der Klassen – Class Flattening – oder durch Methodenauslagerung aufgelöst werden. Keine dieser Lösungen ist einfach, es bedarf dazu intelligenter Werkzeuge.

Ein besonders schwieriges Problem bei der Extraktion von Code aus Legacy-Systemen ist die Isolierung von Anwendungsfällen [GrDuGi06]. Vor allem in objektorientierten Systemen sind Anwendungsfälle meistens über mehrere Klassen in diversen Komponenten verteilt. Ein Anwendungsfall ist aus der Sicht des Codes eine Kette verteilter Methoden, der durch ein Ereignis ausgelöst wird und ein vordefiniertes Ergebnis liefert. Dieses kann die Antwort auf eine Abfrage oder das Ergebnis einer Berechnung sein, z.B. ein Preis oder eine Bonitätseinstufung. Um zu diesem Ergebnis zu gelangen, müssen mehrere Methoden in verschiedenen Klassen in einer bestimmten Reihenfolge ausgeführt werden. Ein geplanter Web Service wird aber in der Regel nur mit einem Anwendungsfall korrespondieren.

Anwendungsfälle aus vorliegenden Systemen zu extrahieren, stellt die Reverse-Engineering-Technologie vor eine schwierige Aufgabe. Es ist fraglich, ob es gelingen kann, nur die Methoden zu extrahieren, die direkt zum Anwendungsfall gehören, da diese Methoden Klassenattribute verwenden, die einen Effekt auf andere Methoden haben können. Andererseits wird die Extrahierung ganzer

Klassen zu sehr großen Web Services führen, bei denen ein Großteil des Codes gar nicht für die Erfüllung der vorgesehenen Aufgabe relevant ist.

Hier stellt sich eine große Herausforderung für die Forschung. Eine denkbare Lösung könnte Code Slicing (siehe Abb. 8–6) sein: Es werden nur die Anweisungen aus den relevanten Pfaden extrahiert, der Rest wird auskommentiert [Snee08a].

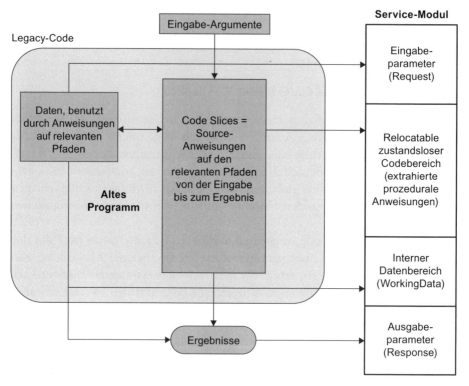

Abb. 8–6   *Entnahme wiederverwendbarer Codebausteine (Code Slicing)*

8.4.4   Anpassung des Web-Service-Codes

Der letzte Schritt auf dem Wege vom Legacy-Code zum Web Service ist die Anpassung der extrahierten Codeeinheiten an die Anforderungen des Web Service (siehe Abb. 8–7). Dazu gehört, dass er mit einer WSDL-Schnittstelle ausgestattet wird. Die Eingabeparameter, die zuvor von einer Parameterliste, einer Benutzungsschnittstelle, einer Eingabedatei oder einer anderen Form der Dateneingabe kamen, müssen nun als Argumente einer WSDL-Anfrage zugewiesen werden. Dies bedeutet, dass sie aus dem XML-Format der eingehenden SOAP-Nachricht konvertiert und in den internen Speicher des Web Service geschrieben werden müssen. Die Ausgabewerte, die zuvor als Ausgabemasken, Rückgabewerte, Ausgabedateien, Berichte oder in anderer Form ausgegeben wurden, müssen nun einer WSDL-Antwort zugewiesen werden. Das impliziert, dass sie aus dem internen Speicher des Web Service in eine ausgehende SOAP-Nachricht im XML-Zeichenformat geschrieben werden müssen [BoGuTo02].

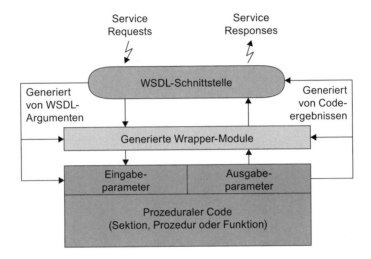

Abb. 8–7   *Einbindung wiedergewonnener Codebausteine*

Alle diese Schritte können automatisiert werden. Die Anpassung des Codes ist der Teil, der sich am besten für eine Automatisierung eignet. Die beste Methode dafür muss aber noch gefunden werden. Die Entwicklung geeigneter Anpassungswerkzeuge ist derzeit im Gange. Das Werkzeug SoftWrap, das in Abschnitt 6.6.3 geschildert wurde, ist ein gutes Beispiel dafür.

8.5   Test der Web Services

Wie bei allen Migrationen liegt der Hauptaufwand auch hier beim Test der migrierten Komponente, also des Web Service. Auch wenn Web Services aus funktionierenden Altsystemen entnommen worden sind, heißt das noch lange nicht, dass sie in einer SOA-Umgebung korrekt funktionieren. Sie müssen darauf getestet werden, und wegen ihrer Mehrfachverwendung muss das sogar noch ausführlicher geschehen als sonst üblich [SnHu06].

Es empfiehlt sich, zunächst jeden Web Service allein für sich in allen Nutzungsvarianten zu testen. Dazu ist ein Testtreiber erforderlich, der den Service unter Test (SOT) mit stellvertretenden Requests versorgt und die resultierenden Responses abfängt. Die stellvertretenden Requests können aus einer Vereinigung der Precondition Assertions mit dem WSDL-Schema generiert werden, die entsprechenden Responses müssen gegen die Postcondition Assertions validiert werden (siehe Abb. 8–8). Die Hauptarbeit liegt in der Spezifikation der Testfälle sowie in der Erstellung der Testskripte. Der Aufwand ist hoch, muss aber erbracht werden, um die Sicherheit der Services zu gewährleisten. Ein fehlerhafter Web Service kann verheerende Folgen für alle Geschäftsprozesse haben, die ihn direkt oder indirekt benutzen.

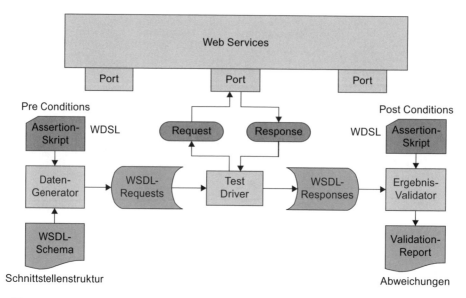

Abb. 8-8   *Testen von Web Services*

Erst wenn alle Web Services einzeln erfolgreich getestet worden sind, kann der Anwender damit beginnen, sie zusammen mit seinen Geschäftsprozessen zu testen. Das kann als Integrationstest gelten und muss wie jeder Integrationstest von der Benutzungsoberfläche aus gesteuert werden. Vorher müssen noch die betroffenen Datenbanken mit passenden Stammdaten gefüllt werden. Erst dann können die Prozessverantwortlichen ihre Prozessschritte der Reihe nach ausführen. Ziel ist, alle Schritte eines Geschäftsprozesses mit allen Varianten und allen relevanten Datenzuständen zu testen.

8.6   Migration als Outsourcing-Geschäft

Solange Softwaremigration noch nicht voll automatisiert ist, wird sie vorwiegend ein Outsourcing-Geschäft bleiben. Die eigenen Entwickler werden selten die Zeit haben, sich mit Reimplementierungen, Konvertierungen oder Kapselungen zu beschäftigen, sie sind mit der Erhaltung der bestehenden Systeme beschäftigt. Einheimische Entwickler sind zu teuer und haben meist wenig Interesse für solche Aufgaben.

Planung und Überwachung der Migrationsprojekte bleiben beim Anwender, die Durchführung wird in der Regel vergeben. Da viele relativ billige Arbeitskräfte gebraucht werden, um den Code zu transformieren bzw. zu reimplementieren, und vor allem auch um zu testen, liegt es nahe, Migrationsprojekte in Niedriglohnländer zu verlagern.

Der Einsatz einheimischer Arbeitskräfte ist nur dann zu rechtfertigen, wenn die Migrationsaufgaben einen hohen Automatisierungsgrad haben, wie dies bei der Kapselung und der Datenkonvertierung der Fall ist. Ansonsten sollen die lokalen Arbeitskräfte sich als Manager und Qualitätssicherer einbringen. Der VW-Konzern beispielsweise hat schon begonnen, sich in diese Richtung zu bewegen: Dort soll es keine eigenen Entwickler mehr geben, sondern nur noch Projektleiter [CW08]. In dieser Rolle können sie den Migrationsprozess überwachen und die Migrationsergebnisse kontrollieren.

Gestärkt wird diese Tendenz durch die Tatsache, dass keine andere Software-Engineering-Tätigkeit für Outsourcing besser geeignet ist als Migration. Ihre Aufgaben lassen sich leicht verteilen und aus der Ferne erledigen, sofern nur genau genug spezifiziert ist, wie der gelieferte Code auszusehen hat, wie er zu dokumentieren und wie er zu verifizieren ist. Die Projektmitarbeiter dürfen nur wenig Spielraum haben, deshalb müssen die Konvertierungsregeln exakt vorgegeben werden.

Neben dem Sourcecode müssen auch die Dokumentation und die Testergebnisse einer strengen Kontrolle unterliegen. Nur so können die einzelnen Aufgaben von einer zentralen Leitstelle aus gesteuert werden. Außerdem empfiehlt es sich, die Migrationsarbeit nach Stückzahl, z.B. nach Anweisungen oder Modulen, und nicht nach Zeitaufwand zu vergüten. Wer für Zeit bezahlt, erhält Zeit; wer für Ergebnisse bezahlt, erhält Ergebnisse. In einem Migrationsprojekt sind die Ergebnisse eindeutig definierbar, insofern eignen sie sich als Basis für eine leistungsbezogene Abrechnung z.B. nach konvertierten Anweisungen, gekapselten Modulen oder ausgeführten Testfällen. Das Gesamtprojekt braucht dafür eine solide Projektinfrastruktur und eine straffe Führung mit klaren Richtlinien. Schließlich geht es hier um einen industriellen Fertigungsprozess, der genau vorzugeben und einzuhalten ist.

8.7   Widerstände gegen Migration

Softwaremigration, egal ob von Batch zu Online oder von Client/Server-Architekturen zu SOA, bedeutet eine Veränderung in der betrieblichen Praxis. Abläufe werden umgestellt, Rollen neu verteilt und Menschen umgeschult. Es ist fast unumgänglich, dass dabei manche an Macht und Einfluss gewinnen, während andere verlieren. Gewinner der Client/Server-Migration waren die Fachabteilungen, die dadurch mehr Unabhängigkeit von der zentralen IT erhielten. Verlierer war die zentrale IT, die Kompetenzen abgeben musste. Gewinner der SOA-Migration ist die zentrale IT-Architekturgruppe bzw. die IT-Leitstelle. Verlierer sind die Fachabteilungen, die sich einer zentral gestalteten Architektur unterordnen müssen. Es ist daher mit Widerständen zu rechnen.

Widerstände gegen die Einführung neuer IT-Technologien sind im Grunde selbstverständlich. Mit dem Widerstand gegen jegliche Systemänderung haben sie gemeinsam, dass Menschen sich gegen eine unsichere Zukunft wehren. Wer möchte schon eine bekannte und sichere Gegenwart gegen eine unbekannte und unsichere Zukunft tauschen? Gerade im IT-Sektor hat uns die Vergangenheit gelehrt, dass man der Zukunft nicht zu sehr vertrauen sollte. Wer sich unüberlegt in eine neue IT-Technologie hineinstürzt, steht schnell als Narr oder Hasardeur da.

Dies hat schon Niccolò Machiavelli in seinen berühmten, 1532 veröffentlichten »Discorsi« dokumentiert [Mach79]. Machiavelli beriet Fürsten, unter anderem die florentinischen Herrscher. Er sollte diese bei der Einführung gesellschaftlicher Reformen beraten und hat dabei schnell erkennen müssen, dass man damit mehr Feinde als Freunde gewinnt, denn nichts fürchten die Menschen mehr als Veränderungen. Diejenigen, die einflussreiche, lukrative oder bequeme Positionen im alten System einnehmen, müssen fürchten, diese zu verlieren. Und auch wer im alten System nur eine kleine Rolle spielt, kann nicht sicher sein, ob er im neuen System besser oder gar noch schlechter gestellt sein wird. Von einem neuen System profitieren nur die, die im alten gar keine Rolle gespielt haben. Nach Machiavelli sind es immer die Jungen und die Fremden, die auf Veränderung drängen. Die etablierten Kräfte wollen alles so behalten, wie es ist.

Diese Erkenntnis über das Wesen der Menschen gilt auch im 21. Jahrhundert, die Menschen haben sich in diesem Punkt nicht geändert. Der erfahrene und anerkannte COBOL-Programmierer muss befürchten, zum schwächsten Java-Programmierer zu werden. Die IT-Führungskräfte haben Angst davor, ihre Machtbasis, nämlich ihr technologisches Wissen, einzubüßen. Machiavelli wäre heute höchstwahrscheinlich ein Unternehmensberater bei der Einführung neuer Technologien. Im 16. Jahrhundert lebte er gefährlich, wurde verbannt, blieb aber am Leben. Damals begann er an seinen Büchern zu schreiben. Heute würde er nicht im Gefängnis landen, aber immer wieder auf der Straße. Als »Change Agent« ist der Berater ein Dorn im Auge der bewährten Kräfte und wird als Erster geopfert, wenn die Veränderungen nicht wie erwartet verlaufen oder wenn die alten Kräfte wieder die Oberhand gewinnen. In dieser Hinsicht hat sich seit dem 16. Jahrhundert wenig geändert.

Es ist schon oft untersucht worden, wie Menschen sich gegenüber Veränderungen in ihrer Arbeitswelt verhalten. Der eine versucht, die neue Welle für seine Zwecke zu nutzen; der andere sperrt sich und leistet aktiven Widerstand. Die meisten verhalten sich passiv und hoffen, dass die Veränderung ohne gravierende Folgen an ihnen vorbeizieht. Zuweilen versuchen auch Anhänger des alten Systems, ihre eigene Macht durch einen schnellen Wechsel zum neuen System zu erhalten, ähnlich wie beim Zusammenbruch des Ostblocks manch alter Genosse zum begeisterten Verfechter des Kapitalismus wurde. In ähnlicher Weise wurde auch mancher Vertreter der prozeduralen Programmierung zum verbalen Vorreiter der Objektorientierung. Oft bewirkt die Veränderung auch einen Generationenkonflikt, denn die alte Generation, die mit der letzten oder vorletzten Technologiewelle nach oben gekommen ist, kann nur verlieren, während die neue Generation, die in der neuen Technologie ausgebildet worden ist, nur gewinnen kann.

In der IT-Branche sind Veränderungen an der Tagesordnung. Meistens handelt es sich um technologische Änderungen, die organisatorische nach sich ziehen. In diesem Buch sind einige genannt worden, die Einführung einer serviceorientierten Architektur ist nur die derzeit letzte in einer langen Reihe. Die technologischen Voraussetzungen dafür sind weitgehend erfüllt, die wirtschaftliche Lage verlangt nach flexiblen Lösungen, die im Prinzip schnell geschaffen werden könnten, wenn nicht die alten Systeme und ihre Vertreter da wären. Zur Überwindung des ersten Hindernisses hofft dieses Buch einen Beitrag leisten zu können.

8.8   Das Rad dreht sich weiter

Trotz aller Widerstände wird die Migration auf serviceorientierte Architekturen nicht die letzte sein, das Rad der IT-Geschichte wird sich weiterdrehen. Neue Technologien werden aufkommen, alte abgelöst werden. Migration wird ein Dauerthema bleiben. Deshalb müssen alle, die für die Kontinuität der IT-Dienstleistung zuständig sind, sowie alle daran Beteiligten sich mit dieser Thematik auseinandersetzen. Sie müssen wissen, welche Migrationsstrategien zur Wahl stehen, wie sie sich am fundiertesten für die eine oder andere entscheiden, wie Migrationsprojekte zu planen und zu kalkulieren sind, wie die Migration zu organisieren und zu steuern ist und schließlich, wie die einzelnen Migrationsaufgaben durchzuführen sind, auch wenn dies fernab in fremden Ländern geschehen sollte.

In diesem Buch wurde versucht, das nötige Wissen zum Thema »Softwaremigration« zu vermitteln – die Begriffe, die Prozesse, die Methoden, die Techniken und die Werkzeuge. In den Fallstudien wurde die Umsetzung der Migrationstechnologie in der Praxis geschildert. Schließlich kam das aktuelle Thema »Migration zu SOA« zur Sprache, mögliche Ansätze dafür wurden vorgestellt.

Der Leser muss sich darüber im Klaren sein, dass jedes Buch nur eine Momentaufnahme ist. Hier wurde der Stand der Migrationstechnologie zum Erscheinungszeitpunkt präsentiert. Wie die IT-Technologie im Allgemeinen ist auch die Migrationstechnologie im ständigen Wandel begriffen. Morgen wird es im Detail anders aussehen als heute, aber die Grundlagen, vor allem die Strategien, die Prozesse und die Basismethoden werden ihre Gültigkeit behalten. Daraus kann der Leser einen bleibenden Nutzen ziehen, auch wenn die Technologie selbst sich weiterentwickelt.

Literatur

[**Acke05**] Ackermann, E.: *ReMiP – Ein Referenz-Prozess der Software-Migration*, Diplomarbeit, Universität Koblenz-Landau, Koblenz, 2005.

[**Aebi96**] Aebi, D.: *Re-Engineering und Migration betrieblicher Nutzdaten*, Dissertation, Universität Zürich, 1996.

[**AhPr95**] Ahrens, J., Prywes, N.: *Transition to a Legacy- and Reuse-based Software Life Cycle*, IEEE Computer, Vol. 28, No. 10, 1995, p. 27.

[**Aike96**] Aiken, P.: *Data Reverse Engineering – Slaying the legacy Dragon*, McGraw-Hill, New York, 1996.

[**Ambl98**] Ambler, S.W.: *Process Patterns – Building large scale systems using object technology*, Cambridge University Press, Cambridge, 1998.

[**Andr04**] Andriole, P.: *Business Technology Strategies*, Comm. of ACM, Vol. 49, No. 5, 2004, p. 85.

[**Arno92**] Arnold, R.: *Software Reengineering – A Tutorial*, IEEE Computer Society Press, Los Alamos, 1992, p. 235.

[**AvCaLu01**] Aversano, L., Canfora, G., De Lucia, A.: *Migrating Legacy Systems to the Web: an Experience Report*, Proceedings of the 5th European Conference on Software Maintenance and Reengineering, Lissabon, 2001, IEEE CS Press, pp. 148–157.

[**BaLa00**] Ball, T., Larus, J.: *Using Paths to measure, explain and enhance Program Behavior*, Microsoft Research in IEEE Computer, July 2000, p. 57.

[**BBEH96**] Baumöl, U., Borchers, J., Eicker, S., Hildebrand, K., Jung, R., Lehner, F.: *Einordnung und Terminologie des Software Reengineering*, Informatik Spektrum, Bd. 19, Nr. 4, 1996, S. 191–195.

[**BeAn04**] Beck, K., Andres C.: *Extreme Programming Explained. Embrace Change*, 2nd Edition, Addison-Wesley Longman, Amsterdam, 2004.

[BeCiDe92] Benedusi, P., Cimitile, A., de Carlini, U.: *Reverse Engineering Processes, Design Document Production and Structure Charts*, Journal of Systems and Software, Vol. 19, No. 3, 1992, p. 225.

[BeRa00] Bennett, K. H., Rajlich, V. T.: *Software Maintenance and Evolution: A Roadmap*. In: Finkelstein, A. (ed.): The Future of Software Engineering, Proceedings of the International Conference on Software Engineering, ACM Press, 2000.

[Berc03] Berczuk, S.: *Pragmatic Software Configuration Management*, IEEE Software, Vol. 20, No. 4, 2003, p. 21.

[BGLO97] Bisbal, J., Grimson, J., Lawless, D., O'Sullivan, D., Richardson, R., Wade, V., Wu, B.: *Legacy Systems Migration – A Method and its Tool-kit Framework*, Proceedings of the Joint 1997 Asia Pacific Software Engineering Conference and International Computer Science Conference (APSEC'97/ICSC'97), IEEE Computer Society, 1997, pp. 312–320.

[BGLO97a] Bisbal, J., Grimson, J., Lawless, D., O'Sullivan, D., Richardson, R., Wade, V., Wu, B.: *Legacy System Migration: A Legacy Data Migration Engine*, Proceedings of the 17th International Database Conference (DATASEM '97), Brno, Czech Republic, 1997.

[BGLO97b] Bisbal, J., Grimson, J., Lawless, D., O'Sullivan, D., Richardson, R., Wade, V., Wu, B.: *The Butterfly Methodology: A Gateway-free Approach for Migrating Legacy Information Systems*, Proceedings of the 3rd IEEE Conference on Engineering of Complex Computer Systems (ICECCS97), IEEE Computer Society, 1997, pp. 200–205.

[BGLO97c] Bisbal, J., Grimson, J., Lawless, D., O'Sullivan, D., Richardson, R., Wade, V., Wu, B.: *A Survey of Research into Legacy System Migration*. Technical Report TCD-CS-1997-01, Computer Science Department, Trinity College, Dublin, 1997.

[BGLW99] Bisbal, J., Grimson, J., Lawless, D., Wu, B.: *Legacy Information Systems: Issues and Directions*. IEEE Software, Vol. 16, No. 5, 1999, p. 103–111.

[Bhar05] Bharati, P.: *India's IT Services Industry – A Comparative Analysis*, IEEE Computer, Vol. 38, No. 1, 2005, pp. 71–75.

[BiHo06] Bishop, J., Horspool, N.: *Cross-Platform Development – Software that lasts*, IEEE Computer, Vol. 39, No. 10, 2006, p. 26.

[Bisc06] Bischofberger, W.: *Werkzeugunterstützte Architektur- und Qualitätsmonitoring – Ansätze*, Softwaretechnik Trends, Bd. 26, Heft 2, Mai 2006, S. 12.

[BMRS97] Buschmann, F., Meunier, R., Rohnert, H., Sommerlad, P.: *A System of Patterns – Pattern-oriented Software Architecture*, John Wiley & Sons, New York, 1997.

[BoCaFa03] Bovenzi, D., Canfora, G., Fasolino, A.-R.: *Enabling Legacy System Accessibility by Web Heterogeneous Clients*. Proceedings of the 7th European Conference on Software Maintenance and Reengineering, Victoria, Canada, IEEE CS Press, 2003, pp. 73–81.

[Boeh76] Boehm, B.W.: *Software Engineering*. IEEE Transactions on Computers, Vol. 25, No. 12, 1976, pp. 1220–1241.

[Boeh81] Boehm, B.W.: *Software Engineering Economics*, Prentice Hall, Englewood Cliffs, 1981.

[Boeh88] Boehm, B.W.: *A Spiral Model of Software Development and Enhancement*. IEEE Computer, Vol. 21, No. 5, 1988, pp. 61–72.

[BoGuTo02] Bodhuin, T., Guardabascio, E., Totorella, M.: *Migration of COBOL Systems to the Web*, IEEE Proceedings of the 9th WCRE, Computer Society Press, Richmond, Nov. 2002, p. 329.

[BoGuTo03] Bodhuin,T., Guardabascio, E., Tortorella, M.: *Migration of non-decomposable software systems to the web using screen proxies*, Proceedings of the 10th Working Conference on Reverse Engineering, Victoria, BC, Canada, 2003, IEEE CS Press, pp. 165–174.

[BoHi98] Borchers, J., Hildebrand, K.: *Vorgehensmodell für das Software Reengineering*. In: Kneuper, R., Müller-Luschnat, G., Oberweis, A. (Hrsg.): Vorgehensmodelle für die betriebliche Anwendungsentwicklung,Teubner, Stuttgart/Leipzig, 1998.

[BoHu03] Boehm, B ., Huang, L.: *Value-based Software Engineering*, IEEE Computer, Vol. 28, No. 2, 2003, p. 33.

[BoLaAl04] Boldyreff, C., Lavery, J., Allison, C.: *Modelling the Evolution of Legacy Systems to Web-based Systems*, Journal of Software Maintenance and Evolution, Vol. 16, No. 1–2, 2004, p. 5.

[BoMo05] Borchers, J., Moritz, B.: *Genauigkeit von Aufwandsschätzungen in Reengineering-Projekten – Erfahrungen aus einer Sprachumstellung von Assembler nach COBOL*, Informatik Forschung und Entwicklung, Bd. 19, Nr. 3, April 2005, S. 141–150.

[Borc93] Borchers, J.: *Durchführung großer Reengineering-Projekte am Beispiel einer Datenbankumstellung*, Tagungsband des 5. Kolloquiums Software-Entwicklung – Methoden, Werkzeuge, Erfahrungen. Schriftenreihe der Technischen Akademie Esslingen, 1993, S. 643–646.

[Borc95] Borchers, J.: *Erfolgsmechanismen großer Reengineering-Maßnahmen*, Tagungsband des 6. Kolloquiums Software-Entwicklung – Methoden, Werkzeuge, Erfahrungen. Schriftenreihe der Technischen Akademie Esslingen, 1995, S. 307–311.

[Borc97] Borchers, J.: *Erfahrungen mit dem Einsatz einer Reengineering Factory in einem großen Umstellungsprojekt*, HMD – Praxis der Wirtschaftsinfomatik, Heft 194, März 1997, S. 77–94.

[BrRa06] Broy, M., Rausch A.: *Das neue V-Modell XT. Ein anpassbares Modell für Software und System Engineering*, Informatik Spektrum, Bd. 28, Nr. 3, Juni 2005, S. 220–229.

[BrSt93] Brodie, M. L., Stonebraker, M.: *DARWIN: On the Incremental Migration of Legacy Information Systems*. Sequoia 2000 Technical Report TR-0222-10-92–165, University of California, Berkeley, 1993.

[BrSt95] Brodie, M. L., Stonebraker, M.: *Migrating Legacy Systems: Gateways, Interfaces & The Incremental Approach*, Morgan Kaufmann, San Francisco, 1995.

[BuHeSc07] Buschmann, F., Henney, K., Schmidt, D.: *Pattern oriented Software Architecture, Vol. 5 – On patterns and pattern languages*, John Wiley & Sons, New York, 2007.

[Bund04] Bundesrepublik Deutschland: *V-Modell XT, Teil 3: V-Modell-Referenz Tailoring*, http://ftp.uni-kl.de/pub/v-modell-xt/Release-1.1/Dokumentation/pdf/V-Modell-XT-Teil3.pdf, 2004.

[BWB97] Bundesamt für Wehrtechnik und Beschaffung: *Entwicklungsstandard für IT-Systeme des Bundes. Vorgehensmodell*, Allgemeiner Umdruck Nr. 250/1, BWB IT 15, Koblenz, Juni 1997.

[CaCiLu00] Canfora, G., Cimitile, A., De Lucia, A.: *Decomposing Legacy Programs: A First Step Towards Migrating to Client-Server Platforms*, Journal of Systems and Software, Vol. 54, No. 2, 2000, pp. 99–110.

[CaFaTr06a] Canfora, G., Fasolina, A. R., Tramontana, P.: *A Flexible Wrapper for the Migration of Interactive Legacy Systems to the Web*, IEEE Proceedings of 10th CSMR, Computer Society Press, Bari, March 2006, p. 343.

[CaFaTr06b] Canfora, G., Fasolina, A.R., Tramontana, P.: *Migrating Interactive Legacy Systems*, IEEE Proceedings of 10th CSMR, Computer Society Press, Bari, March 2006, p. 23.

[CaGl90] Card, D., Glass, R.: *Measuring Software Design Quality*, Prentice Hall, Englewood Cliffs, 1990, p. 23.

[Carr03] Carr, N.G.: *IT doesn't matter*, Harvard Business Review, Vol. 81, No. 5, 2003.

[CDTM08] Ceccato, M., Dean, T., Tonella, P., Marchignoli, D.: *Migrating Legacy Data Structures based on Label Variable Overlay to Java*, to be published in Journal of Software Maintenance and Evolution, Vol. 22, No. 1, 2010.

[ChCr90] Chikofsky, E. J., Cross, J. H.: *Reverse Engineering and Design Recovery: A Taxonomy*, IEEE Software, Vol. 23, No. 1, 1990, pp. 13–17.

[CHKR01] Chapin, N., Hale, J., Khan, J., Ramil, J.: *Types of software evolution and software maintenance*, Journal of Software Maintenance and Evolution, Vol. 13, No. 1, 2001, p. 3.

[ChScKi01] Chang, B., Scardina, M., Kiritzow, S.: *Oracle 9i XML-Handbook*, Oracle Press, McGraw-Hill, San Francisco, 2001, p. 221.

[Coad91] Coad, P., Yourdan, E.: *Object oriented Analysis*, Yourdon Press Computing Series, Prentice Hall, Englewood Cliffs, 1991.

[Coll03] collogia AG: *Software-Reengineering – CollCare Workbench*, Version 2.1, Köln, 2003. http://www.collogia.de/fileadmin/download/CollCare_Workbench.pdf (20.05.2005)

[Coll04] collogia AG: Reengineering – Modernisierung von Altsystemen. Version 5.4, Köln, 2004. http://www.collogia.de/fileadmin/download/ModernisierungVonAltsystemen_mit_Logo.pdf (20.05.2005)

[Coyl96] Coyle, F.: *OO-COBOL and Legacy Migration*, COBOL Report, Dallas, Vol. 1, No. 2, 1996, p. 6.

[CoYo91] Coad, P., Yourdon, E.: *Object Oriented Design*, Yourdon Press Computing Series, Prentice Hall, Englewood Cliffs, 1991.

[CRSW00] Comella-Dorda, S., Robert, J., Seacord, R., Wallnau, K.: *A Survey of Legacy System Modernization Approaches*, Technical Report CMU/SEI-2000-TN-003, Carnegie Mellon University, Pittsburgh, 2000.

[CuPr06] Cusick, J., Prasad, A.: *A Practical Management and Engineering Approach to Offshore Collaboration*, IEEE Software, Vol. 23, No. 5, 2006, pp. 20-29.

[CW08] Computerwoche-Redaktion: *VW stellt nur noch Manager an*, Computerwoche, Nr. 27, Juli 2008, S. 19.

[DaAr85] Davies, K., Arora, A.: *Converting Hierarchical Databases to Relational*, IEEE Proceedings of 4th E/R Conference, Computer Society Press, Chicago, Oct. 1985, p. 57.

[DaMe03] Daum, B., Mertens, U.: *System Architecture with XML*, Morgan Kaufmann Pub., San Francisco, 2003.

[DaMo06] Damian, D., Moitra, D.: *Global Software Development – how far have we come?*, IEEE Software, Vol. 23, No. 5, 2006, p. 17.

[Date77] Date, C. J.: *An Introduction to Database Systems*, Addison-Wesley, Reading, 1977.

[Diet89] Dietrich, T.: *Saving a Legacy system with Objects*, Proceedings of OOPSLA-88, ACM Press, New York, 1989, p. 54.

[Dijk76] Dijkstra, E.: *A Discipline of Programming*, Prentice Hall, Englewood Cliffs, N.J., 1976.

[DiMaPi09] Dinsing, J., Mann, M., Pizka, M.: *Iteratives Reengineering – der schrittweise Umbau von Altsystemen*, OBJEKTspektrum, Nr. 1, Feb. 2009, S. 64.

[DJMZ05] Dostal, W., Jeckle, M., Melzer, I., Zengler, B.: *Service-orientierte Architekturen mit Web Services*, Spektrum Akademischer Verlag, München, 2005.

[Eber04] Ebert, J.: *Software-Reengineering – Umgang mit Software-Altlasten*, Informatiktage 2003, Konradin-Verlag, Grasbrunn, 2004, S. 24-31.

[Erdm06] Erdmenger, U.: *SPL Sprachkonvertierung im Rahmen einer BS2000 Migration*, Softwaretechnik Trends, Bd. 26, Heft 2, Mai 2006, S. 73.

[EvDeHo05] Evaristo, R., Desouza, K., Hollister, K.: *Recentralization – The Pendalum swings back again*, Comm. of ACM, Vol. 48, No. 2, 2005, p. 67.

[FiEmMa00] Finkelstein, A., Emmerich, W., Mascolo, C.: *Implementing incremental Code Migration with XML*, IEEE Proceedings of 22nd ICSE, Computer Society Press, Limerick, June 2000, p. 397.

[Flei07] Fleischer, A.: *Metriken im praktischen Einsatz*, OBJEKTspektrum, Nr. 3, Juni 2007, S. 59.

[GaAlOc95] Garlan, D., Allan, R., Ockerbloom, J.: *Architectural Mismatch – Why Reuse is so hard*, IEEE Software Magazine, Vol. 12, No. 6, 1995, pp. 17–26.

[GHJV95] Gamma, E., Helm, R., Johnson, R., Vlissides, J.: *Design Patterns – Elements of reusable object-oriented Software*, Addison-Wesley, Reading, 1995.

[Gilb76] Gilb, T.: *Software Metrics*, Studentlitteratur, Stockholm, 1976, p. 179.

[GiWi05] Gimnich, R., Winter, A.: *Workflows der Software-Migration*. 7. Workshop Software-Reengineering, Bad Honnef, Softwaretechnik Trends, Bd. 25, Nr. 2, 2005, S. 22–24.

[GiZv83] Girish, P., Zvegintzov, N.: *Tutorial on Software Maintenance*, IEEE Computer Society Press, Los Alamos, 1983, p. 233.

[Glas99] Glass, R.: *The Realities of Software Technology Payoffs*, Comm. of ACM, Vol. 42, No. 2, 1999, p. 74.

[Grah95] Graham, I.: *Migrating to Object Technology*, Addison-Wesley, Wokingham, 1995.

[GrDuGi06] Greevy, O., Ducasse, S., Girba, T.: *Analyzing Software Evolution through Feature Views*, Journal of Software Maintenance & Evolution, Vol. 18, No. 6, 2006, p. 425.

[HaGöWa00] Haeckel, A., Gößner, J., Wahl, H.: *Integration von Legacy Anwendungen in moderne objektorientierte Systeme*, OBJEKTspektrum, Nr. 5, Sept. 2000, S. 35.

[Hahn07] Hahn, J.: *Software Migration einer Mainframe-Anwendung*, Softwaretechnik Trends, Bd. 27, Heft 1, Feb. 2007, S. 46.

[HaSeRo93] Hamid, T.K., Sengupta, K., Ronan, D.: *Software Project Control*, IEEE Trans. on Software Engineering, Vol. 19, No. 6, 1993, p. 603.

[Hass00] Hasselbring, W.: *Information Systems Integration*, Comm. of ACM, Vol. 43, No. 6, 2000, p. 33.

[HaThHo05] Hainaut, J.-L., Thiran, P., Houben, G.-J.: *Database Wrapper Development – Towards Automatic Generation*, IEEE Proceedings of 9th CSMR, Computer Society Press, Manchester, March 2005, p. 207.

[**Haug05**] Haug, A.: *Modernisierung mit dem smartShift-Verfahren – Flexibles Neben-und Miteinander*, IT-Fokus 3/4, 2005, S. 46–51.

[**HeHeRo04**] Heinrich, L. J., Heinzl, A., Roithmayr, F.: *Wirtschaftsinformatik-Lexikon*, 7. Auflage, Oldenbourg, München 2004.

[**HeThHa02**] Henrard, J., Thiran, P., Hainaut, J.: *Strategies for Data Reengineering*, IEEE Proceedings of 9th WCRE, Computer Society Press, Richmond, Oct. 2002, p. 211.

[**HJKR04**] Hasselbring, W., Jaekel, H., Krieghoff, S., Reussner, R., Schlegelmilch, J., Teschke, T.: *The Dublo Architecture Pattern for Smooth Migration Business Information Systems: An Experience Report*, Proceedings of the 26th International Conference on Software Engineering (ICSE 2004), Edinburgh, 2004, pp. 117–126.

[**Horo98**] Horowitz, E.: *Migrating Software to the World Wide Web*, IEEE Software, Vol. 15, No. 3, 1998, pp. 18–21.

[**IEEE 1219-1998**] IEEE Std. 1219: *Standard for Software Maintenance*, IEEE Computer Society Press, Los Alamitos, 1998.

[**JaBy01**] Jahnke, J., Bychkov, Y.: *Interactive Migration of Legacy Databases to Network Technologies*, IEEE Proceedings of 8th WCRE, Computer Society Press, Stuttgart, Oct. 2001, p. 238.

[**Jaco92**] Jacobson, I. et al.: *Object-oriented Software Engineering*, Addison-Wesley, Wokingham, 1992.

[**KaZh05**] Kahn, K., Zhang, Y.: *Managing Corporate Information Systems Evolution and Maintenance*, Idea Group Publishing, Hershey PA., 2005, p. 13.

[**KeWi07**] Keller, R., Wichmann, K.-R.: *Offshore-Möglichkeiten besser genutzt – assessments zur Strategie, Partnerwahl und Durchführung*, OBJEKTspektrum, Nr. 5, Sept. 2007, S. 56.

[**Keye98**] Keyes, J.: *Data casting – How to Stream Data over the Internet*, McGraw-Hill, New York, 1998.

[**Keye98a**] Keyes, J.: *IBM Web Connections for IMS and CICS in Data Casting*, McGraw-Hill, New York, 1998, p. 241.

[**KlGa95**] Klösch, R., Gall, H.: *Objektorientiertes Reverse Engineering – von klassischer zu objektorientierter Software*, Springer-Verlag, Heidelberg/Berlin, 1995.

[**Knas01**] Knasmüller, M.: *Von COBOL zu OOP*, dpunkt.verlag, Heidelberg, 2001.

[**Kosc08**] Koschke, R.: *Zehn Jahre WSR – Zwölf Jahre Bauhaus. Software Reengineering.* In: Gimnich, R., Kaiser, U., Quante, J., Winter, A. (eds.): 10th Workshop Software Reengineering (WSR 2008), GI Lecture Notes in Informatics, Vol. 126, 2008, pp. 51–65.

[**KrBaSc04**] Krafzig, D., Banke, K., Schama, D.: *Enterprise SOA*, Coad Series, Prentice Hall, Upper Saddle River, N.J., 2004.

[KrJeRa03] Krishnamorthy, K., Jeyaraman, G., Raveenda, V.: *Migrating Legacy Applications to E-Business with modified RUP*, IEEE Proceedings of 7th CSMR, Computer Society Press, Benevento, March 2003, p. 143.

[Kruc03] Kruchten, P.: *The Rational Unified Process: An Introduction*, 3rd Edition, Addison-Wesley, Upper Saddle River, 2003.

[Lang98] Langer, R.: *Using COBOL for Web Applications*. In: Keyes, J. (ed.), Data Casting, McGraw-Hill, New York 1998, p. 439.

[Lars00] Larson, G.: *Component-based Enterprise Frameworks*, Comm. of ACM, Vol. 43, No. 10, 2000, p. 25.

[LeBe85] Lehmann, M., Belady, L.: *Program Evolution: Processes of Software Change*, Academic Press, London, 1985.

[Leet07] Leeten, B.: *Software Configuration Management – Fundament for Evolution of large existing Code Bases*, IEEE Proceedings of 11th CSMR, Computer Society Press, Amsterdam, March 2007, p. 321.

[Lehn99] Lehner, F.: *Software Reengineering vs. Business Reengineering – Konsequenzen für ein unternehmensweites Reengineering-Konzept*. Workshop Software-Reengineering, Bad Honnef, 1999.

[LeSm08] Lewis, G. A., Smith D. B.: *SMART Tool Demonstration*. In: Kontogiannis, K., Tjortjis, C., Winter, A. (eds.): 12th European Conference on Software Maintenance and Reengineering, IEEE Computer, 2008, p. 332–334.

[Lewi99] Lewis, T.: *Mainframes are dead, long live Mainframes*, IEEE Computer Magazine, Vol. 32, No. 8, 1999, p. 104.

[LiRu96] Liggesmeyer, P., Ruppel, P.: *Die Prüfung von objektorientierten Systemen*, OBJEKTspektrum, Nr. 6, Nov. 1996, S. 68.

[LMSS08] Lewis, G. A., Morris, E. J., Smith, D. B., Simanta, S.: *SMART: Analyzing the Reuse Potential of Legacy Components in a Service-Oriented Architecture Environment*, Technical Note CMU/SEI-2008-TN-008, Carnegie Mellon University, 2008.

[LuFr08] De Lucia, A., Francese, R.: *Developing System Migration Methods and Tools for Technology Transfer*, Journal of Systems and Software, Vol. 70, No. 1, 2008, p. 3.

[Lyon91] Lyon, L.: *Migrating to DB2*, QED Technical Pub., Boston, 1991, p. 135.

[Maas00] Maas Hightech Software: *XML4COBOL – ein Werkzeug zur Generierung von COBOL Modulen, die XML auf COBOL Strukturen abbilden*, Maas Hightech Pub, Stuttgart, 2000.

[Mach79] Machiavelli, N.: *The Discources*. In: *The portable Machiavelli*, Ed. Bondanella & Musa, Penguin Books, New York, 1979, p. 167.

[**Mart81**] Martin, J.: *Application Development without Programmers*, Prentice Hall, Englewood Cliffs, N.J., 1981.

[**Mart85**] Martin, J.: *Fourth-Generation Languages*, Prentice Hall, Englewood Cliffs, N.J., 1985.

[**MaVa96**] von Mayrhauser, A., Vans, A.: *Identification of Dynamic Comprehension Processes in large scale Maintenance*, IEEE Tans. on S.E., Vol. 22, No. 6, 1996, p. 424.

[**McDo02**] McDonald, M.: *The Impact of the Web on the Economy*, Cutter IT Journal, Vol. 15, No. 5, 2002, p. 2.

[**MeDi92**] Meier, A., Dippold, R.: *Migration und Koexistenz heterogener Datenbanken*, Informatik Spektrum, Bd. 15, Nr. 3, 1992, S. 152.

[**Metc73**] Metcalfe, R.M.: *Paket Communication*, Ph. D. Thesis, Harvard University, Project MAC, TR-114, Dec. 1973.

[**Meye06**] Meyer, B.: *The Unspoken Revolution in Software Engineering*, IEEE Computer, Vol. 39, No. 1, 2006, pp. 124–123.

[**Meye07**] Meyer, D. : *Modernisierung von Legacy Systemen – Risiken und Kosten senken durch Automation*, OBJEKTspektrum, Nr. 5, Sept. 2007, S. 33.

[**Mill98**] Miller, H.: *Reengineering Legacy Software Systems*, Butterworth Digital Press, Boston 1998, p. 145.

[**MoMo02**] Morrison, M., Morrison, J.: *Integrating Web Sites and Databases*, Comm. of ACM, Vol. 45, No. 9, 2003, p. 86.

[**Moor65**] Moore, G.E.: *Cramming more components onto integrated circuits*, Electronics Magazine, Vol. 38, No. 8, 1965.

[**MüMa02**] Müller, H., Martin, J.: *C to Java Migration Experiences*, IEEE Proceedings of 6th CSMR, Computer Society Press, Budapest, March 2002, p. 143.

[**NBS85**] National Bureau of Standards: *NBS Special Publication 500. 106 – Guidance on Software Maintenance*, R. Martin & W. Osborne, Washington, D.C., 1985.

[**NSTW97**] Northrop, L., Smith, D., Tilley, S., Weiderman, N., Wallnau, K.: *Implications of Distributed Object Technology for Reengineering*, Technical Report CMU/ SEI-97-TR-005, Carnegie Mellon University, Pittsburgh, 1997.

[**Olse98**] Olsen, M.: *An Incremental Approach to Software Systems Reengineering*, Journal of Software Maintenance, Vol. 10, No. 3, 1998, p. 181.

[**PaLa06**] Pak-lok, P., Lau, A.: *The B2C implementation Framework*, Comm. of ACM, Vol. 49, No. 2, Feb. 2006, p. 96.

[**Pari87**] Parikh, G.: *The several worlds of software maintenance – a proposed software maintenance taxonomy*, ACM SIGSOFT Software Engineering Notes, Vol. 12, No. 2, 1987, p. 51.

[PlRoSh97] Plaisant, C., Rose, A., Sheiderman, B.: *Low-Effort, High-Payoff. User Interface Reengineering*, IEEE Software Magazine, Vol. 14, No. 4, 1997, p. 66.

[PoBo05] Poensgen, B., Bock, B.: *Function-Point-Analyse – Ein Praxishandbuch*, dpunkt.verlag, Heidelberg, 2005, S. 23.

[PRRK02] Purgahn, J., Renner, G., Reckziegel, J., Krusch, J.: *Modellgetriebene Architektur in einem J2EE/COBOL Großrechnerumfeld*, OBJEKTspektrum, Nr. 3, Mai 2002, S. 60.

[RhOr03] Rhagozar, M., Oroumchian, F.: *An effective Strategy for Legacy System Migration*, Journal of Software Maintenance and Evolution, Vol. 15, No. 5, 2003, p. 325.

[RoDeCh03] Ronsse, M., DeBosschere, K., Christiaens, M.: *Record/Replay for non deterministic Program Executions*, Comm. of ACM, Vol. 46, No. 9, 2003, p. 62.

[Royc70] Royce, W.W. : *Managing the Development of Large Software Systems*, Proceedings of the IEEE Wescon, 1970, pp. 1–9.

[Salv07] Salvi, G.: *Migration der UBS Kernapplikationen von Unisys nach z/OS*, Softwaretechnik Trends, Bd. 27, Heft 1, Feb. 2007, S. 56.

[Scac01] Scacchi, W.: *Process Models in Software Engineering*. In: Marciniak, J.J. (ed.): Encyclopedia of Software Engineering, 2nd Edition, John Wiley & Sons, New York, 2001.

[Schä09] Schäffer, B.: *Renovierung statt Abrissbirne – Kosten reduzieren durch eine sanfte Migration*, OBJEKTspektrum, Nr. 6, 2009, S. 68.

[SePlLe03] Seacord, R., Plakosh, D., Lewis, G.: *Modernizing Legacy Systems: Software Technologies, Engineering Processes, and Business Practices*, The SEI Series in Software Engineering, Addison-Wesley, Boston, 2003.

[SmLe07] Smith, D., Lewis, G.: *Standards for Service-oriented Systems*, Proceedings 11th CSMR, Vrije University Press, Amsterdam, March 2007, p. 100.

[SnBaSe06] Sneed, H.M., Baumgartner, M., Seidl, R.: *Der Systemtest*, Hanser-Verlag, München/Wien, 2006.

[Snee82] Sneed, H.: *Ein Volk von Programmierern*, Computerwoche, Nr. 27, 1982.

[Snee84] Sneed, H.M.: *Software Renewal – A case study*, IEEE Software, Vol. 1, No. 3, 1984, p. 56.

[Snee90] Sneed, H.M.: *Die Data-Point-Methode*, Online, Zeitschrift für Datenverarbeitung, Nr. 5, Mai 1990, S. 48.

[Snee91] Sneed, H.M.: *Bank Application Reengineering and Conversion at the Union Bank of Switzerland*, IEEE Proceedings of 6th ICSM, Computer Society Press, Sorrento, Oct. 1991, p. 60.

[Snee92a] Sneed, H.M.: *Migration of procedurally oriented COBOL programs in an object-oriented Architecture*, Proceedings of ICSM-96, Computer Society Press, Orlando, Nov. 1992, p. 105.

[Snee92b] Sneed, H.M.: *Regression Testing in Reengineering Projects*, Proceedings of 9th STAR Conference, Washington D.C., June 1992, p. 219.

[Snee94] Sneed, H.M.: *Validating Functional Equivalence of Reengineered Programs*, Software Testing, Verifications and Realibility, Vol. 4, No. 1, 1994, p. 33.

[Snee95] Sneed, H.M.: *Planning the Reengineering of Legacy Systems*, IEEE Software, Vol. 12, No. 1, 1995, p. 24–34.

[Snee96] Sneed, H.M.: *Einbindung alter Host-Software in eine Client/Server- Architektur*, OBJEKTspektrum, Nr. 4, Juli 1996, S. 36.

[Snee96a] Sneed, H.M.: *Encapsulating Legacy Software for Reuse in Client/Server Systems*, IEEE Proceedings of 3rd WCRE, Computer Society Press, Monterey, Nov. 1996, p. 104.

[Snee96b] Sneed, H.M.: *Schätzung der Entwicklungskosten von Objektorientierter Software*, Informatik Spektrum, Bd. 19, Nr. 3, Juni 1996, S. 133.

[Snee96c] Sneed, H.M.: *Object-oriented COBOL Recycling*, IEEE Proceedings of 4th WCRE, Computer Society Press, Monterey, Nov. 1996, p. 169.

[Snee97a] Sneed, H.M.: *Metriken für die Wiederverwendbarkeit von Softwaresystemen*, Informatik Spektrum, Bd. 6, 1997, S. 18–20.

[Snee97b] Sneed, H.M.: *SoftWrap – Ein Tool für die Kapselung vorhandener Assembler, PL/I und COBOL Programme*, HMD – Theorie und Praxis der Wirtschaftsinformatik, Heft 194, 1997, S. 56.

[Snee98] Sneed, H.M.: *Architecture and Functions of a Commercial Reengineering Workbench*, IEEE Proceedings of 2nd CSMR, Computer Society Press, Florence, March 1998, p. 11.

[Snee98a] Sneed, H.M.: *Measuring Reusability of Legacy Software Systems*, Software Process-Improvement and Practice, Vol. 1, No. 4, 1998, p. 43.

[Snee98b] Sneed, H.M.: *Human Cognition and how Programming Languages determine how we think*, IEEE Proceedings of 6th IWPC, Computer Society Press, Ischia, June 1998, p. 1.

[Snee99a] Sneed, H. M.: *Objektorientierte Softwaremigration*, Addison-Wesley, Bonn, 1999.

[Snee99b] Sneed, H. M.: *Encapsulation of Legacy Software – A Technique for reusing legacy Software Components*, Annals of Software Engineering, Vol. 9, Baltzer, A.G. Amsterdam, 2000, pp. 113–132.

[Snee00a] Sneed, H.M.: *Generation of stateless Components for reuse in Web-based Applications*, IEEE Proceedings of 4th CSMR, Computer Society Press, Zürich, March 2000, p. 183.

[Snee00b] Sneed, H. M.: *Encapsulation of Legacy Software – A Technique for reusing legacy Software Components*, Annals of Software Engineering, Vol. 9, Baltzer, A.G. Amsterdam, 2000, pp. 113–132.

[Snee01a] Sneed, H.M.: *Recycling Software Components extracted from Legacy Programs*, ACM Proceedings of IWPSE-2001, ACM SigSoft, Vienna, 2001, p. 43.

[Snee01b] Sneed, H.M.: *Transforming Procedural Program Structures to object-oriented Class Structures*, IEEE of 18th ICSM, Computer Society Press, Montreal, Oct. 2002, p. 286.

[Snee01c] Sneed, H.M.: *Wrapping Legacy COBOL Programs behind an XML Interface*, IEEE Proceedings of WCRE-2001, Computer Society Press, Stuttgart, Oct. 2001, p. 189.

[Snee02a] Sneed, H.M.: *Das Ende von Migration und Reengineering*, Computerwoche, Nr. 7, Feb. 2002, S. 19.

[Snee02b] Sneed, H.M.: *Integration statt Migration: Warum es besser ist, alte IT-Systeme so zu lassen, wie sie sind*, HMD – Praxis der Wirtschaftsinformatik, Heft 225, 2002, S. 3–4.

[Snee03a] Sneed, H.M.: *Business Reengineering in the Age of the Internet*, Encyclopedia of Software Engineering, Vol. 9, North-Holland Press, Amsterdam, 2003.

[Snee03b] Sneed, H.M.: *Aufwandsschätzung von Software-Reengineering-Projekten*. Wirtschaftsinformatik, 45. Jg., Nr. 6, Dez. 2003, S. 599–610.

[Snee03c] Sneed, H.M.: *Selective Regression Testing of Large Application Systems*, Softwaretechnik Trends, Bd. 23, Nr. 4, Nov. 2003, S. 21.

[Snee04] Sneed, H.M.: *A Cost Model for Software Maintenance and Evolution*, IEEE Proceedings of 20th ICSM, Chicago, Sept. 2004, p. 264.

[Snee05a] Sneed, H.M.: *Software-Projektkalkulation – Praxiserprobte Methoden der Aufwandsschätzung für verschiedene Projektarten*, Hanser-Verlag, München/Wien, 2005, S. 159.

[Snee05b] Sneed, H.M.: *Selektiver Regressionstest einer .NET Anwendung*, OBJEKTspektrum, Nr. 5, Sept. 2005, S. 72.

[Snee05c] Sneed, H.M.: *An incremental Approach to System Replacement and Integration*, IEEE Proceedings of 9th CSMR, Computer Society Press, Manchester, 2005, p. 196.

[Snee06] Sneed, H.M.: *Reverse Engineering of System Interfaces*, IEEE Proceedings of 13th WCRE, Computer Society Press, Benevento, Oct. 2006, p. 125.

[Snee06a] Sneed, H.M.: *Integrating legacy Software into a Service-oriented Architecture*, IEEE Proceedings of 10th CSMR, Computer Society Press, Bari, March 2006, p. 3.

[Snee07] Sneed, H.M.: *Das neue SoftCalc – ein Tool für die differenzierte Kalkulation unterschiedlicher Projektarten*, Tagungsband des DASMA Metrik Kongresses, Kaiserslautern, Nov. 2007, S. 71.

[Snee07a] Sneed, H.M.: *Migrating to Web Services – A Research Framework*, Proceedings of SOAM Workshop, CSMR-2007, Amsterdam, March 2007, p. 3.

[Snee08] Sneed, H.M.: *20 Years of Software-Reengineering, A Resume*. In: Gimnich R., Kaiser, U., Quante, J., Winter, A. (eds.): 10th Workshop Software Reengineering (WSR 2008), GI Lecture Notes in Informatics, Vol. 126, 2008, S. 115–124.

[Snee08a] Sneed, H.M.: *Experience in extracting Web Services from Legacy Code*, IEEE Proceedings of 8th Workshop on Web Service Evolution, Peking, Sept. 2008, p. 72.

[Snee09] Sneed, H.M.: *Messung und Nachdokumentation eines uralten COBOL Systems zwecks der Migration in Java*, GI Software Engineering Notes, Vol. 29, No. 2, 2009, p. 17.

[SnEr96] Sneed, H.M., Erdoes, K.: *Extracting Business Rules from Source code*, IEEE Proceedings of 4th WPC, Computer Society Press, Berlin, March 1996, p. 240.

[SnHaTe05] Sneed, H. M., Hasitschka, M., Teichmann, M.: *Software-Produktmanagement: Wartung und Weiterentwicklung bestehender Anwendungssysteme*. dpunkt.verlag, Heidelberg, 2005.

[SnHu06] Sneed, H.M., Huang, S.: *WSDLTest – A Tool for testing Web Services*, IEEE Proceedings of WSE-2006, Computer Society Press, Philadelphia, Sept. 2006, p. 14.

[SnJa87] Sneed, H.M., Jandracis, G.: *Software Recycling*, IEEE Proceedings of 3rd ICSM, Computer Society Press, Austin, Sept. 1987, p. 82.

[SnNy92] Sneed, H.M., Nyary, E.: *Migration of procedurally oriented Programs in an object-oriented Architecture*, IEEE Proceedings of 8th ICSM, Computer Society Press, Orlando, Nov. 1992, p. 105.

[SnRo96] Sneed, H.M., Rothhardt, G.: *Software-Messung*, Wirtschaftsinformatik, Bd. 38, Nr. 2, S. 172.

[SnSn03] Sneed, H.M., Sneed, S. H.: *Web-basierte Systemintegration: So überführen Sie bestehende Anwendungssysteme in eine moderne Webarchitektur*, Vieweg, Braunschweig/Wiesbaden, 2003.

[SnWi01] Sneed, H. M., Winter, M.: *Testen objektorientierter Software*, Hanser-Verlag, München/Wien, 2001, S. 293.

[StEl01] Stroulia, E., El-Ramly, P.: *Modelling the System-User Dialog using Interaction Traces*, IEEE Proceedings of 8th WCRE, Computer Society Press, Stuttgart, Oct. 2001, p. 208.

[StEl02] Stroulia, E., El-Ramly, P.: *From Legacy to Web through Interaction Modelling*, IEEE Proceedings of 18th ICSM, Computer Society Press, Montreal, Oct. 2002, p. 320.

[StFr09] Starodub, R., Friesleben, P.: *Automatisierte Systemtests – Komponenten unter Feldbedingungen prüfen*, OBJEKTspektrum, Nr. 5, 2009, S. 26.

[Stra95] Strassmann, P.: *The Roots of Business Process Reengineering*, American Programmer, Vol. 8, No. 6, 1995, p. 5.

[Stra98] Strassmann, P.: *Aligning IT and Business Process Reengineering*, IT Cutter Journal, Vol. 11, No. 8, 1998, p. 3.

[Tepp03] Teppe, W.: *Redesign der START Amadeus Anwendungssoftware*, Software-technik Trends, Bd. 23:2, 2003, S. 14–16.

[Tepp09] Teppe, W.: *The ARNO Project – Challenges and Experiences in a large scale industrial software migration project*. Proceedings of the European Conference on Software Maintenance and Reengineering, IEEE Computer Society Press, Kaiserslautern, March 2009, p. 149.

[TeVe00] Terehov, A., Verhoef, C.: *The Realities of Language Conversions*, IEEE Software, Vol. 17, No. 6, 2000, p. 111.

[Tibb96] Tibbetts, J., Bernstein, B.: *Legacy Applications on the Web*, American Programmer, Vol. 9, No. 12, 1996, p. 19.

[Thur90] Thurner, R.: *Reengineering – ein integrales Wartungskonzept zum Schutz von Software-Investitionen*, Angewandte Informationstechnik Verlag, Halbermoos, 1990.

[ToBoAl02] Tortorella, M., Bodhum, T., Albanese, C.: *A Toolkit for Applying a Migration Strategy*, IEEE Proceedings of 6th CSMR, Computer Society Press, Budapest, March 2002, p. 154.

[Tomi94] Tomic, M.: *A possible Approach to OO-Reengineering of COBOL Programs*, ACM Software Eng. Notes, Vol. 19, No. 2, 1994, p. 29.

[Tria01] Triangle Technologies: *Relativity – A Tool for the automated Translation of COBOL to Java*, Triangle Park, Greensboro, N.C., 2001.

[Verd88] Verdugo, G.: *Portfolio Analysis – managing Software as an asset*, Proceedings of 6th ICSM, Computer Society Press, Phoenix, p. 121.

[Warr99] Warren, I.: *The Renaissance of Legacy Systems: Method Support for Software-System Evolution*, Springer-Verlag, London, 1999.

[Wate88] Waters, R.: *Program Translation via Abstraction and Reimplementation*, IEEE Trans. on S.E., Vol. 14, No. 8, 1988, p. 1207.

[WaZe04] Ward, M., Zedan, H.: *Legacy Assembler Reengineering and Migration*, IEEE Proceedings of 20th ICSM, Computer Society Press, Chicago, Sept. 2004, p. 157.

[WeGl06] Weiss, H.-P., Glomb, S.: *Fachliche Migration von Altsystemen –
Ein Erfahrungsbericht*, OBJEKTspektrum, Nr. 6, August 2006, S. 68.

[WeTrMo07] Weise, H., von Treskow, B., Moser, W.: *Redokumentation von Bestands-
systemen*, OBJEKTspektrum, Nr. 5, Sept. 2007, S. 12.

[WiWiWi90] Wirfs-Brock, R., Wilkerson, B., Wiener, L.: *Designing Object-oriented
Software*, Prentice Hall, Englewood Cliffs, N.J., 1990, p. 61.

[WuLaBi97] Wu, B., Lawless, D., Bisbal, J. et al.: *The Butterfly Methodology: A Gateway-free Approach for Migrating Legacy Information Systems*, Proceedings of the
3rd IEEE Conference in Engineering of Complex Computer Systems (ICECCS97),
Villa Olmo, Italy, Sept. 8-12, IEEE Computer Society, 1997, pp. 200-205.

[YaPa00] Yang, J., Papazoglou, M..: *Interoperation Support for Electronic Business*,
Comm. of ACM, Vol. 43, No. 6, 2000, p. 41.

[Your89] Yourdon, E.: *Re-engineering, Restructuring and Reverse Engineering*, American
Programmer, Vol. 2, No. 3, 1989, p. 3.

[Your90] Yourdon, E.: *Modern Structured Analysis*, Prentice Hall, Englewood Cliffs,
1990.

[Zuyl93] van Zuylen, H. J.: *The REDO Esprit Compendium*, John Wiley & Sons,
Chichester, 1993, p. 225.

Index